操盘手 I

自由救赎

花荣○著

人民东方出版传媒
東方出版社

图书在版编目（CIP）数据

操盘手. 1，自由救赎 / 花荣 著. —北京：东方出版社，2013. 6
ISBN 978-7-5060-6439-2

Ⅰ. ①操… Ⅱ. ①花… Ⅲ. ①长篇小说—中国—当代 Ⅳ. ①I247. 5

中国版本图书馆 CIP 数据核字（2013）第 130548 号

操盘手Ⅰ：自由救赎
（CAOPANSHOU Ⅰ：ZIYOU JIUSHU）

作　　者：花　荣
责任编辑：袁　园
出　　版：东方出版社
发　　行：人民东方出版传媒有限公司
地　　址：北京市朝阳区西坝河北里 51 号
邮　　编：100028
印　　刷：三河市中晟雅豪印务有限公司
版　　次：2013 年 9 月第 1 版
印　　次：2019 年 8 月第 20 次印刷
开　　本：710 毫米×1000 毫米　1/16
印　　张：21
字　　数：363 千字
书　　号：ISBN 978-7-5060-6439-2
定　　价：39. 00 元
发行电话：（010）85924663　85924644　85924641

目录 contents

奔跑；此时，一只羚鹿也在夕阳下沉思：明天当太阳升起，我要奔跑，用摆脱跑得最快的狮子的速度奔跑。

第八章 百战魔术

241 生活就像一场游戏比赛，我们无法改变它的规则。我们能够并且必须去做的是认识这些规则，适应这些规则，利用这些规则。当然玩游戏的内在兴趣、外在压力和人生机遇对于获得胜利也是很重要的。

第九章 股海星云

269 胜利者的经验并不复杂，那就是寻找人生的关键点，并在关键时刻竭尽全力。没有决战的人生只能说是活着，不能说是生活；但人又不能始终活在决战中，风口浪尖的持续重压是生命所不可承受的。聪明人是在“天时、地利、人和”聚集时奋勇一搏。

第十章 千炼成精

295 股市没有用兵布阵，一样两军对垒；没有刀光剑影，一样充满杀机；没有硝烟弥漫，一样惊心动魄。在金融战场上，与政治历史一样，胜者为王败者为寇。进入股海的人们，你们的命运只有两种选择：要么上天堂，要么下地狱。

序
敢上九天揽月　敢下五洋捉鳖

玩儿惯了钱后，再让我玩儿段文字，不是很习惯。但看在钱的面子上，看在几年间花荣替我挣了不少钱的面子上，我这个被媒体称为大鳄的人拿起了笔。原来是想让办公室秘书写的，最后我签个名字，但花荣不同意。他说："写的好坏不重要，胡说八道也没关系，关键是借借胜利者的手气。噢，现在圈内不流行说成功者和争议者，流行说胜利者。因为胜利者只是一时，而不像前两者是固定的。说不定读者也会有类似的想法，否则不如请个社会名流或者当官的人写。"但是这从何谈起呢？那就从认识花荣的时候谈起吧，反正没有题目，胡说八道也没关系。

最早认识花荣是在上个世纪90年代的期货大战的时候。那时的资金实力没有现在强大，但是以当时的标准看还是可以的，北京的几个朋友约我，说郑州期货市场非常热闹，一群国有企业的土豹子在做期货绿豆，由于是产区，他们是做空为主，但是没有什么风险意识，这样大家可以结伙，可以出其不意地截一票生辰纲。为了慎重起见，我先派了个探子去摸摸水。他回来说："钱多、人傻、快去。"于是哥儿几个集中了资金在一家新开的期货公司埋下雷，并且在绿豆现货上也动了一些手脚。奇袭选在周一下午开始，对方毫无知觉，闪电战，过瘾，一下子就把对方打懵了。胜利来得就这么容易，这是中原豹子们第一次交这么大的学费。据说因为亏损严重，一个博士老总被上级下了评语"志大才疏，不堪重用"，而远遁异国。几个粮食局长也换了地。其实这一点儿也不奇怪，中原豹子们毕竟是第一次突然面对东北虎与北京龙的夹击。后来我们好久没有再在期货上玩，一直把精力放在全国认购原始股和俄罗斯边贸上面，但是打惯了仗手痒，北京朋友说快两年了，估计中原豹子们又养肥了，那咱们再下山扫荡一次。这话正中下怀，放的探子回来说，“郑州城，除了多了几家商场，人的观念没有什么太大的变化。”大军就这样下山了。我们刚刚开满仓单，不利于我们的谣言就立刻散遍市场，明显是有预谋的，也是闪电战，不过这次是中原豹子把北京龙和东北虎给伏击了。亏得吐血，在俄罗斯卖那么多的货全在这几天扔在了中原豹子的手里。后来一打听，原来对方请了军师，一直在等待报仇。而这个军师——花荣，当时我恨透了这家伙。

有好一阵子没有缓过劲儿来。股市征战也不顺，连买的原始股都被套，后来市场上的几次机会也没抓住。我喜欢足球，发现球队一连续踢，踢得不好就换主教练。对了，咱也换人啦，换手如换刀。并且换就换狠的，谁进了咱家的球，咱就让他去进别家的球。我就想起了花荣，北京的一个家伙还不愿意，说海南操盘的能行？我说：“还牛，你小子亏的最惨的一次是亏给谁的。”他就不吭声了。人穷志短，马瘦毛长。虽然过程有点别扭，但还是把人弄来了，北京的天终究还比较蓝。那阵子，北京机构从外地挖了不少人，几乎全国的高手云集京城。一些人名气越来越大，但是名气越大的人就越容易出事。花荣是阴狠，表面不露。刚开始的时候不爱说话，这点让我担心。中国的头儿不都是喜欢又忠心，又能干的主儿？忠心还得忠在明处，你不明白地公开表决心，谁知道你心里是咋想的？偏偏他开始满仓买的股票深科技不涨，大盘涨了好长时间也不涨，他也不解释。正当我已经没有耐心与他斗焖子的时候，乖乖，深科技开始了，一跃成为那年涨幅最大的股票之一。那年国庆节，我与花荣去海南开研讨会，参加会议的多数都是齐达内（法国足球球星，光头）。开会的时候，花荣大肆鼓吹深圳三线股。会后，深市三线股果然暴涨，此起彼伏，让人掉口水，我原以为这下我发了，他鼓吹深市三线股，自己还不都买的是这类股票呀！结果一看我的一大堆账号，差点把我气疯了，全是沪市的东大阿派，就像上面压了一块铁板，一动不动。我质问他，谁知他回答：“我只管帮你赚钱，没办法办到又赚钱又按照你的习惯买股票。”过了段时间，看着不动的东大阿派心烦，我就去了新马泰，刚回来就遇见大盘连续几个跌停板，同楼层机构都在捶胸顿足，只有我们的小阿派天天嗖嗖地往上涨。

2001 年到 2002 年的股市通杀，我与花荣都受伤不轻，在北京越是实力大的人越倒菜，与花荣一起进京来的那几个侠客，不是灰飞烟灭，就是远走他乡，至今还能聚集狼群的，也就是我们了。我想这就是生存的能力，胜时有胜时的能力，败时有败时的能力。2002 年下半年，别人都不敢动的时候，花荣问我，“你是不是也不敢干啦？”“瞎掰！你说怎么干？”我相信了花荣，重仓杀进了中国联通。杀对了，一年后又是一条好汉。

最令人难忘的是2005年。这年股改，多好的事情，那些经济学家们还反对。一天，我正在俄罗斯处理贸易业务，花荣给我打电话让回国。我说：“正忙着，回不来，破股市是不是又要破1000点了，我回去也救不了它啦。”花荣说：“再忙，比起现在股市提供的机会，百年难遇的发财机会，其他的东西，包括你卖那些破烂儿都是瞎忙。从今天起，就应该啥也不干，用尽全力来炒股。在历史低位买股票，还股改送股，这等好事全世界可就这一着儿，我就不相信你会放着天鹅肉不吃。”

2006年，过瘾。我们专买正在进行股改的股票，买一个连续涨停一个，真是“钱到用时方恨少”。我够贪的了，每一个股票不见三个涨停不拉倒。而我们重仓持有的江苏阳光已经八个涨停了，花荣说：“再等等，说不定能十几个涨停，你看价格多低呀，换手这么大，基金经理还在抢呢！”最后，我们在第十一个涨停时出的货。我一高兴就喝酒，喝完酒话就多，但花荣这家伙这次却一反常态，愁眉苦脸的不刺人了，一问才知道，原来牙莫名其妙地掉了一颗，肯定是让太多的涨停板搁掉的。我赶紧大肆消费了一次，这样生态才能平衡。

我这人有一个特长，喜欢喝酒，特别是喜欢喝那种辣喉咙的酒，这都是在黑龙江部队时培养的好习惯，对身体有好处。

2006年末，我们那时看好工商银行，银行里每天那么多人排队，以后效益不会差。中午，吃过饭后就继续买工商银行，谁知买了好一会儿股价不见涨，账户里钱也用不完。我给花荣打了电话，问怎么回事？结果花荣回答说：“我的大哥，韩团长，已经涨停了呀，你又喝多了吧？等指数期货出来后可不能这样买了呀！”

“不能这样买？等指数期货出来时，咱们再骑驴看唱本吧！”

韩军

著名机构投资者

2007年5月

前言
修身齐家赚钱玩天下

证券投资是个伟大的职业，也是个异常毁人的职业，如果你是股市投资者，一定会对此感受颇深。

现代社会，每个人都有事业和财富的梦想；相对来讲，男人，年轻人，更需要一份责任，你一生一世的成功与否，将决定着一个家庭的生活质量。如果你没有一个有钱的父亲，也没有遇上一位家财万贯的公主，那你别无选择，只有想办法让你自己成为那个有钱的父亲，让你的女儿成为那个骄傲的公主。

这样，“修身，齐家，赚钱，玩天下”就成为了现代人的人生过程和最终目标！

无疑，我们生活在一个充满不可预见的机会和意外之财的时代，没有人能无视“财富非常道”这一事实。要想获得这种非常的财富，幸运者们应学会新的生存方式，顺应社会发展的新变化。

我们目睹了新世纪的快速发展，上个世纪的80年代，万元户是令人羡慕的一个称号，而现在一万元早已不是个新奇的数字，许多人一个月就可以轻松地挣到。在瞬息万变的社会环境下，死守着一份薪水是不够的，必须想办法获得第二份或者其他更大一些的收入。

而股市则给稳健者提供了第二份收入，给聪明人提供了更高可能的收入。

相对来讲，大多数中国人更注重知识的学习，而忽视胆识的积累。而“修身，齐家，赚钱，玩天下”正是胆识积累的四步骤。

作为中国第一代职业操盘人士，长久以来一直想写一部中国股市的交易史，熟悉历史和亲身经历是人类积累胆识的最重要途径。

但是，前几年持续熊市，股市中的悲剧故事居多，这个时候撰股市交易史，一方面不符合和谐社会的主旋律，另一方面也无法全面客观地反映股市的真实情况。

从2006年开始，大牛市的好运当然地降临到了股市投资者们的身上。许多人在2006年和2007年中从股市中赚到的钱，比此前半辈子的财富积累还多得多。现在，为股市撰史的时机成熟了。

在纷繁的股市秘闻中，精英操盘手是最变幻莫测，最引人入胜的人物。人们对于这些处在股市食物链最顶端的猎食者又爱又恨，精英操盘手的命运在中国股市中更有代表性，也更有传奇性和内幕性，这就是本书书名的起源。

没有品尝过牛市浓浓的烈酒，没有经历过熊市漫漫的长夜，就很难说对风险市场有充分全面的了解。

淘尽黄沙始见金。股市交易史正如一条不息的川流，江面的波澜与涟漪，或许更能吸引眼球，但真正负重致远，却还在深层厚处。本书以博弈智慧解读现代文明，别出心裁也别具匠心；既有引人入胜的生动镜头，也有条分缕析的深入思考。无论江中操舟人，还是岸上观潮者，读来皆当颇有收获。

股江湖上的高手，莫不是从无数的激烈战斗中成长起来的。在股江湖上翻过风起过浪也给风刮过浪冲过的人都知道：股江湖其实是一条惨金色的大道，看上去似全是金银珠宝，上了阵却需流血拼杀。

股江湖上风云诡奇，只要谁能混出名堂来，谁就可以在这铺满黄金的股林大道上捞一笔。

因此，希望读者读完本书后，在“修身，齐家，赚钱，玩天下”的生命途中少走些弯路，在股海中少留下些血，多网几条大个儿的金鱼。

为了生活的精彩，家庭的幸福，把你的潜能多贡献出来一些吧！

花荣

2007年5月

第一章
追风少年

一个人要想获得成功的智慧，必须刻意培养自己具备“汉唐九诀”提示的关键素质。这九诀素质分别是：鸣、智、勇、技、奇、情、盟、毅、乐。

1. 西部斗智

成都双流国际机场。

综合大厅与往常机场景象一样：匆忙的旅客拖着笨重的行李直奔换票柜台，候机的人们百无聊赖地捧着报纸杂志，或者四处观望。提示航班信息的大屏幕不时跳动翻滚，吸引许多刚进入大厅的旅客驻足观看。换票区域，一队队旅客秩序井然地等待更换登机牌，工作人员在岛型工作台内紧张地工作着。成都—高原航线换票柜台的黄线外面，几个像商业旅行的人不安地来回走动，脸上露出焦急的神色。他们的视线落在每个走向这个方向的人，满怀期望，但随着人们走向别处，旋即脸上又露出失望的表情。

这时，一辆黑色奥迪车飞快地驰进机场，停靠在客站，车上下来三男一女。三个男人除了其中年纪较长的一个穿着西装外，其他两人都穿着适合运动的便装。与他们同行的年轻女子亭亭玉立，像一朵静静开放的百合花，恬静优雅，散发着清新魅力。女子清澈明眸透露着梦幻般的光芒，从衣着打扮到妆容风格，都带有明媚的圣洁气息。这种美超越了一般漂亮女子那种可以描述的美，是无法用语言来形容的。她合身的运动装更在温馨中折射出飒爽英姿。这种具有视觉冲击力的女子无疑具有较高的回头率，所以，这四人进入候机大厅，那女子立刻便吸引了很多旅客的目光。

四人敏捷地奔向成都—高原航线换票柜台。

在黄线外等候的那几个商业旅行模样的人脸上有了变化，他们看着四个人中一个30岁左右的男人，拿着一沓机票和身份证递给柜台内的工作小姐。小姐熟练地接过来，问："先生需要托运行李吗?"在得到否定的答复后，开始有条不紊一份份地盖章换票。与此同时，他后面三人中较年轻的男子，走向另一边去买机场建设费。

柜台小姐早已习惯了一个人换这么多票，她把眼前这个30岁左右的男人当成了导游。黄线外的几个人虽然觉得这四人有些不同寻常，但因为离飞机起飞时间已经不多了，面前这个手握机票的男人可能是他们最后的希望。那拨人简单商量了一下，一个领头模样的男人不顾黄线规则走了过来。

"先生，你们的机票这么多，能不能匀两张给我们?"这男人说话带着明显的新疆口音，"我们有急事要去高原市，十万火急。如果你能有今天的机票，我们愿意出双倍的价钱，不，价钱由你们定。"他说话的时候，焦急的神情溢于言表。

换票那男子叫鲁毅，他一眼就看出面前的新疆人是那种经常在外闯荡的商场老江湖了。这种老江湖说话一般很圆滑，今天可能是因为时间紧迫，他才没有使用正常的与陌生人打招呼的手段，因为已经没有套磁的时间了。

那拨人在黄线外张望的时候，鲁毅就已经猜出了他们的用意。经常在外闯荡的人会有一种察人的第六感。所以，心里早就想好了应付他们的措辞。对方的话音刚落，他便毫不犹豫地回答道："先生，对不起，我们的票一张也不多，我们不卖，你们还是去机场售票处问问吧。"

新疆人怔了一下，心有不甘地说："先生帮帮忙吧，我们真有急事，条件好商量。"

鲁毅摊开手，做出无能为力的表情。

机场小姐换票用了不短的时间。鲁毅把一大沓机票和登记牌放进皮包，手里只拿着四张机票和登机牌，向黄线外的一男一女走去。那新疆人虽心有不甘，但他已从鲁毅说话的语气与神色中知道这几人绝不是一般普通的游客。或者，他们这趟高原之行的目的与自己相同，所以……因为失望，他的脸上露出沮丧的神色。

这时，那年纪较轻的人已经买完机场建设费，四人会合后，直接走向安全检查口，非常顺利地进入了机场航班候机大厅。大家的表情好像比刚才进入机场时要轻松了些。路上，鲁毅还与那年轻人猜测那几个新疆人的来历。他们那时都没有想到，正是这几个新疆人，后来发展成为中国证券市场最大的二级市场职业主力，并且在实业上也有惊人的建树，后来成为民营经济的楷模。他们要是知道自己在不知不觉中，正面交锋挫败这样的对手，心里一定会溢起更多的自信。

到达对应的航班候机厅后，鲁毅放下旅行包，从里面取出用于更换登机牌的一沓身份证，递给年纪较长的那男人。鲁毅说："这些身份证已经没用了，谢谢你老王。要没有你，这件事肯定没现在这么顺利。"

老王呵呵一笑，接过身份证，摆摆手道："都是自家人，还用得着这么客气吗！你们等会儿进去，别忘了把水果带上，要在高原市住上好几天呢！"

老王是万安经贸集团公司驻成都分公司的经理，鲁毅一行在到达成都之后，吩咐他务必要把这趟飞往高原市航班的所有机票全部买下。老王在成都待了十几年，对环境非常熟悉，他不久便把当次航班的所有机票拿到了鲁毅等人面前。

那时，成都飞往拉萨市的航班，是内地通往高原市的空中通道，甚至可以说是普通旅客的惟一交通工具，其他城市都没有直达高原的航班。而且飞机航班，每星期只有一次，是座位有限的小飞机。那个时候，正常情况下，飞机不会满座。这次没能买到机票，确实出乎很多欲前往高原的人的意料。他们都是冲着一次明显的商机去的，却因机票问题错失良机。他们后来当然知道了事情的原委，很多人也就是在这一次，记住了一个叫乔锋的名字。乔锋就是去买机场建设费的那个年轻人，这次万安集团一次性垄断高原之行的机票，独占商机的计划便是出自他的计谋。

乔锋那年二十多岁，给人的第一印象并不出众，微黑朴实的脸膛配着结实的身材，放在茫茫人海中，初看并无超人之处。但只要你仔细观察，便会从这个年轻人炯炯的眼神中，发现与他年龄不相称的深邃，并且，他说话做事的敏捷也透出与众不同的果断气。高原之行时，他只能算是中国证券界一个小角色。不过智慧的魅力就是以小搏大，以一点制全局。乔锋初出茅庐射出的第一箭就技惊四方，甚至震动了整个私募江湖，被圈内引为美谈。

原来，乔锋、鲁毅一行去往拉萨市，是因为那里本周将用存款中签的方式发行股票"西部明珠"。当时国内原始发行股的申购，特别是参与中签率较高的边远地区的原始股申购，会有奇高的资本收益率。当时的中国，人们普遍缺乏市场经济意识，证券行业更是一个新兴行业，能够及时认识其中机会的人不多。除了万安投资外，全国还有几家大型民营企业在专门从事这项业务。乔锋在深圳奔赴成都的路上忽然突发灵感，认为如果在交通线上做做手脚，买断所有机票，就等于临时掐断了交通线。这样可以阻止竞争对手在有效时间内赶到拉萨市，将导致参与申购"西部明珠"原始股票的资本大量减少。这样，万安投资认购新股的中签率无疑会大幅升高。最后的事实也证明了这点，这次新股申购中签率创出了阶段新高，一方面是由于当地企业认购股票的主动意识不够，更重要的是万安投资通过在局部时间内掐断了交通线，使得竞争对手的资本无法发挥效用。这次万安投资中签 1200 万股“西部明珠”。

成都机场航班候机大厅，机场广播通知：“乘坐飞往高原市的 SZ4188 航班的旅客请注意了，现在从三号登机口开始登机，现在从三号登机口开始登机……”

乔锋、鲁毅与那靓丽女子告别老王，从登机通道进入停机坪。上了飞机，机舱口站着漂亮的空中小姐，她们训练有素，表情亲切，用清晰的口齿迎接着旅客：“这是西南航空 SZ4188 航班，欢迎光临。请往里面走。”

乔锋、鲁毅与那靓丽女子三人依次进入机舱，非常随便地坐在最前面座位上。机舱口的空中小姐看到后面没有其他旅客，面露奇怪的神色。乔锋与鲁毅看在眼里，与那靓丽女子露出会心的微笑。乔锋在空中小姐探头向外看时，站起来走到小姐面前，说：“对不起，小姐，不用看了，不会有别的旅客了。”

空中小姐露出怀疑的表情，让乔锋更加得意。

乔锋笑笑，将手中一沓机票展示在小姐面前：“所有的机票都被我们买下了，机票和登机牌都在这里……”

五分钟后，飞机起飞，冲上蓝天，飞向神秘的高原市。乔锋、鲁毅目光相对，脸上都现出些得意的神色。鲁毅用赞赏的口气说：“你的计划终于成功了。”

乔锋笑着摇头，更正鲁毅的话：“是我们的计划，是万安投资的计划。”

鲁毅微笑点头，目光落在那靓丽女子身上，那笑容就有了些暧昧。乔锋瞬间察觉，不禁有点脸红，目光下意识地也落到了那女子的身上。靓丽女子这会儿好像比乔锋、鲁毅要平静得多。计谋的成功尽管让她也感到兴奋，但见多识广的经历让她显得平静。此刻，她的头倚在座背上，目光掠过机窗，顺滑的长发从脸颊一侧垂下来，生动得像一幅眼睛会动的名画。乔锋的目光不时飘到她的身上，像风中飘舞的绸缎，一触及便飞快地移开，同时，许多绮丽的念头在脑海里盘旋不去。

那靓丽女子名叫章沁晖，乔锋暗中对她心仪已久。

2. 初识伊人

乔锋初次见到章沁晖，是在一次上海交易所红马甲培训班上。

对于1998年以后入市的投资者，红马甲这个名词还需要加以简单解释。这是证券行业较早时期的一个特殊职位，一段时间也是证券行业的职业标志。确切地说，红马甲在90年代初期是证券公司非常重要的一个岗位。当时的电脑技术还没有发展到能够通过互联网异地报单，券商的客户买卖股票，需要通过证券公司的当地职员把电话打到交易所交易大厅，由在交易大厅现场工作的职员进行报单买卖。交易大厅里现场买卖股票的那个职员，必须按交易所的规定穿一件红马甲，因此做这个职位的人通常被称为红马甲。乔锋原来工作的那家证券公司每年都会派一些员工到交易所进行红马甲岗位培训。那次本来已经指定了别人参加，但因为那人突然生病，周五下午晚下班的乔锋意外地得到了这次机会。

人的命运关键点，经常是寓于偶然事件之中。这次上海的红马甲培训班，把乔锋的人生轨迹带向了一个新的路径，使得乔锋原本能够预见的人生走向变得分外跌宕起伏。他当时的同事可能不会想到，乔锋后来会成为证券市场机构圈中的风云人物。

上海交易所的培训部把所有的学员，按照公司所处的传统大区划成班，每个班临时指定两个班长，主要负责学员的日常杂务管理。乔锋工作的原州证券公司分属于中南大区，指定的两个班长都来自广东。别人都认为这是很正常的事，但乔锋却强烈地感受到了存在决定意识的定律作用，已经渗透于人们生存环境的各个角落。90年代是社会转轨时期，不同地位、不同行业、不同区域、不同胆量的人，在生存竞争中体现的机会，有着本质的差别。这种差异在中国20世纪末发展最快的那几年中，体现得特别强烈。应该讲这是一种相对的不平等，也正是这种差异给许多人带来了改变命运与生活条件的机会。部分人抓住了机会，所以能够自人群中脱颖而出，成为一代资本大鳄，而更多的人则淹没在浩瀚的人海之中。乔锋那会儿还是个初出江湖的小伙子，但他却无比清晰地意识到了一些东西。因此，他才能在今后的商业生涯中崭露头角，为他人所不能，成为商界的传奇人物。

为了管理方便，每个班都是双班长制，一个男的，一个女的。男班长的名字叫吕太行，年纪比乔锋大三四岁，生得高大威猛，说话声音非常洪亮。他说话时，一只手在胸前不停地摆动，极富激情与表演才能，好像他随时都是站在外交部的发言台前。女班长就是漂亮的章沁晖。交易所开课的第一天，交易所的周老师介绍到她时，她站了起来，用柔美悦耳的声音说："大家好，我是章沁晖。请大家多关照。"

简单的话语，在那一瞬间却不知道打动了多少人的心。

乔锋那时正翻看着刚刚发下的课程表，那柔靓的声音传过来，立刻将他的思绪打乱。他顺着声音望过去，正好是章沁晖回过头来向大家致意。那是乔锋第一次见到章沁晖，第一次见，他的心里就有了些异样的感觉。章沁晖实在是太漂亮了，白皙的面颊掩映在酽酽乌黑的秀发之中，细长的眉毛下面，眼睛璀璨得像夜空中的星，让你一见立刻有眼前一亮的感觉。那天章沁晖身穿白色拉链风衣，鲜黄色衬衫，黑色及膝棉质短裙。清新自然得像一朵洁白的萱草花。从这个女子身上，你看不出证券行业那种严谨规范气息。她像一朵高崖上盛开的鲜花，让你见了就忍不住想多看她两眼。但她却在最高处，你需要仰视才能见到她的美丽，更无缘一亲芳泽。乔锋的心在那一刻开始起了波澜，长这么大，这还是他第一次被一个女子如此吸引。

教室里被章沁晖吸引的何止乔锋一个人，大家盯着美丽脱俗的女子，大多在想从哪儿冒出这么个风姿绰约的女孩儿。班长吕太行也是目不转睛盯着章沁晖，但他知道章沁晖的底细，所以他的目光与别人稍有不同。

紧张枯燥的学习，因为有了章沁晖，变得有了色彩。乔锋每天早早地来到教室，手中捧着教材，或者与边上的同学闲聊时，眼睛总有意无意停留在教室门边。每当等待中的章沁晖露出身影时，他一下子就会变得有点紧张，但心里却充满了一种满足的快乐。如果哪一天章沁晖上课来得稍晚，此前他都会感到心神不宁。那时班上的同学有很多人都跟乔锋一样暗恋着这位漂亮的女班长，大家关注着章沁晖每天的着装、言行举止。如果哪天她对谁笑了一下，或者谁与她多说了几句话，都会成为大家羡慕的对象。章沁晖丽质如风，已在许多男孩心目中划出一道梦幻的彩虹。

与乔锋同宿舍的几个年轻人，几晚的话题总是离不开章沁晖，主题是谈论她长得像谁，大家各执一词。最后，大家公认章沁晖长得像影星关之琳，后来又一致变为章沁晖比影星关之琳还要漂亮，因为她是天生丽质，没有化妆。大家又纷纷猜测这位漂亮女班长的工作、家庭情况。有人打赌，看谁有本事能把她请到宿舍来。

对于大家的议论，乔锋从不参与。由于父母在工程兵部队工作，他很小就不在父母身边，少年老成的性格在幼年时就已形成。他喜欢把事埋在心里，何况这是他一生中第一次喜欢上一个女子。

章沁晖不像很多漂亮女孩那样矜持，对每个走到她身边的同学，她都会得体地露出微笑。但是，她又不会对谁过于热情，除了班长吕太行。所以，她整个人就像是一处游动的风景线，你可以看得到，但却无法身处其中。这样，很多暗中喜欢章沁晖的人心里就有些失望。也有人暗中妒忌班长吕太行，心想他不知用的什么法子，能够让章沁晖对他刮目相看。

吕太行平时在班里略显严肃，说话时动作表情透着说不出的一种优越感。事实上他确实有极强的活动能力，说话做事极富感染力，据说他在深圳也小有名气。红马甲培训班的学员上课住宿都在上海财经大学内，吕太行第一次到乔锋他们宿舍来的时候，就跟大家提到了北京近期出现了一位“会弹钢琴，在报纸上推荐哪只股票，那只股第二天就会开盘大涨，并且擂台赛十连胜”的股评家。那个聪明的小伙子白手起家，一年内快速暴富成为亿万富翁，他就是毕业于这所不是培养书呆子的学校。吕太行极富煽动力的叙述，打开了很多人梦想的闸门，大家都在心里默默盘算自己的将来，从而将学习的积极性发挥到了最大限度。

这晚吕太行又来到乔锋的宿舍，有个不知趣的小子向他说起了章沁晖。那人说：“班长你真有能耐，咱们班副对谁都是不冷不热的样子，偏偏跟你打成一片。你是不是有什么诀窍呀，抽空教咱们大伙两招吧。”

吕太行微微一笑，他心中明白问话者的用意，意味深长地说：“你们这些人别想好事了，我劝你们还是死了那条心吧，章沁晖不是你们能想的。”

乔锋听了心里一紧，面上不动声色，却已在全神留意吕太行与那小子闲扯。

那小子说：“班长，章大小姐到底是什么来头，你跟我们透个底吧！她在哪家证券公司上班呀？”

吕太行不置可否地摇摇头：“我说了你们都别打章沁晖的主意。她长得确实像天仙一样，但你们看着过过眼瘾就算了，别一门心思暗恋人家，到最后，伤心的肯定是你们。”

这时候，宿舍里很多人都竖起了耳朵。说话那小子不服气地说：“她到底什么来头？班长你别吓唬我们。”

吕太行沉默了一下，说：“我就告诉你们吧，人家章沁晖的父亲是广东著名的亿万富翁。不知有多少公子哥儿向她献殷勤，她都瞧不上眼，你们这些‘工资哥’就别往跟前凑自讨没趣了吧。”

那晚吕太行还是没有具体说出章沁晖的来历，却在大家与章沁晖面前竖起了一堵墙。他本来是好意，想告诫那些暗恋章沁晖的人收收心，免得临了徒增伤心。但他说话时的语气和故作神秘的态度，让大家都很反感，包括乔锋。大家在他走后议论了半天，有人猜测他这么说，是因为他也喜欢章沁晖，所以故意说些大话来吓唬别人，好让自己少一些对手。

乔锋却感觉到，吕太行是不会在这些小事上撒谎的。章沁晖亿万富翁的千金身份，几乎打破了他心里所有绮丽的梦想。乔锋那时甚至都觉得有些沮丧，他想像亿万富翁的千金过的一定是那种锦衣玉食的生活，那对于任何一个工薪阶层的人来说，都是可望而不可即的。对于空中楼阁，虽然向往，但却不可触摸，还是老老实实做些实际的事吧。乔锋想，股市里不是就有这样一句格言吗，“临渊羡鱼，不如退而结网。”

在接下来的日子里，章沁晖是亿万富翁女儿的消息传遍了整个培训班，很多人都对这位美丽的班长敬而远之。章沁晖好像并没有意识到这一点，依然轻松大方地跟大家相处，在学习之余，只跟吕太行接触频繁些。有一次，乔锋和几个同学在学校外头一家酒店吃饭，隔着临街的大玻璃还看到过他们俩在一起散步。于是，大家都坚定了吕太行在追求章沁晖的看法。

周五的下午，是学员们去计算机房上机练习报单指法的规定时间。计算机在现在已经非常普及了，就连小学生在键盘前都能运指如飞。但在 1992 年，计算机还是很稀罕的物件，触摸过键盘的人更是少之又少。指法是红马甲的最基本素质要求，也是考试的关键。如果指法速度不能过关，其他的科目再好，也算考试不及格，自然也拿不到红马甲证书。因为买卖股票是否能够成交与报单速度关系极大，特别是在股票交易 T+0 时代里。

乔锋上大学时学的专业就是计算机硬件，电脑工程师对键盘的熟悉程度，就好像机关里的司长对汉字“同意”一样，闭着眼睛都不会出错。乔锋按照程序练习了好几遍后，觉得问题不大，便拿出一张登有股票 K 线图的证券报纸翻阅起来。炒股票是一项典型的夺人心魄的智弈游戏，乔锋当时对这项游戏已经非常投入，自认为有一定天赋，希望随着不断磨炼心智，能够在股市中有所作为。他最大的梦想，就是成为股市中的大侠，成为金钱战场上的无敌英雄。

刚刚研究过沪市的股票 K 线图，思维进入状态的乔锋正准备继续探索深市股票 K 线图的时候，忽然觉得心里有些异样，便下意识地回头，正好看到章沁晖跟吕太行一前一后站在自己的身后。乔锋有些无措，勉强笑了笑。章沁晖面无表情，眼睛里却有些责怪的意思。要知道班长有监督本班学员的义务，在一些时候，他们会代替老师行使职能。乔锋想解释，但章沁晖已经走了过去。望着她的背影，乔锋心里生出一些怅惘。这时，吕太行敲了敲他的桌子，他反应过来，赶忙收敛心神，看着吕太行。

“你叫乔锋吧，别人都在练习指法，你为什么不练呀?”吕太行说。

乔锋想起那晚跟同学们吃饭，隔着临街玻璃看到吕太行与章沁晖并肩走过的情景，有些抵触的情绪。他晃晃头说：“我不练是因为我觉得我的指法已经够快，能够应付考试。”

吕太行多精明一个人，当然听出了乔锋语气中包含的情绪。他眉峰微皱道：“如果你认为自己指法过关，大可不必来机房。”

乔锋知道自己理亏，有心想就此住嘴，但他转眼间看到章沁晖在不远的地方，正回头看着自己跟吕太行，立刻感到好像有许多小毛毛虫在皮肤上爬，体内一些热量迅速上涌。乔锋目光迎上面前的吕太行，再说话时那语气里就有了些挑衅的味道。

“你现在也在这机房里，你好像也没有跟大家一样在练指法。”

吕太行微微有些气恼，觉得这个年轻人的话太冲了，而且冲得莫名其妙。吕太行不快地道：“我没有练指法的理由跟你一样，但我跟你不同，我是刚刚走进机房。”

“既然你也不用练习，那还到这机房来干什么！”

“我是说我的指法足以应付考试，但我还想在原有基础上再提高些。要知道学无止境，强中自有强中手，人在任何时候都不能自大。”

“你的意思是你就是这个强中手了？”

话说到这里，火药味就很浓了。很多学员都停下手看着吕太行与乔锋，机房内敲打键盘的噼啪声渐渐消止。不远处的章沁晖往这边走了一步又停下，显然是想来劝阻，但不知为什么又止住了。原来章沁晖作为班长，觉得自己有责任来劝阻学员间产生的冲突，所以往前走一步；但转念又想到起冲突的人中有一个是吕太行，他的身份不同，而且，章沁晖相信吕太行完全有能力来处理这种小事情，所以她又停住了脚步。

那边的吕太行盯着乔锋，沉默了一下，然后微微一笑，拍拍乔锋边上一个学员的肩膀，示意他起来。吕太行坐到了那学员的位置上，冲着乔锋做了一个请的手势。

“谁也不敢说自己一定就是强中手，因为这需要有一个参照物。当然，没有人愿意做那参照物。可是做不做参照物，光作口舌之争是没用的，试一下才能知道。”

到了这时，就算乔锋有心退让也没有了退路，吕太行是有心要给这个年轻人一个教训。本来冷眼旁观的学员们都来了兴趣，大家纷纷围过来，有人便提议谁输了晚上就请消夜。吕太行本意就不想把事情搞得太僵，首先点头赞同。那边的乔锋好胜心被激了起来，当然也不会扫大家的面子。到这时，本来僵硬的气氛开始变得活跃，连那边的章沁晖都面露微笑，在心里佩服吕太行处事的能力。

比赛开始，有好事者主动充当了裁判，而且，之前大家说好了三局两胜。乔锋知道在关键时候头脑清醒的重要性。第一局的时候，因为不知道吕太行的底细，他还是有点慌张，敲键的时候不由自主地看了一眼吕太行的姿势。吕太行的速度无疑很快，但乔锋很快便发现他有个缺点，就是敲键盘时两手的小指一直闲着，这是最初接触键盘时不规范操作养成的习惯。乔锋心里有数，但就是这片刻的分神，使得吕太行以微弱的优势胜出。这一结果显然是周围的人能够预计到的。

吕太行虽然胜了，但感到了压力，神色也有些紧张。他也是有大智慧的人，否则，在后来也不能成为纵横沪深股市、指点江山、万人仰慕的一代大鳄。他从乔锋此刻从容的神态上，觉察出了对手真正的实力。乔锋第一局虽然落败，但他并没有使出全力，吕太行确定这一点后，在随后的第二局比赛中，更是倾力而为。

第二局比赛乔锋不敢分神，专心致志敲打键盘。只见两个人十指如飞，嗒嗒的键盘声在寂静的机房里特别清脆。围观的众人，大部分心里盼着乔锋能赢，就连章沁晖，目光关注乔锋的时间都比注视吕太行的要多。

这一局乔锋以微弱的优势扳回，只比吕太行领先两秒钟。吕太行定下心来，觉得乔锋的实力其实并没有自己想的那么强，自己只要在最后一局里再使把劲，应该还是能赢他的。但他可能不知道，此刻乔锋也正是这么想。第三局开始，乔锋真正心无旁骛，使出了全力。吕太行目不斜视，但耳中听到敲击键盘的声音，明白对手实力确实不容小觑，或者自己找他比试是个错误的决定。但到了这时，除了拼出全力，实在已没有了退路。

第三局结束，吕太行几乎与乔锋同时罢手，都创出了纪录。俩人四目相视，眼里已没有了敌意，面上俱隐隐现出些笑容来。这时，充当裁判的那小子宣布结果：第三局乔锋以微弱的一秒优势，获得胜利。

吕太行虽败，但面上却很从容，向乔锋点头道："我输了。"

这时乔锋反倒变得谦逊起来，他站起来，连说侥幸，"我的手都敲麻了，再来一局，肯定不行。"边上的学员有些起哄，嚷着晚上有饭局了，乔锋便摆手道："今晚的饭局算我跟班长俩人的吧！"吕太行却摇头说不好："既然我输了，今晚当然是我的。如果你想请客，可以另选一个时间。"

当晚，吕太行请乔锋这个小组的学员吃饭，地点就在上海财经大学边上的一家酒店里。那晚大家喝了不少啤酒，故意夸张地制造一种快乐的气氛。吕太行输得大度，在酒店里主动向乔锋敬酒，并且，也一改往日严肃的作风，与其他学员谈笑风生。那一次很多人都觉得其实吕太行并不像想像中那么难以亲近，对他的印象有了很大改变。

令大家高兴的是，章沁晖也安安静静地坐那儿，脸上带些笑意看着其他人高谈阔论。有些学员端着酒杯过去借机找她搭讪，她都会浅浅地抿一口杯中的饮料，不让人难堪，也不多施以热情。乔锋特别选了个可以面对章沁晖的位置，但后来他发现，这样的结果是自己从头到尾都很不自在，老感觉章沁晖在看自己；鼓足勇气想与她对视时，却又发现她的目光其实落在别处。

酒足饭饱，大家离开酒店回学校时，吕太行落在后头等候乔锋。乔锋从他身边经过时跟他打了声招呼，他微笑着拍拍乔锋的肩膀，意味深长地说："你很有潜质，但身上也有许多不成熟的地方。键盘操作只是技术活，街头随便一家文印店的打字员都能运指如飞。"

乔锋诚恳地点头说"是"，然后等着他的下文。

吕太行沉默了一下，然后说："看得出你喜欢投资分析。股市风云变幻，不是靠一两项技艺就能成为赢家的。在商言商，在市言市，要成为真正的赢家，那得市场上见。我希望有一天我们能在股市中对垒，那时的输赢才能决定真正的强者。"

乔锋郑重地点头，他听出了吕太行话里的分量，同时也感觉到了一种压力。说这话的时候，章沁晖正好打他们身边经过，笑盈盈地招呼他们俩。吕太行和乔锋彼此注视的目光里，都有了些说不出来的意味。

回到宿舍，乔锋久久不能入睡。章沁晖的影子飘过来，轻盈地占据他整个脑海。乔锋回想刚才在酒店里，章沁晖目光数度落在自己身上，那目光不自主地就让他有些慌张。他懊悔自己怎么就没有勇气迎上章沁晖的目光，那样，或者章沁晖就能明白自己的心意了。

这时，乔锋当然已经意识到自己在机房里故意挑衅吕太行，其实都是因为章沁晖。要想得到一个女子的芳心，引起她的注意，这是必须先做到的……

3. 情愫渐生

短暂的红马甲培训班结束了，考完试后的第二天，交易所按照惯例开了个结业会，会上表彰了各科考试名次靠前的学员。乔锋成绩不错，在技术分析和键盘操作两科中名列前茅，都获得了表彰，键盘操作成绩还获得了第一。结业会还有点联欢的性质，在每科颁奖的时候，上台领奖的人要即兴表演节目，或者按照主持人的要求来回答问题。领奖的人经历不同，一些人在大庭广众之下，既显高兴又显紧张，在表演节目或回答问题时，出了些洋相。紧张考试之后，学员们的心情比较轻松，想着大家马上就要各奔东西，心里都生出许多别情来。这时候，大家并不计较自己是否获奖，却对领奖者瞬间露出的窘相开怀大笑，报以热烈的掌声。

那次结业会的主持人就是口齿伶俐的吕太行。他本来是京城小有名气的诗人，后来生活当中遭逢一场变故，去了深圳。据看过他的诗的人说，“诗，充满激情，颇具阳刚之气。足以迷倒一批女性读者。”诗人的激情并没有从现在的吕太行身上消失，他站在台上，确实有激情燃烧、风度翩翩的架势。但乔锋感觉他有点过度自信，甚至有点夸张，总喜欢用自己的标准去对待别人，说话时调侃的语气让人觉得他有点卖弄自己的学识和机智。

现在，一个上台领取证券基础知识奖的小伙子站在吕太行身边，那小伙子文文弱弱的样子，戴着副宽边眼镜，看着像一个刚出校门的大学生。这样的人，正是吕太行此时所需要的，他故意幽默地眨眨眼睛用奇怪的语调问：

“葛阿根，如果有两个投资者从一个高大的烟囱里掉了下去，其中一个身上满是灰尘，而另一个却很干净，那么他们谁会去洗澡呢?”

“当然是那个身上脏了的人!”

“错！那个人看着没有弄脏身子的人会想‘我的身上一定也是干净的’；而身上干净的人，看到满身灰尘的人，就认为自己可能和他一样脏，所以他要去洗澡。”

“见鬼!”葛阿根嘀咕一句。

“我再问第二个问题。他们两个人后来又一次掉进了高大的烟囱……谁会去洗澡?”主持人问道。

“我知道了，是那个干净的人!”

“不！又错了！第一次身上干净的人在洗澡时发现自己并不太脏，而那个弄脏了身子的人则相反。他明白了那位干净的人为什么要去洗澡，因此，这次他跑去洗了。我再问你第三个问题：他们两个人第三次从烟囱里掉下来，谁又会去洗澡呢?”

“那当然还是那个弄脏了身子的人!”

“不！你还是错了！你见过两个人从一个烟囱里掉下来，其中一个人干净，另一个人脏的事情吗?”

吕太行显得非常干练地对台下说：“这就是股市投资的原理。”那神情颇像后来电视台出现的一个闯关栏目的主持人。

轮到乔锋上台时，他感到坐在前排的章沁晖在自己上台时，好像巴掌拍得比别人都响。这让他心里甜甜的，但同时，将至的别离又让他生出许多怅惘。培训班结束后，不知道是否还能再见到这个让他心仪的女孩。

“乔锋，”吕太行道，“做好准备，你必须在10秒内快速回答出我的问题，否则——就得学三声猫叫。但也不要紧张，因为这是一个非常简单的问题。”在看到乔锋的注意力被吸引之后，吕太行突然加快语速：“请说出100年以前还没有的三种造价昂贵的东西，计时开始。”

“原子弹。”

“对！”

“核电站。”

“对！”

“还有——主持人！”

台上台下一片大笑，很显然第一个问题没有达到主持人原来设计的效果。

“好，现在开始第二题。”吕太行说，“一位父亲在他儿子将进入社会时，想知道儿子的职业兴趣，于是问：‘你喜欢干什么？现在是选择的时候了。’‘我所喜欢干的？爸爸，这很简单。’年轻人说道，‘我想整天坐着汽车兜风而且口袋里装满了钱。’请问假如你是父亲，你会让他干什么？”

乔锋大声地回答：“公共汽车售票员。”

又引起一阵哄笑，吕太行感觉乔锋的风头盖过了自己，临时改变了最后一个问题。

“小伙子，你的技术分析考得这么好，能为我们大家分析一下市场，并推荐几个潜力股吧？”

由于这大半个月一直在上海财大培训，乔锋看盘的机会不多，应该来讲这是一个故意为难人的问题。但他是一个不愿意认输的人，同时他也清楚，如果盲目判断，可能会出笑话，甚至影响单位的声誉，便采取了曲线表达的方式。他于是说：“我认识一个做得很好的朋友，他认为近期的市场已经存在一定的风险，5月份的大盘可能会出现较大的调整。因此他最近的操作是只卖不买，这就谈不上有潜力股了。如果非想买股票的话，可以短线注意一下外高桥。”

乔锋短短的几句话，说得下面不少学员点头赞同。乔锋注意到章沁晖听得挺入神，就为自己能打动她而高兴。他不知道，就是他在这次结业大会上最后的几句话，给章沁晖留下了很深的印象。后来章沁晖回到深圳，发现外高桥的走势真的不错，并在一份《证券市场周刊》上看到了乔锋的分析文章，觉得文章写得虽然朴实，但是观点明确，依据严谨。她不由得对那个貌似朴实，但实则内藏锋锐的青年人印象更深刻了些。后来，因为她的一句话，甚至改变了乔锋整个人生的命运。

结业大会的第二天，红马甲培训班一多半学员都离开了，还有些因为车次的原因需要逗留一天。乔锋在这天，终于得到了一次亲近章沁晖的机会。乔锋在宿舍里收拾东西的时候，周老师来敲门，将两张机票交给他，说这是吕太行和章沁晖的机票，现在吕太行不在，托乔锋转交。乔锋把机票捏在手中，想了一下，手心里就有了些汗。他想到，这两张票除了可以转交给吕太行，还可以转交给章沁晖。

乔锋立刻去了女生宿舍楼，章沁晖不在宿舍里，同宿舍的一个女学员说她可能在操场上散步。乔锋听了便飞奔下楼，去操场上找章沁晖。

乔锋的眼光在操场上搜寻了一圈，看见章沁晖戴着耳机在操场边的跑道上慢慢走着。乔锋掩饰住心里的慌乱，调整了一下情绪，快步跑过去，远远地冲章沁晖招手。章沁晖看到了，停下脚步，带些诧异地等乔锋过来。

乔锋故意装着气喘吁吁的样子，把机票递到她面前："你的机票，这张是吕太行的。"章沁晖接过来，微笑着说声谢谢，乔锋慌忙说不谢不谢。这时章沁晖又慢慢向前走了，乔锋便跟在边上，一时想不起来要说的话，觉得本来挺灵光的脑子，这时成了迷迷糊糊的一团糨糊，越是使劲想越找不到话题。说不出话来，乔锋的样子就有些不安，章沁晖看在眼里。她当然知道面前这个男子在想些什么，所以，她先开了口，让乔锋摆脱了窘境。

"你是原州证券的吧？什么时候回原州？"

乔锋连连点头，说："今天晚上走。你怎么知道我是原州证券的？"说完后就知道这是笨话。

"我是班长呀，有登记的。再说你领奖的时候，不也介绍你了吗？"

乔锋没话找话说："你的记性真好，要换了我，肯定早忘了。"

过了一会，乔锋变得从容起来。他先是跟章沁晖说了会儿原州。他把原州说成了一个老实的仆人，因为那里出产了十分之一的中国人民解放军战士，八分之一的空军飞行员，四分之一的投资大鳄。那里的作家，可以把大暴君雍正都写成人民的大救星。

章沁晖被他说得莞尔一笑，乔锋见了便更从容了，他问章沁晖是不是深圳人。章沁晖回答道："我的老家在江西婺源，你去过那里吗？"

乔锋摇头，显得很有兴趣的样子。章沁晖说："婺源是中国最美的山村，要是有机会，可以去那里看一看。那里山清水秀，松竹连绵；飞檐翘角的古民居蜿蜒于青山绿水之间，依山处隐现于古树青松之间，傍水处倒映在溪池清泉之上，与层层梯田、缭绕云雾相映成趣，如诗如画。四季美景各有特色，特别是春秋两季，漫山遍野的映山红或枫叶，像一簇簇火苗争奇斗艳。你如果去了我们婺源，一定会觉得心旷神怡，流连忘返的。”

乔锋让她说的真有些向往起来，不觉漏了嘴，“怪不得你这么漂亮呢！”

章沁晖笑了笑，沉默了一下，看乔锋没有离开的意思，便说起来上海一个多月了，倒是喜欢上这学校的操场了，每天傍晚时总喜欢一个人来操场上走一走。开始乔锋没听明白，后来又往前走了几步，他才反应过来：章沁晖是要自己一个人散步哩。乔锋心里有些失落，但又觉得章沁晖真是一个聪慧的女子，用这种委婉的方式表达，既可让自己离开，又不会给自己造成难堪。这样想，他心里对章沁晖的钦慕便更浓了些。他跟章沁晖道别，说自己还有点事，先走了。但他却没有走远，转到一个视线可及的地方，远远偷看着章沁晖。

那个傍晚财大校园内安静极了，操场上碧绿的草地，都被天边一抹晚霞映成了红色。那是个乔锋后来想起来觉得不太真实的黄昏，他远远注意着章沁晖，想自己刚才真的曾和她一起在操场上漫步吗？夕阳的余晖笼罩着章沁晖，她的身影在一层淡淡的雾气中。乔锋看得呆了，只觉得胸中有股莫大的力量，悬而不失，又紧而不发，这股力量让乔锋的心隐隐作痛。

章沁晖是第二天上午回深圳。

乔锋知道她的飞机班次，本来想去送她，又不知道见了面该说些什么，心里颇感踌躇，但最终还是出了门往章沁晖宿舍方向去。走了一半，吕太行拎着两个大包迎面过来，乔锋眼尖，看到吕太行身边走着的，正是自己想见的章沁晖。这时想躲已经来不及了，乔锋只得硬着头皮过去，心里懊恼，责怪自己应该早就想到吕太行会陪她一起回深圳的。乔锋与吕太行虽然经过那两次交锋生出些惺惺相惜的感觉，但他看到吕太行跟章沁晖走在一起，心里还是忍不住要生出些酸涩。吕太行走近，大声问乔锋什么时候回原州。乔锋回答了，尽力让自己坦然，眼睛却不敢看章沁晖。吕太行跟他说了再见后，他祝吕太行跟章沁晖一路顺风，听见章沁晖脆脆地说声谢谢后，才瞟了章沁晖一眼。看到章沁晖脸上依旧带着淡淡的笑容，心里又不由自主地痛了一下。

后来有人问乔锋爱情的感觉是怎样的，乔锋想了想，回答只有两个字——心痛。然后，他又补充了一句：当你真正爱上一个人时，那种心痛的感觉便牢牢跟定了你。乔锋说话的口气很坚定，因为心痛是他爱上章沁晖后的真实感觉。

4. 章氏企业

20世纪90年代，广东是国家改革开放的前沿，不少经济试点都是在这里开始的，这里的人们对股票的认识自然要比其他地区更早。1992年夏天，深圳市宣布发行国内公众股5亿股，发售新股认购抽签表500万张，一次性抽出50万张有效中签表；新股认购抽签表在当年8月9号、10号两天在深圳各银行、保险公司的网点发售。由于利益明显，一下子把全国包括深圳在内的一百多万股民集合到了深圳街头。

事情的发生引起了万安集团公司总经理章子良的注意。当时中国各地逐渐开始发行股票，尽管当地部分老百姓认购踊跃，但由于缺乏企业机构的参与，中签率与利润率都相当高。这件事启发了章子良，他随后注册了万安投资公司，专门从事这种认购原始股的业务。当时除了章家的万安投资外，规模较大的民营企业，国内还有几家。在成都机场被乔锋堵在局外的那家新疆民营企业便非常著名，经常成为一些原始股的最大买家。

1993年的春天，股票二级市场的走势不错，尤其是浦东地区的上市公司股票的升势异常凌厉，不由得不让证券市场中的看客怦然心动。这种机会自然也吸引了赚钱鼻子超常灵敏的章子良。在二级市场多头走势时，一级市场的利润与之相比便显逊色，且时常不稳定，章子良便有进入二级市场的想法。但是二级市场变化莫测。一次，章子良看到上海本地股行情非常活跃，同时营业部的汪总也一直鼓励他买二级市场的股票，媒体也是一片看好声。特别是一次他看到一个叫太行的股评家，写的文章非常有煽动性，其中一句"希望在多方攻城大军的队伍里，看到你矫健的身影"，更是打动了他。在这种情况下，他便动手少量买进一些热门的上海本地股。没想到刚刚买进不久，大盘就发生了急转直下的变化，幸亏后来及时出手，只出现了一些小的损失。初次受挫，章子良觉得股票市场与商贸生意不同，既刺激、简单，又变化莫测，机会与风险都很大。他认为从事这项生意，一定要有专业人士来辅助。在这点上，章氏企业还是比较开明的。在章家刚刚起步的时候，章子良就曾经到一个合资厂去偷偷学艺。现在的章家条件不同了，不用再偷偷去学了，可以直接让需要的人来为自己打工。

万安集团公司的招聘广告在《天下证券》刊登，因为是深圳特区的公司，又是当时社会的热门行业，应聘的人众多。大量的应聘报告堆在章子良眼前，章子良翻了两份就直皱眉头，便把初选的工作交给了鲁毅。鲁毅在万安公司是章子良的嫡系，跟随章子良多年。后来章子良事业发生变化之后，鲁毅依然跟着他到了海外。

鲁毅和人事部的同事一块儿翻阅了那些应聘报告，特别慎重地选择了几个面试对象。因为章子良已经向他透露过，公司的证券投资部成立后，他将和新聘的同事一块儿主持。

跟随章子良多年，鲁毅知道章子良虽然文化程度不是太高，但他的生存智慧却有着独特的魅力，这些魅力却极少为普通人所知。高智慧的产生必须有着强烈的追求和自强不息的创新精神，具有丰富的人生经历。许多亿万富豪文凭并不是很高，但是多数人都有过行万里路的经历，大事情决策有主见，但不固执。比如说盖茨、乔布斯，还有杨致远。

在中国商品稀缺的上个世纪 80 年代，做生意并不需要过高的文化，也不需要什么特别的智慧，关键是要有一定的胆量和信息，同时不怕辛苦。章子良祖籍江西，80 年代初期，他与表弟季云飞跟随父亲章大江把广东福建等地的日常生活用品，装在大麻袋里通过火车运到南昌，每次都能获得 200% ~ 300% 的利润。这种发财的路数简单得就像后来年轻人玩的《大航海时代》电子游戏。这个年代内地很多第一批富起来的人，都是靠这种简单原始的方式发的家。在当时那种特定的历史背景下，能够抓住这种机会的人，特别是在当时所谓的优势群体中是非常少的。可见大多数中国人的生活勇气和奋斗欲望，已经被此前那个大一统的年代消磨殆尽了。

章子良在那时就已经显示出了他超出常人的商业头脑。他先是单程贩运，后来在广州建立了货源点，接着就是大量批发，集中生产，生意越做越大，家族的事业也蓬勃发展起来，很快完成了原始积累。

那时国家的改革开放政策是渐进的，先是沿海沿边试验，然后向内地扩展，这样在一定时期内区域发展机会是非常不均衡的，具有商业头脑的聪明人“孔雀东南飞“的现象不可避免。章子良发现了这种情况，及时跟父亲章大江提出了战略转移的想法。章大江非常赞同，决定把家族生意的重心转移到中国经济发展的最前沿——广东。这种战略转移应该讲是有很强的机会意义的。中国的民营经济发展，并不是民营企业自己能够主导的，成功者在自己努力的基础上，必须借势，顺应社会机会。在去广东之前，章大江带着章子良、章沁晖兄妹以及季云飞先回了趟风光旖旎的家乡婺源县赋春镇，设盛宴遍请了镇领导和远亲近邻。大家在酒足饭饱之后，每人都收到了一份礼物。后来章子良跟鲁毅讲起此事时，说人在外闯荡，在力所能及的情况下，应该为自己、为亲人留下一块坚实的以防不测的根据地。

那次回老家，章家不但为当地投资建了几个农资厂，而且有一天晚上，章子良特意找到了在镇中学里教书的远房亲戚章小树。章小树老实巴交，腿还有点跛，在镇上是个最微不足道的人。章小树没料到章子良会专程来看望他，在章子良面前激动得说不出话。章子良临别前取出两个存折交给他，一张存折上的数字足够章小树在这小镇上度过一生，另一张存折是让章小树帮着保存的。章子良此番转战广东，未谋胜先虑败，替自己安排了一条后路，万一兵败南方，回到家乡不至于过分窘迫。章小树后来果然没有辜负章子良的期望，至死仍然保存着那张存折，但章子良却一直没有差人向他讨回。

章子良的事业如日中天，他的成功不排除运气的成分，但主要还得归结于他超常的敏觉和对于商场独到的见解。有一次章子良酒后高兴，跟鲁毅提及他总结的中国商业大智慧。他认为这种智慧首属找寻与抓住双轨价格，他的发迹主要靠此，这也是社会转型时期的最重要机会。他还拿股票举例：双轨价格有一级市场股票面值与二级市场股票价格的价差；法人股票价值与流通股票的价差；融资前后的股票净资产值价差；基本面变化前后的股价放大效应价差；市场非热点时期与热点时期的价差；封闭类型与开放类型的价差。例如，某一只股票增发前的净资产为2元；该公司的法人股转让价格或者银行贷款质押价值也为2元左右；高溢价增发后，净资产变为6元，该公司的法人股转让价格或者银行贷款质押价值也随之上升。第二点是盲点套利，由于沪深股市是初级市场，多数投资者投资经历有限，品种单一，加之证券市场本身就有使人的智力能力降低的功能，这导致了一些明显机会品种和一些明显机会时机，能够认识的人不多。聪明的人把这种机会叫做盲点机会，他们把抓住这种盲点机会作为自己的最重要的获利手段。例如，在刚刚发行证券基金时，为了扶持这些证券基金，给予了它们新股配售的政策，那么这些证券基金每年轻松获得巨大利润，这些证券投资基金就是盲点品种。抓住机会的方法也有两种，第一种是杠杆决战，投资者在对自己有利的时候，集中运用自己所有的资本，或者低成本地放大自己控制的资本进行决战。中国近十年的富豪史，大多数最成功者都是依靠一次关键性的胜利实现资本质变的。当然在决战时一定要注意应该是低风险的明显利润，不能有失误，否则你将永远无法翻身。第二种是细水长流，在每个阶段寻找一些几乎没有风险的机会进行投机性操作，同时配合一些措施激活这些品种。

章子良的见解表明他决定进军股市之前，已经做好了充分的准备。现在公司证券投资部只待招兵买马，便要正式运作了。鲁毅确定了几个面试人员后，向章子良做了汇报，章子良让鲁毅尽快安排面试。面试地点，就在万安公司的写字楼内。

这天上午，章子良亲自担任面试主考官，与鲁毅一起面试了几个应聘者，都不太满意。章子良与鲁毅简单交流了一下，便让秘书通知下一位面试者进来。

在鲁毅手上的应聘报告上，章子良看到下一个应聘者的名字是乔锋。

5. 机缘巧合

乔锋走进房间，他根本就没想到，那个坐在桌子后面、面无表情的主考官就是万安集团公司的老总章子良。章子良三十四五岁年纪，短短的头发，黝黑的脸膛，穿着深蓝色的西装，鹰隼样的目光从低处投到乔锋身上，让乔锋觉得略微有压迫之感。这个人看起来虽然精明，且有气势，但模样却有些土气，所以在回答章子良提出来的问题时，乔锋也并没有太紧张。

章子良表情严肃，翻着乔锋的应聘报告，问："你是什么时候在原州证券公司工作的，喜欢那里的工作吗？"

乔锋很有信心地回答："原州证券一成立，我就在那里工作。先是在电脑部，现在是交易部。我在公司里是业务骨干，我从那里学到了很多东西，并且很喜欢证券这个行业。"

章子良对他的回答不置可否，继续问："你为什么来我们公司应聘？是对原来的公司不满意，还是为了赚更多的钱？"

这似乎是个不太好回答的问题，不管你怎么说，对方都能挑出毛病来。乔锋沉吟了一下，正在考虑措辞，忽然间，觉得肚子一阵胀痛，好像有些东西在里面涌动。乔锋心想坏了，肯定是中午在外面吃的东西不干净，偏偏在这关键时候发作。开始他还想竭力忍住，但腹泻跟别的痛不一样，它根本不由你决定。乔锋突然站了起来，问章子良："可以借你们的卫生间用一下吗？"

章子良这回整个脸都对着乔锋了，他疑惑了一下，然后点点头。这时候乔锋顾不了许多，捂着肚子就冲进了卫生间。那天中午好像也没吃什么特别的东西，但卫生间里的异味却让乔锋自己都直皱眉头。他坐在马桶上想，面试肯定要砸锅，这次看来没有机会了。

乔锋在卫生间里足足待了十几分钟，出来后还故作镇定，但房间里这时已经飘荡着难闻的臭味。乔锋回到应试者的座位上，红着脸说："我现在可以继续回答刚才的问题吗？"

章子良的脸这时已经阴得像能拧出水来，他仰坐在椅子上，眼睛根本不看乔锋。他身边的鲁毅只能勉强笑笑，做一个继续的手势。

乔锋说："我很喜欢现在的公司，但是更想到特区来工作。特区的机会一定会比内地城市要多，给自己多一些机会，这是每个人都希望的。"

接下来章子良似乎已经不想再问什么了，只由鲁毅问了几个无关紧要的问题。乔锋走出房间的时候，似乎听到章子良从鼻孔里往外哼了一声，倒是鲁毅依然带着些微笑，起身送他出门。

乔锋走在街上有些沮丧，他倒并不是太在意万安公司这份工作。这趟到深圳出公差，他潜意识里有一个心愿，那就是如果能见到阔别许久的章沁晖，自己就心满意足了。从红马甲培训班回到原州后，乔锋一天都没有忘记过章沁晖，只是时间过得越久，她的模样在他脑海里越模糊。这让乔锋很不安，生怕自己有一天想不起来章沁晖的模样了。但正因为形象的模糊，又给乔锋提供了想像的空间。那个傍晚的上海财大操场，被夕阳余晖笼罩的章沁晖，更像行走在他的梦里，让他在梦里都不敢冒昧唐突。来深圳之前的那个晚上他兴奋得一宿都没睡，觉得只要到了深圳就能见到章沁晖。但真的到了深圳，他却不知道在茫茫人海里，他心仪的女子究竟在哪里。虽然红马甲培训班结束的时候，交易所为方便大家联络，印了份通讯簿，但乔锋却没有唐伯虎那样的勇气。

乔锋这次参加万安公司的招聘是想留在深圳，是为了将来有一天能见到魂牵梦绕的章沁晖。而今，偏偏肚子不争气，在关键时刻出卖了自己。初次应聘便受挫，再想到自己很快要回原州了，乔锋的心情更加郁闷。

那天，如果乔锋不是在街上遇到了一个老乡，他很可能当天就买机票飞回中原省了。那个老乡在中原省是个商界风云人物，但为人随和。除了工作时间，他的穿着打扮以及说话做事，你根本看不出他的身份来。那次他在深圳考察一个项目，但一到深圳就把工作交给了副手，自己成天逛街。他不仅逛那些大型商场，也逛小商品市场，但几天下来，他却几乎没有买过什么东西。他逛商场是想看看深圳人到底是怎样赚钱的。

能在深圳遇到老乡，乔锋郁闷的心情稍稍开朗了些。那老乡曾经是他大院里的邻居，大他几岁。10 年前，乔锋还在上中学的时候，这位老乡搬到了乔锋家附近。两人有一起在大院操场踢球的经历。后来这位老乡搬离了老城区，就断了来往。乔锋大学毕业进了原州证券，只不过是一个普通职员，而那老乡却在原州开创了中原省第一家期货经纪公司，他也是期货交易所第一批会员，并且在第一届交易所会员大会上当选为会员理事。这番在深圳街头偶遇，俩人都很高兴。

站在路边说了会儿话，那老乡便带乔锋去他住的宾馆。那老乡叫冯亿谋，他的事情还没办完，还得在深圳待两天。他知道乔锋已经没什么事了，便邀乔锋陪他逛深圳，到时一块儿回去。乔锋也感到与这位昔日的球友很投缘，而且在深圳多待一天，见到章沁晖的机会便多一分，就答应了。晚上，冯亿谋请他吃饭，席间问起他的工作，乔锋便把自己来深圳出差，并且应聘万安公司的事说了。说到面试腹泻那一段时，冯亿谋差点把肚皮笑破。他说："也许下一个面试者会认为这是一个考官放的屁。"乔锋不由得也笑了起来。

就在冯亿谋办完事情，即将与乔锋一块儿返回原州之际，乔锋突然接到了万安集团公司的电话。一位小姐用甜美异常的声音告诉乔锋，他已经被万安公司录用了，请尽快到公司办理相关手续。

这一消息对乔锋来说，无疑是天上掉下了馅饼，他本来对此已经不抱任何希望了。接到电话时，他已经收拾好了东西准备回原州了。放下电话，他马上找到冯亿谋，说抱歉，不能跟他一块儿回原州了。冯亿谋问清了原委，微笑着鼓励了他几句。

下面的事情很顺利，乔锋到万安公司报到，公司给了他半个月的时间回中原省办理手续。乔锋向原州证券公司辞职的时候，领导同事们都竭力挽留他。但乔锋去意已决，在离开原州的最后一天宴请同事，与大家告别。离开家乡原州，乔锋心里多少还是有些留恋的，但想到特区那片更为广阔的天空，心里就坦然了。而且，在深圳，还有他朝思暮想的女孩。

再次踏上深圳的土地，心境与上次出差又有不同。他想到从此将和暗恋的女孩生活在同一个城市了，大家都在证券行业工作，一定有机会见到她。这样想，乔锋随时随地心里都能生出许多兴奋来。

乔锋来到万安集团公司后，公司证券投资部正式成立，它与万安投资是两块牌子，一套人马。投资部除了乔锋，还有鲁毅和一个叫关冰倩的女子。鲁毅在那次面试时乔锋已经见过了，而且，乔锋很快就知道鲁毅是章子良的嫡系成员，所以平日里除了工作，并不深交。叫关冰倩的女子并不像公司里其他女员工一样，打扮得花枝招展。她很少化妆，喜穿得体的职业套装，每天在办公室里很安静，很少说话。每当乔锋和鲁毅讨论什么问题时，她总是静静地在一边听，乔锋从她眼睛里看出她听得很专心。关冰倩有一双细长的眼睛，笑起来眼睛更是眯成一条缝，看着特别可爱。鲁毅开玩笑说她像香港的吴倩莲，乔锋说她像林忆莲。

万安公司证券投资部成立的时候，二级市场不是太好，原始股的发行多是集中在上海深圳本地，这样资本运作的机会不多。证券投资部的业务过于单一，上班多是看看股票行情与报纸信息，有时也帮助其他部门干些杂事。这样，倒正好给了乔锋一个熟悉章氏企业的时间。

乔锋虽然加入了万安投资，但老总章子良好像对他并没有太多的兴趣。不多的几次来部门开会，他都面无表情，对乔锋只是象征性地点头。乔锋私下里问鲁毅："老板是不是对所有人都这样？"鲁毅笑笑说："你别在意，熟了你就知道了。章总其实是性情中人，喜怒全表现在脸上。"乔锋不解地问："那我有什么得罪他的地方吗？他为什么见到我总对我没有好脸色？"鲁毅又笑笑，说："深圳这块地方，注重的是人的能力，你刚来万安，还没有丝毫建树，他对你不了解，所以对你还处在考察期。等到他发现你真是一个人才，你才算真正加入万安。"

乔锋于是便特别留心每天翻阅的各种信息，有心要在短时间内做点事情，来证实自己的能力，也证实给章子良看。

有天上午乔锋跟鲁毅在万安投资开户的银赛港国际信托证券看盘，到中午的时候，俩人去了附近一家小酒店吃饭。回来的路上，不知道怎么提到那次面试的事。事隔好久了，一提起来鲁毅还是笑得合不拢嘴，笑得乔锋都不好意思起来。鲁毅说："那次你真是厉害，居然能排放出那么大的气味。你离开后，我在屋里喷了半瓶空气清香剂，又等了好一会儿才让下一个应聘者进来。"乔锋也笑着说："那天中午不知吃什么了，偏偏那时候拉肚子。但这种事情，可由不得你自己。"过一会儿，乔锋问："我现在真闹不明白，那次我怎么会被章总相中？"鲁毅哈哈一笑，说："那次章总对你没什么好印象，当时就把你否定掉了。可到了晚上，章总的妹妹来到公司，看到了你的应聘材料，向章总推荐了你，章总这才决定录用你。"乔锋怔了怔，已经意识到了什么，说："章总的妹妹是不是叫章沁晖？"鲁毅点头笑道："沁晖说她跟你曾经是红马甲培训班的同学，你不会不记得她吧？"

一时间，乔锋真是百感交集。自己苦苦寻找的人原来就在身边，看来冥冥中真有种力量在左右人的生活。他当即便问鲁毅怎么联系章沁晖。鲁毅道："沁晖虽然是章总的妹妹，但章总想让她好好锻炼锻炼，所以没把她留在万安工作。她现在在另一家证券公司。当然，你想找她很容易，我等会儿可以把她的电话抄给你。"

这时乔锋渐渐冷静下来，觉得有种怪怪的感觉。他想到原来自己进入万安是因了章沁晖这层关系，心情颇为复杂。鲁毅看乔锋情绪变化挺快，便料到了乔锋对章沁晖的心意。他在万安公司这么些年，一直做章子良的左右手，跟章沁晖也挺熟，他见多了对章沁晖生出刻骨相思的男人，所以见乔锋如此，心里颇不以为然。他解释说公司录用乔锋，除了章沁晖的推荐，还有乔锋的业内经验确实比其他应聘者丰富；而且，公司急需用人，如果乔锋觉得没面子，就尽快显示出自己的能力来，这比任何事情都有说服力。

鲁毅的话很快就应验了。还没过一个月，两个人在《天下证券》上看到高原市即将发行新股。按照往常惯例，异地发行原始股，特别是边远贫穷地区，由于人们的思想开放程度落后于沿海地区，当地人除了经济基础薄弱外，也不愿意买他们不了解的股票，甚至对发行股票这种事情漠不关心，导致发行股票的中签率比较高，资本利润可观，且风险很小。鲁毅很快向章子良汇报了这个信息，章子良挺高兴，立刻指示财务部门准备现金。多年的经商经历，章家已经具备了固定的融资渠道。

章子良让乔锋跟鲁毅做好准备，随时飞往高原市。临行前一天，章子良打电话把鲁毅和乔锋叫到自己办公室来，商量一些具体事宜。最后，章子良说："还有件事要跟你们说一下，这次去高原市还要多一个人。"鲁毅心里有数，乔锋却有些疑惑，但没用多久，他就心花怒放了。因为章子良说的多去的那个人，就是他日思夜想的章沁晖。

6. 香格里拉

章沁晖母亲的原籍是四川灌县，她有个习惯，每年4月都要回四川老家祖坟上烧香，顺便到县境内青城山上的一个道观内求签，测算当年的运程。这是老太太每年必办的事情，起因是一次她回老家烧香求签，后来不久章家就发达了起来，她把两件事情联系了起来。这年老太太身体不适，接连病了两场，到医院仔细检查过了，不过是些常见的老年病，没什么大碍，但得好好歇着。算一算又到了烧香求签的日子，老太太执意要回老家，章大江与章子良死活不答应。老太太跟他们闹了好几天别扭，终于妥协了。她郑重交代女儿章沁晖，代她回老家上坟，并特别嘱咐一定别忘了去她常去的那座道观求签。章沁晖供职的华南证券其中有万安的股份，所以请假挺方便。这时乔锋和鲁毅要经成都转道高原市，章子良便让章沁晖与鲁毅、乔锋结伴而行，顺便一块儿去高原市，参加这次认购原始股的行动。

再见到章沁晖，乔锋心跳得厉害。红马甲培训班一别，半年有余，这大半年里，自己想过无数次与章沁晖重逢的场景，而今，梦想成为现实，甚至相逢的情形比自己想像的还要美妙。因为章沁晖将与自己一块儿飞去高原，这其间至少有十多天的时间可以朝夕相处。飞机上，乔锋好几次偷偷看章沁晖，越看心中越高兴，坐在她的身边，欢喜得都不知说什么好了。

鲁毅在商场上打滚多年，这点眼色还是有的。乔锋一见到章沁晖的那高兴劲儿，他都看在眼里，等上了飞机，自然地，他就让乔锋坐到了章沁晖身边。章沁晖见到乔锋也挺高兴，但也只是淡淡地笑，候机时也聊了些红马甲培训班上的事。等到上了飞机，培训班的事也说得差不多了，她便随意翻看飞机上准备的一本时尚杂志。这时，乔锋自己却突然一改前几次的机智活泼，反而变得拘谨起来，看着章沁晖恬静清雅的模样，一直想不起来说些什么。飞机起飞的时候，章沁晖闭目养神。乔锋侧目，看她呼吸时鼻翼轻微颤动和胸口一起一伏，一时看呆了，继而又觉得这样看唐突了章沁晖，急忙坐正了身子，心还在“扑扑”地乱跳。

飞机上，章沁晖可能是有点累，没怎么主动说话，要么看书，要么是眼睛贴在机窗上往外看，好像根本就无视乔锋的存在。乔锋只要坐在章沁晖的身边就很满足了，但章沁晖的神色，还是让他有点沮丧。

乔锋这时心情很复杂，一方面不愿意错过与章沁晖在一起的时间，另一方面又怕因为自己的不小心冒犯了章沁晖，这样恐怕以后就没有机会了。所以，这一路上，他心神不定，也无心与鲁毅说话，只坐那儿发呆。想了会儿章沁晖，接着又想万安公司章子良的脸色，再想这趟高原之行。乔锋决心一定要在万安投资干出点名堂来，一个男人只有事业成功了，才能得到女子的青睐。

飞机即将抵达成都双流机场时，乔锋脑子里忽然灵光闪现。他先失声叫了下章沁晖的名字，章沁晖放下书看着他，现出等待的神情。乔锋又转身向着鲁毅说：“我有个主意，不知道行不行？我们能不能让成都分公司的老王想想办法，把飞往高原市的机票全部买下？”鲁毅先是愣了一下，随后立刻就想到了原因，想了一下，说：“差不多吧，老王应该有办法。”那边的章沁晖也是个聪明人，也明白了乔锋欲掐断交通线，把和他们抱有相同目的去往高原市的人阻在局外，以提高原始股认购率的想法。

章沁晖笑着点了点头，这是章沁晖自打上飞机后第一次露出笑容。鲁毅与乔锋一见，便知道章沁晖同意了乔锋的想法。

到了成都分公司，分公司经理老王为公司最年轻的董事章沁晖安排了一个员工见面会。在会上，鲁毅跟他说了乔锋想买断飞往高原市飞机票的事。老王在成都已经20年，方方面面关系打点得不错。他连声说没问题，立刻就差人去办。由于高原市地理位置比较偏僻，所以那星期里只有一趟小飞机，而且在三天之后。这样，章沁晖正好有了时间去灌县青城山。

向分公司借了辆车，乔锋、鲁毅、章沁晖三人就往灌县去了，鲁毅开的车。这时候，乔锋知道了鲁毅本来就是章子良的司机，心里就对万安公司的人事安排有了进一步了解。章子良配置每个部门的人员时，把可靠的人与能干的人掺杂使用，可靠的当指导员，负责维系公司的利益；能干的当连长，在一线指挥冲杀。路上，乔锋开玩笑地问章沁晖："毫无疑问，我是新人，属于群众阶层，怎样努力才能尽快成为干部阶层呢?"章沁晖回答的也很策略："你是特殊的人才，从当新人开始就已经是优秀干部了。"

汽车两个多小时就到了青城山。此时的南方，正值春夏之交的梅雨季节，刚才路上还下着小雨，这会儿已经停了。在停车的地方，有事先联系好的当地人等着章沁晖。章沁晖跟鲁毅很快就跟着当地人走了，走之前与乔锋约好了下午集合的时间、地点。乔锋知道章沁晖办的是家事，鲁毅是章子良的亲信，自己是新人，不方便跟着，但心里还是多少有些郁闷，对于游览青城山，便也提不起多少兴趣来。青城山是我国道教发源地之一，素有"洞天福地"、"人间仙境""青城天下幽"之誉，位于灌县西南15公里，离成都70公里。城外诸峰环绕，山上树木茂盛，山路两旁古木参天，浓荫覆地，四季常青，故名青城山。青城山分青城前山和青城后山。前山景色优美，文物古迹众多，后山自然景物神秘旖旎，原始华美如世外桃源。

乔锋心情不好，无心与众多游客为伍，便独自避开人流，去了后山。中午，乔锋在后山走累了，看见路边一所僻静的房子，便想在这里歇歇脚，然后再往回赶，这样正好可以赶上与章沁晖、鲁毅约好的时间。在房子的门口，乔锋见到了一位慈眉善目、须发皆白的老道士，正坐在屋里看着他。乔锋进屋上前，还没说话，老道先开了口，说："请问施主是不是要求签?"

看到房间里只有老道士一个人，想来是以此为生的，乔锋动了恻隐之心，便说："那就求一签吧。"乔锋原不信鬼神命运，只是不想扫老道的兴，再加上闲着没事，就上前摇动签桶，只一下，就从签桶里掉出一根签来。乔锋捡起来，签上写着："孤签，穷凶极恶。"

老道士接签在手，眼睛一闪，问乔锋："你原籍是湖北人吧?"

乔锋感到奇怪，自己从小生活在北方，口间一点湖北腔都没有，老道怎么知道自己原籍是湖北。他带些疑惑地点头，说："是。"

老道让乔锋等一等，便起身去后屋。出来时，手上拿着本旧书。老道坐下盯着乔锋点头叹道："你求到的是孤签，也是活签，无法解释，但你却可以自己参悟。你命数到底如何，那要看时势的造化了。”

乔锋好像听懂了老道的话，却又不完全明白他话内隐藏的玄机。这时老道将那本书递到乔锋面前，说：“这本书是配合这支签的，你拿回去独自仔细参详。这不是一本普通的书，不要轻易示人。10年后的今天，你要把这本书送回此处……”

乔锋临走前，在门前的箱子里放了50元钱。走出去好远了，乔锋回头，看到那房门已经关上。乔锋心里奇怪，想：自己莫非像历史上的传奇人物张良、刘基一样，遇见高人了？

在约定时间，与章沁晖和鲁毅会齐，乔锋没有向他们提及青城山老道士的事。回到成都，老王已经办妥了机票的事情，买断了本周飞往高原市的所有机票。因为还有一天的空暇，三人便在老王陪同下，在成都市区转了一天。那年成都的夏天非常炎热，但是乔锋对成都的印象却非常好。这不仅因为成都市的繁华和美丽，也不仅因为成都遍地美女，更重要的是，在成都，章沁晖的心情好像好了许多，话虽仍然不多，但当乔锋与鲁毅谈论什么的时候，她也能主动加入进来。

乔锋私下里问鲁毅：“是不是回了趟老家让章沁晖心情好起来了？”鲁毅也表示不解，他说：“我陪沁晖去求签途中还提到过你，沁晖对你评价不错，说你是个有才能的人，要不也不会想到掐断交通线的主意。”乔锋追问一句：“她真这么说的？”鲁毅笑道：“莫非我还会骗你？”乔锋猜想，可能就是因为这个缘故吧，沁晖的心情明朗起来。至少，她已经发现自己没有向哥哥推荐错人。

鲁毅的话让乔锋高兴起来，他接下来又想到，男人要想征服女人的心，必须依靠自己的实力与做出的成绩。这样，乔锋一下子就明确了自己的方向，他整个人都变得轻松起来。

在高原市，成功中签1200万股西部明珠后，需要有一段时间等待回程的飞机。乔锋与章沁晖都是年轻人，觉得来一趟高原不容易，便想趁这时间好好游一游高原。鲁毅是个老好人，并且因为职责所在，一些具体的业务杂事，需要自己单独去办。这样，就给乔锋留出了单独与章沁晖在一起的机会。

高原市是离天空最近的地方，站在那片土地上，你可以最真实地感受阳光的沐浴、劲风的洗礼。乔锋后来一直认为这个城市是最美、最原始、最纯净，也最值得怀念的地方，特别是高原河边静静矗立的白杨树。随着接触的增多，不太爱说话的章沁晖开始变得活泼，说话的声音也不时地改变，时常露出本性的童真。在乔锋看来，她那圣洁的微笑，竟比高原的阳光还要灿烂。

一次，乔锋和章沁晖一起在街上闲逛的时候，看着她在铺子里挑挑拣拣地和小贩讨价还价甚至因为砍下了几块钱而雀跃不已，乔锋情不自禁地笑了。

不想，这种举动被章沁晖看见：“你笑什么?”

乔锋回答：“挺好的！我原来以为你买东西是不会还价的。”

“买东西会还价有什么不好的？大家不都一样吗?”章沁晖显然心情也不错。

“我原来一直认为你与别人不一样，把你当成了公主，说话的时候都有点心跳得厉害。”乔锋一语双关地说。

章沁晖没有听懂，“是吗？我自己怎么没有觉得。那现在呢?”

“现在认为你是一个更高贵的公主，就像《天仙配》里的七仙女一样。有钱，漂亮，聪明，说明你可以当‘衣来伸手，饭来张口’的小姐公主；买东西讨价还价，说明你也可以当穷人的老婆。”

听到这话，沁晖笑得非常开心。

去高原旅游的人，大多数都喜欢到日喀则去，乔锋他们来一趟不容易，当然不会放过这次机会。去日喀则的那段车程出奇艰难，汽车行驶在一条在悬崖峭壁上凿出的盘山碎石路上，崎岖颠簸，惊险异常。有时视线里出现一堆乱石或一条沟壑，可汽车仍然摇摇晃晃地在底盘被撞击的沉闷响声中蹒跚驶过；有时为了等待会车而停在路边，游客们需要屏住呼吸，根本不敢向外看那深不可测的山谷。穿行在荒凉的群山中，满眼全是黄土砾石。回头看去，车后扬起漫天尘土。偶尔经过一个不知名的村寨，除了简陋的民居，也只剩贫瘠的土地映入眼帘。倒是那些手持转经筒在山坡上放牧的藏民，和对着汽车挥动双手的当地孩童，如一幅幅写实画生动地昭示着生命的蓬勃。山坡上常见牦牛和羊群。这些耐寒的高原生灵，在片片荒山中仔细搜寻着不多的食物。随着海拔的逐渐攀升，车窗外开始出现雪山。

也不知是舟车劳顿还是高原反应，几乎所有人都在座位上东倒西歪……这时候，导游说很快就能翻越海拔4800米的甘巴拉山口，然后就可以看见著名的羊卓雍湖了。

羊卓雍湖不愧为西藏四大圣湖之一，与雅鲁藏布江仅一山之隔，湖内分布着十几个小岛，湖滨水草丰茂，是西藏著名的牧场之一。在这里，游客们纷纷拉着当地的藏民过来合影，乔锋与鲁毅也不例外。

章沁晖到了湖边，整个人就变得异常平静，她一个人离开喧闹的游客与藏民，站在湖边。湖边的微风吹过她的衣衫，乔锋远远看过去，觉得她像极了一个远离喧嚣不染尘埃的梦境中的女孩。乔锋拿着照相机慢慢踱到章沁晖身后，大声叫章沁晖的名字，章沁晖回头的瞬间，他留下了章沁晖站在羊卓雍湖边永恒的瞬间。后来那张照片，就摆放在了章沁晖在华南证券办公室的办公桌上。

乔锋从高原回来后，每晚睡前都要把在青城山老道士处得来的那本书拿出来看。那本书名叫《奇智狐狸》。全书共有九个分册，乔锋得到的是其中的一册。这是一套记述古代文化智慧的奇书，书的前言里提到历史上不少英雄人物都读过此书。书的核心理论是，一个人要想获得成功的智慧，必须要刻意培养自己具备“汉唐九诀”提示的关键素质。这九诀素质分别是：鸣、智、勇、技、奇、情、盟、毅、乐。

鸣，指的是无形资产。比如说刘备，文不如诸葛，武不及关张，但他是皇叔，具备鸣，所以能够成事。智指的是知识的广泛与接受新知识的能力，孔明就是这种类型的。勇，指的是人敢想敢干的精神，关羽张飞就是这样。技，是技能的简称，人必须具有一种实用的技术，刘、关、张、诸葛应该讲都是有技的。奇，是指你拥有的技术或者你阶段的着力点放在一般人不注意的盲点上。比如说曹操的重要胜利都是依靠奇兵获得的。情，是说人要成功必须是一个好汉三个帮。盟，指的是事业的开展必须借力打力，利用一切客观条件创造有利于自己的环境。毅，是说即使正确的事情与成功在望的结果，也需要艰苦的坚持。乐，则是指要做的事情应该是被社会接受的和受欢迎的。

《奇智狐狸》是汉唐九诀的第二部分，虽然也反复提出了九诀的重要性，但着眼点却在“智”的方面。乔锋被这本书的内容深深吸引，并且有找寻其他八本书的欲望，但后来始终没有如愿。只是书中提及的一些书名，如《王者之狮》、《金钱老鼠》、《不死凤凰》等，想必也是这部奇书的一部分，是《奇智狐狸》的姊妹篇。由于《奇智狐狸》是文言文，道理深刻精妙，却言简意赅，所以其中许多要领精义，乔锋一时还不能领会。每当看到实在不能理解的地方，乔锋就宽慰自己，等到头脑清醒的时候再琢磨吧，反正离老道约定还书的时间还有10年。

第二章
金戈铁马

世界上最深的马里亚纳海沟深处，基本上没有生物活下去的条件。可是有一种身上长灯的名叫“安康”的鱼却快乐、顽强地生活着。但它们不是生下来就有灯的，要等到爱情在它们身上发生时，才会长出灯来。

1. 剑胆琴心

关冰倩是个看起来文文静静的女孩儿，还特别喜欢笑。她一笑起来眼睛就眯成两条缝，看着柔柔的，像田野里一朵小花，静静地美丽，毫不张扬。这天早晨她去了趟银行，回到万安证券时，天正下着小雨，整个街道都弥漫在细细的雨丝中。那些高楼，也被一层隐隐的雾气遮掩，让城市看上去，像一个羞涩的女人。

关冰倩上楼的时候，正好碰见乔锋和鲁毅从电梯里出来。就在电梯边，关冰倩向鲁毅汇报了去银行办的事。鲁毅说反正现在也没什么事，你跟我们一块儿去看盘吧。

万安投资的开户证券公司最主要有两家，一家就是章沁晖所在的华南证券，另一家是银赛港国际信托证券。由于银赛港国际信托证券距万安投资的办公室地址非常近，在没有业务开盘的时候，乔锋跟鲁毅经常到这家证券营业部大户室里去看盘。

关冰倩那天就跟乔锋、鲁毅去了。

那雨下得充满了风情，三人步行穿越街道往银赛港国际信托证券营业部去。鲁毅老成持重，心情好像并不受环境影响，而乔锋在雨中却呈现出了少有的稚气。乔锋笑眯眯地冲着关冰倩说：“这是我来南方碰上的第一场雨。我觉得南方的雨特别温馨，就像南方人的性格。”

关冰倩眯着眼笑，她说：“让你觉得温馨的不仅是这场雨吧？”

边上的鲁毅也笑，乔锋便住了嘴，但脸上却露出幸福的表情。在证券部，他的秘密当然逃不过关冰倩的眼睛。从高原回来后，他与章沁晖联系一下子多了许多。他在工作之余，经常会小心翼翼地打电话去找章沁晖。说话的内容无非是些工作生活中的琐事，但他小心翼翼和放下电话后开心的样子，常惹得鲁毅跟关冰倩暗中偷笑。后来大家混得熟了，鲁毅与关冰倩便常拿乔锋来开些无伤大雅的小玩笑，有时也会含蓄地提醒他不要过分沉迷于一些不着边际的幻想中。但乔锋在他们的玩笑里，始终保持了一份愉快的心情，好像任何把他跟章沁晖连在一起的话语都能让他开心起来。其实，他并不是不明白鲁毅与关冰倩的劝诫，这非但没有让他却步，相反的，倒让他心里生出更大的决心来。爱情是人生里最大的一场战役，这场战役的胜败关系一生的幸福。所以，在爱情的战场上，他根本不会退缩，何况，他要赢取的是章沁晖那样一个完美得让他心痛的女孩。

关冰倩也有一个深爱她的男朋友，叫林远思，在华南大学计算机系当教师。俩人恋爱多年，但始终不温不火。关冰倩常常在一个人的时候，心里被一些忧伤的情绪充斥着。她身处爱情之中，却无法感受到爱情那种甜蜜的滋味。她不知道，究竟是自己这方面出了问题，还是因为林远思。

这天在雨中，关冰倩的心事被乔锋脸上露出的甜蜜所触动，因而在银赛港国际信托证券营业厅大户室看盘时，她显得有些心不在焉。

近期的市场一直处于盘局之中，表现活跃的品种都是三线垃圾股，媒体上的一些学院派人士不断发表指责市场投机的文章。在大户室看了这些文章后，关冰倩问乔锋："不是说市场永远是正确的吗？为什么这些专家的言论都说市场不好？这样的话，按照专家认为对的理论进行操作有可能不赚钱，而按照专家认为错误的方式操作却可能赚钱，这说明什么呢？"

乔锋还没说话，鲁毅一脸不屑，抢着道："这只能说明这些专家是假的。在证券市场中哪有什么专家，只有胜利者和失败者。失败者是无权对市场进行指责的。"乔锋点头赞同，他的话更直接："在实质上，证券市场是最纯正的市场经济。表面上，它是纯粹的投机取巧：不同姿态的微妙差异、套利和题材、虚张声势和死斗到底。实际上它与武功一样，是一种凭借速度和灵活性取胜的游戏。就像达尔文的学说所阐述的，20 世纪 90 年代末喧嚣的股票市场正在把那些只注重传统书本知识、没有实际对抗经验的纸上谈兵者扫除出局。"

接下来乔锋与鲁毅说了些什么，关冰倩已经听不进去了。她似乎在刚才的一瞬间，找到了与林远思之间问题的关键。林远思跟她是华南大学的校友，林远思高她两届，在大学里就开始追求她。那会儿林远思在学校里成绩非常好，为人又朴实，有许多女生都在暗中留意他。本科毕业的时候，林远思直接被保送升了本校的研究生，后来又留校当了计算机系的老师。在一般人眼里，林远思有一份稳定且不错的工作，人又那么厚道，对关冰倩一心一意，是典型的好男人。开始的时候，关冰倩也正因为这一点，才选择了林远思开始自己的爱情。可是，俩人恋爱多年，关冰倩走出校园，从一个学生妹变成了一家证券公司的职员，她从事的正是当下社会最热门且最具有挑战性的职业。她眼见着许多原本平凡的人，一夜间创造出让大多数人一生都难以望其项背的财富；也有很多人，在一夕间失去数年辛苦创下的家业，沦为贫民。贫富的概念在这里需要重新定义，没有绝对的富与绝对的贫，只要你心中还有斗志，只要你不曾被失败完全击倒，那么生活对你永远具有意义。

而这时候的林远思，依然停留在许多年前校园男生的状态。他现在虽然做了老师，但仍然每天待在书房内摆弄他的电脑，每天都在重复同样的生活，不起丝毫波澜。关冰倩明白每个人都有选择自己生活方式的权利，但是，对于林远思的现状，她其实在心底已经有了不满情绪。这表现在她与林远思一起时，总提不起精神来，想跟他说些什么，但因为自己的性格，和考虑到一个男人的尊严，有些话又实在说不出口。她确定林远思是真的爱她，自己的这种不满情绪带给林远思的，是让他在她面前愈发拘谨，快 30 岁的人了，看起来却还像一个初入学的大学生样腼腆。许多个黄昏月下，关冰倩与林远思在华南大学的操场上散步，晚霞与月光常常让关冰倩在心里生出许多憧憬，温热的柔情也丝丝缕缕地从心里深处蔓延开来。但身边的林远思，却似乎根本感觉不到，仿佛只要跟在关冰倩的身边，就是件让他很开心的事，剩下的对他都显得无关紧要了。而关冰倩需要的不仅是俩人在一起，她希望林远思能够向她表达自己的爱，而不是单纯地靠她去感觉。

关冰倩知道自己找到了问题的关键，那一刻，她迫不及待想要见到林远思，跟他说清楚一切。

透过大户室宽大的窗户，外面的雨丝几乎看不见，但关冰倩知道它此刻依然在悄悄润湿着整个城市。而她此刻的心思，也像这细雨漫无边际，像细雨般纤柔且忧伤。

那边的乔锋与鲁毅还在闲聊，乔锋问鲁毅："公司有没有关系比较近的股评家？"鲁毅回答说："没有。但银赛港国际信托倒经常请一个叫太行的股评家讲课。"乔锋说："如果方便，公司最好能与一个股评家保持长期联系。"鲁毅说："你的意思是利用媒体的力量？"乔锋点头："这次咱们中签的西部明珠数量挺多，到卖的时候，如果能够有一些辅助手段，可以获利多一些。我们不能小看舆论的重要性，一个好的政委可以顶一个炮兵师。炒股其实就是打仗。”鲁毅点头说：“近期我就着手办这个事。如果能联系上那个叫太行的就更好了。”他停一下，接着说：“这事儿，我看你抽空打个电话给章沁晖。她跟太行挺熟，听说是去年上海红马甲培训班的同学。”

乔锋一愣，说道：“我也是章沁晖那期红马甲培训班的同学，我怎么不知道班里有个叫太行的同学?”鲁毅想了想说：“好像听章沁晖说过，叫太行的股评家真名叫吕太行，太行是他取的笔名。”

乔锋又怔了怔，想起那个红马甲培训班时的班长。鲁毅这时又说：“太行这段时间名气挺大，先是在报社开办了周末股票专版，借此与不少券商关系搞得火热。后来干脆辞职单干，在媒体上开辟专栏，以文风直接大胆、具有煽动性著称。后来他的专栏受到一些大户的注意，这些大户主动与他拉关系。在行情好的时候，他点评的股票短线很快就会有反应，对市场影响越来越大，特别是一些散户，简直把他的文章当成了股市的风向标。现在他是好几家券商的投资顾问呢!”

乔锋沉吟了一下，说：“原来太行就是吕太行，我跟他也挺熟。那会儿在红马甲培训班，我还跟他交过手，发生了一些小过节儿。”乔锋笑笑，接着说，“太行是个有办法的人，又对媒体这么熟，我看就找他吧。”鲁毅有点不放心地道：“现在的太行名气越来越大，咱们万安投资刚刚起步，我怕他不愿意帮这个忙，而且，你说在培训班那会儿还跟他交过手。”乔锋笑道：“你大可放心，我与太行交往虽然不算太多，但我想他不是个势利的人。他的市场眼光非常敏锐，他应该能看到西部明珠后面潜藏的商机。”乔锋顿一下，又说，“培训班里我跟他交过手不错，但那只是闹着玩的事。退一万步，就算他真在乎那会儿的事，但为了显示大度，他也会帮咱们这个忙。太行是个聪明人，他不会在这种小事上自跌身份。何况，这里有他两个同学，他能这点面子都不给吗?”鲁毅摇头微笑，叹道：“高人做事高深莫测，真不是一般人所能猜度得透的。”

这天中午，关冰倩告别乔锋和鲁毅，回到万安证券。两个男人盯盘往往一盯就是一整天，因此关冰倩下午也没什么事，做些日常性的工作，然后打个电话给林远思。听到关冰倩的声音，林远思照例很高兴，关心地问她忙不忙。关冰倩冷冷地说：“忙，公司这次中签的西部明珠马上就要上市了。这是万安投资的第一次大资金运作，所以大家都在为此做准备。”林远思说：“周末了，休息休息吧！晚上来我这里吃饭。”林远思住在学校分给他的宿舍里，有一个单独的小厨房，俩人刚好上那会儿，经常去买菜回来自己做着吃，感觉特别温馨。但现在关冰倩已经对那种温馨提不起兴趣了，她心里已经有了另外一种生活。关冰倩最后对林远思说，晚上还是出来吃饭吧。她说了一家酒店的名字，那头的林远思犹豫了一下，说那家酒店挺贵的，要不，换一家吧。

关冰倩又从林远思的话音里听出了畏缩，她在心里叹了口气，柔声对林远思说："你不要多想，今晚我请你。好久没和你出去吃饭了，今晚咱们吃顿好的。"听着关冰倩柔柔的声音，林远思又高兴起来，他说："我听你的。"

晚上，林远思跟关冰倩坐在酒店里，那奢华的装潢和彬彬有礼的服务生，让林远思有些拘谨，而关冰倩因为有了心事，所以吃饭时也有些沉默。对面的林远思不住偷眼看关冰倩，好像也有话要说的样子。关冰倩看在眼里，故意不问。

其实关冰倩来之前已经想好了今晚要好好跟林远思谈一谈，但是，坐在林远思对面，她又不知道怎么说了。林远思是爱她的，否则，就不会在她面前露出那种畏缩的神色。林远思的畏缩，让关冰倩心中矛盾极了。一方面，她越来越讨厌这种畏缩，一个男人怎么能在女人面前畏缩呢；另一方面，林远思畏缩起来像个孩子，这让关冰倩心中又生出许多柔情来。想着与他在一起的那么多日子，她实在狠不下心说出那些刺痛一个男人尊严的话。

林远思在关冰倩面前，照例是不多言语。关冰倩心里叹息，主动问他最近在学校里是不是挺忙。林远思便说自己正在用业余时间，帮一家医院写一套建立病人档案的小程序。他说这套程序很快就能完成了，到时院方会给他几千块钱酬金。然后，林远思笑呵呵地说那套程序其实挺简单，技术上只要把各种数据归纳到一个数据库中去就可以了，所以院方几千块酬金，他觉得赚得挺容易。

看他高兴的样子，关冰倩眉峰微颦，轻轻地问："难道赚几千块钱就能让你满足了？"林远思竟不觉关冰倩的不快，说道："赚钱多少不是关键，主要是这钱来得容易，再说，多几千块钱终究是件好事。"

关冰倩又在心里幽幽叹了口气，她转头冲立在一侧的侍应小姐做个手势，吩咐她去拿瓶洋酒来。小姐转身而去，林远思眼中已露出些诧异的神情。他张了张嘴，欲言又止。关冰倩佯装不觉，微笑道："今天我们也喝点好的。"

林远思嗫嚅地道："那酒……那酒好像不便宜吧。"

关冰倩又勉强一笑，说："酒是让人喝的，为什么我们就不能享受一回？而且，你不觉得俩人在一起，如果花些钱能买来快乐，那是一件很值的事吗？"

林远思定定地望着关冰倩，半天，终于点头道："只要你高兴，不管花多少钱，我都高兴。而且……”林远思顿了一下，显出有心事的样子，“而且今天对我们有着特殊的意义，你高兴了，我才能高兴。”

关冰倩想了想，不知道林远思说的特殊意义是什么，她便盯着林远思看，等待他说出下文来。但林远思目光闪烁，竟似忘了自己的话一般，抑或因为畏缩而不知道如何开口。关冰倩心里又叹息一声，忍住不问，要看他到底能憋多久。

吃完饭，俩人走在街上。华灯绽放，霓虹争艳的街头充满了魅人的诱惑。关冰倩走在林远思右前方，知道自己今晚又不能对林远思说出想说的话了。林远思今晚也有些不对劲，好多次欲言又止，面上还现出紧张的神色。这晚皓月当空，清风徐徐，被月华笼罩的关冰倩与林远思都心事重重。最后还是关冰倩主动拉住了林远思的手。林远思受到鼓励般地赶忙紧紧把关冰倩的手握住，好像得不到关冰倩许可的亲近便冒犯了关冰倩一般。这样的男人，显然心中的爱已至深，可是爱到这种程度，对人便是一种折磨了。关冰倩心中已是思潮起伏，对林远思是又怨又怜。

到了华南大学校门前，关冰倩要打车回去了，林远思突然拉住她，怔怔地盯着她看。关冰倩被他盯得不自在起来，说：“你有什么话要说吗？”林远思还是不说话，脸孔涨得通红。关冰倩叹口气：“林远思，你做事难道就不能痛快些吗？”林远思好像受到了鼓励，他飞快掏出一个红色的小匣子递到关冰倩面前。关冰倩接过来，打开，看到里面有一枚小巧的钻戒。铂金的指环做成了一朵花的形状，一颗小小的钻石在花蕊中，被月色映衬得晶莹闪烁，戒指漂亮极了。关冰倩心中一热，瞬间涌上来的柔情让她真想紧紧抱住面前这个男人，这时，她也明白了林远思适才在餐厅里为什么要说今天对他们有着特殊意义了。瞬间的感动过后，关冰倩很快就恢复了冷静，她想了想，终于把匣子合上，递回到林远思的面前。林远思瞬间满脸恐慌，连声音都有些颤抖。

林远思说：“你不喜欢这戒指？我花了整整一天的时间才挑中它。我希望你会喜欢，我希望你能知道，我是真心爱你。我想用它，把咱们的心连在一起。”

关冰倩微笑，带些苦涩：“这戒指很漂亮，我也很喜欢。”

林远思说：“那你为什么要还给我？要我替你戴上吗？”

关冰倩摇头：“林远思，我知道你是真心爱我，但我现在还不想结婚。”

林远思更加慌张了：“为什么？”

关冰倩冷静地说：“因为现在，我还没有得到我想要的生活。”她盯着林远思，再叹口气，“我们生活在这样一个城市里，这城市衡量一个人价值尺度的惟一标准就是你的成就。我还没有实现我的价值，所以，我想再给自己一点时间。”

林远思显然没有完全领会关冰倩的话，他拉着关冰倩的手，不舍得放开，但又不知道说什么好。关冰倩挣开他的手，说：“其实我也是爱你的，但是，我觉得一个男人必须有了自己的事业，才能让自己爱的人幸福。到那时，喝不喝洋酒有什么关系呢，就算我只喝白开水，我也是快乐的。”

2. 初露锋芒

当上海交易所开盘的锣声在9：30敲响之后，全国证券公司营业部的行情终端一下子变成了财富重新分配的魔盘。红红绿绿的变化不断影响着投资者的心情。这个开盘仪式通常是由交易所的某个总裁，或者某个社会名流，或者是那天上市的某个新公司的董事长，在交易大厅前像个现代和尚那样敲响一个铜钟。

这天万安证券的人马全部出动，鲁毅和关冰倩奔赴深圳和广州的两家证券公司营业部，而乔锋则早早地就和章子良到了银赛港国际信托证券大户室里。章子良有一些与他身份很不相符的习惯，比如说不喜欢穿西装，不喜欢穿皮鞋。平日里，他都穿些特别休闲的夹克衫，脚上套一双黑帮布鞋。布鞋的鞋底是用碎布一层层裱在一起，然后用麻绳一针一针扎起来的。在深圳，估计穿这种布鞋的只有他一个人，这还是他的母亲亲手做的。章子良的母亲在老家婺源时就有为章大江和章子良做布鞋的习惯，这习惯后来一直保持到她去了澳洲。

章子良只在一些重要场合才穿上西装和皮鞋。今天，他的西装笔挺，里面的白衬衫与藏青蓝的领带让他看起来特别精神，脚上的皮鞋也擦得锃亮。这无形中让乔锋感到了一种压力。章子良坐在沙发上，腰板挺得笔直，眼睛一眨不眨地盯着面前的屏幕，像一个决战前夕的将军。今天是西部明珠上市的日子，也是万安投资成立以来最大的一笔投资，以往万安投资的账户上还从来没有停留过这么大的市值与现金。所以对于这一战，万安投资做了充分的准备。

当时的沪深交易所的交易制度与现在稍微有些不同，一方面是当时实行的T+0制度，即当天买的股票可以当天卖出去；另一方面还没有实行沪市账号指定交易，即在一个地方买的股票可以在另外一个地方卖出去。为了使操作的保密性更强，之前章子良听取了乔锋的建议，让鲁毅和关冰倩分别在广州和深圳两家证券公司营业部开设了两个私人的一挂多的账号。因为根据有关规定，每个账号的持股数量有上限，所以大户和机构常用个人账号共用一个资金账号的方式，来达到多持股的目的。

开盘前，营业部的大户管理员送来了当天的《证券报》，只见新股分析栏写着西部明珠的价值分析报告。报告的题目是《与珠穆朗玛并肩的西部明珠》，主要内容有十大概念：第一是少数民族概念，第二是小盘袖珍概念，第三是高科技概念，第四是产品独特概念，第五是潜在收购概念……综合结果是该股的合理定位应该是 10.00 ~ 12.00 元；如果低于 10.00 元，属于低估，可以大胆介入，中线持有，必有厚报。

章子良跟乔锋一人拿着一张《证券报》，看完后，章子良问乔锋："写得怎么样?"乔锋盯着太行的名字，沉吟了一下，由衷赞道："太行的文章写得确实有煽动性，那些夸张的语言不是一般人能想出来的。"章子良赞赏地点头："不错，这太行确实是个人才。这次他为我们万安写文章，都是你跟沁晖的功劳。"章子良顿一下，接着说："听沁晖说你跟太行也是那期红马甲培训班的同学。以后，你们可得多亲近亲近，把他拉过来，为万安投资壮大声誉。

乔锋微笑点头。上次他打电话找到太行，跟他说了西部明珠的事，让他帮忙写些文章。太行毫不犹豫就答应了。乔锋本来以为他最少得想一下，没料到他答应得这么爽快。可见太行的思维敏捷程度，不待你一招使尽，他便能在瞬间想出对策。文章见报后，乔锋与鲁毅专门讨论过那篇文章，最后得出的结论是，太行的文章写得确实好，显然是下了大工夫。那边的章子良还在感慨，说："听沁晖说这太行以前是个文人，后来明白过来，写文章不能当饭吃。他这篇投资报告的稿费比大学里任何一位教授的学术报告稿费要高得多。不过我看还是值，看完他写的文章，我自己都觉得这个股票真是好，简直不想卖了。"章子良打个哈哈，"可是，我不想成为空军俘虏营中的俘虏，我们必须赢得这场战斗的胜利。"

乔锋又从章子良的话里感觉到了压力。这是自己来万安的第一战，只能胜，不能败。

即使对于乔锋与章子良这样的业内人士来说，证券市场也是难以琢磨和不可预测的。因为市场的投资者不是面对面，大家在想什么做什么，无法直接看到。有人说市场是所有可用的信息和交易者的行动总和，但乔锋认为它的外延比这还要广泛，所有这些要素以各种方式组合，相互作用，形成了猛烈而神秘的市场力量。有谁敢说自己在这样的市场中百战百胜呢?

上午开盘前的集合竞价时间，乔锋向章子良建议在银赛港国际信托证券挂上 88 万卖单，单价为 8.88 元，让鲁毅在另一家证券营业厅内以同样的价格买进。结果开盘的价格果真就是8.88元，博了一个头彩。全国各地一些喜好炒新股的投资者顿时感觉这个股票可能有戏，因为只有机构操纵，才会出现这样吉利的开盘价格。

西部明珠开盘后，章子良有些紧张，他从商多年，但这是第一次大规模地参与坐庄操作。他透过大户室的窗户，盯着外面交易大厅里涌动的人潮。身后盯着显示屏的乔锋不断向他报告战果，他心里倒也确实有些紧张。后来买盘踊跃，自己账户中的仓位在不断减少，股票的价格一直保持在8.58元到9.18元之间，这才渐渐放下心来。他让乔锋打电话给鲁毅和关冰倩，只要西部明珠涨到9.18元以上时，就果断用1万股为单位卖出；而每当价位跌到8.58元时，就让乔锋冲出大买单护盘。后来为了体现一下实战下单的快乐，他自己也赤膊上阵，在乔锋的建议和指导下进行操作。那天的大盘也着实帮忙，一直是小涨的背景。

到了下午两点半以后，大盘有转强的趋势，一些次新股都有走强的征兆。乔锋建议让鲁毅、关冰倩停止操作，完全由自己和章子良控制局面。在章子良继续小单卖股票的时候，乔锋自己与鲁毅、关冰倩在电话里对了一下账，买卖盘抵消后，到目前为止一共已经卖了三百多万股，大部分成本已经收回。

乔锋心里轻松了不少，长长伸个懒腰后，对关注自己算账结果的章子良说："从现在起到两点五十，我们起用一个集中账号只卖不买，而且力度稍微加大一些。"

果然不出乔锋预料，西部明珠的价格因此出现了逆大盘下跌的走势，并且一度接近8.58元的当天最低价。到了14：50后，该账号一共卖了200万股左右。乔锋立刻打电话给关冰倩，让她用今天放满现金到现在还没有动用的一个私人账号，每隔一分钟往市价上面10个价位买10万股，也就是说提高10个价位；在最后临近收盘时，把所有的钱杀出，挂买单为9.98元。

由于股市大盘尾市的走势进一步转强，乔锋在这时刻估计委托下单买卖时间马上就要结束，与章子良一起把银赛港国际信托证券的所有资金都挂在了9.98元的价位上。西部明珠全天的走势相对强劲，以光头略带下影线的最高点收盘，尾市更成为5分钟涨幅第一名，并且在买一价位上还剩有数百万的买单没有成交，而卖单寥寥无几，这无疑给所有正在关注该股的人增强了看好的信心。

虽然手中还有900万股股票，但章子良与乔锋心里已经清楚，该股的市场定位已经基本成功，只要不发生意外情况，这笔买卖将创造巨大的收益。

到了周末，乔锋把报摊上所有的证券报刊全买了一份，见到市场一致看好西部明珠，该股成为市场媒体推荐率最高的股票。乔锋数了数，共有十二家股评推荐了西部明珠。当时不少散户就是根据有多少家股评推荐来选股的。乔锋还看到太行又写了篇文章，标题是《边疆的泉水清又纯》。文章指出西部明珠目前价格只是合理定位的下限，上涨还有空间，可以坚决中线看好。

乔锋握着报纸，沉默了一下：太行如此卖力地为西部明珠摇旗呐喊，除了章子良许以的丰厚报酬，其中应该还有章沁晖与自己的原因。乔锋虽然不敢确定，但是太行与章沁晖的关系，确实是他的一块心病。转念一想，既然太行在西部明珠这件事上做得坦然，那么，他也没必要为此心存芥蒂。真正的高手过招，其实不在于一招一式的还击，而在于一种姿态。就像《围城》里的赵辛楣向方鸿渐恶意挑衅，方鸿渐采取了退让的姿态来还击，因为那时苏小姐已心仪于他，他的退让其实是一种胜利者的大度。想到这些，乔锋心里陡生紧迫感，暗下决心不能在爱情的战役上输给太行。

西部明珠的市值已经翻了一倍多，这个周末的章子良格外开心。他很庆幸当初招聘的时候意外获得乔锋这个帮手。表面上看乔锋有些羞涩，不喜张扬，在人群里你根本分辨不出他的不同。但是没想到，进入股市，这家伙俨然就是一个指挥千军万马的将军，不仅判断准确，行事果断，而且那份严谨，就连自己这样的老江湖都不得不佩服。有些人生来就是为了某一件事存在，剑客为剑，舞者为舞，而乔锋，似乎生来就是要做套利这一行。此时的章子良已经认可了乔锋的能力，同时因为西部明珠一役，自己一直身处战线的最前沿，从头到尾参与了作战的指挥与决策，几乎所有的重大决策都是乔锋提请他同意后才具体实施的。他也为自己生出几许骄傲来，认为自己虽然初涉股市江湖，但已有大侠之能。

周五收盘后，章子良听乔锋打电话给正在上海的上市公司的头头和主承销商经理，问收盘价的定位是否合理。对方说了些什么，章子良没有听到，但看乔锋脸上露出的表情，他知道对方肯定非常满意。乔锋放下电话，只跟他轻描淡写地说，对方希望股票走势能平缓一些，不要太张扬。章子良哈哈大笑，豪气干云。他摇头道："不管他，咱们只管按照自己的决定往下做。"

这时候的章子良，已经知道乔锋是个将才，因而跟乔锋在一起时，不仅和颜悦色，心里还想着怎么笼络住这个家伙。连续忙碌了好几天，星期六上午大家都各自好好休息。到了下午，章子良打电话约乔锋出来洗桑拿，缓解一下紧张的神经。乔锋本来想找个理由打电话给章沁晖，希望能把她约出来。但老板相邀，不能不去，而且这个老板不是别人，正是章沁晖的亲大哥。乔锋想如果有一天自己能抱得美人归，那章子良就是自己的大舅子了。

乔锋赶到一家桑拿中心，章子良跟鲁毅已经在等他了。三人一边泡桑拿，一边商量着下周的操作计划。乔锋认为：由于市场的走势基本上还处于一个平衡的状态，虽然这次运气好，大盘给予良好的配合，但是不一定能够持续时间太长，特别是新股震幅较大，应该趁着大家对市场有信心的时机，按照计划出货。并且应该在手法上更果断一些，把股价定位在一个合理的价位上，争取获得上市公司半年后上市的内部股。因为如果到时股票市价远高于内部职工股的持股价位，那些职工就是自己直接在二级市场出货，也会有比较丰厚的收益，这样就会给自己公司获得内部职工股增添难度。

章子良觉得有道理，赞同了乔锋的提议。鲁毅在边上自无话说。泡完桑拿，吃完自助餐，章子良下定了出货的决心。三个人躺在大厅休息的时候，章子良问乔锋要不要找个小姐按摩。乔锋在内地从来没有经历过这种事情，虽然有些好奇，但想想章子良是章沁晖的哥哥，一定要给他留一个好印象，便拒绝了，自己一个人先回去。

乔锋走了后，章子良问鲁毅："你觉得乔锋这人怎么样?"鲁毅想了想，小心地回答："是个人才。"章子良再道："如果你站在我的位置，你该如何对待他?"鲁毅回答得愈发小心："可以把他当作韩信来使用。"章子良听毕哈哈大笑道："如果真是这样，我左有你这样的萧何，右有乔锋这样的韩信，今后可以在证券市场占有一席之地了。"鲁毅红了脸，知道章子良明白自己害怕乔锋危胁位置的心事，他由衷地叹道："章总你真是生了双慧眼，我是有什么心事，都瞒不过你。"又过了会儿，鲁毅道："章总，还有件事不知道你这双慧眼看出来了没有?"章子良注意听着，知道鲁毅还有下文。鲁毅道："乔锋他到万安投资来，其实是在学唐伯虎。"章子良有点疑惑，道："乔锋学唐伯虎干吗?"鲁毅说："可能沁晖是他心里的秋香。"章子良稍沉吟，便明白了。章子良没有说什么。鲁毅知道他的习惯，对于重要的事情，章子良不会轻易表态。

周一，大盘开盘。为了防止前一个交易日的短线获利盘涌出，乔锋故伎重施，再度把西部明珠以一个吉利的价格大幅低开，成为开盘价的跌幅第一名，把上周五买进该股的投资者的获利锁定，盘面抛压果然很轻。接着很快就用几十万股往上拉升了几毛钱。这时候跟风买盘大举涌上，而抛盘较少。章子良非常顺利地在9.00到9.50元一线抛掉了许多股票，尾市又利用几笔大单把股价拉到10元整收盘。

以后的几天，每天根据市场情况出几十万股，有时也打些T+0的差价，很快就把筹码出得差不多了。大盘出现几天短暂的技术性反弹后，又回归到平衡市涨跌两难的状态。出完筹码后，乔锋跟章子良不由得整个人都轻松下来，相视而笑。章子良对乔锋说："打个电话给鲁毅与小关，中午一起吃鲍鱼去。"

应该讲，这一仗万安投资是异常顺利，整个项目完成后，获利五千多万人民币。无疑这次成功为万安投资老板章子良与主力操盘师乔锋奠定了极大的资本运作信心，特别是乔锋，初战能够成功，在各方面都奠定了良好的基础。章子良这时已完全认识到了他的才能，对他赞赏有加，这样他追求章沁晖的信心更足了。乔锋可能没有意识到，这次的成功有运气成分。人在顺利的时候更容易把运气看成是自己的能力，而忽略运气的重要性。

中午，章子良带着万安投资的三员大将去了一家高档酒店，银赛港国际信托证券营业部的汪总也被邀参加。庆功宴上，汪总问章子良怎么会买进这么多的原始股，章子良便趁酒劲把乔锋如何掐断交通线的事情吹嘘了一番，着重强调了在机场乔锋、鲁毅如何挫败新疆大鳄。那时新疆张氏兄弟在证券界已经非常有名了，他们的发迹史像一部传奇，激励着不知多少年轻人。章子良难得有这样的谈兴，说完乔锋，话锋一转，便讲起自己在操作西部明珠时的心得。说得兴起时，胳膊在身前挥来挥去，俨然又回到了战场上。乔锋在边上，十分理解章子良初战告捷意气风发的心情，所以，当章子良把一些自己的计谋说成是他的决策，还反过来问自己是不是这样时，乔锋给予了主动的证明。

汪总在边上，听得入神，最后抚掌大笑道："章总真有当年郭子仪的风范，这叫不飞则已，一飞冲天啊!"

"哪里哪里。"章子良这时居然还知道谦逊，他道，"我不过是一介山野村夫，如果没有手下这几员大将的辅佐，估计这一战也不会胜得这么轻松。"

汪总颔首笑道："那也是因为章总种了棵梧桐树，才能招来高手相助。"他的话锋一转，又说起乔锋掐断交通线的事，显然这让他更感兴趣。他道："乔锋的主意，倒让我今天学了一招，下回我也找机会试一试。"

章子良笑道："下次这招可能就不管用了，说不定有人会提前把几次航班的机票全部买下了。如果汪总要用这招，估计得提前两个月下手了。"

汪总点头道："如果这样，那机票可就太贵了些。"

鲁毅这时道："汪总就不用全买了，只管买几张有用的，提前去就行，会有别人替你买断飞机票的。你想现在这些买家都是聪明人，有了前车之鉴，他们当然再不会吃这个亏，那就只好使咱们这招了。"

汪总与章子良哈哈大笑，一起举杯。

那天开席前章子良跟乔锋说还有一个客人，但大家都吃得差不多了，那客人还没来。乔锋曾偷偷问鲁毅还有谁要来，鲁毅也摇头说不知道。后来大家谈得高兴，乔锋便渐渐把这个事情给忘了。章子良与汪总说得眉飞色舞，乔锋看到边上的关冰倩一直沉默不语，便递个眼色给鲁毅，俩人一起向关冰倩举杯，说要为合作成功干一杯。

关冰倩不忍拂了乔锋与鲁毅的心意，便喝了一杯，然后再敬汪总与章子良一杯，便佯称身体不舒服，先走了。

关冰倩这样做，一来是为了自己，二来也是给章子良留了面子。刚才进门前，章子良落在关冰倩的后头，轻轻拿手捅了捅关冰倩的腰，关冰倩假装没感觉到，但心里已经有了戒心。章子良是农民出身，文化程度不高，发迹之后自然生出了许多暴富者的坏毛病。男人没有不好色的，关冰倩在特区生活多年，能够理解这些成功的男人心里承受的压力，他们需要找一些方式来让自己得到轻松，女人无疑是大多数人共同的选择。关冰倩理解，但并不是说自己能够接受。初来万安时，章子良便多次让她陪同参加一些社交活动，后来有一次出差带上她，在宾馆里遭到拒绝后，差点对她霸王硬上弓，关冰倩拼了全力才得以逃脱。事后，章子良向她道歉。她本想离开万安投资，但想想哪里的老板不是这个样子，就留了下来。后来章子良一直比较规矩。今天，章子良首战告捷，显然心中高兴，又动了色心。关冰倩及早脱身，就是不想让章子良有什么机会。

关冰倩刚走不久，章子良说的另一位客人便到了。乔锋盯着推门进来的人看，终于明白这最后一位客人是谁了。进来那人高高大大的身材，西装革履，一副春风得意不可一世的模样。事隔近一年，虽然有了些变化，但是，乔锋仍然一眼就认了出来，他就是红马甲培训班时的班长吕太行，也就是现在著名的股评家太行。

太行现在的气势，可不一般。

3. 侠骨柔情

太行来到深圳完全是为了情，确切说是为了一个叫张莲的女子。当太行在京城办完辞职手续，带着简单的行李置身深圳的街头，那时他的心里满怀喜悦。深圳对他虽然陌生了些，但这城市里有他深爱的女孩，他将与心爱的女孩一道，开始自己全新的生活。

太行过去是个文人，喜欢舞文弄墨，尤其擅长诗歌，即使后来他放弃诗歌，骨子里仍然有排遣不去的诗歌情结。诗歌爱好者，在90年代初期诗刊上，经常会看见太行这个名字。太行的诗受边塞军人的父亲影响，充满了苍莽和雄壮，盈荡着力量与激情。80年代全国的一次大学生诗歌比赛中，太行的诗俨然有别于那些单纯靠技巧创作的文学诗，赢得了大量的读者。在诗歌崇拜的年代里，太行的风光是后来的诗人们所无法想象的，太行也就在那段日子里频频受到不同女孩的青睐。而太行那时心高气傲，对身边那些才貌双全的女子，全然不动心，这让不少痴情女子黯然落泪。

缘这东西真的让人捉摸不透，正当太行即将毕业之际，忽然鬼使神差喜欢上了邻校音乐学院刚上大一的一个女生，那女生就是张莲。那天太行应邀到音乐学院参加一场校庆庆典，当他站在台上声情并茂地朗诵自己的诗作时，忽然在台下的人群中发现了一个穿浅绿色长裙的女孩。爱情来得毫无征兆，但太行却一下子深陷其中，不能自拔。太行选择了诗歌作为表达感情的方式，他经常在深夜仍苦苦冥思，为张莲写下一行行情真意切感人肺腑的诗作。每天傍晚时，太行亲笔把这些诗写在粉色带花纹的信笺上，送到张莲手中。

张莲是个典型的江南女子，脸特别白，白得有点病态，身子也特别瘦，看似弱不禁风的样子。同宿舍的同学们都管她叫林妹妹。这林妹妹虽然模样生得颇俊俏，但那会儿还不流行骨感美人，所以，在美女成群的音乐学院里并不太出众。那时她心里其实很愿意接受太行这样一个风头正劲的年轻才子，但出于女孩的矜持，加上不敢相信让那么多女孩青睐的太行会选择自己，所以，在太行面前，总表现得若即若离，让太行伤透了脑筋。

太行爱张莲爱到了骨子里，当时他站在台上，目光滑过穿浅绿色长裙的张莲，就像自阴霾的天空见到阳光，又像在沙漠中跋涉了许久的旅人终于见到了绿洲。他不知道这份感情怎么会来得这么强烈，让自己每天都处在爱情火焰的煎烤之中。他爱张莲爱得发疯，张莲若即若离的态度让他不能忍受。

初夏的一个夜晚，大学里宿舍刚刚熄灯，思念在这夜里蓦然而至，让他生出迫不及待要见到张莲的冲动。文人的血液里总是流淌着激情，太行那晚实在没有办法抑制住自己，不顾一切地就冲出了门。就是那一晚，他真正得到了他爱的女孩。

音乐学院女生宿舍楼，那晚熄灯不久，许多人刚刚入睡就被太行的叫声惊醒。大家推开窗户，借着皎洁的月光，看到著名青年才子太行站在楼下，对着张莲宿舍的窗口，大声叫张莲的名字。亮灯的窗口越来越多，太行就在那么多人的注视下，大声朗诵着自己为张莲写下的一首首情诗。

开始的时候，有人还在为被吵醒恼怒，“哪来的酒鬼上这撒野?！你有病呀?!深更半夜瞎叫唤什么?一个大男人连女生都追不上,赶紧拿块豆腐撞死算了!”后来听太行朗诵得入情,纷纷鼓起掌来。太行朗诵了一首又一首,直到张莲那房间的灯亮了起来,张莲在窗口探出头来。太行仍在大声叫张莲的名字,大声地叫,叫得声嘶力竭。在窗口看热闹的同学这时都知道了太行为情所困,又为他的诗情与真情打动,纷纷跟着他叫起张莲的名字来。张莲因为那次事件在学校里名声大振。那晚,她终于在众多眼睛的注视下,跑下楼去,拉着太行消失在众人的视线里。

张莲拉着太行跑出很远了,这才停步,她想说些什么,但太行已经毫不犹豫地把她抱在了怀里。张莲没有挣扎,她也抱紧了太行。

爱情在阳光里行走,它的甜蜜让太行诗如泉涌。每天傍晚,太行总要跟张莲漫步在校园的操场上,在落日的余晖中太行一手执着本泰戈尔或雪莱的诗集,一手执着张莲的手,嘴里不断地吟念着前辈的诗歌,温情脉脉的眼神始终落在身边的女孩身上。俩人都陶醉在这样的生活中。

后来太行毕业,被分配到了京城一家报社,仍然坚持每天来见张莲。报社离音乐学院足足有一个小时的路程,但太行风雨无阻,从不间断。到张莲大四的时候,俩人的感情已经非常深了。

也许是因为爱情的滋养,张莲白皙的脸色渐渐变得红晕,瘦瘦的身子也变得丰腴,这时候的张莲已经是个十足的美人了。太行由此更加坚信了爱情力量的巨大,他要用自己的一切,为张莲谋一个幸福的将来。他的工资每月最少有一半花在了张莲身上,为她买学习教材,买化妆品,买衣服,甚至有时连洗脚水都给端到面前。张莲陶醉在太行的温情之中,她许多次跟太行说,这辈子能遇到他是自己的福气,自己一定会珍惜与太行这段感情的。

不久之后,张莲毕业,正好赶上深圳一家电台来招音乐栏目主持人,张莲报了名,很快就被录取。张莲去深圳之前,与太行洒泪而别,俩人不顾站台上那么多人,相拥而泣。上车之前,太行说好了自己一有时间就去深圳看她,而张莲拉着太行的手,说什么都不愿意松开。

半年之后,太行毅然放弃了在京城的工作,辞职南下深圳。

为了爱情告别京城的壮举,让太行后来自己想起来都有了些悲壮的意味。他原想到了深圳,就再不会和张莲分开了,俩人从此一起过着快乐的生活,这岂非所有爱情小说里最美好的结局!

如果是这样的结局,那就不会有后来的著名股评家太行了。

初到深圳的太行,与张莲小别胜新婚,着实幸福了一段时间。那段幸福的日子后来成为太行心上不可触碰的角落，是一道永不会愈合的伤口，它甚至影响了太行整整一生的命数。

像许多个破碎的爱情一样，最初的裂缝是从太行发现张莲的一些反常行为开始的。这样的过程我们已经从许多文学作品和影视作品中见过，它具体表现为一方早出晚归，对另一方渐渐变得冷淡，然后在另一方的探求下，终于知道事情的真相。太行与张莲也不例外，当后来太行亲眼见到张莲在电台楼下上了一个男人的车，而且举止亲昵，积聚了许久的怨气终于爆发了。太行冲上前去，在街道中央，张开双臂，拦住了载着张莲的轿车。车大灯刺在他的身上，他赤红着眼睛，须发贲张，体内积聚的力量呼之欲出。

太行的愤怒影响不了结局，张莲瞬间的慌张过后，便变得坦然了。那次，她告诉太行，她遇到了另外一个男人，就是车里的那个人。他让她看到了一种全新的生活方式，让她明白了人活在世上感情只不过是物质的附属品。是那个男人，让她真正了解了特区，了解了为什么那么多人会削尖了脑袋往这里钻，为什么世上有那么多人，为了钱可以不惜抛开一切。那种生活是有魔力的，你进去了，便出不来了。张莲说："我知道你是个好男人，但你不能给我想要的生活，所以，你也不要恨我。我现在可以给你补偿，无论你要多少钱，我都会给你的。"

太行愤怒得大吼了一句，后来他想起来都会觉得脸红。他大吼："你知道你是在侮辱一个诗人吗?!"

张莲脸上忽然露出轻蔑的微笑。正是那笑容，让太行忽然有了无地自容的感觉，体内所有的力量都渐消渐散。但他仍心有不甘，想上前拉住张莲时，忽然不知道从哪儿冒出的两个男人架住了他的胳膊。

太行被摔倒在路边时，那车子从他身边悄无声息地驰过。在车窗里，他看到张莲在扭头看他，眼里含泪。离开太行是她自己的选择，但她仍然有伤心的权力。

一个男人的转变，往往会跟一个女人有关。后来太行每次想到张莲，都会想或许是命中注定自己要经历一场情劫，这样，他才能在人生航行中找到自己的方向。那时的太行已经在深圳干起了老本行，供职于一家报社。报社的关系四通八达，太行利用职务之便，结交了各行各业的人。这时他已经远离诗歌，他要在诗歌之外寻找另一条人生的道路。深圳是个纸醉金迷的城市，太行在其中，很快便找到了自己的位置。等到他成为一个著名的股评专家时，他再回忆起张莲离开他的那段日子，只会长吁不已。

后来很长一段时间里，太行再没有对哪个女人用过心。当初选择证券业，是因为他看到了证券业是现代商业的魔方，它聚敛财富的速度远远超过了传统行业。自己的底子薄，要想在短期内发家致富，只能剑走偏锋。太行既为自己的人生航向确定了目标，他便决不动摇。

后来太行的观点再次发生变化，因为在上海的红马甲培训班里，他见到了章沁晖。太行在心里拿章沁晖跟张莲做了比较，俩人的共同点是她们的美丽足以打动任何男人，章沁晖显然又与张莲有太多的不同。张莲不过是当年漂在特区里最普通的女孩，她像所有漂泊者一样，非常迫切地渴望一种归属感，并且对这花花绿绿的世界缺少一种免疫力，所以，后来离开太行似乎是种必然。而章沁晖表面看起来柔柔弱弱，但却是有着独立人格的新时期女性，当然这跟她的亿万家世有关。比较之后太行又有了新的方向，他想到，如果自己能得到章沁晖的青睐，那么，无疑这世界又将为他打开另一扇通往成功的门。

章沁晖在红马甲培训班里，只有不多的几个熟人，而太行抢在众人之前对她展开了攻势。太行虽然远离诗歌，但他身上依然保留着诗人的激情，而且，他的攻势是不着痕迹的，具体表现在生活上无微不至的关照，以及像兄长一样的呵护。章沁晖再聪慧，但终究年轻，饱经世事的太行，很快就赢得了她的好感。后来有一次，也是在财大的校园内，太行跟章沁晖闲聊时，非常巧妙地向她讲述了自己的故事：为了爱情告别紫禁城，结果却败走特区，心爱的人离他而去。那一天，太行还吟诵了几首当年写给张莲的诗，吟诗的时候，太行似乎又恢复了一个诗人的身份。章沁晖被深深打动了，她从面色黯淡的太行身上，似乎看到了一颗坚强而又脆弱的心。

回到深圳，太行与章沁晖一直没有中断联系，俩人除了隔三差五通个电话，太行还会时常邀请章沁晖参加一些社会活动。这时的太行已经声名显赫了，他作为一名著名股评家的身份，显然比他作为一个诗人更受人瞩目。太行家里到处都是K线图，有时他推荐的股票涨，即使自己没有买，也会高兴得一晚上睡不着觉。有人在听他股评时，亲眼看到他讲得高兴会直接站在桌上声嘶力竭地评述，坚决有力。由于太行作股评的风格以看多为主，这正符合喜欢永远满仓的散户的心理，因此每当太行讲课时，常会引来雷鸣般的掌声。有时几个股评家讲课，往往是太行压轴。只要前几个股评家讲得时间长了，便会有人递条子：“请讲快点，要不太行老师没有时间了！”从这点上可见当时太行的人气。章沁晖常被邀请参加这样的讲座，当她坐在对着太行欢呼的股民中时，心里真的为太行感到骄傲，并且，这种骄傲到后来还演变成为一种好感。

要想征服一个女人，向她展现自己的实力是必不可少的，太行知道自己做得很成功。这次乔锋打电话找他，让他帮着写几篇推荐西部明珠的文章，太行在一瞬间便想清楚了其中的利害关系，便果断地答应，而且倾力而为。果然文章为万安投资成功运作西部明珠起到了推波助澜的作用，同时，也让他与章家的人建立了战略伙伴关系。这天太行赶来参加万安投资的庆功宴，心里颇有些洋洋得意。进门后，他用他那富有激情的声音跟在座的每个人打招呼，然后，特意坐到了乔锋的边上。他与乔锋闲聊时，还特意把胳膊搭在乔锋的椅背上，以示亲热。

太行知道乔锋是章沁晖众多的追求者之一。那天在上海，自己与章沁晖去机场飞回深圳，在章沁晖宿舍楼外与乔锋相遇，他一眼就看出了乔锋的目的，但还是热情地与他打招呼，并且当着他的面与章沁晖扬长而去，成功地在乔锋面前展示了他与章沁晖的亲密关系。说实话，太行当时根本没把乔锋放在眼里，虽然乔锋曾两次挫过他的锐气。但是，内地一个小小证券营业部的职员，居然想打特区亿万富豪女儿的主意，这着实有点太不自量力了。而且，红马甲培训班之后，大家天隔一方，见面的机会都很少，章沁晖注定在这些癞蛤蟆想吃天鹅肉的人眼中，成为一朵盛开的昙花，虽然花香袭人，但稍现即逝。

后来乔锋到了深圳，太行很快就知道了这件事。那时，他觉得自己有必要重新给这个年轻人下定义了。在心里他越是觉得乔锋是个对手，在表面上越要表现得大度，这才是聪明人的风范。后来发生了许多事，太行也确实做到了这一点。所以，在股市这个战场上不管他风起云涌还是败走麦城，乔锋都对他保持了相当的尊重。

西部明珠一战之后，万安公司给公司里所有员工发了笔临时鼓励奖金，虽然数量不大，但无疑对员工的士气起到了鼓舞作用。证券投资部的奖金比其他部门要高些。据鲁毅讲，这是投资公司成立以来奖金发得最多的一次。由于万安投资这次战役的成功很大程度取决于乔锋的突发灵感与实际操盘能力，因而乔锋很快在公司被其他员工所熟悉，一些原来乔锋不认识的同事，在见到他后都会主动打招呼或者报以微笑。乔锋想到自己现在做的一切，正让自己一步一步接近章沁晖，便也心情愉快，所以更加主动地寻找着商机，希望在短期内能为万安投资再立新功。

4. 暴风骤雨

年关刚过，又是一个证券行业非常在意的星期一。上午刚过半，市场已经下跌了二十多点，显示交易行情的计算机屏幕一片绿色，涨跌排行榜上只有不到一版的股票在价格上显示是红色。这也是每年年初的惯常现象。相比股市，国债期货市场已经红火了一年，且仍有雄风不减之势。这引起了万安投资老板章子良的注意。一天晚餐，章子良特意把乔锋和鲁毅留下来商量这件事。乔锋深知期货的风险，自己又是公司的新职员，在心中无数的情况下，一直没有明确表态。而鲁毅则表现得相当积极，经过几番分析和争论之后，章子良决定进入沪市国债期货市场；接着对证券投资部进行了重新分工，由鲁毅操作国债期货，乔锋继续负责股票业务；同时注意国债期货市场的走势，每天需要给公司提供一份关于国债期货的报告。

虽然万安投资后来成为二级市场上的风云机构，但此时二级市场运作还是属于低级别的，其主要任务是把一级市场认购的原始股以一个较高的价格卖掉。惟一体现水平的操作是每当大盘出现短线超跌的时候，乔锋都会适当地用万安投资这个法人账号对一只小盘股西部明珠进个几十万股，连续制造两个与股票代码数字一致的成交手数，然后短线快速上涨拉升，上涨获得小利后见好就收，反复运作，形成市场能够洞察的规律。这个规律后来经过著名股评家太行的实战操作技巧文章挖掘，全国有一批职业投资者也开始反复参与这只股票的炒作，并且养成了习惯。该股虽然没有大规模的固定庄家主持，但是股性异常活跃，经常处于涨幅榜的前列，并且大多数时间它涨后不久，大盘便达到一个短期的底部。这一方面说明乔锋预测大盘底部的能力很强，另一方面也使这只股票成为了许多投资者判断大盘的风向标。这个股票的上市公司也感到奇怪，通过交易所的查询，会经常发现万安投资这个账号进进出出，便误以为万安投资坐庄该股，能够控制该股的走势。

这期间，股票二级市场依然低迷，原始股发行的速度也处于稀疏状态。乔锋上班的时间基本上把精力用来研究国债期货。在前一年的国债期货大战中，多头依仗通货膨胀居高不下，保值贴补连创新高的基本面优势，大获全胜；空头则丢金弃银，变成了资金“运输大队长”。但在此时，有部分超级主力却加入空头阵营，演出了 1 月份像模像样的空头中级行情。正当空头欢呼转势之时，孰料多头再度凭借资金和基本面的优势卷土重来，在 2 月下旬发动了一场置空头于死地的“轧空”战役。2 月 23 日，惊心动魄的全线肉搏开始，已走上不归路的空头主力硬着头皮铤而走险，掀起轩然大波。

国债期货“327”大战可谓是一场空前的决定命运的多空大战，也是一场缺乏规则、混乱一片的命运大搏杀。这点是在部队服役多年的鲁毅所没有想到的。幸好在这次大战中，他的运气够好，才在最后使得自己没有成为悲剧人物。

“327”是一个国债期货交易的名称，当时万安投资正是对这个品种开的仓。参加这场国债期货大会战的，既有实力雄厚的证券公司，也有腰缠万贯的实力大户，甚至有不少从股市上转战而来的中小散户。会战的一方主力军团要属上海的亿国证券和东北虎国投，它们是空方的中坚力量；另一方则为北京的招财信托，为多头阵线的总司令。

在那些紧张的日子里，鲁毅的心情一直处于紧绷状态。期货市场确实玩的就是心跳，与炒股票的感觉完全不一样：市场经常出现一些有鼻子有眼的传闻，真假难辨，但确实对市场波动起到了一定的影响。鲁毅不久就有点心力交瘁，需要不断地与乔锋商量。好在那时原始股认购的业务不多，乔锋也把主要精力投入了看国债期货盘上面。

元月份，当时国内债市上资金实力最雄厚的北京招财信托应势率先在多头品种“316”上做空发难，自然空头实力大增，引发了一段中级空头行情，“316”的价位从132.00元高位上巨挫至128.00元以下。这时鲁毅与章子良商量，自然是顺势而为，也参加了空军军团进行作战，初战也获得了一定的收获。

正当空方军团全面发难之时，骨子里实际是多头的北京招财信托在另一多头阵地“327”品种上做多被套（148元以上），它们自恃财大气粗顽强抵抗，至1月19日摆下数十万口“327”买盘，一副搏命姿态。这个时候，周边品种阵地几乎全是空头天下（“31”、“33”系列），但空头无可奈何，只得在“31”品种上获利平仓。招财信托使尽浑身解数，凭借保值贴补上升之势，将“327”上推至148元。

春节之后，悲剧的主角东北虎信托登场。该公司与招财信托在期市上有宿怨，其在前一年充当“316”多头主力获利极丰，此时反手变为空头主力，在“327”陷入两大主力多空对峙；在市场出现上下两难的僵局时，多头主力围魏救赵，在周边市场（北京和深圳）呼应下，开拓“31”及“33”系列多头新战场。其实，“327”的价位相对来讲明显低于其他品种。这时乔锋对市场的格局已经看得较为清楚，突然在脑海里闪过一个念头：如果国债期货市场的投资资金越来越多，这种情况即将会是有利于多方的。因为当时的国债发行总规模有限，而期货的保证金要求较低，市场资金到达一定数量的时候，可能存在着多方有能力把一个时期发行的所有国债全部买光，这样会导致部分空方在交割日无法交割，而在一定的时候必然翻多。后来许多精明的人都意识到了这个问题。但是多数人一旦进入市场，智力水平都会下降数个档次，包括一些日常工作生活中非常精明的人。

乔锋很快地把这个分析结果告诉了鲁毅和章子良，并提出自己对市场的看法：应该立即果断地进行空翻多操作。鲁毅有些犹豫，因为此时市场仍然是空方天下，多数人都看好空方；另一方面，乔锋的分析又确实有道理。鲁毅心里还有点小小的私念：自己是万安国债期货战场上的主帅，前期加入空方的决定也是自己提出来的，现在因为乔锋的报告便改变战略方向，无形中自己又输给了乔锋。但鲁毅不是个固执和小气的人，他只在心里稍作犹豫，还是把乔锋的报告递交到了章子良手上。章子良看完，接受了乔锋的建议，拍板决定加入多头阵营。鲁毅事后才知道，此次期货大战的悲剧主角——上海亿国证券公司，就在这时候做出了与万安投资相反的抉择，加入了空头大军，与多年的友军东北虎信托在"327"品种上联手做空封盘，跟北京招财信托展开血战。双方都表现出坚定的决心，都认为自己的战略无疑会取得胜利。这一点都不奇怪，双方的股东背景都不容一般投资者怀疑。

对抗的僵局一直持续着，但形势朝着有利于多方的方向发展，持续高涨的保值贴补、新债大量不上市，以及加息传闻，使空方压力日益加大；而"327"持仓量在 2 月 22 日已增加到空前的 3638878 口。空方预感不妙，却已无退路。在证券市场，如果你在开始的时候已经发生致命的错误，就不可能有改正的机会，必须付出代价。但是所有人都想自己付出代价，从而导致不可收拾的局面发生，甚至走向不归路。

惊心动魄的事件终于在 2 月 23 日爆发，在加息已成定局的消息刺激下，先行开盘的深圳战场和北京期市的空头主力在 148.30 元价位上挂出 200 万口卖盘，但在 1 分钟内即被汹涌的买盘消灭。价位呈火箭式上升，午后市场价格一路上扬到 151.30 元以上才进入横盘。显然，成本价在 148 元左右的空头主力彻底爆仓，多年胜利积累的家当顷刻化为乌有。

正当人们准备收盘回家的时候，鲁毅兴高采烈地与章子良通了电话，时间显示是下午 4 时 22 分。这时电脑屏幕平地掀起风波，百万口抛盘从天而降，一路将"327"从 151.30 元砸到前一日收盘价以下，然后在 148 元赫然出现 700 多万的卖盘，在汹涌的买盘下毫无退缩，并在最后一笔以百万口砸至 147.50 元低位。鲁毅与章子良几乎同时看到了这种不可能发生的风云突变，两个人忘记了讲话，手已无力，手中的电话滑落了下来。不光这两人这样，几乎所有的市场人士都目瞪口呆，不知所措，不少人的血一下子"腾"地就热了起来。一时间多空双方的情绪发生了巨大的转变。

那天，人们在大户室久久不愿离去，众说纷纭。当鲁毅再次与章子良通电话的时候，两人都语无伦次，话说到后来声音都有点颤抖了。只要持有

“327”国债期货仓位的客户，心脏都像被放到了洗衣机里搅拌一样，七上八下的，经受着意志的考验。鲁毅此时更是懊悔，当时要是坚持己见，不受乔锋那份报告的影响，便不会有这样的结局了。那边的章子良亦有同感，心里暗暗责怪乔锋。

但市场变化就像高手决斗，每每在不可能的情况下，总会奇招迭出。这时，上交所通过交易系统公告，声称尾盘有人蓄意违规，管理部门将紧急研究处理办法。章子良与鲁毅这才心中稍定，但依然是一晚上没有睡着觉：如果今天的收盘成为现实，将意味着所有国债投资血本无归。

次日上午上海期市停盘，交易所通知23日最后8分钟属于无效交易，予以作废。听到这个消息后，鲁毅高兴得跳了起来，赶紧打电话给章子良、乔锋，那种死而复生的疯狂状态给乔锋留下了不可磨灭的印象。后来他在一本关于期货交易技术的书中写道：“期货交易员，在最初的两到三年内，从精神、情感到肉体，都饱受摧残。只有经过痛苦的洗礼后，才可谓训练有素了。但是在这两到三年中，可能有相当多的投机者已被彻底消灭，这包括资金方面的和信心方面的。大资金的决战是不容有一次重要失败的，否则，你以后将没有机会了。做英雄的成本就是用命去搏，妄想没有代价的人是做不了英雄的。”

下午2时30分期货开市，同时设立0.5元的涨停板，这给许多本想观望的人指出了交易方向。当日上海市场所有的品种以涨停板报收。周三最高财政部门发布了1992年5年券、1992年3年券国债贴息公告。

几天后，乔锋从一位上海的朋友那里得知，在这次事件中，空方军团的两大主力之一东北虎信托在23日高位被迫平仓，损失惨重，共计达12亿元，公司老总高建军收盘后不久就失踪了。市场传闻他与司机一起到一家大商场，高总让司机在门口等一下。从这个时候开始，司机以后再也没有见过高总。而另一超级主力上海亿国证券则持百万口空仓在尾盘故意以恶性违规事件来呈请行政干预，估计损失在16亿元以上。一度被称为“中国证券教主”的公司总裁银铛入狱。多方集团的第一主力北京招财信托创利达20亿之巨，一举奠定了资本市场的龙头地位。在那几天，许多中小投资者在得知最终结果后，有的抱头痛哭，痛惜不可弥补的失误；一些往日的大户开始去开出租车谋生，好在那时会开车是一门专业技术。有的人睡觉时依然高兴得傻笑，一天到晚盘算着买什么样的坐骑。风波没有马上停息，期市震荡带来了股市联动，这周，投资者以防不测，狂抛股票套取现金，股指大跌三十余点。

“327”大战后，虽然万安投资获利丰厚，但期货中的风险已被章子良充分认识。乔锋此后对期货交易更是不太热心，鲁毅则是受到了惊吓，同时对乔锋敏锐的市场洞察力已是心悦诚服。他想起那天洗桑拿时，章子良对他说的话，便觉得自己着实有些小肚鸡肠了。以前，他对乔锋是新人，一进万安投资便冲击自己在万安的地位有些不安。经过这一役，他心里不仅完全释然，而且，陡然生出许多与乔锋亲近的念头来。他觉得从乔锋身上，可以学到很多东西。他也明白，如果能力不够而迷恋一些虚名，一旦做出错误的决策，那么要付出的代价将是巨大且无法弥补的。

此后，鲁毅果真与乔锋建立了深厚的友谊，并且多次并肩作战，各司其职，成为转战沪深股市的一对好搭档。

5. 巧栽梧桐

乔锋接到章子良的电话，说晚上是老爷子章大江的生日宴会，请他也参加。乔锋放下电话，心思就没法放到工作上了。在公司没听说章大江要过寿的消息，否则，肯定会有员工商量去祝寿的事。看来这次章子良没准备给老爷子大办，而他却特别关照让自己参加，乔锋想这里头是不是预示了些什么。乔锋心里特别紧张，倒不是因为章大江的生日，而是他想到了章沁晖。这可是自己第一次出现在所有章家人面前，给他们留下一个好印象非常重要。

到了下午，乔锋跟鲁毅说一声，就回到公司为自己租的房子，换上了一身西服，配了条蓝色带碎花的领带。对着镜子端详半天，这才出门给老爷子买礼物。乔锋想章大江有亿万的身家，自然不会在意礼物的轻重，关键是要讨他喜欢。乔锋知道章大江今年已经六十多了，公司的事全都交到了章子良的手上。这个年纪的老人最关心的应该是自己的身体，可补品一类的东西他家里肯定不缺。乔锋又不知道老爷子有什么爱好，所以挺犯难。

临出门的时候，乔锋突然想到可以借这个缘由，打个电话请教章沁晖，一来问问老爷子的喜好，二来从她嘴里探听一下今晚的事，当然更重要的是，有一个打电话给她的借口。电话通了，章沁晖那头声音很吵，好像没在办公室里。乔锋问她在哪儿，她说在商场里，还说了商场的名字。这世上真是无巧不成书，章沁晖居然在距此不远的一家商场里，而且，章沁晖也是为了给父亲买礼物。乔锋喜出望外，赶紧跟章沁晖说好了地方见面。

那天不知道是什么好日子，商场里人挺多，乔锋匆匆往约定的楼上跑。商场特别大，乔锋不太熟悉，先去一个地方等了好一会，但没见到章沁晖的影子。后来突然发现原来自己找错了地方，赶忙向旁边的商场走过去。还没到约定地点，隔着攒动的人头，乔锋一眼就看见了章沁晖。章沁晖穿了件看起来很凉爽的波西米亚上衣，配上大花刺绣的质感长裙，长发披下来，白皙的脸上露出灿烂的笑容。乔锋看得心里一热，正想上前招呼，蓦然间，他的身形顿住，脸上也现出惘然的神情。

此刻，在章沁晖的边上，还站着一个男人。

那男人个头比乔锋略矮，穿着平凡随便，但稍加注意后会知道上下都是名牌。他一只手拎着两个纸袋，一只手插在裤兜里，随随便便站立姿势，都透露出一种说不出的洒脱。看着这个男人，乔锋忽然有一种酸酸的感觉。面前这男人，身上似乎散发着一种南方精明男人的气息。你无法具象地说出来，但却无形中便要受他感染。此刻，那男人正与章沁晖说什么，章沁晖巧笑嫣然，竟是乔锋从未见过的开心模样。乔锋的心往下沉了沉，觉得有些力量在胸中左冲右突，一下子搅得自己心神不宁。他本想立刻过去，但往前走了两步，又下意识地将身形隐在一根柱子后面。

乔锋心中狐疑，在柱子后面一番深呼吸才把自己调整过来。他想到章沁晖这样出众的女孩，身边应该会有众多的追求者，自己早该有这样的心理准备，所以这时候不需要紧张，也不用担心。乔锋想起英国历史学家汤因比关于挑战与应战的理论。汤因比说：环境的恶化是自然对原古的猿类的挑战，持应战态度的猿人历经风雨，终能进化成人类；而持退让态度的另一支猿群，在数千万年之后，仍然是猿。这也就是说，当挑战出现在你面前，你只有持应战态度，才能让自己得到进步，并获得需求的事物；如果退缩，便真的没有了机会。

乔锋再深呼吸，先在脸上露出一个笑容，调整好心态，然后从柱子后面转出，向着章沁晖与那男人的方向走去。章沁晖顾盼间，已经看到了他，远远地冲他摆了摆手，乔锋便快步走到她的身边。

这番站在章沁晖边上，乔锋竟感到心里是从未有过的紧张。

章沁晖却坦然，微笑着向乔锋介绍那男人。乔锋这时知道了那男人的名字叫季云飞。章沁晖再介绍乔锋时，神色便随意了一些，乔锋想，这是不是因为她跟季云飞关系更近一些的缘故？章沁晖后来又向乔锋补充一句：“季云飞是咱们万安集团旗下商贸公司的总经理。”

乔锋怔了怔，感觉肩上的压力无形中又重了几分。季云飞在万安的时间显然要比自己长许多，而且，现在已经贵为商贸公司的老总。乔锋知道万安集团最初便是依靠商贸起家的，那这个季云飞很可能还是万安创业的元老之一，如果这样，他与章家的关系一定非比寻常。而且——乔锋心里痛了一下，这个季云飞微笑着站在章沁晖身边，连乔锋都不得不承认俩人的形象真是相得益彰，女的漂亮，男的洒脱，正是那种让人一见便生羡慕的情侣形象。

乔锋心里忧伤了一下，但面上还得故作镇定，尽量不显露心事。

“我听沁晖和章总提起过你。你刚到公司投资部便立下大功，西部明珠一战，让你在公司都成名人了。”季云飞这时笑着说，“我早就想找个机会结识你了，跟你学习学习，也能在股海里湿湿身子。今天见到你真高兴。”

章沁晖笑吟吟地看着两个男人，却不说话，让两个男人先交流一下。乔锋有心事，所以反应略有些慢，但这时亦是面带笑容道：“我不过是公司一个新职员，应该是我想结识你们这些老总才是。”话一出口乔锋就有些后悔，自己话里竟不自觉中有了些自卑。

季云飞还未说话，章沁晖已摇头笑道：“你们俩人说话都有些言不由衷。本来都是自负的人，今天怎么都变得这么谦虚了?”

乔锋一时语塞，季云飞却道：“谦虚本来就是种美德，而且，我们平日的自负都在自己擅长的领域里。做商贸，乔锋估计比我差一点；要论到炒股，我又不是乔锋的对手了。所以，我们谦虚点，好像没什么不对吧。”

章沁晖轻叹道：“好，我身边的人都是赵子龙才好呢！说这话时，乔锋从她的眼中看到好些欣赏的目光。季云飞再笑道：“我们都是赵子龙，那你是谁呀?”

章沁晖哑然一笑：“我是花木兰，如果祖国需要，我就上前线。”

“别逗了，如果你上了前线，敌人还不变得更勇敢，发疯似的往上冲。这不是给我军增加困难吗?”乔锋看得出来，他们两人经常斗嘴开玩笑。“好了，时间已经不早，你还是帮着乔锋去买礼物吧。”季云飞说着，把纸袋递给乔锋，有离开的意思。

乔锋接过纸袋说：“季总现在就回去么？不如一块儿逛一逛，我想你跟我一样，平时也难得有时间逛商场吧。”

季云飞摇头：“这你就错了，我是做商贸的，所以了解市场比什么都重要。我每周总要抽些时间在这些商场里逛来逛去，有时候在时装区待久了，还会引得那些售货小姐生出误会，把我当成居心叵测那一类人。”

章沁晖与乔锋都笑了。章沁晖冲着乔锋道：“他说话就是这样子，乱说，什么时候都不正经。但也正因为这一点，他的朋友特别多。”

季云飞得意地笑着，还用手拍了拍章沁晖的肩膀：“妹妹讲话，哥哥就是喜欢听。”接着跟乔锋打招呼，“我还有事情，得先回去了，保镖的任务就交给你啦。下次见。”

章沁晖冲着季云飞的背影道："他是我表哥，很能干的，做事风风火火的，但每件事又做得很得体，不会让你觉得唐突。"听说季云飞是沁晖的表哥，乔锋立即心里一松，点头道："看得出来，季总是个精明人，让人一见就有好感。"章沁晖道："我们家的人都挺喜欢他的。以后你有什么事情不好跟我哥说，就找他好了。"

接下来，乔锋跟章沁晖在商场里慢慢地转悠，话题还是围绕着季云飞。乔锋说："季总很早就在公司吧？"章沁晖说："是呀，他是我们家的元老。我还在上学的时候，他就跟着我爸和我哥做生意了。他的爸爸是我们镇上的中学校长，他上学的时候门门都是第一名。"

乔锋听出来，章沁晖说起这位表哥，话音里有些亲切的口气，但因为心态已经坦然，便丝毫不放在心上了。章沁晖说小时候她最喜欢跟在这位表哥后头。这位表哥为人随和，知道照顾人，所以她跟季云飞的感情很深。章氏集团发迹后，章大江身体不好，便将整个公司的事务都交给了章子良和季云飞。后来章子良把精力主要放到了股市和期货市场，商贸那一块儿自然便由季云飞负责。章沁晖对季云飞非常信赖，不仅因为他是商业奇才，而且还因为尽管他出道早耽误了学业，但做生意这么些年，居然能够完成大学本科学业，还隐隐跟她提过想出国深造。在商业气息浓郁的深圳，有钱人大多只想着如何享受或者去赚更多的钱，还有谁会重新回到校园学习呢！

那天在商场，章沁晖还跟乔锋提到了最近季云飞刚刚做完的一单塑料手套的生意。季云飞无意中发现深圳有一种塑料手套非常受北方人的喜欢，人们带着它干家务活，冬天洗菜洗碗不用湿手，销路非常好。但是由于手套价格太高，影响了销量的进一步扩大，而价格高的原因是，海关对这种从香港来的手套征收很高的关税。谁能够买到低于正常价格的手套，无疑就能发笔大财。季云飞冥思苦想，终于想到了一个好办法。

季云飞用一家与万安集团有关联的商贸企业名义，向香港厂家订购了3万副最新款式的手套。时隔不久，海关的通知单就到了，通知商贸企业去提货。可是，这家商贸企业过了很长时间都没去提货，一直等到超过提货时间，海关欲把这批手套作为无主手套拍卖。需要补充一点，厂家第一次的发货只是3万只左手套，这是那家商贸企业在向香港订货时特别要求的。

季云飞在适当的时机与海关联系，愿意承办这次拍卖活动。早在一年前，季云飞便跟章子良商量过，说现在商贸经营竞争已非常激烈，特别是商品批发这一块儿。而拍卖行作为一个新兴的行业，尚不能为普通市民接受，经营状况多处于低谷，有关方面为了使已有的拍卖行能有一个转好的契机，已经停止了拍卖行的审批。季云飞提出是不是能收购一个拍卖行，通过拍卖行和一些万安集团关联企业的经济合同的执行情况，变相地把部分别的企业必须高价卖的商品，自己变通地低价买进。章子良对这位表弟的商业头脑一向非常钦服，当即便同意了，并很快收购了一家拍卖行。虽然拍卖行没怎么赚钱，但万安集团的商贸业务却立刻改变了局面。那次万安拍卖行承办了3万只手套的拍卖业务，由于全是左手手套，对别人来讲毫无价值，参与投标的只有万安集团下属的另一家商贸公司。该公司只花了极为低廉的价钱，就取得了竞拍的成功，把货提了出来。

过了一段时间，海关的提货单又到了，但这次到货的是15000副手套。如果是常人，很可能会故伎重施，但这样很可能会引起海关的怀疑，导致前功尽弃。季云飞接到海关通知后，商贸公司按时拿着提货单，交了关税，顺利地把货提了出来。15000副手套拉到公司后，众人打开成盒的手套一看，只见每盒一副两只全是右手套。这批货跟上批货组合在一块儿，恰好是3万副手套，但只交了一半的关税和第一次拍卖那点钱。聪明的运作，合理的避税，增加了利润。

故事讲完了，乔锋不由得也唏嘘一番，对初次见面的季云飞又增加几分好感。故事讲完时，给老爷子挑的礼物也买到了。在章沁晖建议下，乔锋选了一套渔具。章沁晖说，老爷子现在最大的爱好就是钓鱼，每回钓鱼回来都要亲自下厨，乔锋便感叹知父莫若女。其实他不知道沁晖是不想让他多花钱。

买完礼物，时间也差不多了，章沁晖便问乔锋还有没有事，没事的话可以搭她的车一块儿回家。乔锋哪有不愿意的。与章沁晖逛了这半天，他心里简直乐开了花，而且，在行走中，他的胳膊有时会无意触碰到章沁晖，仅仅是这种短暂的无意识接触，已经让他心猿意马了。

出了商场，乔锋坐上章沁晖那辆红色的高尔夫，章沁晖说自己还得到华南证券去一趟，去取些资料晚上看。这时候章沁晖就是去天涯海角，乔锋也会心甘情愿跟随。章沁晖开车的技术非常老练，乔锋便道："我在原州老家时就拿到了驾照，可到现在，一共才开过不多的几回车。"章沁晖听了微微一笑说："那待会儿我们回去，就由你来开车好了。"

车到华南证券，俩人下车进门时，遇到章沁晖的同事。他们跟章沁晖打招呼的时候，拿特别的目光盯着乔锋看，有的则当着章沁晖的面露出暧昧的笑。章沁晖落落大方地向同事介绍乔锋，着重提到了前段时间的西部明珠战役。这回没人再笑了，有人上来主动跟乔锋打招呼，还约他有空一块儿聊聊。进了办公室，乔锋已是一身冷汗，他说：“你的同事可真热情。”

章沁晖微笑道：“西部明珠那一战，你都成名人了。”

章沁晖收拾东西的时候，乔锋看到她的办公桌上摆着个相框，里面的照片正是章沁晖在日喀则时，自己替她拍的。那时的章沁晖在高原上，背后是著名的羊卓雍湖，头上是湛蓝得如同水洗过一般明澈的天空，章沁晖身着浅白色的风衣，长发被风吹起来，像空中的绸缎一样飘舞，那白皙的面庞上盛开着只有在高原才会有的笑容。照片上的章沁晖好像融入了高原，整个人看上去，不染纤尘。

看乔锋端详照片，章沁晖也站到乔锋身后端详。她说：“在高原拍了那么多照片，我最喜欢这一张。我没想到你的摄影技术这么好，你是不是曾经专门学过摄影？”乔锋目光盯着照片摇头说：“在高原上，你的摄影技术是无关紧要的。美丽的高原，再加上美丽的仙女，要拍不出好照片来才怪。”

“这么快就学会我表哥的油腔滑调了。”

“不，我说的是真心话。”

章沁晖收拾好要拿的资料，看乔锋腰板挺得笔直还盯着照片看，心里便笑他：在股市中那么精明能干的人，也有犯傻的时候，而且这种傻还挺可爱。

章沁晖看着乔锋的神情，心中觉得好笑，说：“回来这么久了，我还真怀念高原。人在那种地方，连心灵好像都变得清纯了。”

离开华南证券，章沁晖果然让乔锋开车。乔锋虽然有些手生，但没多久就把车开得稳稳当当。章沁晖道：“看你现在驾车的技术，真不相信你只开过几次车。”乔锋笑道：“如果相信我的驾驶技术，等你想要请个司机的时候，不妨先考虑一下我。”章沁晖摇头道：“我哥要是知道我把他旗下一员大将请来当司机，一定不会放过我。再说，以你的才能，肯做我的司机，实在是太屈才了。”乔锋沉吟了一下，神情忽地紧张起来，他眼睛看着前方说：“可是如果能做你的司机，我觉得真是件挺快乐的事。”

乔锋这句话便不是那种无心之说了。他犹豫了一下，还是决定要让章沁晖明白他的心意。而且，他也看出章沁晖并不是那种容易生气的女孩。果然，章沁晖听完这句话后，虽然沉默了一会儿，但再开口时，神情依旧，口气依然。

其实，章沁晖察觉到了乔锋的心意，只是这些年里，她遇到过太多钟情于她的男人，她全都没有放在心上。对于乔锋，她颇有些好感，因为他确实才华出众，而且，从他身上，时不时就能发现一些稚真纯朴的东西。但是，章沁晖从来没有想过会和他之间产生些什么，虽然当乔锋有意或者无意赞美她的时候，她心底真的生出了一丝的喜悦。

章沁晖本是个习惯被赞美的人。

晚上，章大江的寿宴就在家里操办，来的几乎全是章家的亲戚和朋友，只有不多的几个万安员工，就连鲁毅都没有出席。章大江听说了乔锋接连两次不俗的表现，特意把乔锋拉到自己的那张桌子上。章子良又当着章家的挚亲好友介绍了一番乔锋的战果，弄得乔锋都有点不好意思起来。

章大江最后取出一个红包来当众交给乔锋，和蔼地说："周末的时候去一些楼盘看看，买套房子，以后就把家安在深圳吧。"

那一刻，有点出乎意外，乔锋真有些受宠若惊了。

散席后，章大江与章子良陪着家里的亲戚说话。乔锋一人坐那儿有点无聊，章沁晖与季云飞这时走过来，陪着他聊天。乔锋对季云飞除了敬重外，还有种莫名的感激，感激季云飞是章沁晖的表哥而不是别的什么关系。季云飞此刻对他亦有惺惺相惜之意，俩人聊起市场时，居然大有英雄所见略同之感。他们在最后共同得出结论：现代社会，由于信息技术的发展，创造财富是一件漫长和大众的事情，而转移财富则是一件快捷和新颖的思维，比如公司上市就是这个思维最典型的成功方式。

两个男人聊得越来越投机，乔锋不想冷落了章沁晖，找个机会改变话题。他瞅瞅季云飞，再看看章沁晖，神色变得有些狡黠。他用低低的声音问季云飞与章沁晖："我来到万安后，有人告诉我这样一则传闻，今天正好你们两位章家的人在，我想证实一下，但又不知道能不能讲。"季云飞笑道："有什么能讲不能讲的，你尽管说来听听。"章沁晖也道："这样的传闻，如果你不说，估计我们很难听到。乔锋你就不要卖什么关子了。"乔锋仍然摇头道："我说可以，但有一个条件，就是这个传闻我只说给你们听，你们听了千万不能说给章总或者老爷子听。我现在还在万安公司上班，如果章总一生气，给我个小鞋穿，那我可承受不起。"乔锋的话让季云飞与章沁晖愈发好奇，俩人一起保证："不讲不讲！你说。"乔锋这才笑眯眯地讲在公司里听到的传闻。

"他们说呀，老爷子的名字原来不叫章大江，叫章小江，刚开始做生意时做得好像不太顺。后来无意中听人说名字起得好坏，对生意也有影响。比如名字里有小字的人，注定这辈子生意做不大。这个小字，就决定了你不管多用心，永远离不开小打小闹，不可能成大气候。老爷子听说后，深觉言之有理，便把章小江改名为章大江。这样果然生意顿有起色，一改过去小打小闹的局面，做成了几件几乎在不可能情况下完成的大生意，从此打开了局面。"

乔锋顿一下，看季云飞与章沁晖听得入神，嘻嘻一笑道："我现在想问你们，这传闻到底是不是真的？"

乔锋话音刚落，季云飞已经忍不住哈哈大笑起来，章沁晖也是忍俊不禁地以手掩面。季云飞在笑声中道："哪有这种事，事情要真是这么简单的话，那你改名叫乔大锋好了。"章沁晖也笑着说："纯属谣言，想不到你这么聪明的人也相信这种谣言。难道你没听说过谣言止于智者这句话吗?"乔锋这时也觉得问这样的问题有点幼稚，但他想了想，说："传说的产生，都是有特定的条件和情感倾向的。章家的发迹本身就是一段传奇，它在人们心里是一种理想样板，大家都期望着这种传奇能在自己身上再现，所以，才会编造出这些传说来。只有成功的人，才会在人们心里成为传说。你们说是不是?"

"是呀，到时候看咱们的两个赵子龙会有什么传奇吧!"章沁晖笑道。

乔锋离开章家的时候，已是夜幕低垂。暗蓝色的天空飘着几朵不常见的云，把这城市的夜映衬得愈发温柔。远方的山呈现几抹墨绿色影子，在天与地之间若隐若现。章沁晖送乔锋出门，分手的时候乔锋偷看章沁晖，见她笑容灿烂，觉得此刻她比任何时候都要真实。一时，他看得有些呆了。那瞬间心里生出很浓的冲动，真想把自己的爱意毫不保留地表达出来，但理智告诉他，在没有水到渠成之前一定不能轻举妄动，否则，便会断绝了所有后路，让自己懊悔一生的。所以，又寒暄了片刻后，他告辞离开。

那一晚，乔锋失眠了，在床上辗转反侧久久不能入睡。另一边的章沁晖，在这夜里，也像他一样，心潮起伏，心思像这夜般延绵。

章沁晖住在家里别墅的二楼，静静的夜里，远方好像能听到胡琴悠扬的声音。女孩心底都是敏锐且充满幻想的，而那幻想的主角必定是自己，当然，在自己身边也必定会有另一个影子。章沁晖心中的影子是什么样的呢?他该有一双黑亮的眸子，生得高高大大，有着太阳一样热情的笑容吧。这么些年，章沁晖发现自己心中的影子会随着心境及环境的影响发生变化，他是不确定的，因而章沁晖自己都迷惑在自己的幻想中。而这个夜晚，那个影子在她心里忽然有了些形状，虽然仍是模模糊糊，但却足以让她的心思变得像这夜般绵长。

6. 镇宅之宝

经过章大江寿宴那天的接触，乔锋心里生出许多自信来。他发现章沁晖其实并不是一个不容易接近的人，只是，自己需要寻找一些适当的方式，不着痕迹地一点点向她表白心意。乔锋记不清什么时候在哪儿曾看到过这样一句话：男人获得爱的方式是迅速出击，在燃烧中拥抱爱的烈焰；女人获得爱的方式是缓慢地渗透，然后在平静中品尝爱的芬芳。章沁晖的身份及她略显矜持的性格，注定她不会是那种能被某种过激的举动打动的人，如果那样，或者还会适得其反惊吓到她。乔锋明确了以后追求章沁晖的方式，却一下子犯起难来。很多事情都是说起来容易做起来难，要想找到一些打动章沁晖的方法，真不是件容易的事。

乔锋有自己的办法，他在中午经常借故拖着鲁毅吃饭，海阔天空闲聊一通后，总是将话题扯到章沁晖身上。乔锋自以为做得不露痕迹，但鲁毅又不是笨人，岂能猜不透他的心思。鲁毅这时与乔锋已经相处得非常融洽了，他有点喜欢这个略带些幽默感的兄弟。虽然他对乔锋追求章沁晖心里有些担忧，但还是不忍拂了乔锋的心意，将自己知道的关于章沁晖的情况全都原原本本说了出来。

乔锋知道了章沁晖有两大爱好，那便是美术与音乐。与众不同的女孩总是有些与众不同的爱好，乔锋觉得艺术似乎就是为章沁晖这样的女孩准备的。从季云飞那里，乔锋知道章沁晖美术与音乐的功底都还不错，都曾经在大学里的函授班学过。她的油画画得颇为传神，小提琴也拉得曲调悠扬。

乔锋把掌握的情况当做法宝，记在心上，并寻找着时机。工夫不负有心人，一天在办公室里闲来无事翻看报纸时，他看到一则油画展的新闻。这个画展由大陆艺术家画廊承办，是一次全国的巡回展，第一站在深圳，随后将陆续走向国内多个大城市。据称，由画廊承办的油画全国巡展在全国尚属首次，由此也意味着中国油画的中介机构更加有规模地介入艺术市场，并且日臻成熟。如今，随着人们投资购买力和艺术鉴赏水平的提高，在西方艺术品市场上占有相当分量的油画，作为收藏的一个门类，正被国内的收藏家与投资者所关注。尽管油画进入中国仅有百年历史，起步较晚，但其发展速度并不慢。近来，油画的收藏者、投资者以及画廊、拍卖公司等中介机构日渐增多，市场呈现上行的趋势。

乔锋眼前一亮，觉得机会到了。但他不放心画展的质量，当天下午先独自去了画展现场。进去转了一圈后，确信这是一次高水平的画展，这才打电话约章沁晖来看画展。乔锋怕单独约会章沁晖会碰钉子，先打个电话给季云飞，说起看画展的事，并说有一个利用画展赚钱的游戏，不知道季云飞想玩不想玩。如果感兴趣的话可以赶快来特区美术馆，自己在这里等他呢。还说这件事情需要章沁晖帮忙，来的时候顺便把章沁晖也给带来。

不一会儿，季云飞和章沁晖就坐着车来了。乔锋见到他们，说：“你们先别急，游戏已经开始了。咱们先看看画展，增加一下感性认识，然后办正事。”

三人进到美术馆里面，发现来看画展的人不是很多，偌大的馆厅里只有不多的几个人在观摩。艺术馆内静悄悄的，这里的气氛让你进来不由自主就屏气凝息。三人边走边看，不时低低地议论两句。这次油画展汇聚了当时中国大部分知名油画家的作品，因而风格多样，题材丰富。乔锋虽然刚来过一次，但那是走马观花，只看个大概，这回陪着季云飞与章沁晖，看得仔细。乔锋对绘画并无涉猎，但也禁不住看得眼花缭乱，唏嘘不已。

走在边上的章沁晖，显然对人物题材的作品感兴趣。季云飞一本正经地端详着章沁晖，摇头叹道：“沁晖与画中人比。显然瘦了些，如果能多吃多睡，让自己再胖些，那便当真可以入画了。”乔锋听了便笑。章沁晖与季云飞好像斗嘴斗惯了，明知不敌，却仍要出言还击。章沁晖道：“我到今天才明白，咱们季总原来喜欢胖一些的女孩，那我猜我未来的表嫂一定生得体态丰腴、掷地有声了。”季云飞道：“那也是说不准的事。掷地有声的女孩自有她的好处，起码刮大风时，不会像那些骨感美人飘在天上。”

章沁晖不说话了。她虽然并不骨感，但知道季云飞口才厉害，自己这样跟他说下去，最后词穷的仍然会是自己，索性挂起免战牌，不吭声，他没了对手，自然也就偃旗息鼓了。

三人继续看画，不久走到一组七幅画的展位前。那七幅画都是人物题材，画得不仅传神，而且颇有神韵。特别是其中一幅古装江南仕女图与一幅夫妻铸剑图更是吸引了乔锋。乔锋虽然说不出这画好在哪儿，但看着就是打心眼里喜欢。季云飞在他身后，见他看得入神，便说：“看来你特别喜欢这两幅画，如果喜欢，可以买回去挂在自己家中慢慢欣赏。”乔锋沉吟了一下，回答说：“收藏是你们这些富翁的爱好，像我这种小老百姓，就算有这个心也没有那个闲钱。而且，我虽然喜欢这两幅画，但还没喜欢到买下的地步。”季云飞道：“可你盯着画看的眼神，却好像在打这两幅画的主意。”乔锋心里佩服季云飞的敏锐，说：“我在想这里头有没有商机。现在国内油画市场渐趋火热，可这里却冷冷清清，这种反差肯定是哪儿出了问题。”

季云飞赞赏地点头，道：“那你现在是不是有什么想法了？”乔锋点头：“我突然有个计划，但这计划实施非得你帮忙不可。”季云飞说：“没问题。”不远处看画的章沁晖恰好转过来，笑着说：“咱们的季总这点忙还是能帮的，但你得先告诉我们这计划到底是怎样的。”乔锋笑了笑，说：“这事我可以告诉云飞，但对你，我得暂时保密。”

章沁晖浅浅一笑，“不告诉就算了，我才不想知道呢！”乔锋赶忙加一句道："你放心，我的计划你肯定会知道的，只是，现在知道了，这个游戏就不好玩了。"

章沁晖眉峰微颦，显然在猜测乔锋的话。乔锋因为心中有了主意，所以，这时便顾不了章沁晖心中的疑团，与季云飞打了招呼，径自去找展厅服务人员，询问这两幅画的作者。服务人员说作者就在休息厅内，并很快把他领到乔锋面前。自我介绍之后，乔锋知道这作者叫郁伊健，是一位美术学院的青年教师，从事油画创作多年，在省内颇有些名气，但一直不温不火。乔锋问那幅仕女图与铸剑图的价格，郁伊健说每幅一万块钱。乔锋说两幅画他都买了，而且，他还有点别的事想跟他谈谈。郁伊健便说那就到办公室里谈吧。乔锋与季云飞跟随郁伊健去办公室，章沁晖知道他们有正事要谈，而且乔锋之前已说过这事暂时得瞒她，所以她便一个人留在展厅里观摩油画作品。

办公室里，乔锋开门见山跟郁伊健说："你的七幅画我全部买下，但是，我有两个条件，希望你能答应。"

郁伊健一看就是那种很有艺术感觉，却又非常朴实的人，他不明白乔锋的意图，所以眼里有些疑惑："那你得先跟我说说你的条件是什么。"

乔锋说："第一个条件其实是件互利的事，我想炒作你，把你的身价炒起来，这样，你的画可以卖出高价，我作为投资商也能从中获利。"

郁伊健毫不犹豫就同意了。没有人会拒绝这种天上掉下的馅饼。郁伊健说："那你的第二个条件呢？"

乔锋稍稍沉吟了一下说："第二个条件其实是我个人的一点要求，我希望你能为我画一幅画，至于画的题材，我到时会跟你说。"

这样的条件对一个油画家来说，实在再简单不过了，郁伊健当即便答应了。乔锋说："你既然同意了我的条件，我们抽个时间好好聊一聊具体细节，把事情敲定，再签一份协议，我们就可以开始运作这件事了。"

中午吃饭时，乔锋与季云飞躲到一边嘀嘀咕咕半天，章沁晖知道他们在商量油画展的事，所以落落大方地让他们俩密谋。她知道这件事自己一定会知道的，乔锋无非是想给自己一个惊喜。虽然她不知道那惊喜的内容，但惊喜本身已经让她生出了期待。

后来季云飞与乔锋满面带笑地过来坐下，章沁晖就知道他们已经有了计划。她相信这两个男人联手，一定会做出件与众不同的大事来。

星期天一天无话，到了星期一，章沁晖在办公室里看到许多家媒体都刊出了这次"中国油画名家名作邀请展"的消息：

代表中国油画艺术最高水准的“中国油画名家名作邀请展”在深圳开展后，与其他文化气息浓厚的大城市相比，深圳的文化氛围让许多艺术家感到失望。他们的作品受到冷遇，前往观展的市民寥寥无几。其中一位著名青年油画艺术家，对此非常愤怒和费解，在中午喝完酒后，愤然将自己的七幅作品点燃，其中仅有两幅被展厅工作人员抢救得以保存。该名油画艺术家在接受记者访问时，称深圳为文化沙漠。

星期二，章沁晖又看到媒体再度刊登了关于昨天青年画家的连续报道：

昨天记者报道了青年画家因为艺术受冷落，酒后焚烧其作品一事，受到了广大市民的关注。今天有不少人前往特区美术馆观摩画展，特别是其中昨天被工作人员抢救得以保存的两幅画面前，观者如潮。一位刚刚为公司在“*327*”国债大战中获利极丰的职业操盘师，倾其公司发给的*10*万元奖金买下其中一幅名为《幸运神》的仕女图；而剩下的一幅名为《镇宅之宝》的铸剑图，引起数位观摩者的争购，并因此发生冲突。青年画家无法处理，在展馆工作人员的建议下，决定周末公开拍卖这幅作品。

章沁晖看完报道会心一笑，她知道这一切肯定都是乔锋与季云飞一手策划的。这时候季云飞打来电话，问她看了报纸没有，并且告诉她万安拍卖行已经承接了拍卖青年画家郁伊健《镇宅之宝》的业务。

章沁晖在电话里问：“你们俩到底在搞什么名堂?”季云飞笑而不答，只说：“到时你自然就知道了。”

星期三，媒体称青年油画家的《镇宅之宝》拍卖在即，承接业务的是万安拍卖行。并且，有很多家媒体还辟专版介绍了油画市场的现状：

*20*世纪*80*年代初，中国极少有人问津国人创作的油画。据特区专业人士介绍，十几年过来，一些优秀的中国油画家的作品价格已经翻了二十多倍至数百倍不等，许多当年仅卖数百元、几千元人民币的油画精品，如今在拍卖会上少则几万元，多则几十万乃至数百万元，其价格飙升速度令人咋舌。但从目前国内油画市场的整体收藏与拍卖水平来看，还是与欧洲一些国家包括港台有很大差距。与传统的国画不同，中国有成就的油画艺术家为数尚不多，由于创作者资源有限而导致物以稀为贵，因此油画是一个比较好的收藏品种。

由于受到海内外艺术机构和收藏家的追捧，中国的油画价格屡创新高。*1991*年，陈逸飞的《浔阳遗韵》在香港嘉士得拍卖会上以*137.5*万港元成交，高出估计30倍，从而震惊海内外。1995年刘春华的《毛主席去安源》被中国嘉德拍至605万元，创下当时中国内地油画拍卖最高价。2001年10月香港举行的“中国当代油画”拍卖会上，艺术大师徐悲鸿的名作《风尘三侠》再度刷新了中国油画最高成交价纪录，最终以664.5万港元成交。在这次拍卖会上，中国油画创作的另一位大师级代表人物林风眠的《渔村丰收》，也以高出估计4倍的价格成交，达到356.5万港元，超过了林风眠作品此前的最高成交价。比较拍卖价，中国油画的市场价更是表现不俗。1997年香港回归祖国后，刘宇一的《良辰》在香港市场上以2300万港元的天价被侨福建设收购，创下了中国油画作品至今的市场最高价。尽管如此，业内人士认为，油画市场价格仍有着不小的上行空间。一位油画投资者说：“我国油画拍卖起步较晚，市场行情也较中国画有较大的价格差距。一些油画大师的作品目前标价也不算高。”不少创作于三四十年代的优秀作品，目前标价仅在几万元、十几万元之间，其中不乏一些画家在巅峰时的创作。在这种形势下介入，应该能获得一定的投资回报。油画的绘画语言、表现形式多样，色彩丰富，审美情趣尤适合中青年收藏家和投资者的兴趣。专家介绍说，一张好画，能够使满壁生辉。油画除去自身的收藏价值，还有极强的美育效果，养性怡情，甚至成为事业生活中的精神支柱。

到了星期六，章沁晖再看报纸，《镇宅之宝》已拍卖成功：

今天上午，受到市民广泛关注的油画《镇宅之宝》在万安拍卖行进行拍卖，许多买家云集拍卖行，竞买气氛相当热烈，不断爆出高价。最后，油画被一位外地来深的投资大户竞得，价格为188888元人民币。该投资大户说，他要把这幅画挂在自己的操盘室里，以增添投资底气。记者问他现在持有什么股票，他说是“西部明珠”。

章沁晖眼见乔锋与季云飞一手运作的事圆满成功，心里也替他们高兴，但她却没有发现这跟自己有什么关系。为什么乔锋要向自己隐瞒这件事的过程呢？是不是这其中还有什么后续的故事？但接下来那几天，乔锋和季云飞闭口不提，她自然也不好问。时间过去了半个月，章沁晖几乎把这件事都给忘了。

这时，股市中有传言，购得《镇宅之宝》的那位股市大户，第二天就将油画悬挂在了自己的操盘间内，结果当天《镇宅之宝》就开始发威，其持有的股票西部明珠当日大涨0.48元，位列两市涨幅之首。收市后，股票大户赶紧把画拿下放置于安全处，以防被窃。此传闻不知是真是假，但万安拍卖行油画拍卖业务却从此红火，每年都要进行一次拍卖活动。章沁晖所在的华南证券，也有人在传说这件事，章沁晖听了，想起乔锋自己还购买了一幅油画的事，媒体上称花了10万。她想知道乔锋究竟花了多少钱，就打电话给乔锋。乔锋不说花了多少钱，却说那画实在太大，自己租住的房子太小，挂起来不相称，所以问能不能把画先搁她那儿。这样的要求章沁晖当然不会拒绝，当时便答应了。

又过了两天，章沁晖看乔锋没有动静，就再打电话过去，问油画什么时候送过来，乔锋神神秘秘地说："还得再等几天。"章沁晖心中疑惑，料定乔锋在弄什么古怪，但想到这肯定跟乔锋说的惊喜有关，便索性什么都不问，只等着油画送来，等着乔锋送给她惊喜。

又过了一个星期，临近了章沁晖的生日。乔锋打电话过来，说画到了，让章沁晖开车来拿画。章沁晖傍晚下班后，自己开车去万安证券，乔锋和鲁毅把还未拆封的画抬上车，章沁晖让乔锋跟车一块儿走："你要不跟去，到我那儿，我怎么把画拿上楼?"

乔锋坚决地摇头："怎么拿上楼你自己想办法，这回我可帮不了你了。"

章沁晖目光转向鲁毅，鲁毅笑嘻嘻地躲了过去，跟在后头下来的关冰倩也在边上偷偷冲着章沁晖笑。乔锋说："他们也不知道怎么回事。"章沁晖开着车回家的时候，心里已经预感到了什么，所有的秘密肯定都藏在这幅画里。到了家，自然有人帮着把画抬上楼。章沁晖打发走工人，把卧室门关上，对着那幅包装好的油画，抱臂沉思。这时，外头的天已经黑下来了，华灯初上。暖暖的春夜里飘荡着些氤氲的气息，章沁晖的心思，也开始变得细腻且悠长。

包裹住油画的油纸被轻轻揭开，章沁晖面对这幅画的时候，心里被一层暖意轻柔地包裹着。油画已经不再是她在美术馆里看到的那幅《幸运神》了，画中的模特儿变作了在高原上身着波希米亚黄衣，配上大花刺绣质感长裙、长发飘舞的女孩儿。女孩儿白皙的面庞，不沾尘埃，飞舞的长发后显现出天空与羊卓雍湖。不知何处而来的光束，横穿女孩的脸庞，女孩的眼睛便在那光束里弥漫着一种迷幻的光影。章沁晖被画打动了，画上那个美丽的女孩不就是自己吗!

在高原的那段记忆再次被唤醒，高原的阳光，高原的天空，高原的湖泊，高原的藏人，还有高原上的羊卓雍湖。章沁晖觉得自己真的被乔锋送来的惊喜俘虏了，她长时间站在油画前，心里荡起一丝丝柔柔的，连她自己都恍然不觉的暖意来。

电话铃声适时地响起，章沁晖恍惑了一下，知道电话那头肯定就是乔锋。她抓起电话，期望中的声音果然从话筒里传来。乔锋说："我不知道你打算收我多少保管费，所以打电话来问问你。"章沁晖沉默了一下说："如果让我开价，说不定开出的价码会让你接受不了的。"

乔锋说："真的一点商量的余地都没有了？"

章沁晖说："那得看你给我一个什么样的理由。"

这回轮到乔锋沉默了一下，然后，章沁晖听见话筒里的声调变得果敢起来。乔锋说："你知道吗，在世界上最深的马里亚纳海沟深处，基本上没有生物活下去的条件。可就是在这样的深海里，却有一种生命力极其旺盛顽强、名叫'安康'的鱼快乐地生活着。安康鱼之所以能够在深海里生活，是因为它们身上有一盏照明的灯。在它们前行或者觅食的时候，那一盏灯给它们带来方便。可是安康鱼不是一生下来就有灯的，小鱼要等到爱情在它们身上发生时，才会长出灯来。"

章沁晖眼睛感到了一种幸福的潮湿，她已经完全明白乔锋想说些什么了。

乔锋继续说："你能够想象到在漆黑的海水中，如果没有了那盏灯，安康鱼该如何生存吗？那盏灯，其实已经成为安康鱼生命本身。他是安康鱼的幸运神。"章沁晖依然不语，却觉得心上一根弦已被乔锋拨动，轻轻震颤，荡起了她从不曾有过的微妙感受。她听到乔锋继续在电话里说：

"现在，我只希望，我能像马里亚纳海的安康鱼一样，有一盏照亮我生活的灯。我还想让你知道，那盏灯对于我，就是我的生命。"

手握话筒的章沁晖依然无语，但她的目光却柔柔地落在面前的那幅油画上，看画上的女孩远离尘嚣的面孔和高原上梦幻一般的光影。这时她忽然觉得心里有一些力量正在悄悄萌芽，那些力量搅得她内心不能平静了。她把目光转向窗外，看外面渐浓的夜色。在夜色里，她心里对那一盏灯，也渐渐生出些向往与期待来。

第三章
红尘滚滚

一个人的赚钱经历常常是：先是人找钱，然后是钱找人，最后是钱找钱。如果你能够同时做这三件事情，你就距离成为资本大鳄不远了。如果你老是停留在第一个问题上，那你就培养自己革命乐观主义精神吧。不要让这一生肯定会遇到的重要考验所击倒。

1. 海市蜃楼

乔锋在深圳的住宅位于一个居民小区，这是万安投资公司专门为外地员工提供的房子。小区的附近有一所大学，乔锋住到那个小区后，便每天早晨都到这所大学的操场上锻炼。一般从事证券行业的人都是常年在室内坐着工作，缺乏运动。而乔锋却天生喜欢体育。原来在原州生活时，乔锋居住的部队大院里有一个操场，晨练的人很多，乔锋要么是打羽毛球，要么是踢足球，都要运动运动。现在乔锋每天早上也都要出一身汗回家，然后吃完早饭再去上班。

几天下来，乔锋发现操场上有一个老汉的晨练方法非常独特，他把旱冰和武术招式结合起来，一会儿停住，一会儿转身，一会儿转弯，舒缓自如，潇洒飘逸。老汉操练时，开始夹杂着拳术，后来又变换着棒剑器械，直把边上的乔锋看呆了。乔锋上大学的时候，是学校田径队的，与学校会武术的体育教师挺好。这个老师原来是江苏省武术代表队的，他一直喜欢看金庸的武侠小说，对武术有较强的兴趣。乔锋跟他在一块儿，也练过一些武术的基本功。

有一天，那老汉看见乔锋又站在旁边看，就停下来，笑着问他："小伙子，你也喜欢我这套冰上拳操吗?"

乔锋连忙跑过来，连声说："喜欢喜欢，非常喜欢。"他又有些迟疑地说，"其实我现在每天都在边上看您老练，有时候自己回去也照着比划，但就是跟您练的不一样。"

老汉的性格很开朗，听到乔锋的话，哈哈地笑道："小伙子，看来你是真喜欢我这套玩意儿。这是我自己没事琢磨出来的一套健身操，它有助于身体的协调能力，既可以锻炼腿部，又可以锻炼上身。如果你喜欢，买双旱冰鞋，以后咱们一起练。”

乔锋高兴地道：“这么说您老是答应教我啦？”

老汉笑着点头。

后来乔锋知道老汉叫赵冬义，是上海人，在上海一家剧团工作。退休后，自己琢磨出把武术和旱冰结合起来的健身方法，传播开来深受欢迎。这座大学不知道怎么知道了，就利用假期把赵冬义请到深圳来，为学校的教师们传授这套健身套路。乔锋认识赵冬义后，两人很投缘，很快就成为了忘年交。乔锋从高原市回到深圳的第一天正好是一个星期六，他一大早就拎着旱冰鞋兴冲冲地来到那个大学的旱冰场，但没有像往常那样看见赵冬义。他感到有些奇怪，一个人练了会儿就回去了。

回去后乔锋有点不放心，吃完早饭后就去了赵冬义的住处。赵冬义住在那个大学的宿舍楼里，乔锋敲了半天门都没人来开，而里面传出赵冬义微弱的呻吟声。乔锋急了，撞开门进去，发现赵冬义突然得了急病，已经躺在床上不能动弹了。乔锋赶忙背起赵冬义就往医院跑。一番忙碌过后，赵冬义终于脱了险。医生对他说：“幸亏你儿子把你送来得及时，不然的话就麻烦了。”乔锋听后哑然一笑，不置是否，赵冬义却呵呵直笑。赵冬义住院期间，乔锋下了班就到医院来，陪老人聊天。老人的病没几天就好了，但经过这一次后，俩人的关系就更近了一步。学校的假期很快就过去了，培训期临近结束的一天，赵冬义请乔锋吃饭，告诉乔锋他要去原州，原州的一所学校来信邀请他去传授那套健身操。乔锋便露出不舍的表情，说以后再也不能跟您老学操了。赵冬义却看得开，他说天涯何处不相逢，只要有缘，终究会有再见面的那天。赵冬义知道乔锋老家在原州，便问了乔锋家的住址，说要给乔锋的父母带点东西。乔锋摇头谢道：“不用了，带东西怪麻烦的，家里也都有。要不您帮我带封信吧！”一个星期后，乔锋收到家里的一封来信，信是老妈写的，说是乔锋托赵冬义带的信和南方特产都收到了。乔锋心想，怪不得那天送赵冬义上火车时，看到他带那么多东西，原来那里面还有给自己家里买的礼物。老妈信中还说，跟赵冬义一起去家里的还有一个特别漂亮的女孩，是赵冬义的女儿。在信中，妈妈几次夸这个女孩子漂亮懂事。乔锋看得出来，妈妈非常喜欢她。

这件事情过去不久，乔锋便全身心投入到了万安投资的工作中去。

最近股市人气忽聚忽散，大盘屡次上攻均靠新股攻击建功，但都是短线行情，持续力度略显不够。个股炒作大多为套牢庄家所为，拉高出货的意图相当明显。沪市指数一上600点便遇抛盘，进而退居600点以下。直到3月份最后的一周才跃上600点站稳，开于618点，收于646点，较2月7日的最低点524点回升了122点，基本上与1994年底的收市指数持平，月K线长红恰好填平了1~2月跌失的阴线，将以往的三个向下跳的缺口补上。

阶段行情的特点是，通过抬升大盘股以炒作中山火炬等新上市的概念股，这其中也包括西部明珠，该股的活跃与万安投资的不断买卖有一定的关系。通过前几次的实战，鲁毅开始信服乔锋的能力，在工作中主动以助手自居，证券投资部的日常工作实际上是由乔锋决策。原来一直处于犹豫考虑之中的章子良顺势任命了乔锋为部门副经理，鲁毅也是部门副经理，自己是总经理兼证券投资部经理，但日常事务由乔锋负责。

在西部明珠上市交易了半年后，上市公司的几百万内部职工股按照规定也接近了上市日。此时西部明珠的股价一直在发行价上方的5元左右晃荡，如果一旦出现集中性的抛压，势必导致股价继续大跌，存在跌破发行价的可能。由于这个上市公司的主营业务以宾馆、商场经营为主，经营业绩一般，因此谈不上有长线投资价值。上市公司的许多职工都眼巴巴地希望公司快点把集中托管的股票抛掉，拿回自己的本钱和收益。经过发行承销商的点拨，上市公司派了一位副总与万安投资联系，双方商量了协议转让内部职工股的事宜。开始双方在转让价格和付款方式上一直争执不休，最后经过双方的各自让步，特别是万安投资关于上市公司的集团公司可以用一个年利率15%的条件拆借3000万资金给万安集团的建议得到双方的响应。因为当时实际情况是，上市公司有大量的募集资金无明确投向，而万安投资则在资金周转上面存在一定的困难。这样的结局是一个双赢的结果，两方很快地确定了股票协议转让价格为7.5元，比二级市场价格溢价50%。这时成交量靠前的品种都是有庄家运作控制的股票，后来上海石化、马钢股份等大盘股与浦东板块的成交量也逐渐放大，乔锋认为这种迹象暗示有更大的主力群体在做多。通过市场阶段基本利益事件的分析，乔锋很快就得出判断结果：低价大盘段的拉抬应该是以申银证券为首的18个证券公司的联手行动，他们是即将上市的新大盘股仪征化纤的承销团。此前，这个承销商刚刚包销了在市场未发行出去的仪征化纤股票近2亿股。因此，职业投资者都可以分析出主力发动这波行情的意图，即为将上市的仪征化纤高于发行价的市场定位造市。根据过去经验，在仪征化纤新股成功上市前，大盘行情在上海石化的强势作用下，还有上攻的机会。这种情况为一些庄股的借机活跃提供了方便。

进入4月，低价大盘股继续飙升，率领大盘艰难上行。上海石化、马钢股份过去一直是市场主力用来拉抬指数的杠杆，在绝大多数时间里，它们均是表现最为沉闷的个股。沪深股市的炒作习惯是在大盘背景转暖的时候，上涨飙升的均为小盘股、庄家股，基本上很难轮到大盘股。并且老股民的经验是，只要上海石化、马钢股份一旦涨升，它们就会产生“是否机构在拉高指数，掩护出货”的疑问。

但在4月3日~7日这一周里，情形却大不相同。周四证券媒体公布了仪征化纤新股即将于4月11日上市的消息，当时上海石化、马钢股份的股价分别为1.8元和1.6元，与发行价高达2.68元相比，被申银证券为主承销商的承销团包销的仪征化纤必然无法有效卖出。要实现仪征化纤在2.68元的价位上不被套，则需要市场主力刻意提高上海石化、马钢股份的二级市场价格，因为当时的投资者有比价投资的习惯，很多不成熟的投资者也容易被主力花招迷惑。

随着市场在这一点上取得了共识，在仪征化纤新股上市的消息公布的次日，上海石化、马钢股份顿时成为领涨的明星，顽强地推动股票指数不断上升。而浦东股的代表陆家嘴、外高桥、浦东金桥依然风光不减，急速上扬，将股票指数推升到673点收市，创出年内新高。上海石化上涨22.8%，马钢股份上涨27.6%，市场终于消灭了2元以下的股价。

4月11日，仪征化纤正式粉墨登场，在主力的计划关照下高开高走，从2.7元一直冲到3.7元以上，有效地吸引了大量的跟风买盘。但在这一天，中国人民银行公布了当年人民币长期储蓄保值贴补率为12.27%。此一创保值贴补率历史新高的消息被投资者视为股市坏消息，促使短期市场短线获利盘蜂拥而出，加之仪征化纤成功上市定位，前期积极运作的主力目的已经达到，机构的减仓操作引起行情下跌。前一天已经开始获利回吐的上海石化、马钢股份则继续下调股价。尽管多方阵营再借浦东开发5周年庆典题材发动浦东股攻势，一度令股指摸高680点，终因孤军力量有限、后续火力无法有效跟进，到底没有如愿抵挡空军的反扑。一周下来，大盘指数收在640点，较上周跌去33点，跌幅为5%。

4月的下旬，多头阵营进一步出现分化瓦解，多杀多的行情由此再度开始。月底市场上出现较为剧烈的震荡行情，人气涣散而致恐慌性抛售，一时间市场失去理性。股指收于579点，较3月份继续下跌72点，跌幅竟然达到11%，绿色恐怖弥漫股票市场。

这一年的股市，从年初以来，沪市指数走过了4个月的跌跌绊绊的调整路程，可谓风风雨雨，喜怒无常。市场基本面的情况没有太大改善，大盘指数承接了上一年度末期的阴跌走势一路盘下，没有丝毫的转暖迹象，给人的感觉仍将继续呈缓缓下跌的颓势。

直到5月中旬上海大盘收市，股指仍在570～590点之间波动。市场上既没有任何令人兴奋的消息，也没有什么可报以希望的炒作题材，技术面上同样分析不出令人看好的地方。在前一段的行情中，乔锋经过几次顺应大盘走势的拉升，虽然成功地把西部明珠的股价拉到了8元上方，有了一定的浮动盈利，但是由于整个市场买盘稀少，出货不是太顺利。这些天他一直在盘面上制造异动，希望吸引一些投资客的注意，同时也一直在动脑筋想一些能够出货的新办法。

5月17日，星期三，股市风平浪静。晚上，新闻媒体突然公布，"经国务院同意，决定在全国范围内暂停国债期货交易试点。"这一消息在当天晚上便飞速传遍全国各地。第二天，也即5月18日，大批的投资者已纷纷涌向股市，全国主要城市的股票交易大厅遽然人声鼎沸，拥挤不堪。中小投资者做出的强烈反应令人大感意外。当一些机构主力预计"将有一段行情出现"，更多的机构还在推敲"暂停国债期货试点"的背景等复杂问题时，中小散户已经不顾一切地大买特买，抢掉了第一轮人市买股票的时机。18日下午，机构大户决定顺势入市，但汪洋大海般的买单已使股指涨得令人瞠目结舌。

上海股市在18日开盘即以跳高159点创历史高开纪录，以741点开盘，集合竞价成交15亿。巨大的成交量给予了积极的配合，大盘指数短暂冲高747点后便快速回落。这种现象是未及时调整思维的机构主力卖货打压所致。但大盘回落到682点后，买盘便再度蜂拥杀回，在价涨量增的形式攻击下，股票指数攀升到770点才受到阻力，最后收于763点，比前日收盘高出180点，涨幅达30.9%，成交量8473亿元，创T+1以来的最高纪录。其中东部高科、西部明珠、西部药业的涨幅分别达69%、61%和52%，三只次新股票中，同样有着内部职工股的另外两只次新股有与西部明珠联动之势。这意味着你如果有10万元，因为买进这三只股票后，会变成169万元、161万元、152万元。

从缺口的高度和成交金额来看，这一次上涨的力度应该是非常乐观的。乔锋在操作西部明珠时采取了三步走的方法，每天开盘的时候用对敲的手段迅速地把股价拉到涨幅的第一榜的靠后的位置，然后利用大盘的盘中震荡进行股价的上下拉锯，使得股价经常位于短线客最为关注的5分钟涨幅榜，不时地利用高抛低吸摊低成本，在最后5分钟，乔锋果断地把股价坚决地单边拉高，以当天的最高价收盘，并在收盘时的买盘上挂上了巨大的买单。此举有效地带动了另外两个次新股东部高科和西部药业的跟风炒作，它们与西部明珠一道成为两市涨幅最大的股票。

5月19日，股指继前日升势高开于768点，短暂下探761点后打盘恢复上行，显示出入市主力的作风实力，几乎无回档地升至840点；指数稍有回落，尾市就再度抬高，涨至全日的最高点855点收盘，成交额再创历史新高，达98亿元之巨。这天西部明珠发明了一种新的走势，在买单的三个显示价位挂出几十万股的买单，然后一点一点地往上推升，盘中走势出现了45度角的直线涨升状态，由于这种拉升方法在沪深市场是第一次出现，吸引了大量的跟风盘。这些跟风盘把乔锋挂在上方的卖单都给吃掉了，而其他的持有这只股票的投资者不但舍不得卖掉这个明显有主力主持的个股，反而加仓买进。在出现一定的升幅之后，乔锋突然抛出一个巨单，把看大盘的没有成交的散户单子全部成交，然后快速再度拉起，几个回合下来出了不少的筹码，在尾市随着大盘的收高，又出现了急升的走势。当天的许多电台媒体都分析该股有期货主力主持，操作风格是典型的扎空手段。

“5·17通知”关闭了国债期货市场，两日内就使沪深股市发生井喷效果，沪市暴涨273点，升幅47%，而实际上深陷在国债期市中的资金根本来不及掉转枪头，投机资金主要来自于社会游资。这说明在风险市场上的资金是非常注意机会的，人们仅仅凭预期债市资金将回流股市便蜂拥而入，表明市场需要的正是适合投机资金进入的气候条件。显然，社会游资的前仆后继、不怕牺牲地疯狂入市，动因是想领先一步于期市资金回流到股市，让后来的投资者为自己抬轿，自己从中获利。股票市场就是这样的，一旦博傻高潮出现，大家是没有理智的，有时那些过于理智的人反而会出现失误，被其他人笑话为傻子。

市场分析人士及股评家一时也兴奋起来，大做文章，激励人气的文字冲锋号般嘹亮地连续吹起。乔锋记得股评家太行最引人瞩目的一句评论是“希望在多方攻城拔寨的大军里看见你矫健的身影”。继续看好且认为行情已发生根本改变的人认为，沪市在前两周580点附近跌不下去，买卖交投萎缩，说明市场已有蓄势反转的基础，后市指数位可高看1200点之上。在需求方面，除指出机构资金将大部分离开国债市场回返股市外，还提示股民队伍在不断扩大，储蓄存款以每月1000亿速度增加。这些资金都在寻求比银行储蓄更好的投资渠道。甚至有人认为宏观环境已经得到改善，初步向好的迹象应提前反映在股市中。因此两日连放天量无明显回转的走势已充分显示出新行情的上升力度，如果基本面真空，消息面平静，无实质性利空，下周股指再创千点高峰是极其有可能的。

而较为谨慎的人则认为，这两日股市的人们在建造的“空中楼阁”中疯狂买股票，博傻大军已失去理性，股指上升过速，恐又会令政策采取一系列强硬调控措施，因而应密切注意下周的消息，控制风险。也有人认为“5·17通知”力度有限，不能轻言反转，因为前一段时间股市的低迷不振，不仅仅是因为有火爆的国债期货市场、资金被分流的缘故，还有其他因素。如通胀居高不下，国家适度从紧的宏观调控政策等，现在基本面无根本改观，因而不能对暴涨的后市过分乐观。

经周末两天休市，星期一，5月22日股市开市，由于消息面真空，市场便承前周急升惯性，在一片看好气氛中继续高开，以919点开盘，瞬时摸高921点。随后，获利盘涌出，便步入一个标准的下行通道中，后市股指被急拉出轨道，尾盘却遭受打压，终以897点报收。虽为一根阴线，但较上周收市仍高出42点，成交124亿元，又创天量。在这一天西部明珠开盘就急冲，一直冲到20元以上。这股力道连乔锋也没有想到，一看盘面，原来是另外一个次新股东部高科的机构拉升股价，造成了股性已被激活的西部明珠受到散户追捧。乔锋果断地把剩余的大多数股票顺利派发。

经过三个交易日，沪指已从5月17日收盘时的582点跃升到897点，升幅达53%。正当许多人高兴得晚上睡着了还在数钞票的时候，5月23日，传媒又公布最新消息：第二季度将下达当年股票发行规模为300亿。这一有震撼力的扩容规模消息，几乎任何一个投资者都知道是针对股市上涨的重大利空。该周余下的四个交易日，又演变成一轮不可逆转的暴跌行情，令市场内外为之震动。

5月23日上午沪市一开盘，大盘就高台跳水，以跳低106点的791点开盘。后虽出现反弹，但上行至833点后便逐波下行，个股抛货现象严重，最后收于750点，较前日急跌147点。随后三天，分别以741点、696点、727点收盘；周五较周一跌去170点，跌幅达18%。虽然乔锋手中还有一部分西部明珠，但是这已经不影响收益的大局。

有人在分析此轮涨跌行情对后市可能产生的影响时，进行了粗略统计，表明在880～920点间被套的筹码不少于70～80亿，在750～800点高台阶上被套的筹码不少于100亿，它们很可能在后市中构成抛压的重力。

确实，如何解套成为此后几周内投资者的主题。在下一周里，虽大盘已恢复平静，股指围绕710点波动，一些实力较强、知名度较高的机构仍纷纷逢高出货，只是出货手段较为有序，即通过缓拉大盘股、稳定指数，震荡拉锯小盘股，达到出货目的，这种手段没有对大盘产生过大压力，所以人气尚未涣散。

2. 玫瑰有约

男人追求女人，如隔着一座山样难；女人追求男人，如隔着一层纸般易。尽管如此，实际生活中男人往往能追到他喜欢的女人，而女人却得不到她爱恋的男人，原因是：男人不怕翻山越岭，女人却怕伤了手指头。这句话乔锋早就听说过，但他自有自己的理解。他觉得在追求过程中，最重要的是有耐性，如果在没有摸清女人心事的情况下，便一味发起猛攻，常常会适得其反，不仅尝不到胜利的滋味，还可能失去战场，再也没有战斗的机会。而要洞悉女人的心事绝不是一件简单的事，因为女人心事复杂无比且瞬息万变，需要你付出更大的耐性来寻找可乘之机。整场战斗有时需要很长时间，有的人会觉得疲惫不堪，甚至因为暂时的失利失去信心；而聪明的人却会将战斗变成一件很愉快的事，在坚信必将成功的同时，享受爱情过程中的喜悦与痛苦。

乔锋现在有些困惑，分明感觉到章沁晖离自己已经很近了，可是，每当自己企图再接近些的时候，那距离便不知不觉地又远了几分。就像现在，他与章沁晖通电话的次数已越来越多，甚至有时章沁晖还会主动打电话来跟他聊两句——这在以前可是从来没有过的事情。而且，当他周末约章沁晖出来的时候，章沁晖也会很爽快地答应。可是，每次跟章沁晖在一块儿，他总觉得俩人之间又隔了一层什么。章沁晖似乎每次也都适度地保持了她的矜持，无论在电话里，还是跟乔锋在一起，她在轻松随和的表情之下，隐约透露出一种让乔锋却步的力量。乔锋百思不解，只能感叹女人的心思之微妙。

其实，这个时候，章沁晖心思并不复杂，她只是还没有搞清楚自己是不是真的喜欢上了乔锋。女人在面对一段感情时往往比男人要慎重得多，她们不会因为一时的冲动而随意将冲动变为现实。章沁晖不得不承认，乔锋对她真的开始有了吸引力，那个略带些羞涩的男人，她每次都能从他的眼睛里看到像太阳一样灼热的光芒。这种光芒她曾从许多的男人眼中见到，但只有乔锋的，让她忍不住有些心跳。而且，隐隐地，她还在担心乔锋燃烧出来的光芒能够持续多久。在她心中，觉得爱情应该像春雨一般细细地滋润，或者像静夜里的海滩，那些波浪轻柔舒缓地一次次涌向沙滩。

那么，现在就让一切都自自然然地发生吧，章沁晖想。许多时候，跟乔锋在一块儿，她都能感觉到乔锋的目光无时无刻不停留在自己身上。有那么一些时刻，她甚至以为乔锋会在瞬间向她表白什么。这时，她心里便会有微许的慌张。她并不是那种没有见识的女人，只是，对于爱情，她缺少起码的适应能力。“莫非我已经在想需要时间来适应乔锋的感情？”章沁晖这样想的时候，就有些不能坦然面对乔锋了。幸而乔锋一直都没有直白表露自己的感情，章沁晖不知道当乔锋表白时，自己会做何抉择，因而，在庆幸的同时，心里还隐隐有些失落。

有一次，俩人去一家新开的西餐厅吃饭，乔锋学着追星族那样问章沁晖：“做一个亿万富豪的女儿，你是不是觉得比正常人有更多的压力？”章沁晖怔了一下，也装作明星的样子回答：“有些力量是无形的，它跟你的主观意识无关。当你跟我提及这样的问题时，其实，你已经将压力放到了我的肩上。”乔锋心里有些后悔，觉得不该谈起这个话题，但既然已经提及，便索性把话说得更深些。他说道：“有些东西并不是你不提便不存在了，你的身份除了让你的生活方式有异于常人，而且，当一个普通人面对你时，心理上也会感觉到一种压力。这种压力也是非主观的，根本不由你意识决定。”他顿一下，凝视着章沁晖，接着说，“比如我。”

章沁晖在乔锋的目光里沉默了一下，说：“或许男人是需要一些压力的，这样，他才能比女人更坚强。”

那天章沁晖的话让乔锋回来后琢磨了很久，他明明觉得已经理解了话里的含义，但有时又对自己的理解生出怀疑。乔锋确认章沁晖其实在暗示什么，但她的暗示竟是这么不着痕迹，连让乔锋生出的希望都带着好些疑惑。

乔锋和章沁晖的关系，处于非常微妙的状态，但是这在万安投资其他人眼中，却似乎已经很明了了。鲁毅那次高原之行，就洞察了乔锋的心思，乔锋这段时间与章沁晖频繁接触，特别是乔锋躲在办公室里跟章沁晖通电话那甜蜜劲儿，让鲁毅猜到俩人的关系已经往前迈了一大步。鲁毅从特种部队退伍之后就跟了章子良，算是章氏企业的嫡系，他通过几次与乔锋并肩作战，打心眼里喜欢这个才华横溢的小伙子。但他还是有点怀疑，不知道乔锋用什么法子打动了章沁晖——在他眼中，章沁晖可是那种水中月雾中花般的女孩子。有一天，他跟章子良洗完桑拿在大厅里歇息的时候，章子良突然问他：“现在乔锋跟小晖走得挺近，你知道他们俩的事吗？”鲁毅想了一下，回答说：“乔锋上次跟季总策划了一次油画拍卖会之后，送了幅油画给沁晖。”章子良点头：“那幅画我在小晖的房里看到了。乔锋那小子看来没少下工夫。”

章子良这样说，鲁毅就知道他已经完全知道了乔锋跟章沁晖的事，心里就有些替乔锋担忧。但章子良接着说：“乔锋那小子算是个人才，我现在真挺庆幸当初咱们万安投资招聘没有漏了这个家伙。”鲁毅试探着说：“当初招聘时，沁晖可是极力向咱们推荐乔锋，看来以前他们关系就不错。”章子良道：“沁晖的眼光不错，乔锋确实没有让咱们失望。可是，这小子终究还年轻，没吃过什么苦。要知道，要想成为人上人，一定得经历很多的磨难。轻易就能获得的成功，往往不很牢靠，就像基础不牢的大厦，保不准哪天就能坍塌下来。”

那天的谈话到此为止，后来鲁毅琢磨过章子良的话，还是不能确定章子良对乔锋的态度。章子良是那么精明的人，章沁晖与乔锋的关系一定逃不过他的眼睛。鲁毅以为他起码会对这件事发表点意见的，但他却深藏不露，一点山水都不显，这让鲁毅心里隐隐替乔锋有些担忧。但章子良的话传达的另一个意思却很明确，那就是乔锋是个人才。现代企业，人才无疑是其中最大的资源，有很多大型财团的老总，都是靠挖掘专业人才起家。身边的例子，万安投资开户的银赛港国际信托集团老总卓融便是其中之一。所以，鲁毅想乔锋其实还是有机会的。

万安证券还有一个人，就是关冰倩，她以女人特有的敏锐将乔锋的变化看在眼里。关冰倩打心眼里为乔锋高兴，她的想法特别简单，就是希望有情人终成眷属，因为她也正处在爱情之中。处于爱情之中的人心思会变得特别细腻敏感，而且，往往会由别人的爱情联想到自己的。所以，那段日子，关冰倩看着乔锋的快乐，自己的心情却像晴雨表一样起伏不定。一方面，她为乔锋高兴，另一方面，她又不由自主地拿乔锋跟林远思比较，这样，她心里就有掩饰不住的失望。她确信林远思深爱着自己，自己也非常珍惜与林远思的感情。但是，林远思的生活状态又让她非常不满意。这样的矛盾无时不在困扰着她，而这段时间，林远思好像也感觉到了什么，每隔几天例行的电话都不打来了。关冰倩不知道他在想些什么，所以心里更加失落。这天早上乔锋跟鲁毅出去办事，她一个人去银赛港国际信托证券营业厅看盘，进门时正碰上营业厅的汪总送太行出门。

太行这阵子愈发春风得意，在“5·18”井喷行情中，西部明珠成为涨幅最大的明星股，它创造的短线暴利神话，让许多投资者羡慕得直掉口水，以至于相当长时间内，投资者和证券媒体都在寻找下一只“西部明珠”，希望自己能够成为幸运儿。而太行因为自西部明珠上市后一直大力推荐该股，即使在该股处于低迷期时也痴心不改。其推荐词语坚定并有激情，而且连续十周是一周一个题材概念。这种做法给市场留下了非常深刻的印象。在西部明珠出现犹如火箭一样的上升行情后，太行在全国的名气大噪，市场影响度更高，特别是在全国的中小投资者中影响非常大，一些媒体甚至称他为散户领袖。只要他一推荐什么股，会很快引来跟风的买盘，导致这个股票出现短线的强势状态。

现在太行在证券界是个公众人物，他到任何一家证券营业厅，都会受到众多投资者的关注。这天他来银赛港国际信托跟汪总谈完事情，出门时被人认出来，很多人立刻围了过来，热情地寒暄问候。太行都有些陶醉在这种轰动效应中了，他耐心地跟大家交流了半个多小时才得以脱身。

出门碰到关冰倩，站在路边寒暄了两句，话题扯到乔锋身上，太行心里就留了神。操作西部明珠，乔锋是主力操盘师，而他只不过起到推波助澜的作用。只因为他频繁在媒体上亮相，才造就他今天的声势。但在业内人士看来，孰高孰低孰重孰轻自是一目了然。所以，此刻有关乔锋的任何情况，都能引起他的警觉。关冰倩并不知道太行的心思，又不想过多谈及万安投资的事情，便将话题扯到了生活方面。

关冰倩笑着说："乔锋现在每天甜甜蜜蜜的，连看盘的时间都少了很多。"

太行一怔，立刻有了些预感。他试探着说："让一个职业操盘师连看盘时间都减少的事情不会太多，乔锋不会恋爱了吧。"

关冰倩点头说："原来你不只会看股票，连猜这种事都猜得这么准。"

太行心情略有些阴郁，但他还要问最后一句："乔锋的女朋友是谁?"

关冰倩说："章沁晖，我们章总的妹妹。听说你们都是红马甲培训班的同学。"

太行记不清如何跟关冰倩说了再见，又如何一个人在街上转来转去。他心里被一种强大的悲痛所占据，仿佛又回到了张莲离他而去的那个夜晚。但这时他的心境与那时不同，那个夜晚，张莲在车窗内悄然远去，夜色中的太行悲痛欲绝。那种痛，是因为一段感情的失落，因为自己苦心经营的爱情到头来却换来那样一个悲剧结局。许多年后，在街头徘徊的太行悲痛的却是命运对自己的戏弄。章沁晖是继张莲之后，惟一让他动心的女孩。一段时间内，她简直成了他努力工作的动力，为此，他在万安投资运作西部明珠时，简直是不遗余力为之摇旗呐喊；当西部明珠冲天而起，他希望以此作为打开章沁晖心房的钥匙。无情的现实让他明白了自己的处境，命运再次无情地戏弄了自己。又是乔锋，他从一开始在红马甲培训班时就横插在自己与章沁晖之间，而自己那时根本就没有把他放在眼里。如今他却如愿得偿，赢得美人归，再次重挫了自己。太行现在对乔锋的心情，真是异常复杂，有些嫉妒，又不禁钦服这年轻人的能力——他不仅能在股市上纵横驰骋，而且在爱情的战场上亦能春风得意。太行简直有点控制不住自己的情绪了。适才在证券营业厅里的风光，在他心中已经烟消云散，所有的风光加起来，也抵不住失去章沁晖的痛。或者根本谈不上失去，因为他还不曾得到过，可是，那种心痛却是无法抑制的。

中午的时候，太行找了家小酒馆喝了不少酒，后来打车回家，整个脑袋都在痛，倒在床上时觉得天旋地转。他一向认为醉酒是年轻人才会犯的错误，但现在，他觉得只有一醉，才能让心里稍微好受些。

他醒过来时，外头的天已经黑了。喝了一大杯凉开水，他清醒了许多。多年的股市生涯早让他知道该如何用理智战胜情感。这时，他首先想到事情并非不可救药，章沁晖只是刚开始跟乔锋恋爱，只要俩人一天不结婚，他就还有机会。其次，他认为西部明珠在"5·18"井喷中能成为明星股，自己功不可没，所以，他决不会只单纯为他人做嫁衣，一定要从中再挖掘出更大的价值，作为自己付出的回报。最后，他又想到，退一万步讲，就算章沁晖与乔锋的事情已成定局，但在深圳这样的城市美女无数，没有了章沁晖，可以另寻目标，以自己现在的名声，任谁都不敢小瞧。

迅速有了对策的太行轻松起来，股市多年的打拼，让他心理承受能力已经高于常人。有了对策便要积极行动起来，他觉得目前可以做的，就是继续从西部明珠上尽量多地寻求回报。

太行这时基本上还处于无产者的阶段，手上并没有多少钱。尽管他自己也在低价位买进了许多西部明珠，但是由于长期养成的短线思维导致在西部明珠上涨的第一天就出了手，加之本金有限，投资效益不像社会上传言的那样诱人。他自己对媒体上报道他由于成功投资西部明珠，从而斩获100万的利润也不予否认。太行抛出西部明珠的第二天、第三天依然出现暴涨。太行虽然后悔抛出该股，但是他依然异常高兴西部明珠出现了这么大的涨幅。太行是聪明人，他在西部明珠第三天涨到25.68元左右的时候，灵机一动，在这个价位上又购进了西部明珠，随后紧接着又卖出该股。这次操作他并没有赚钱，也没有亏钱。他那时只是凭直觉觉得这里头有文章可做，但还没有想到具体该如何操作。

被乔锋与章沁晖的事一刺激，太行忽然灵感闪现，想到了抬高自己知名度的一个绝妙方法。太行第一次买进西部明珠，是在5.68元的价位上买进1万股，在第二天行情上涨时以10元的价位卖出。第二次买进该股时的价位是25.78元，数量同样是1万股，接着就在25.68元的价位卖出。现在，他只要把两个买卖来回的买卖交割单让证券公司大户管理员给打印几份，把第一次卖的和第二次买的交割单烧掉，只留下第一次买的和第二次卖的，这样就能给人造成他是在底部区域5.68元买的1万股西部明珠，在"5·18"行情的最高点附近25.68元卖出的印象。一个回合的买卖能有20元、352%的收益，足以技惊四方了。

太行按照计划操作起来，打印好的两份交割单还用精致的画框装裱起来，挂在证券公司大户室的墙上。然后，他又写了一篇精彩的挖掘黑马股的文章。文章上半部分记述了自己通过什么样的方法发现了大黑马太子股西部明珠的，怎样抵抗市场的低迷煎熬与其他短线机会的诱惑坚持持有这个股票；当然这种持有不是无限制的，一直到超出它的投资价值25元为止。文章的下半部分首先告诫投资者对于价格已经高于投资价值的股票不能过度长线持有，要适可而止；自己的黑马股研究的西部明珠阶段将过去，停止分析西部明珠，而将主要精力放在研究第二匹黑马股上面；敬请大家以后关注他的专栏。这篇文章后面附上了他买卖西部明珠的交割单。

文章发表后，引起了极大的轰动。此前，太行确实是大力推荐西部明珠，再加上说服力十足的交割单，读者对此很是信服。不少投资者每个周末都要买有太行专栏的证券报，等待太行的第二匹黑马股的推出，以至于有太行专栏的报纸发行量大增，太行的稿费也一路飙升，在国内算是首屈一指。

由于太行推荐西部明珠的极大成功，加之他许诺将挖掘下一只黑马股，人气急剧上升，全国不少证券公司营业部和咨询公司，纷纷高价邀请他上门讲课，或者举办大型黑马发现报告会。尽管这种大型报告会是收费的，达到一张票50元钱的高价，但依然是听者如云。在一些省会城市，一场报告会居然出现多达5000人的场面，而且大礼堂的窗户上也常常趴满听众。由于太行是文人出身，说话非常有激情、有煽动性，加之以唱多为主，这非常符合惯于满仓的中小投资者的心理，他的报告会经常被雷鸣般的掌声打断，有时讲课结束需要几个彪形大汉护卫才能离开会场。这种每个周末飞来飞去的奔波是很劳累的，但太行却乐此不疲，一来那种万众欢呼的场面极大程度地满足了他的虚荣心，另一方面，他需要用忙碌来逃避情感的再次失落和建立新的自信。后来往外跑的次数多了，他发现讲课费的收入竟然比炒股票来得还要更快一些。

太行那时也许没有想到，他频繁地飞来飞去还为他带来了一段奇遇。

整个6月，太行一共飞了四次上海，都是应上海一家营业部邀请去讲课。他还记得第一次刚出机场，举办方的负责人带了车来接他，在他刚走出机场综合厅口的时候，一个眉清目秀的小姑娘远远地跑了过来，手里捧着一大束鲜花，那花在正午的阳光下仍然娇艳异常。小姑娘非常礼貌地将花送给太行，说是一位女士电话订购的，指定今天这个时候送给他。当着接待方负责人的面，一来上海就有这么热情的崇拜者献花，他觉得挺得意。在车上的时候，他注意到鲜花里插着一张小卡片，卡片上没有字，只印有一朵鲜艳欲滴正在绽放的玫瑰。

到了宾馆，那位神秘的崇拜者当晚又派人送来了果篮，里面是太行最喜欢吃的荔枝。果篮内依然插着张印有玫瑰的小卡片。这时候太行心里很好奇，想见见这位神秘的崇拜者。送果篮来的人与送花的人一样，都说是一个女子在电话里订购的。太行猜想那崇拜者是一个女子，但还是有点不太确定，因为如果是其他类似于老板型的崇拜者，很可能已经在股市上闯荡多年，让女秘书或者女职员打电话也是非常正常的事。

随后太行又相继三次飞往上海，每次都是一下飞机就有人献花，不管他下榻在哪家宾馆，当晚总会有人敲门送上果篮。这就不由得太行不上心了：这位崇拜者做事有点不合常理，对自己在上海的行踪这么了解，费了这么多工夫讨好自己，但却不现身。每个人做事都有自己的目的，这人的目的是什么呢？

那几次在上海讲课，太行都特别注意台下的听众，想那位送花送果篮的崇拜者是否混杂在其中。但每次台下的人太多了，他根本没法从黑压压的一群人当中找出那个一点线索都没有的崇拜者。而且，来这里听他讲课的，有几个不是他的崇拜者呢？

6 月底最后一次去上海，三天的活动结束，太行去机场打算往回飞的时候，在机场候机厅里接到一个陌生的电话。电话里是个女子，声音略有些羞涩，让太行联想到她是个大胆且有些阅历的女人。

“您是太行先生吧？直到今天才打这个电话，实在抱歉。”

太行第一个反应她就是那个送花送果篮的人，但他还是要问：“你是谁？”

“我不说您肯定已经猜到我是谁了，您是那么聪明的一个人。”

“谢谢你的花和果篮，但你为什么要送它们给我呢？”

“因为我是个股民，而您却是个股市中的英雄。作为一个女人，我给心目中的英雄献花有什么不妥吗？”

太行笑了笑，觉得那女人很会说话：“谢谢你，但你为什么一直不出现呢？”

“我会出现的，但不是现在。”那女人轻轻笑了笑，“好了，你快到登机时间了。也许我们很快就会见面，也许还会再等一段时间，但不管怎么说，我现在要祝你旅途愉快。欢迎你下次再来上海。”

太行还想说什么，但那女人说了声“再见”后就挂断了电话。

太行在飞机上满脑子都是那女人。女人的声音风情万种，得体的语言中透着一种让太行心动的诱惑。那会是个什么样的女人呢，太行想。

3. 乱世英雄

关冰倩连续好几次打电话给林远思都打不通，学校里的人说他请了病假，而他宿舍电话又没人接，关冰倩就担心他出了什么事。那几天她正好又忙，分不出身来去找林远思。工作的时候，她心里经常会跳出林远思的影子，她分不清自己到底是爱林远思多一些，还是对他失望多一些。但现在她知道，自己是关心林远思的。也许爱情就是这样吧，每一份爱情里，都会包含很多种不同的因素。

星期三中午吃饭之前，她又打了个电话给林远思，这回电话通了，林远思在电话里的声音很疲惫。关冰倩问他是不是病了，林远思说没有，只是有点累。关冰倩问："你在做什么呢？课也不去上。"林远思笑了笑，说："我在证明我自己。"关冰倩有点没听明白，问："证明什么？"林远思说："证明我的价值，证明我并不是个没用的人。"那次关冰倩想多问点，但林远思却很快挂了电话，最后说很快你就会知道的。关冰倩听出来林远思的声音虽然很疲惫，但他却很开心。

又过了几天，股市中发生了苏三山事件。

上个世纪90年代的沪深市场犹如一场大棋局，在这场大棋局中又有多层棋盘，多个团队和多个棋手，他们都在按照自己能够掌握的资源和目的摆棋下棋，甚至一些棋手都不按顺序出招。那时证券市场有一个很响亮的口号："证券市场为国企脱贫解困服务。"其实不仅仅是这样，那时《证券法》尚未出台，各方利益团体都把证券市场当成一个金融比武台，加之股票市场具有极强的降低人智力水平的功能，所以在每天进行的一场场棋局中，任何事情都有可能发生。

苏三山事件的主人公姓李，只是个普通的投资大户，并没有什么强大的后台和复杂的背景，只是此人颇有胆识。这位李先生原本是湖南一个县物资局的干部，受全民经商下海大潮的影响，他携带了100万元的公款来深圳，进行股市投资。他以近8元的价格买进了15万股简称叫苏三山的股票。但是苏三山并没像他想像的那样买完就涨，而是下跌不止。由于是初次进入股市，心理压力较大，这位李先生接受不了短线被套的现实，又透支了1000万加码买进该股，但是被套得更严重了，导致他接连几个晚上睡不着。无情的现实打破了他发财的美梦，被套的公款像一块巨大的石头压在他的心上。他知道，如果不想办法突围，等待他的将会是怎样的一种结局。

于是这位李先生开始研究股市，研究股票大涨的原因。在这期间，前几个月深圳宝安集团收购上海延中实业公司的一场大战令他感慨不已。通过总结，他认为收购事件是股票上涨的最大动力。愁眉不展的李先生好像看到了一线希望，连续几晚冥思苦想，他终于想到了一个自以为能够解困的计划。

这位李先生先是在深圳街头找人私刻了一枚正大置业的公章，然后回到湖南株洲的老家，在邮局分别向深圳两家证券报发了篇稿子，说正大置业已收购了250.33万股苏三山股票，占总股本的5%。半个小时后，这位“正大置业的老板”又打电话给两家报社，问是否收到传真件。事情进行到这里，我们可以发现这位李先生的智商水平确实有限。但出人意料的是，第二天，也就是周末，报纸竟然把李先生的稿子登了出来。这就是所谓的能忍不能想，能想不能干。一些证券公司得到收购苏三山消息后，为了提高交易量，在营业部交易大厅的黑板上用粉笔把这条消息公布了。

星期一一开始，苏三山的股票就像装了火药一样，在买盘抢购的情况下，以直线没有回档的方式往上涨，从大幅跳空高开的8.3元上涨到11.5元，上涨40%，当天成交2000万股。在11.4元时，李先生抛掉了一小部分苏三山股票，他还希望苏三山在更多的人博傻情况下，再次大涨。苏三山的异动引起监管当局和深交所的注意，并连续两天发表声明，苏三山又掉头急跌。李先生立刻把剩下的股票全部抛出，获利不菲。这位李先生当然是赚了，但因为听信他的假消息，购进股票的人却替他被套。事情发生后，李先生还没来得及享受炒股赚来的钱，人却因苏三山假收购事件被关进了监狱。

那位李先生就在银赛港国际信托证券营业部开的户。星期一上午开市不久，关冰倩正跟乔锋、鲁毅谈论这件事，一个大户室的管理员推门进来，说公安来抓人了。大家便一块儿出门，看到那位李先生被两个便衣夹在中间，垂头丧气地出门。大家回来唏嘘一番，对股市这种无序状态发了通感慨。这时林远思突然打来电话，那语气特别兴奋。林远思问关冰倩现在在哪儿，关冰倩说在银赛港国际信托证券。林远思让她回办公室，说他现在就在她办公室外头。关冰倩还想问什么，那头的林远思已经挂上了电话。林远思近来十分反常，关冰倩已经意识到他在做什么事情，所以也没去打搅他。现在听他的语气，好像他的事已经办成了。关冰倩跟乔锋、鲁毅说一声，立刻下楼便回了万安投资的办公室。

几天不见，林远思本来就很瘦的身子更像两根骨头支个脑袋了。好在林远思骨架子大，整个人看上去还是高高大大的。林远思一上来就抓住了关冰倩的手，还没说话，脸上已露出兴奋的表情。林远思说："可把你等来了，我早饭还没吃呢。"关冰倩看着他两个黑眼圈，有些心疼，说："那我陪你先去吃点东西。"林远思像个孩子样坚定地摇头："不吃了不吃了，上去我给你看样东西。"关冰倩说："什么东西让你兴奋成这样，连饭都不吃了。"林远思笑而不答，拉着关冰倩的胳膊上楼。

到了办公室，林远思拿出一个光盘递给关冰倩，关冰倩接过来，随口问了句这是什么。林远思说："因为你在证券公司，所以去年，我就熟读了大量炒股秘籍。那时我也不知道自己要做什么，直到两个月前，有一次到你们这儿来，看你们电脑上用的分析软件，好像是台湾乾隆公司的产品。我还听乔锋说，现在投资者几乎用的都是这套软件。我就想，我能不能根据我们大陆股市的实际情况，开发出一套国产的股市技术分析软件。"

关冰倩多聪明的人，林远思话说到这儿，她就觉出了手上那张小小光盘的分量。看着林远思此刻脸上露出的光彩，她也被感染了。也许她在意的不是林远思开发的这套软件，而是林远思的形象在她心里产生的变化。她凝视着林远思，心里百感交集。林远思书生气十足傻傻地冲她笑，好像能让关冰倩高兴是件非常快乐的事。

关冰倩立刻打电话给乔锋和鲁毅，因为要在办公室的电脑上试装这套软件，得经过他们同意。乔锋对软件很感兴趣，电话挂上没一会儿，就跟鲁毅回来了。在得到同意之后，林远思开始在万安投资的电脑上安装自己开发的软件。严格上讲，林远思的这套软件是下过工夫的，特别是设立选股条件和综合统计这两项功能，比原来的券商提供的软件更方便快捷。乔锋认为这种软件如果经过改善后进入投资者家庭，是有巨大的商业机会的。但是，鲁毅却提不起兴趣来。经过前几次的实战经历，他更愿意相信资金操纵。后来大家坐下来讨论这个问题的时候，鲁毅对林远思极力标榜软件功能强大的说法进行了反驳。林远思书生气十足，这又是他独自开发的第一套软件，他对此寄予了很多的希望，所以，言语间与鲁毅起了争执。鲁毅批驳林远思的理由应该说也是客观的，但是他不知道此刻林远思的心态。林远思研制这套软件，其实不是对炒股有什么兴趣，也没有什么商业目的，他只是为了向关冰倩证明自己的能力，博得她的欢心。而现在鲁毅当着关冰倩的面，指责软件的性能，他当然不能接受。俩人在言辞上越说越僵，到后来，说得火起，谁都说要用事实来证明自己的观点。乔锋和关冰倩过来劝说的时候，林远思一本正经地说："这不是争吵，这是实事求是的工作态度。"

那天正好有两只新股上市，一只是东部红莲，是一个流通盘较大的绩优股，另一只是金叶股份。由于后者的行业背景、流通盘子与市场上的投机潮流相符合，上市交易的当天高开高走，受到市场各方面投资者的注意和追捧。而东部红莲则刚好相反，成为冷门股，在以一个较低的价格开盘后，换手率明显较金叶股份低，走势也较为沉闷。按照这两只股票上市前的券商新股上市价格定位报告分析，金叶股份的投资价值高估了，但依然受到二级市场投资者的注意和加码买进。而东部红莲的投资价值低估，反而受到投资者的冷落。林远思问鲁毅："你说明天这两只股票哪只会涨得多一些？"鲁毅几乎没有考虑，马上回答："当然是金叶股份。"林远思重重地道："好，我看好东部红莲，我们明天让事实来说话。"

那天大家不欢而散，关冰倩在林远思出门后，怕鲁毅生气，想说些什么，鲁毅却拍拍她的肩膀，笑笑说："你还是快去追林远思吧。我知道你们好长时间没见面了。"关冰倩感激地点点头，跟乔锋打个招呼，就出门去追林远思。

中午，关冰倩跟林远思在麦当劳吃午餐，关冰倩问林远思："你觉得东部红莲明天真会比金叶股份涨得多吗？"林远思沉思了一下，坚定地说："会的，一定会的。"

第二天开盘后，大盘呈现窄幅盘整的架势，东部红莲和金叶股份两只股票都表现不好，但是金叶股份是呈现围绕前收盘的震荡走势，而东部红莲则处于下跌的前列。看盘时，鲁毅看到关冰倩闷闷不乐的样子，也就没有再提这件事。中午，鲁毅跟乔锋叫关冰倩一块儿去吃饭，关冰倩推说不饿，一个人待在银赛港国际信托证券营业部的大户室里。鲁毅跟乔锋边走边感慨，都说关冰倩是个特别认真的女人。

整个下午，关冰倩都坐在电脑前，焦虑之情已经溢于言表。鲁毅笑道："终究是一家人，到关键时候就分出轻重来了。"关冰倩勉强笑笑，并不否认。下午东部红莲走势依然不好，但到了下午临近收盘的时候，东部红莲突然放出一笔100万股的买单。关冰倩紧张得脸都贴到了显示器上，鲁毅也关注地站到了她的身后。东部红莲这笔大买单，把股价从跌势中直线拉上涨停，同时引发其他的绩优股大盘股联动上涨。一时间市场中的不少投资者怀疑是否存在突发利好，纷纷跟进大盘绩优股。东部红莲在涨停板上的买单越堆越大，到收盘时达到了近千万股，大盘也因此出现了光头阳线的走势收盘。

大户室内的鲁毅与乔锋目瞪口呆，而关冰倩却高兴得要跳起来。乔锋后来笑着揶揄鲁毅："看看，你的股票要落后人家8个百分点。"鲁毅也无奈地摇头，自嘲地说："没想到林远思的软件那么厉害，看来我得拜林远思为师了。"

他转身冲着关冰倩道："你打个电话给林远思，晚上把他约出来，我请客。"

关冰倩嘻嘻笑着："这顿饭算你欠林远思的，我们晚上有活动。"

当晚，林远思表现有点异常，没有一点胜利后的喜悦。关冰倩本来是个敏感的女子，但因为过于高兴，竟然没有察觉，只当林远思是前段时间劳累过度，所以才没精神。当晚，关冰倩留在了林远思的宿舍。她已经不是第一次在林远思这里留宿，但这晚，她却热情如火，林远思被她感染，情绪也很快高涨起来。

第二天，关冰倩去上班，看到乔锋跟鲁毅脸色都有点不对。原来今天上午一开市，上海交易所紧急对东部红莲停牌半天，并在公告中指出该股昨天的异动系证券营业部的前端设备失控所致。但是对于这种说法，很多市场人士并不相信，一时间各种说法都有。由于东部红莲有着优秀的基本面，大多市场人士继续看高该股。但东部红莲下午开盘后又恢复了原来的弱势走势，昨天造成的影响很快就在市场内平息。

这种情况让乔锋与鲁毅百思不解，怎么也找不出其中的原因。而林远思也不可能因为与鲁毅打赌的事，就动用巨资操纵该股，何况他也没有那个实力。关冰倩更是奇怪，几次打电话到学校和宿舍去找林远思都找不到，于是，这天下班时间刚到，她便赶到了林远思的学校。

办公室和宿舍里都见不到林远思，关冰倩问了好些人，才有一个邻居说林老师可能在操场上。关冰倩赶到操场上，果然见到林远思一个人坐在操场边的看台上，也不知想些什么，一动不动。

看到关冰倩，林远思有些慌张。关冰倩上去就问："到底是怎么回事，东部红莲今天怎么会被停牌？"林远思避开关冰倩的目光，不吭一声。关冰倩说："你肯定知道原因，这事是不是你干的？你跟我说实话。"

在关冰倩的再三追问下，林远思终于承认自己利用新编制的一个程序，侵入了一家营业部的报单系统，在收市前利用该系统在东部红莲的涨停价位上买进了100万股，原来打算第二天开盘后立刻卖掉，这样即能证明自己的分析能力，又使得那家营业部不受损失。想不到营业部和交易所及时发现，第二天把东部红莲停牌了，造成原来的计划无法实施。林远思自己，也正在懊悔这件事，还有些害怕，因为如果证券营业部请水平较高的电脑工程师调查，很快就能发现这件事情的原因。

关冰倩听完又气又急，还有些不知所措。最后林远思一脸懊悔地说："冰倩，我知道我错了。但是，我不想输给鲁毅，我要证明我的软件是有用的。"

关冰倩的心瞬间软了下来，她知道林远思这样做，其实都是为了她。天下有哪个女人不希望自己的爱人可以为自己付出一切？现在不是责怪林远思的时候，她得静下心来，跟林远思共同想一个解决问题的办法。

天黑透了，俩人还坐在看台上，相对无语，都无计可施。

当夜，关冰倩与林远思一夜无眠。关冰倩脑海中老是浮现出那天那位李先生被带走时的场景，这愈发让她恐慌起来。林远思终究是男人，事情到了这一步，他反倒镇定下来。他安慰关冰倩说："事情是我惹出来的，不管什么结局，我都会去承担的。"关冰倩抱紧了林远思，觉得面前的男人一下子完全改变了形象，他不再畏畏缩缩，不再谨小慎微，他身上溢出真正男子汉才会有的胆识。关冰倩伏在林远思的耳边，坚定地说："不管结果会怎么样，我永远都会站在你的身边。"

这一夜，关冰倩对林远思生出许多的依恋来，她紧紧抱着林远思，一刻都不愿松开，好像只要一松手林远思便会就此离她而去。在证券行业做了这么多年，关冰倩深知林远思此举的严重性，破坏正常的金融秩序，足以让他付出惨重的代价。而自己是决不能失去林远思的，哪怕失去所有。

凌晨的时候，林远思有些困意，不知不觉中睡了过去。他睁开眼的时候，天已经亮了。他起身拉开窗帘，一抹阳光斜射进来，东方的天边，还有些晨曦正在渐渐消散。起初关冰倩不在床上，林远思并没有在意，但他连叫了两声她的名字都没有回应后，他有些心慌了。

关冰倩在这个早晨离林远思而去，让林远思被一阵骤来的疼痛击中。他四处察看一遍，都没有发现关冰倩的踪迹，心里狐疑不定，还有种失落的孤独感。他颓然跌坐在椅子上，心里念叨着关冰倩的名字。蓦然间，他忽然想到关冰倩去哪里了，这一刹那，他的心痛好像都有了形状，还有种深深的愧疚。

林远思不再犹豫，立刻出门打车，直奔那家证券营业部而去。

林远思想的没有错，关冰倩一夜沉思，觉得现在惟一可以做的就是找到被林远思侵入系统的营业部，主动承认发生的事情系自己所为，然后争取取得对方的谅解。如果运气好，对方不将发生的事诉诸法律，林远思就能躲过这一劫。关冰倩丢下林远思自己一人前往那营业部，因为她想到自己是个女人，男人在面对女人时，心肠总会变得软一些吧。

关冰倩赶到那家营业部，营业部正在开会，正在头疼报单系统怎么会被人侵入呢。当工作人员让关冰倩等一会儿的时候，关冰倩平静地道："请你转告你们老总，我就是侵入你们电脑前端报单系统的人。"那工作人员惊讶地看着关冰倩，心里虽不相信这么一个看起来柔柔弱弱的女人便是那肇事者，但关冰倩严肃的表情，却让他不敢怠慢。营业部老总单独在经理室里会见了关冰倩，俩人关起门来谈了很久。营业部一些工作人员在外头指指点点，猜测屋里发生的事情。林远思就在这时候赶到，当他不顾众人劝说，强行推开经理室门的时候，正看到关冰倩坚强的身影。

林远思心痛了，这一刻，他只觉得即使拼了性命，也不能让关冰倩受这么大的屈辱。他上前站在关冰倩的前面，冲着那老总叫道："事情是我做的，跟她没有关系，所有的事情都由我来承担。"

关冰倩本来已经用利害关系打动了那营业部的老总，他说话的口气不再像刚开始那么严厉，林远思偏偏这时候闯进来，自己的努力眼见都要付诸流水，心里又气又急，眼中的泪水便愈发不可止地流出来。但看着身边的林远思，他此时全无惧意，腰板挺得笔直，眼中迸射出一种无所畏惧的目光来。关冰倩的心里又感到一丝欣慰，眼中的林远思已全不是昔日那个畏畏缩缩的大学教师，他分明已经是个可以肩挑日月的大丈夫，而这正是自己心目中男人的形象。

营业部老总冷静地看着面前这一对男女，心里充满矛盾。报单系统被人恶意侵入，这是个不小的事件，按照常规处理，必须报公安机关立案，这样，面前这对显然不像坏人的情侣必得受一番磨难，那男人更得面临牢狱之灾，可自己营业部的损失就追不回来了。这样一想，那老总知道了自己应该如何正确处理这件事。

看着林远思和关冰倩正等着自己的反应，营业部老总叹息一声，转过去关了房门，然后回到办公桌后面坐下，做了个手势，示意林远思和关冰倩在办公桌前的椅子上坐下。林远思迟疑了一下，摇头道："确实是我做错了事，无论你要给我什么样的惩罚，我都心甘情愿承受。"林远思说这话时，关冰倩也抬起头来，泪痕未干的脸上也现出坚定的表情。

营业部老总道："如果我给你们一个机会，你们想必不会让我失望吧？"

林远思跟关冰倩都一怔，眼里现出希望的神色。关冰倩抢着道："只要这件事能够妥善解决，只要是我们能够做到的，一定会尽力。"

那老总苦笑道："我能有什么要求呢，其实我跟你们一样，现在只希望这件事尽快平息下来，第一不要让单位有损失，第二能让这事不造成影响地过去。只有这样处理，对大家才都有好处。否则，纵然我就是有心想帮你们也无能为力了。"关冰倩道："那你说具体应该怎样办？"那老总点头道："事情的原委你已经跟我说了，我看你的男朋友也不是想恶意破坏，只是与人争斗不愿输了这口气。这件事我可以低调处理，但是，有些具体问题我们还是要解决的。”接着，他提出不追究林远思法律责任的条件是，营业部把购进的100万股东部红莲抛出后，亏空的部分由林远思补上，并且对营业部前端系统误报一事不得对外透露，不得接受媒体采访。林远思跟关冰倩自然是一口答应。股票抛出后，营业部一共亏空30万元。这些钱对于任何一个投资大户都不是什么问题，但林远思是个大学教师，每月就两千多块钱工资，关冰倩虽然在万安投资薪水不低，但也还属于工薪一族。要凑齐这30万，对于他们，可不是件简单的事。俩人拿出了所有的积蓄，又各自跟同事朋友借了一些，凑一块儿还差5万。关冰倩思前想后，最后终于决定瞒着林远思偷偷去找章子良。

4. 独钓寒江

7月初，太行又到上海去了两次，每次仍然收到鲜花和果篮，但那神秘的女郎却再没有打过电话来。人对发生的事都有种适应力，渐渐地，太行也就见怪不怪了。他把那神秘女人当成了一般的崇拜者，或者因为身份特殊，也可能因为有难言之隐，故而不能现身与他见面。那段时间太行实在太忙了，他不仅要飞上海，内地几个省会城市也频频向他发出邀请。他用忙忙碌碌的生活把自己的时间填满，但是，总有那么一些夜深人静的时候，他在灯下想起章沁晖，想起记忆里名叫张莲的女人，便会有抑制不住的悲愤。太行发誓总有一天，他要让这些女人明白她们的选择是锗误的，他要把她们尽数踩在脚下。

7月中旬，太行又有了一次上海之行。这次邀请他讲课的营业部，是一家机构客户云集的营业部。讲课那天是营业部开业三周年，一起讲课的还有三位上海本地的股评家。上午的讲课内容向社会开放，以大盘和个股技术分析与基本面分析为主，下午的讲课内容是针对证券公司的重点客户，以分析客户的股票和传授短线套利技术为主。那天下午，讲课的地点在营业部的大会议室，听课的人数并不是太多，只有三十多人，但那天不知道为什么，太行在踏上讲台之前，心里忽然隐隐有些紧张。

这是绝不应该出现的情况，太行现在对于讲课已经轻车熟路，他甚至不需要准备，讲课内容信手拈来，理论辅以股市实战，每回都能带动听课的人跟他一起兴奋起来。这天下午的讲课照例是他最后一个上场，走上讲台时，台下热烈的掌声忽然让他觉得有点拘谨。他用目光扫视一圈，台下的听众跟每回一样，聚集着各种各样的人，其中不乏俊男靓女，也有大腹便便的中年人。太行收敛心神，开始专心讲课。

一旦真正进入角色，太行便俨然成了股市中指点江山的英雄。这就像武侠小说里钟情于剑的侠客，即使他大隐10年，但只要一剑在手，整个人都会融于剑的锋芒之中，身上焕发出异彩。太行便是这样，在讲课时，他能忽略一切。为了显示实力，太行那天拿出了真功夫，把自己原来从不外传的几个短线绝招一股脑地讲了出来，包括几个大券商的投资风格。这些内容是在场的听众从没听过的，加之太行风趣幽默的谈吐，以及讲课时那豪迈的气势，与前面几位股评家那种趾高气扬形成了鲜明的对比，很快便赢得了大家的好感。

那天太行讲得实在精彩，台下三十多人报以持久的掌声。讲课结束时，很多人围过来跟太行攀谈，询问一些各自感兴趣的问题。太行在这类活动中照例是平易近人，没有一点著名股评家的架子。但就在这时，他忽然发现大会议室最后排坐着一位黑衣女人，笑吟吟地看着被大家围住的太行。太行奇怪自己刚才讲课时为什么没有注意到这样一位女士。这位女士真的太美了，她的美与章沁晖和张莲都不同，她是那种精干之中透着一种静谧的冰艳，让你一见便要为之倾倒。太行走了神，对跟大家交流就没有了兴趣，最后借口实在太累了，退出会场。

在营业部的另一间办公室里，太行问营业部经理，坐在后排那黑衣女子是什么人。营业部经理跟太行已经很熟了，笑着问太行是不是觉得她很漂亮。太行不置可否，营业部经理便说："她叫赵熙，是我们这里的大户。听说她曾在上海京剧院工作过，后来一个人闯荡海南，去年才回到上海。据说她在一家海南大企业集团公司工作，但为什么会回到上海，却没人知道。"

太行听在耳中，记在心上。他把办公室的门打开一道缝，看到会议室门前已经没什么人走动了。太行想那个黑衣女人赵熙也一定跟着大家一道离开了，心里就有些失落。他跟营业部经理打个招呼，自己一个人往会议室走。会议室里已经没人了，但他却下意识地要去看看，仿佛那里有吸引他的东西存在。

推开会议室的门，他怔住了，那个名叫赵熙的黑衣女子居然还坐在刚才的位置上。太行不知道她刚才在做什么，但他推门进来的时候，又看到了她笑吟吟地盯着自己看。

太行想，这时候总得说些什么吧。但太行显然缺少跟陌生女子搭讪的经验，他慢慢踱了过去，却还是没想起来该说些什么。这时，叫赵熙的女子又冲太行浅浅一笑，忽然起身，步履轻盈地离开了会议室。太行怔住了，发生的事情让他不知所措。这个女人显然在等他，但当他来了，她又不吭一声自顾离去。太行想她会不会就是前几次给自己送花送果篮的女人，如果是，自己便不该放过这个与她结识的机会。但现在赵熙已经离开了，自己再追出去未免有点唐突。就在太行犹豫不决的时候，他忽然发现赵熙坐过的位置上，有一个小小的信封。

太行心跳加快，把信封拿起来，发现没有封口。他迫不及待地抽出里面的信笺，发现信笺上只有一家酒店的名字和晚上七点半的字样。人在某些时候反应会变得很迟钝，都到这会儿了，太行还有点猜不透赵熙留下这封信的意思。他想，如果这不是赵熙约自己见面，那自己自作多情去了酒店，是会授人以笑柄的；但若不去，又怕是赵熙真心相邀。太行犹豫了，这时，他捏着信封的手指忽然觉得信封内好像还有东西，便抽出来看，这下他恍然了，心中再没有了疑虑。抽出来的小卡片上，是他熟悉的一朵玫瑰。

那天晚上上海的天气不是太好，下了小雨。太行赶到那家酒店时，黑衣女子赵熙已经在酒店里等他了。太行走近赵熙，看到她又换了身红色的晚装，并画了淡淡的妆，显然精心修饰过。赵熙属于那种特别有女人味的女人，长长的头发烫着花儿垂在脑后，白皙的脸，微微上翘的眼睛上了咖啡色的眼影，睫毛细长弯曲，鼻子高挺，嘴唇略厚，有点混血儿的性感。赵熙一身色彩基本上是暖色调的，让人感觉到逼人的美艳，特别是唇上那银红的唇彩，好像是水墨画中一朵娇艳的花，诱人而充满魅惑。

太行觉得自己一下子被这女人征服了。女人姣好的容貌是使男人迅速坠入情网的导火线，而且，想到这个漂亮女人在此之前送给自己的鲜花与果篮，它在这时都成为一种深深的诱惑，诱使太行往更深处去想。太行觉得自己不知不觉中已经有了种冲动。这些年，能让他产生冲动的女人已经不多见了。

太行坐在赵熙对面，想了一下，说："首先得谢谢你的花和果篮。"

赵熙笑了笑，摇摇头："那不算什么，只是我表达敬意的一种方式。"

太行说："接下来还得谢谢你的这顿晚餐，我已经有好多年没有单独跟一个漂亮女子就餐了。"赵熙保持她微笑的表情："是吗？那我岂不是很荣幸。"

太行说："荣幸的应该是我。我想，应该有很多人都想有我这样的机会吧。"

赵熙说："但是你不同，你是太行。"

太行不解地问："我是太行有什么不同吗？"

赵熙说："当然不同，因为你是股市中的英雄。对英雄，当然不能用对待别人的方式。"她又笑了笑，忽然岔开话题，"不知道你喜不喜欢看武侠小说。"太行微笑。说到武侠小说，那是个比说起股市更能让他兴奋的话题。还在他上中学的时候，他就异常迷恋武侠小说。那时候，他们学校不远处有一家小书店叫做武林书店，太行高中三年几乎看遍了店里的所有小说。

太行说："我不是喜欢看武侠小说，而是非常喜欢。"赵熙脸上似乎瞬间多了层光彩："那你一定知道在武侠小说里，有一些女孩子，为了能一睹心目中英雄的风采，不惜离家出走，在英雄要经过的道路上苦苦等待。我就是那样的女子，但我也是个渴望成为英雄的人。所以，在我自己没有足够的实力之前，我必须借助英雄的力量。"

太行从她话里听出了些什么，但还不敢确定。他问："你找到你心目中的英雄了吗？"

赵熙果断地点头："找到了，他就是你。"

太行笑了，还露出了些羞涩。后来赵熙说，他的羞涩与他著名股评家的身份，与讲课时在台上的意气风发很不相称，她就是从他的羞涩中看出了他更本质的东西。那天太行带着些羞涩说："我怎么能算是英雄呢，你太高看我了。"

赵熙收起了笑容，正色道："我相信我的眼睛。在今天见你之前，我几乎收集了你专栏里的所有文章，而且，我还知道许多年前你为了一个女人去了深圳，但那女人却抛弃了你。你不甘心成为弱者，所以才有了今天的成就。"

太行心里一沉，往事让他觉得有些羞愧。但赵熙接着说："我还知道你刚到深圳时，曾在证券营业部门口卖过报纸。当我听别人说起你这些往事的时候，我只觉得我应该更尊重你。真正的英雄必定要经过挫折与苦难的打拼。"

这时候，太行对赵熙满心都是感激，觉得初次见面的陌生感一下子消失殆尽。成名之后的太行，一向不愿意多跟别人提及自己的过去。他在特区没有任何人事与资本的后台，完全凭着自己的才能，从最底层打拼出来。现代社会，人们只看结局不看过程，人们只看到你现在的风光，却看不到这风光之后你付出的辛苦。太行苦涩地笑了笑，低声道："谢谢你能理解那段让我不堪回首的日子。"

赵熙目光迎上太行，太行真从她的眼睛里看到了英雄的影子。赵熙说："我在选择你的时候心里也犹豫过，不知道自己的选择是否正确，但现在，我不再怀疑。如果能够跟你合作，我想，我也会成为和你一样的英雄。"

"合作？"太行疑惑了一下，"我们合作什么呢？"

赵熙盯着太行，缓缓地说："我现在手上有1000万，我想用它来投资股市。现在，我想把这钱交给你来运作，不知道你愿不愿意接受。"

1000万可不是一个小数字，赵熙居然能把这么大一笔钱交给一个刚认识的人，这着实需要极大的胆气和魄力。太行听了有些吃惊，但他还是很冷静地问："你有什么条件？"

赵熙稍稍沉吟了一下，好像在心里做着一个决定。好一会儿，她才说："你放心，你不用为这笔钱承担什么风险，盈利了我们各占50%。"

太行摇头："但你总会有些条件的吧。"

赵熙笑了："在聪明人面前我不想兜圈子，你肯定知道天上不会掉馅饼。我的条件其实很简单，就是你在接受这笔钱开始运作的时候，能跟我结婚。"

这条件吓了太行一跳，他倒不是不愿意，而是这条件完全出乎他的意料。赵熙说的这条件，对于任何一个男人都是梦寐以求的事，这怎么能算是条件呢？太行心跳加快，觉得发生的这一切，有种极不真实的感觉。

这时，赵熙身子往后靠了靠，说话带上了些矜持："当然，我不要你现在就回答我行或者不行，你可以好好考虑一下，考虑清楚了再给我答复。我不希望你草率地做出决定。"

外头的小雨似乎大了些，雨珠伴着餐厅里清脆的音乐，从屋顶斜檐上成串滴下来，织出一面活动的雨帘。太行那天听出餐厅里的音乐是蔡琴的一首老歌，歌曲轻柔中透着平和，一点点平息他波动的心情。

回到深圳好多天了，太行满脑子还是那天晚上的事。他知道自己必然会答应跟赵熙合作，但却一直没有给赵熙打去电话。发生的事情太过戏剧化，看上去很不真实。一个美女带着1000万要嫁给你，这样的好事估计很多人在梦中都不敢奢望。太行觉得自己需要一段时间来调整自己。回到深圳，太行脑海里老是浮现冰艳美丽的赵熙，那咖啡色的眼影，桔色唇彩，浅浅的微笑，一袭红色晚装裹住的玲珑娇艳的身子，在每一个夜里都诱惑着太行。太行几次想打电话给赵熙，但都忍住了。他自己也不知道在犹豫什么，他想，每一份诱惑背后或者都隐藏着些别的什么吧。此时的太行已不是初到深圳的青年，他已经学会遇事慎行的行事准则。

后来，促使太行做出选择的，是接到的关冰倩打来的电话。关冰倩在电话里邀请太行参加由她举办的"国内第一期高级操盘培训班"，当然，太行是作为讲师的身份参加培训班。太行当时以为培训班是万安投资主办的，所以心里有些犹豫。他问培训班还请了谁来讲课，关冰倩说还有乔锋和章子良。太行想了想，答应了关冰倩。

在知道乔锋与章沁晖开始恋爱之后，太行一直有意无意地躲避着他们俩。但现在不同了，只要他愿意，他的身边立刻就会出现一个身家千万的惊艳美人。而赵熙的那种高贵冰艳，一点也不比章沁晖的美丽逊色。太行心里的冲动强烈起来，他就在这时决定立刻打电话给上海的赵熙，他说："我爱你，不用有其他的附加条件，我都爱你。昨天我找了一个术士算了一下命，他说我们的命数是命运早就安排好的。我现在想你，特别地想到上海去见你。”那天两人足足打了两个多小时的电话。放下电话后，赵熙哭了一场，哭完后又笑，笑个不停，躺在床上还是不由自主地笑。第二天赵熙四点钟就醒了，觉得自己从里到外真是个幸福的女人，上午就给太行打电话说她马上到深圳见他。

那天在电话里，关冰倩最后才告诉太行，她已经离开万安投资了。太行挺诧异，他知道章子良一直挺喜欢这个小姑娘。关冰倩没有告诉他原委，却说自己现在跟林远思开了家金象科技信息有限公司，目前主要经营一种面对家庭的个人版证券信息接收网络系统。太行因为心里惦记着赵熙的事，所以也没多问。他想这次带着赵熙出现在乔锋与章沁晖身边，一定会让他们大吃一惊的。

关冰倩打电话给太行的时候，生怕太行不答应来讲课，现在心上一块石头落了地，就开始与林远思忙着做广告与印刷宣传材料。

与林远思成立自己的公司，这是上个月才发生的事。当时林远思因为东部红莲的事，需要补齐那家营业部30万的亏空。关冰倩与林远思东挪西借，只凑到了25万。乔锋、鲁毅都有心帮她，但是俩人虽然看起来风光，也只是高薪阶层，手上没多少积蓄。关冰倩思前想后，最后决定瞒着林远思偷偷去找章子良。

关冰倩在傍晚时敲开章子良的办公室，在章子良诧异的眼神中平静地说：“我现在需要5万块钱，如果你能答应借给我这笔钱，那么，我可以陪你一晚上。”在关冰倩的印象里，章子良其实还应该算是一个好男人。男人好色这是一个可以原谅的缺点，而且，章子良虽然偷觑自己已久，但从来没有用过强，这是一个成功男人让人尊重的地方，也是她至今仍然留在万安的原因。

那天章子良在听完事情的经过后，他的表现出乎关冰倩的预料。章子良笑笑说：“你需要钱的话，我可以借给你，但我不想乘人之危。在这时候跟你做了那样的事，你会恨我一辈子的。”

关冰倩说不出话来，这时候不知道怎么办好！她忽然觉得挺羞愧。

章子良过来亲昵地拍拍她的肩膀，但绝不含暖昧的成分。章子良说：“林远思开发的那套软件鲁毅跟我提过了，我也觉得那软件挺有商业价值。这样吧，我给你30万，你把借其他人的钱都还了。但我给你钱并不是白给你，等你们处理完东部红莲的事之后，你也别在证券部干了。你去跟林远思注册一家软件公司，这个公司应该是非常有潜力的。我给你的这30万就当我入股30%的资金。”

关冰倩很感激章子良在关键时候帮了她一把，而且用一种不让她难堪的方式。

关冰倩与林远思的公司很快注册成立，公司成立那天，章子良带着乔锋、鲁毅专门前去祝贺。

公司成立后，关冰倩与林远思看准了当时证券市场正处于发展初期的情况，绝大多数投资者的分析手段还比较原始，一些市场技术分析人士在做功课的时侯，需要自己根据广播电台播出的技术数据手工画K线。这种分析手段既麻烦又容易出错，所以林远思希望建立一个面向家庭的个人版证券信息接收系统。但是这需要一笔启动资金来购置网络必需的服务器和缴纳接收卫星数据的服务费。这时，林远思和关冰倩剩余的钱仅够维持他们自己正常的生活了。后来关冰倩想出了一个好主意，她对林远思说："现在社会上的股评报告会非常火爆，但多数都是面对散户的，而且也多是一些低层次的评论大盘和个股。咱们可以试着办一期面对大户机构的高级操盘培训班，费用可以收高一点。如果成功了，不但可以解决公司初始的资金困难，也可以增加一项新的盈利业务。"

林远思想了想，就同意了。关冰倩出面，邀请到了章子良、乔锋来讲课，再加上太行的加盟，这次高级操盘培训班的阵容已经很强了。所以，广告在《证券报》上刊登后，很快就从全国各地吸引了六十多人报名。每人培训费2000元，60人就是12万元，除去成本费用，金象科技信息有限公司可以净赚8万元。有了这8万元，公司的家庭个人版证券信息接收系统便能正式启动了。

5. 珠联璧合

参加培训班的各地学员，抱着各种目的而来，有人是想来学真本事，有人是想来认识几个庄家，也有人纯粹是利用公费来特区旅游。林远思根据学员的不同要求和目的分别做了安排。由于这是沪深股市第一次高级操盘培训班，所以章子良、乔锋和太行都做了充分的准备。培训期结束，听课的投资者反映非常好，三位讲师的许多经验都是绝大多数学员原来没听说过或者从来没有想过的。

章子良把做股票与自己经营生意的经验结合在一起，他认为做股票先要培养自己的素质；炒股如同行走江湖，除了身怀绝技，还要有内功作基础。不少投资者遍寻炒股绝招，也把经典投资理论背得滚瓜烂熟，但在实战中依然无法战胜市场。这主要是因为英雄底气不足。英雄底气不是在头上抹点摩丝，不是口出狂言，不是手握重金就能具备的。做股市英雄，需要投资者有足够的胆识，更需要有意识地培养并熏陶自己。

乔锋主要从实际操作上讲起。他说在沪深股市中，绝大多数投资者，这包括许多自以为钻研技术非常刻苦的投资者，都是没有实际操作思维的，甚至可以说是在乱炒，没有一套成熟的实战套路，也不会把平常掌握的一些技术有效地应用于市场。这样运作主要靠运气，但运气不可能会一再眷顾你。随着沪深市场进入中等规模时期，市场资金供给又处于一个停滞状态，在这个时期以基本面分析与技术面分析为基础的传统实战方法都已落伍，甚至走进死胡同。在这个背景情况下，京城私募基金研制发明了一些更适合这个时期市场的操盘方法，他们把这个方法称之为“中国证券实战风云榜”操作法。其实，这种操作法也只是适合5万到500万资金的中小资金盈利模式，或者说实战操作系统。这种操作系统是以天罡指数理论和盲点狙击理论为基础，编制天罡指数，分析风云盲点，参考电脑指标的最新实战系统方法。

乔锋讲的时间最长，他讲课的内容大家非常关注，以至于乔锋宣布讨论到此结束时，大家都不愿意离开。太行一上来便是煽情，他说：“这是我最后一次公开讨论股市了，三天后我将离开深圳，专门为一家职业机构服务。因此我非常想在这最后一次与大家的讨论中，拿出点真东西，与大家共同提高。在沪深股市中，基本面分析选股的要点与那些大学教材中的内容有极大的不同，甚至有些方面是不兼容的。在沪深股市，好的上市公司不一定是好股票，坏的上市公司也不一定是坏股票……”应该来讲，太行的这一段讲课内容确实是他自己的亲身体会。他在以后的投资生涯中，确实是把几只乌鸦的上市公司股票变成了凤凰，并且在这次讲课后不久，太行就有机会对他的这套理论进行实践了。这时候赵熙已经来深圳，但她这个时候不愿意在公开场合露面。赵熙这趟来到深圳，心境颇为复杂，既喜悦又有点害羞，不太愿意接触太行的朋友。只在培训班临近结束的时候，关冰倩、林远思请太行、乔锋吃饭，太行说是几个最好的朋友，以后还要经常来往，赵熙这才愿意出席。上海的女子确实心灵聪慧，经过刻意地打扮，赵熙一张欧化的脸确实艳丽照人。城市的阳光透过玻璃窗洒在她的身上，不经意的休闲黄裙，搭配绿色无袖背心，配上独一无二的黄色带花领巾，真是为太行争足了面子。太行介绍赵熙时，让人感觉自己非常幸福。赵熙明显是见过世面的女子，很客气地跟大家打着招呼，特别是对章沁晖和关冰倩显得格外亲切。之前，大家已经知道太行将要去上海，也知道去上海是因为赵熙，便把他们两人当做了晚宴的主角，使劲地夸。特别是乔锋看见了赵熙，知道自己以后少了一个爱情对手，真心地把太行当成了大哥。

太行在培训班结束之后，就跟赵熙去了上海。两人在上海买了一套精装的公寓，闪电般结婚了。

婚礼搞得挺排场，赵熙把一家大酒店全都包了下来。来宾绝大多数太行都不认识，但大家好像都对他挺熟，热情地跟他打招呼，还隐约表露了对他的仰慕。太行知道这些肯定都是证券界人士，以后自己在上海发展，都是用得着的人，所以也尽力招呼。而作为新娘的赵熙，结婚那天的表现却让太行有些不满，她直到宾客都到得差不多了，才姗姗来迟。陪她一块儿来的是一个五大三粗的军人模佯的中年人，赵熙给太行引见，称那人是某地方大型企业的一个领导。太行不知道赵熙跟军工企业有什么联系，但看赵熙郑重的样子，便也非常客气地跟那个领导握了手，说了些客气话。那军工领导便对赵熙露出满意的表情。

由于那家酒店实在太大，来宾都到齐了还有许多位子，赵熙便让酒店服务员站在门口招呼，凡是愿意进来喝杯喜酒的，来者不拒。对上海人的习惯太行有点不理解，但人在上海，事事都由赵熙做主，他也不便说什么。

事后，太行才知道，赵熙利用与他的婚礼，成功募集了多达 1 个亿的资金，这其中便包括那家地方大型企业的许多资金。这些大型企业的领导是有保值增值任务的，每年增值任务是 8%，如果完不成，职务连任都会受到影响。现在赵熙手上有了太行这张王牌，他们便放心地把资金交给她运作。

太行深为赵熙的外交手段所折服，无形中对这位新婚的娇妻多了份依赖。现在的太行美女相伴，手上掌握大笔资金，还有那么多中小投资者唯他马首是瞻，他就有些飘飘然，俨然觉得自己成了股市中的元帅。但太行忘了自己其实并没有大资金的操作经验，外界对他的追捧有很大程度是他自己制造出来的。

太行就在这样一种状况下进入上海股票市场。

此前，上海股市刚刚放开对法人炒股的限制，虽然大盘 4 个月来盘整和阴跌，但并未使上海股市一片消沉。恰恰相反，这几个月正好是上海股市个股炒作最火爆、最嚣张、最令人眼花缭乱的时候。媒体在分析同期沪深股市新特点时不得不指出，沪市的个股炒作完全脱离大盘，尤其是新上海概念股。那时一些上海人把非上海人都看成是乡下人，这种情绪带到股市，上海的投资者基本上以买上海股票为主，导致异地投资者跟风，上海本地股的活跃度要强于异地股票。

所谓新上海概念股，也就是指当年所有上市或者即将上市的上海本地股。为了让新上海概念股深入人心，上海多家机构主力密切配合，首先向2月4日上市的一家小盘股商贸中心展开猛烈的攻势，通过两周的交易时间，合力将其从开盘价的12.58元拉到13.80元，至23日就冲向15.50元。在商贸中心的示范作用下，一批已经上市的上海本地小盘股全被各路机构、大户热炒一通。

2月24日，上海明珠、浦东飞龙、新时装等11家新股上市，形成了集中的新上海概念股炒作气候。这些股票能在大势下沉的情况下依旧上涨，因此吸引了大量资金跟风，连远在深圳的游击战士也有很多抛掉深圳的股票转投上海本地股。25日，上海明珠从21.50元起步，于当天午市后风云突变，一路狂升至28.00元；而商贸中心也从16.00元上涨到18.70元；其他上海本地新股龙飞凤舞，争创新高。一天涨幅在15%以上的皆为年内上海本地新股。2月26日，几乎所有证券报刊、电视传媒都在大肆鼓吹“新上海”，并在短时间内传到全国各地。广大的中小股民的心态开始失衡，面对天天都有的发财机会，谁能不眼红。连券商以及南方的大户还有期货资金都开始买进这个市场热点。这与章子良在高级培训班上讲的一番话非常贴近，“如果短线有20%的利润就会诱人赌命”。

也该轮到太行运气好，刚拿到资金，立刻迎来了浦东飞龙上市，当天开市价12.00元，探底价10.80元，收盘在12.58元；几天后摸高13.98元后又回落到12.20元。至此它相比其他同时上市的上海本地股的表现，属于一般。这点体现了太行的沉着，他设想需要在底位多吃一些筹码。他不着急，这时候的上证指数和大多数股票均表现不佳。

等到太行觉得筹码收集差不多的时候，3月上旬，浦东飞龙一路逆大势而上，连涨七天，股价从12.20元开市稳步盘升，到3月9日收盘时报22.58元，较2月底上涨85%，令看盘股民大为惊诧。由于当时赵熙募集资金时过于分散，许多大资金都知道该股的上涨与太行有关系，更是追高买进。有时太行自己都感觉奇怪，这股票怎么自己往上涨。其实这个时候太行如果能够顺利出货，那他的运气就真的太好了，他将成为那时期上海股市中最大的赢家。但是人有时已经到了局里，一些简单的东西也不一定能看得到。

那段时间，太行和赵熙非常开心。太行在赵熙高兴的时候，能从她身上看到冰艳之外单纯的一面。赵熙开心起来会在床上乱蹦乱跳，抱着她选购的带卡通图案的靠枕。这时候，太行会站在床边，满脸幸福地看着赵熙。他到这时仍然有点不敢相信，面前这个美丽的女人就是自己的妻子，幸福来得简直太突然了。他会在任何一个不经意的时候抱住妻子，只有抱住赵熙温热柔软极有质地的身子，他才能感觉到赵熙真实的存在。抱住赵熙时，他的冲动会来得那么强烈，他像一个青春期的少年，不知疲倦地一次次将力量在赵熙身上释放。赵熙稚嫩的表现出乎太行的意料，于是，他更加欣喜。每回事情完毕，他都要把赵熙搂在怀里，无限爱怜地吻她。还有些时候，太行会和赵熙一块儿坐在电脑跟前，计算今天又赚了多少钱。那时，赵熙会无限憧憬地说："如果我赚了1个亿，那我就去环游世界，什么都不再做了。"而太行笑着把她搂过来，说："如果我赚了1个亿，我就什么都干，再去赚10个亿，100个亿。"赵熙说："那么多钱，我们这辈子都花不完了。"太行说："我们花不完，可以留给我们的儿子，儿子花不完，就留给孙子。"赵熙笑着说："你的儿子在哪呢？"太行便笑着伸手去摸赵熙的肚子："我的孩子当然在你的肚子里。"

夫妻间的恩爱像股市行情一样，简直都让太行陶醉了。

被幸福包融着的太行跟赵熙，渐渐把开始的谨慎抛在脑后。3月11日，浦东飞龙在这天成为万人瞩目的金凤凰。浦东飞龙开盘就高跳，报23.20元，而这个价格马上就成为最低价，好像张开双翼飞月的嫦娥，一去不回头，到中午收市时已报26.00元。下午开盘后不到30分钟，刚才吃饭多喝了两杯的太行把剩下的所有资金全部打出，在楼底散户的惊叹叫好声中，浦东飞龙真的飞起来了，直冲29.90元，比飞龙在最低价时上涨了9.00元，涨幅高达176%。股市暴富的神话在目瞪口呆的股民面前成为活生生的现实。许多散户在25.00元买进的，见到这种情况欣喜若狂；更多的人却在为自己因胆小没有跟进而悔恨不已。

正当人们失去理智疯狂买进的时候，太行感到应该适可而止，准备出货。但是出乎太行意料的是，盘中突然冒出了另外一股空方主力，出货举动异常坚决，几乎是不计价格地倒货。浦东飞龙从29.88元变成了26.00元，在股民们还莫名其妙的时候，仅仅不到两分钟，价格变成了23.00元，跌到了当天开盘价以下。这个时候市场投资者都已知道，大牛股终于开始暴跌了。

太行刚才还眉飞色舞的表情凝结在惊愕的脸上，他已经意识到，该股有其他的大资金打伏击了，而自己手上已没什么资金了，好在浮动盈利还有，现在只有尽量也出一些货，再做打算。

到了下午两点半，浦东飞龙跌到了18.50元。幸好太行这时也出去了一些筹码，手中已有2000万的现金，可以利用对敲控制住价格。在以后几个交易日，浦龙飞龙又摸高到26.00元，下跌到16.00元后又连涨10天，涨到27.00元。在6月底最高涨到过32.00元，但是由于市场想像已经破坏，后又跳水也无法把筹码兑现。由于太行的资金是融来的，每个月份都有增加的利息。这时大盘的走势进一步恶化，前期表现活跃的上海本地股纷纷跳水，一只袖珍小盘股票5天内从9.00元涨到17.00元，两天内就跌回原位。这样的情况还在继续，太行不禁非常着急。

6. 红袖添香

金象科技信息有限公司利用举办国内首期高级操盘培训班，解决了资金方面的燃眉之急，购进了网络服务器，缴纳了卫星接收数据的服务费，业务顺利地展开。但公司处于起步阶段，还面临许多困难，其中最让林远思和关冰倩头疼的，仍然是资金不足的问题。现在，家庭个人版的证券信息接收系统技术上已经成形，接着要做的，就是把这套系统推向市场。所以，他们需要通过广告宣传来向人们展示自己的产品，而庞大的广告费用却是他们承受不起的。他们要么想办法解决资金方面的问题，要么寻找到一种新的宣传产品的方法。为此，林远思和关冰倩简直伤透了脑筋。

在实在没有办法的情况下，林远思跟关冰倩俩人一块儿到各家证券营业部去分发自己印制的广告传单，同时，做一些市场调查。这种体力活是非常辛苦的，俩人一天下来要转五六家营业部，而且午饭几乎都在外面，随便买个盒饭对付着填饱肚子。

7月的深圳骄阳似火，几天下来，关冰倩原本白皙的脸颊被晒得通红，手臂上还伴有脱皮的情况。林远思实在心疼了，一天吃午饭时拉住关冰倩的手，惭愧地说："都是我没用，让你跟我一块儿受苦。"关冰倩笑嘻嘻地说："这点苦算什么，每一个做成大事的人，都要经过这个阶段。你知道太行刚来深圳的时候，还在营业部门口卖过报纸呢。现在，他在上海，听说可风光了。"林远思感激地把关冰倩拉得更紧了些："如果没有你在我身边，我真不知道自己是否还能坚持下去。现在我算明白一句话了，每个成功男人的背后，一定有一个支持他的好女人。"关冰倩也有些动情，她说："那你就做那个成功男人吧，我会永远站在你身后。"

林远思觉得在这街上实在无法表达自己的心意，他有什么办法来回报这个女孩对自己的厚爱呢？她原本可以坐在万安投资舒适的办公室内，现在，却像个初来深圳的打工妹，跟着自己在街头奔波。林远思觉得自己这时候说什么都显得太虚假，除了用成功来回报关冰倩外，他已经没有了别的选择。

那一天，林远思跟关冰倩步行去另一家营业部，为了省钱，他们连打车都免了。他们经过一座26层的大厦时，关冰倩抬头用手按住头上的遮阳帽，感慨道："这楼真高，一抬头帽子都能掉下来。"林远思挽着她，俩人一块儿看身边的庞然大物。大厦表面被一层光亮刺眼的蓝玻璃覆盖，在正午的阳光下肃穆森然，有种震慑人的气势。林远思忽然说："如果有一天我发达了，我一定要盖一座全深圳最高的大厦，我还要在大厦上写上我们俩的名字。"关冰倩侧身，看着面前一脸沉凝的林远思，还有他身上瞬间迸发出的万丈豪情，心不由得陶醉了一下。林远思这段时间变化真得太大了，跟着这样的男人，即使再多十倍的辛苦和磨难，她都心甘情愿。

在一家证券营业部，林远思站在门前给进来看盘的散户投资者分发传单，无意中看到营业部门口的报摊上在出售一本技术分析资料《智者无敌》。他拿过来翻了一下，发现这份资料正是上次他们举办的高级操盘培训班上乔锋、太行和章子良的讲义。这显然是有人在听课时做了记录，然后流传开来，有人翻印后送到这些报摊上代售。这些资料印制得挺粗糙，居然卖到50元钱一本。摊主看林远思犹豫的样子，热情地向他介绍这本资料的好处，还向他兜售另一本台湾人写的《短线法宝》，说这些书非常好卖，一天都能卖好几十本。

林远思那天脑子里突然冒出一个念头来，当晚，他将《智者无敌》与《短线法宝》两本书摆在关冰倩的面前。关冰倩多聪明一个人，眼珠一转就猜到了林远思的想法。她说："你是想做一本股票方面的书？"林远思点头："现在市场上跟股票有关的书卖得都挺火，但是，这样的书却太少了。我们如果推出一本由知名操盘手或股评家撰写的股市投资方面的书，一定会卖得很火。"

人的创造性需要灵感的激发，但同时，它又与人的心态有关。关冰倩想着不久前还耽于校园安逸生活的林远思，觉得现在的他浑身都充满了斗志。关冰倩想，林远思的创造性，也许正是被这些斗志激发的吧。

决定了要做的事，第二天，林远思跟关冰倩分头行事。林远思找到了深圳一家出版社，说明了来意，那位接待他的编辑听了半天没说话，然后，把林远思带到了出版社外头一家茶吧里。出版社的编辑告诉林远思，这种选题的书籍推向市场肯定会很畅销，但是，如果由出版社来运作，按照正常渠道出书，稿费是非常有限的。他建议林远思跟他个人合作，这样发行量会大许多，稿费也会高一些。这是件双赢的事情，林远思想了想便同意了。

那边的关冰倩去找乔锋，把他跟林远思准备运作一本书的事情说了，并约定给乔锋15万元的稿费。乔锋考虑了一下便同意了。他现在也在固定的证券报刊开专栏，手上的文章有许多，他只要总结那些实战经验再进行详细的归纳，做一本书应该是很容易的事。

关冰倩本来想再联系太行，但太行人在上海，而且深圳股市现在也到处流传他在上海股市独领风骚的壮举，关冰倩便决定过段时间再联系他。乔锋1个月后，将一本名为《淘金狐狸》的书稿捧到了关冰倩的面前。到底是有过大资金实战经验的人，写出来的东西比报摊上那些资料精辟多了。出版社的编辑看了之后，立刻便着手运作。书很快就出来了，为了配合销售，林远思、关冰倩还联系了多家广播电台做技术讲座，并且发布消息，进行签名邮购销售。《淘金狐狸》在市场上取得了巨大的成功，在第一个半年度书的发行量达到27万册，这还不包括大量的盗版书籍。这下金象科技信息公司的资金困难得到了缓解，那个编辑也因此买了一辆桑塔纳轿车。

因这本书受益的还有乔锋和章子良。乔锋一不留神就成了畅销书作者，并且俨然成了操盘手的化身。由此带动了连锁效应，全国一些大资金纷纷上门寻求合作，这其中还包括证券营业部的拆借资金。这可喜坏了章子良，他根据自己对生意经的理解，吸收了几股较大资金作为合作者，然后利用核心资金抵押的方式成立了私募基金。为了使得私募基金有自己的媒体窗口，乔锋与鲁毅都在一些纸介媒体上创办了专栏。由于有资金在背后支持，这些专栏的影响力很快超过了普通专栏作者。

乔锋拿到《淘金狐狸》那15万元稿费之后，先给在原州的父母寄了一部分，然后就想着打情仗的事情。原来没有弹药的时候，只能玩些空手道，意识形态上的游戏，如今有了弹药，应该玩一个新鲜的。这个新鲜的关键是要能打动她的心，不然的话，还不如不玩。乔锋苦思冥想，脑壳都要想爆了，还是想不出来。

这天看盘的时候，鲁毅看乔锋心事重重的样子，便问他是不是有了什么烦心事。乔锋当然不能把心事跟鲁毅说，便说没什么。鲁毅笑道："如果身体不舒服或者心里不舒服，就出去转转，别把自己老闷在屋里。有时候换一下环境，思路会开阔一点。"乔锋笑笑，算是谢过鲁毅。到了下午，他真的一个人去街上转悠。他在一些商场高档商品区里徘徊，觉得这里每一样东西送到章沁晖面前都变得俗气了。他甚至去了小商品市场，想寻些稀奇古怪的东西，哪怕能博章沁晖展颜一笑也是好的。可那些无厘头的小玩意儿，根本就没法送到章沁晖手中。傍晚时，乔锋走得累了，更主要因为一下午一无所获，所以心情有些烦躁。他随便在一家路边排档坐下点了两个菜，要瓶啤酒。菜还没上来那工夫，他便看起了电视，电视上的一则娱乐新闻引起了他的注意。

5月1日，世界著名的三大轻音乐队之一的詹姆斯·拉斯特乐队将在上海体育馆奏响他们的玄妙绝伦的天外之音——《天堂鸟》，以此拉开今年轻音乐季的序幕。詹姆斯·拉斯特表示，这次中国演出之后，他将带走许多中国音乐CD，经过改编之后推广到欧洲。

詹姆斯·拉斯特乐队、曼托瓦尼乐队和保罗·莫里哀乐队号称世界三大轻音乐队，拉斯特则是三大轻音乐队中惟一能够随团出访的灵魂人物。这位须发皆白的音乐老人周身依然散发着一股青春的活力。如同在他自己的音乐中透射的快乐幽默因素一样，他轻松随意的性格总是在感染着周围的人们。

詹姆斯·拉斯特非常坦诚地表示自己对中国音乐的了解知之甚少。他告诉记者："我打算在离开中国前，购买几十盘CD，回国后好好研究，把它们改编一下然后推广到欧洲去。"

陪伴拉斯特先生的是他结婚4年的夫人。他得意地说，自己每到世界一地演出，他的夫人都会陪伴着他。他甚至说，这次北京演出如果不是因为他夫人，他可能就不来了。

虽然对中国音乐了解不深，但是拉斯特先生却对端午节的来历有所耳闻。记者询问拉斯特先生是否已经尝过了粽子的味道，这个"老小孩"说："他们晚上可能要给我吃，我想味道一定很好！"

演出咨询电话：××××××

乔锋记得詹姆斯·拉斯特的名字，那还是上大学四年级在上海一家公司实习的时候，上海电台AM792有一档"外国音乐"节目。当时该节目30分钟一档，每天黄昏播出半小时，次日中午重播。第一次听到詹姆斯·拉斯特的音乐，对于乔锋来讲，带来的是一种听觉震撼！

后来乔锋又从电台听到"三大轻音乐团"中的曼托瓦尼和保罗·莫利哀。曼托瓦尼像一个年长的绅士，他的典雅华丽使你总是很尊敬他；保罗·莫利哀充满阳光般的浪漫，却又有着适可而止的时髦，他们的轻快、舒适、丰富多彩几乎能打动所有人；至于詹姆斯·拉斯特，仿佛来自原野和自然，音乐中包含着无穷的听觉想像力，尤其当他营造出那股缥缈、忧郁的味道时，实在让人难以释怀。

记得市面上刚刚有进口原版磁带销售时，乔锋曾经在外文书店买过一盒詹姆斯·拉斯特的专辑——《天堂鸟》。这盘带子在这十多年中不知被播放过多少遍，也不知被朋友借去复制过多少版，几乎报废了，但他仍舍不得丢弃。为什么？因为它曾经在那个可听的东西不多，又很认真听的年代里，令乔锋的生命度过了一段快乐的时光。后来乔锋饱闻各色古典、流行、爵士、发烧等唱片之后，又将它找出来，重温一遍。虽然音质很差了，但奇怪的是，每次乔锋都可以找回第一次听到它时被其音乐之美震撼到浑身毛孔竖起的感觉。

乔锋不知道天堂里除了上帝、天使和好人之外，是否还有飞鸟。当然应该有的。鸟是上帝最得意的作品。有多少不幸的人，比如囚犯、怨妇、游子，渴望化身为飞鸟——因为鸟是自由的象征。天堂里的飞鸟自然不是秃鹫、乌鸦之流，它就像传说中的凤凰、孔雀，飞翔时伴有美妙的乐声，率百兽而舞。詹姆斯·拉斯特在他的音乐里带给人的，就是这幅来自天堂的美景。

乔锋最喜欢这盘磁带的第一曲《肯沃尔的早晨》（*A Morning ln Cornwall*）：一声清亮悠远的排箫，令人的灵魂腾空而起。听着这样的音乐，你会感觉自己正舒展着翅膀，追着早晨的清风，在山谷里自在地滑翔。掠过山岭和山巅，但见小溪潺潺，芳草茵茵，远村渺渺，初升的太阳穿透雾霭；脚下林木萧萧，一棵一棵，沐浴在金红的晨霞里。这是能叫你飞的音乐。乔锋爱这种伴他一起成长的旋律。詹姆斯·拉斯特，似乎默默向人们道出一个深奥的真理：时代会变，习惯和欣赏品味也会变，连道德观念都会变。但任凭朝阳变成夕晖，青葱变成苍黄，红颜变成白发，总有些永久不变的、永恒的东西——美丽的音符是可以不老的。詹姆斯·拉斯特和他的那些曾经让多少人陶醉、迷恋、狂喜的乐曲，如今虽然笼上了一层年华的阴影，但不会有一丝一毫的陈腐之感。他们的音乐一点都不沉重，一点都不难懂，你不要期待在这样的音乐中得到什么灵魂的救赎和过滤，但从白发老人到少男少女，都能凭借着这美丽的音符找到一份安慰和恬静。你可以在做家务琐事时听，也可以趿着拖鞋或呷着咖啡听；当然，在合家围炉闲谈时，这样的音乐就更适合你了。事实上，对大多数人，生活仍意味着一大堆急需解决的具体的俗事；而这样美好的、通俗的音乐，在生活中起了一种“和谐”的作用，教会人们与人，与自然，与客观环境和谐相处。

深圳湾是乔锋与章沁晖周末最喜欢去的地方，两人非常喜欢海的风景。让新鲜的海风吹在身上，惬意极了。每当这时候，章沁晖都会异常安静，清新的海风吹荡起她的长发，她白皙的面容便安静得像天上的月，让你能感觉到她的晶莹皎洁，待要伸手去触碰时，她又柔柔地没有了形状。乔锋盯着身边的女孩，每次心里都会生出那么多的冲动。他想从后面轻轻把章沁晖揽在怀里，把嘴唇埋在她柔滑的发间。他还想在她的耳边轻轻说出自己的爱意，他想让女孩知道，他已被这份爱折磨得太久，他像一个不知疲惫的旅人，她就是他今生惟一的终点。

可是，乔锋终究还是没能说出心底的秘密。女孩太安静了，那些月华在她的发梢间流淌，射出一些比月华更清冷的寒意，一点点消却乔锋心中的热情。还是什么都不要做吧，能静静地待在章沁晖身边，已经是件很幸福的事了。乔锋望向远方的帆影，在海风中似乎能闻见几许女孩身上的清香。很多时候，远处不知哪儿会传来一些轻柔的音乐声，脚下轻涌的波涛和着节拍在他们身边荡漾。海上有时候会有一两只小船轻轻地飘，船上像星星般的光亮落在深色的海水中，很快就被波涛揉碎……

这天是周五，乔锋把自己对詹姆斯·拉斯特的怀恋对沁晖叙说了好久，章沁晖非常感兴趣，也觉得很新鲜。最后，夜深了。乔锋在章沁晖的身畔轻轻说："我们回去吧。"

章沁晖很留恋地央求乔锋再待一会儿。她说："我非常喜欢这里。"

在往常，无论天多晚，无论第二天有多么重要的事，乔锋都会在海边陪着章沁晖，直到她困了，开始打哈欠了，他才会带着她回去。但他说："今天不行，明天咱们两个要玩一个新游戏。"看着沁晖兴奋的眼神，继续说，"这次不是赚钱的游戏，是娱乐游戏，相信你可能会高兴的。但是为了使游戏更好玩一些，现在还不能告诉你是什么游戏，你要做好准备明天下午咱们一起去上海。""去上海，去那么远玩游戏?!"沁晖半高兴半埋怨地说。"机票我都买好了，你说去不去呢?""那只有去呗，看你还有什么坏主意。"章沁晖说话的时候，身子不由自主地往乔锋身上靠了靠，乔锋顺势就把这绝色美女拥在了怀里。

章沁晖觉得有些波涛正涌向她的心田，那哗哗的涛声就要将她淹没了。有些雾从海洋深处飘了过来，很快，它们就在乔锋与章沁晖身边弥漫开来。你见过夜晚海边的雾么？它们轻柔地涌上来，带些玄幻的感觉，遮掩你的视线。站在雾中，你像进入了一片虚无的世界，只有涛声可以穿越虚无传到你的耳中。这时候，如果在你身边，有一个让你可以依靠的人，那一定是件非常幸福的事。

夜渐深，雾渐浓。这样一个如花似玉的夜晚。

第四章
火鼠冰蚕

做庸人的成本是接受自己的奴性和惰性，做英雄的成本是准备以性命打拼前程，在关键的时刻头脑清醒地把握住胜利。其实每个人的一生，都有成为胜利者的机会，但大多数的人没有把握住，让它偷偷地溜走了。

1. 黄金旋律

什么音乐能够让人着迷，着迷到坐不住的程度？音乐大师詹姆斯·拉斯特及其乐团告诉了上海的观众。这当然也包括从深圳飞过来的乔锋和章沁晖。“这就是真正好听的音乐。”如果说詹姆斯·拉斯特的音乐是黄金般的音乐，所有的观众肯定认为这是绝好的比喻，因为周围的观众们真的被音乐刺激，也可以说感动得坐不住了。

刚开始的时候，乔锋和沁晖都是准备在座位上坐着听拉斯特的音乐，后来他们发现这个想法错了，在那个温文尔雅外国老头带动的气氛中，你是不可能稳稳地坐在那里的。詹姆斯·拉斯特和他的乐团带给观众意想不到的感觉，同时也扭转了上海的许多观众对轻音乐的误解。正如詹姆斯·拉斯特在演出前对大家说的：“音乐没有轻重之分，好音乐都能打动观众。”在拉斯特的词典里，压根儿就没有“轻音乐”这个词。

晚上 7 点 30 分，四位身着白色演出服的小号手以激昂的旋律吹响了演奏会开幕的“号角”，也引来了音乐爱好者等待已久的詹姆斯·拉斯特。演出一开始就告诉观众，这个乐队有世界上最动人的“黄金管乐”。而黄金管乐吹奏出的黄金旋律更让人动心。于是在拉斯特和乐手的带动下，全场观众从一开始就和着音乐节奏击掌。实际上，詹姆斯·拉斯特的音乐一点儿也不轻，甚至乔锋认为它完全可以叫做“重金属轻音乐”。

在整台晚会的节目安排上，你不能不佩服拉斯特乐队演奏的风格是那么的宽泛，在两首节奏激烈的作品之后，一首《弗拉明戈公园》把观众带入了如梦如幻的田野意境，一只竖笛悠畅地响起在空旷的背景音乐中，层次分明地抓住了观众的心。这时的看台上几乎鸦雀无声。一曲奏罢，节奏鲜明的《妈妈咪哑》又带观众进入了充满朝气的音乐乐园。到演奏《摇滚的旋律》时，有的观众终于坐不住了，扭动起身体，从一个到几十个，詹姆斯·拉斯特的脸上终于露出了笑容。“与观众更多地交流，让观众动起来”，这是拉斯特的初衷。为了调动观众的情绪，在乐团演奏《维也纳森林的故事》时，拉斯特请来一位小观众帮他指挥乐团，而他自己来到舞台下，与夫人一起旋转在施特劳斯圆舞曲的音乐当中。

从来没有听过这样的演奏会，一向文静的章沁晖这回知道了轻音乐应该是怎样的火爆。而周围的观众好似也没有一点准备，以至于在前几首作品演奏的时候，观众只是坐在座位上鼓掌。

直到下半场开始，场内的气氛才让拉斯特感到欣慰，一曲动律感极强的《跳舞皇后》把观众的情绪带向了又一个高潮，这个高潮直到晚会结束还没有降落。

与观众尽量交流成为詹姆斯·拉斯特的实际行动。演出开始前，詹姆斯·拉斯特就不断地接待前来的歌迷。一位乐迷前一天在酒店见面会上提出自己有七十多盘拉斯特乐团的CD，问能不能让拉斯特先生为他都签上名，拉斯特当场收下了这七十多盘CD，演出中间把这些亲笔签好名字的CD交到歌迷的手上，让这位乐迷感动不已，连说“没想到，没想到”。而另一位乐迷拿着前一天与拉斯特的合影和一束鲜花来到后台，他对记者说：“我迷拉斯特已经迷了十多年，能与他合影我感到很幸福。”演出开始的时候，观众坐在体育馆如同坐在音乐厅里，而到了晚上7点50分，东北台观众席第一位观众站起来开始扭动身体，接着，东南台、北台、南台都开始有观众扭动起来。当演奏到《跳舞皇后》时，观众发现拉斯特的音乐已经不能让人再静静地坐着了，不断有人站起来，到最后三首作品的演奏，已形成了全场共舞的场面。

也许是从来没有经历过这样的演出场景，面对这独特的演出形式，演出结束，在站起身来准备往体育馆外面走的时候，章沁晖对乔锋发表着自己的看法：“拉斯特的音乐已经不是20年前的轻音乐了，这个演奏会太像一场迪斯科舞会。应该把这样的演出搬到体育场，让观众席与舞台没有任何界限，让拉斯特与观众共舞。”章沁晖说话的声音非常快，明显她处在兴奋之中。

就在这个时候，章沁晖发现了已经走到近旁的太行和赵熙，“哎呀，是你们哪！”

“是呀，不是我们，你们今天才从深圳过来，怎么能买到票呢？乔锋再大本事，也不会让拉斯特那老头把票放在你们住的宾馆总台吧！”赵熙拉着章沁晖的手说。

“怪不得的呢，我们进场前，我问他怎么不买票呢？他开玩笑说有我在不用买票。”

原来乔锋来上海之前，在深圳就给太行的家里打了一个电话。太行不在，是赵熙接的电话。乔锋告诉她，“周末你们上海有音乐大师詹姆斯·拉斯特的音乐会，我和沁晖想来上海看这场轻音乐会，想让太行提前帮忙买两张票，并预订一下附近的宾馆房间。”

赵熙满口答应了：“找太行做什么，阿拉帮侬办好啦。来之前把班机告诉我，我和太行好去接你。”

“别、别、……沁晖还不知道到上海是干什么，我只告诉她是个好玩的游戏。你帮我把音乐会的票放在预订的宾馆总台好啦，音乐会结束后我再好好谢谢你！”

赵熙知道这是乔锋想给沁晖一个晾喜，就没有坚持，与乔锋约定，“那就音乐会结束时见吧，一言为定啊！你们就等在座位附近不要动，我和太行过来找你们，我们就在附近。太行还有一件大事情要请你帮忙呢。”其实，音乐会进行的过程中，乔锋已经看见了他们，但他没有告诉沁晖。

这时观众都在退场，不时地有观众挤到他们，太行一边护着两位只顾讲话的小姐，一边冲乔锋笑笑：“好啦，这里人挤，咱们先出场，上车再说吧！”

车就停在体育馆的外边。太行是司机，看着大家都坐好了，对赵熙说：“现在时间还早，让他们俩参观一下咱们上海的酒吧吧。”又转过头来对坐在后排的乔锋和沁晖说，“我们上海的酒吧很有名的，也是外国乐手伴奏的。”赵熙拉了太行一下，说：“你们明天再去吧。我想你这会儿跟乔锋谈谈股票的事情，酒吧里太吵，说话不方便。你把我和沁晖送回家，让我们两姐妹说说知心话，你和乔锋出去洗个澡，住在宾馆里就行啦！”太行把两个女人送回自己的家，打了招呼后，对乔锋说：“上车吧，咱们出去洗个澡，我有个事情想请你帮忙。”“有什么事情你就现在说呗，还得上澡堂里净身？”乔锋问。“我们上海，男人谈重要的生意都要洗桑拿谈，一方面可以放松一下，两个人都赤条条地没有隐瞒，另一方面可以说话直一些，不至于留什么把柄。洗桑拿的有三种人最多了，第一类是机关的人，第二类是本地生意人，第三类是出差的人。因为有的桑拿中心管洗管吃还管住，比住宾馆舒服还便宜。”蒸了桑拿，搓了澡，没敢按摩，两人挨着躺在休息厅里。乔锋看得出来，太行一直有心事，虽然热情地招待自己，但情绪不如以往那样饱满，就笑着说：“咱们男人间就别玩这种游戏了，有话直说呗！”

“唉！”太行叹了口气，“说起来，这件事情还真有点麻烦，最近我都快有点心中没底了，没想到大资金的操作这么难。”

于是，太行就把前些时候赵熙弄到几笔大资金，自己坐庄浦东飞龙被套的事情跟乔锋说了。“最让我头疼的，还有两个月就有一笔短期的资金到期，如果这笔资金一撤就控制不住盘面了，后果自己想着都有点害怕。原来赵熙劝我回深圳一趟去求助你，正准备去呢，就赶着你来了，这是缘分啦。”听完太行的话，乔锋说：“你让我想想。”乔锋闭着眼睛想了好一会，太行看着他快要睡着了的样子，有点着急。就在这时候，乔锋突然睁开眼睛问太行：“你还有活动的资金吗？”“还有两三千万吧……”太行疑惑地回答。

“那就有了，有个法子你可以试一试……”乔锋贴着太行的耳朵把方法说了一遍。

本来准备好第二天坐飞机回深圳的，乔锋告诉沁晖：“太行有件事情要我帮忙，可能要晚回去一天。”章沁晖回答：“那正好，上午我就让赵熙带我去买詹姆斯·拉斯特乐队的音碟。对啦，另外两个乐队是什么？”乔锋告诉她：“曼托瓦尼和保罗·莫利哀。”

这天太行忙了一整天。晚上，他在本地的一家高级酒店宴请了十几位当地有名的股评家和营业部的总经理。推杯换盏过后，太行给大家介绍乔锋是深圳著名机构的操盘手，说自己联系了深圳机构要再度南下发动新上海概念股，希望大家为证券市场的活跃先做一些舆论上的鼓吹。为了使行情发动得更顺利一些，大家最好只宣传新上海概念，特别是浦东概念就行了，对一些具体的股票名字最好不要明说。这时有一些人知道太行是浦东飞龙的庄家，他刚才的话是有所指的，大家心知肚明也不点破。另外太行说有些机构想多开一些账号，不知道哪家营业部有多余的空余账号，要好几百张呢！那几个营业部的老总一听立刻就急了，连忙表示自己营业部有，要多少有多少，都是专门为机构客户准备用的。一番话后，大家纷纷举杯，说这点小事实在算不了什么。席间，一位记者几次纠缠太行，问浦东飞龙怎么样，会不会成为下轮行情的龙头，能不能买。太行回答：“我怎么好说呢，你这不是砸我的饭碗吗？大家都懂技术分析，明后天一看市场表现不就全明白了！最好是大家又赚了钱，我又没有违反行规。我这话都已经说得够明白了吧！”

酒足饭饱后，太行给在场的每位股评家和记者发了一份丰厚的礼品。

周一早上，赵熙去机场送乔锋和沁晖。太行来到证券营业部打开当天的证券报纸，那些参加酒会的股评家们都非常有职业道德，完全没按太行的要求点评市场，大家都是按照自己的技术理解进行评论，有的在数波浪，有的在算江恩周期，有的在分析股民经济，惟独没有推介上海概念。那晚一再向他打听新一轮行情龙头的家伙，反而大谈新上海概念的泡沫。看完这些市场分析，太行露出轻蔑的笑容：看样子同志们口味都不小呀，嫌红包小了点，幸亏计策防范到了这点，还有妙招在后面，不怕这些家伙不上当。

太行在浦东飞龙的成本价是 14 元左右，而这个时候股票的市价交易价格是 18 元。星期一大盘的走势处于买卖两淡的盘局行情，没有什么特别的消息和股票值得投资者注意。尾市最后半小时太行的演出开始了，浦东飞龙突然无量跳水，这种走势让许多技术分析者搞不懂。第二天浦东飞龙的走势故伎重演，更加引起了市场的注意，各种分析猜测都有，但是没有一种有说服力。第三天开盘后，浦龙飞龙上来就在 16 元的价位上挂出上百万股卖单，在 15.6 元的价位上挂有数百万的买单，连续密集 10 万股成交，从上午到下午一直是这样，当天的量比非常引人瞩目。这是典型的低位放量，按照技术分析可以认为是主力在换庄。不少大户室里的股民按捺不住诱惑纷纷试探性地买进，并不时地根据其股价的涨跌，在证券公司营业厅内爆发出集体鼓掌与叫好声。尾市随着浦东飞龙的股价直线上飘，更是追者云涌。

周二开盘前，太行再度打开当天的资讯和报纸，市场人士几乎众口一词：“浦东飞龙大换庄”，“浦东飞龙，可能是引领第二波新上海概念的龙头”。这时太行安排部下在一些股民数量比较多的营业部用新开设的账号大量买进浦东飞龙，大单买进该股的成交回报不断地出现在这些营业部中，一版一版的，好多散户在计算一共是多少股。浦东飞龙这天继续放出巨量，收盘价报于 17.48 元。这时，赵熙打电话给乔锋，说大功告成，让乔锋开设一个银行账号，好把酬劳汇过去。

太行出货完成后，立即把资金提前还掉了，共计赚了 1200 万元人民币，比当初赵熙给太行的嫁妆还多了 200 万。这与两人前些天预算的赢利标准差了一点，但是经过挫折考验的成果更让人高兴。

不过，在太行陶醉的时候，赵熙刺了他一句：“还不是乔锋出的主意！要不，结果是怎样就不好说啦。”

虽然这是事实，太行听后，心里很不是滋味，一时也无语。其实，赵熙并不是在责怪太行，她希望自己爱人能够超过乔锋。女人对自己的丈夫总是以最高的要求来对待，这种要求有时会对男人有正面的刺激作用，有时也会使男人的自尊心过度膨胀，以至于做出出格的事情，像林远思利用软件操纵营业部就是这样。经过这次战役，太行的为人有所收敛，不像原来那么张扬了，但是他在心里暗暗发誓，这1200万是赵熙的，总有一天他要依靠自己的力量赚更多的钱，他会向赵熙证明自己是有能力的。

后来他一直在研究成功的坐庄方法，研究美国著名股王巴菲特的投资思维。他发现巴菲特的投资思维并不是像那些媒体上宣传的简单持有绩优股长线不动，而是一种把上市公司买下来，通过提高上市公司的业绩，然后利用杠杆效应获得更大的二级市场收益的办法。并且国内的一家新疆机构用这种方法在几家上市公司上已经获得了成功，只是做得还不够完美。太行的头脑中已经渐渐地形成了一种类似巴菲特的坐庄模式，如果有机会，他要运作一家上市公司，把这家公司做成中国最好的上市公司，让它的股价只涨不跌，成为沪深两市股价最高的股票，股价要在100元以上。

从上海回到深圳后，沁晖跟乔锋的关系一下子拉近了很多，而且也不避讳家里的人。一个星期天，沁晖买了一张新的保罗·莫利哀的碟片，请乔锋到家里去听。后来还让乔锋跟她一起唱卡拉OK。先是沁晖自己唱，乔锋记得第一首是《每当我走过咖啡屋》，第二首是《当我想你的时候》。这第二首给乔锋留下了深刻的印象，他一下子就把歌词记住了，“当我想你的时候，我的心在颤抖；当我想你的时候，泪水也悄悄地滑落。当我想你的时候，才知道寂寞是什么；当我想你时候，谁听我诉说……”乔锋歌唱得不好，但沁晖非得拉着他唱，结果在唱一首深圳人都喜欢唱的男女对唱歌曲《也许》的时候，最后一句是男声，歌词应该是：“也许，我会忘记；也许，没有也许。”而乔锋唱的是，“也许，我会忘记；也许，全部是也许。”逗着沁晖差点把眼泪笑出来。中午吃饭的时候，家里没有几个人，沁晖自告奋勇地说她自己做饭，做好后端上桌，催着乔锋吃。章沁晖先是问她妈妈好吃不好吃，后来又问乔锋好吃不好吃。乔锋看得出来她平常是不做饭的，菜做的有点淡，但是还是说好吃。吃完饭后乔锋没有料到沁晖不让家里的保姆洗碗，她对乔锋说：“饭是我做的，现在该你洗碗呢。”回到自己的住处后，乔锋非常高兴，沁晖让他洗碗，说明已经把他当做家里人啦。

2. 绝处逢生

乔锋这时已经在万安投资待了不短的时间，对章子良的性格已经摸得八九不离十。这个农民出身没有多少文化的老总，在诸多实战中摸索出了一套自己商战的经验与理论，但身上仍然有许多普通人常有的缺点，比如说性格急躁和过于看重眼前的利益。

合作是所有组合式努力的开始。一群人为了能够达成某一特定的目标而组合在一起，拿破仑把这种组合称之为“群英结党”。“群英结党”是一种弱势群体在广泛竞争条件下的竞争方式。但是“群英结党”的过程中最重要的三项因素是：专心、合作、协调。早期的私募基金应该来讲就是这样一种方式，但是许多早期私募基金的参与者都是抱着只赚钱不亏钱的思想来的。自从乔锋的《淘金狐狸》在市场上热卖过后，有很多慕名而来的资金委托者就有这种盲目的心态。章子良由于原来的几次成功经验，没有顾忌太多就接下了这些资金，有些资金达到了15%的高利息。而如果这些资金放在银行里不能产生效益，那么高额的利息就会成为万安投资一项沉重的负担。

接近5月中旬的时候，章子良召集了新成立的证券投资部的全体职员开会，让大家发表对股市走势的看法。市场已经连续几周成交量极少，市场买盘稀少，对一些敢于买股票的人，连证券营业部的员工都视其为傻子。因此开会的时候多数人都对当前的股市缺乏信心，只有鲁毅等少数几个员工知道公司新近筹集了不少资金，表示可以少量地参与深发展等绩优龙头股，他们有这个看法的原因是这类股票在弱势中比较抗跌。开会的时候，乔锋一直没有吭声，临近会议结束的时候，他说，没有只涨不跌的股市，也没有只跌不涨的股市。市场从高位跌到现在已经接近2/3的幅度，许多个股的市盈率都不到10倍，并且市场融资功能已经基本消失，况且管理层希望股市上涨的心情已经直接在媒体表露。这样讲一方面是乔锋确实有这些看法，另一方面乔锋知道公司有大量的资金，必须进场获取利润。最后乔锋非常直接地表达了可以大规模参与沪市做多的看法。

其实，章子良早就心中有数了，乔锋的这番表述非常符合他的心理，会后就把乔锋和另外两个非广东籍、对市场不是太了解的员工留下来。章子良告诉乔锋，由他们三个人组成一个新的项目小组，乔锋是组长，另外两个同事是助手。章子良交待，项目小组第二天就开始工作，并在一个星期内要完成几套选股、操作计划与新账号的立户，财务部会很快把资金调到证券营业部。

项目小组开始工作，乔锋初时主要以当时的市场热门股上海本地股作为选股目标。但是由于这些股票多数都有机构被套牢，加之流通盘子较小，市场处于极低的成交水平，因此不适合大资金的运作。这时已是5月20日，正好赶上一只次新股上市，由于上次成功地操作了西部明珠，乔锋与章子良对边远地区的股票都非常有好感。因为上市公司可以在交易所获取不同阶段的流通股东的变化情况，一些中心大城市的上市公司往往对自己的股票看得较紧，一旦发现有机构入驻，往往会自己跟随操作或者把消息透露出去，甚至有时候为了让机构配合自己或者达到某些特殊想法，采取公布利空的破坏性措施。而边远地区的上市公司则民风淳朴，对机构的运作很少掣肘，由于这个原因，后来不少民营机构都喜欢操作边远地区的股票。

西部电力上市的时候，市场依然处于低迷的状态。这只股票是一个中盘异地股，相对成交量在那几天比较大，明显有机构护盘，但依然抵抗不住一级市场的抛压，很快地接近了原始股发行价 3.90 元。乔锋将西部电力的资料整理好，向章子良汇报，说该股分红派现能力较强，有一定的保险系数，通过分红也可以摊低一些成本。乔锋建议操作该股。章子良这几日其实已经在注意西部电力，他的看法与乔锋基本相同，也认为该股不错。确定了作战方向，万安投资便快速开始备战，大笔资金调入证券部。

乔锋这时的心情还是有些紧张的，由于天天看盘，不可避免地受到了市场熊气的影响，虽然确定了主攻方向，但心里还是有所顾忌，所以操作初期，处于异常谨慎的状态，买进的单子与数量都很小。这期间，章子良几乎天天都要过问操作的情况，看到操盘日志后，他的眉峰皱起，略有不满情绪。他要求乔锋加快进货的速度，说这样谨小慎微会错失机会的。乔锋有心想说些什么，但看到章子良心意已决，而且，操作西部电力已经明确方向，所以便只能把自己的担心埋在心里。

万安投资加快了进货速度，乔锋很快又发现，越买抛盘越大，这更加深了他的顾虑，就把这一现象向章子良做了汇报。章子良说没关系，这很可能是新股上市时护盘资金的杀跌。后来果然抛压减轻，因为这股机构筹码的杀出，乔锋他们很快就完成了进货。买进最后一单股票时，乔锋紧张得手心脚心满是汗水。这种情况让乔锋越发不安，自己在以前的几次操作中从没像现在这样紧张过。

爱情是非常奇怪的，刚开始开花的时候是最甜蜜的，但是它好像跟股市一样也有周期，两个人的关系发展到一定阶段后，就会因为彼此熟悉而不再小心翼翼和克制。这个时候乔锋的情绪受到股市行情的压抑，与沁晖的关系不再像原先那么有激情，两人时常因为一些小事发生争吵。

一个星期后，大盘不但没有丝毫好转，而且越跌越深，西部电力也是这样。开始的时候，章子良还能沉得住气，说没关系，这是暂时的，还安排乔锋利用盘面技术，试图抬高股价。但乔锋他们发动的第一次冲击波不起任何效果，800 万的资金第一天往上拉升了 6% 的涨幅，第二天仅仅被 60 万的成交打了下去。市场的持续低迷导致整个市场的价值中枢下移，比价偏低的股票越来越多，甚至有些股票的市盈率只有 5 倍左右，也就是说买进这类股票，过 5 年分红就能把本金分回来，还能够持有这些上市公司的股权。但是人们已经被二级市场的下跌吓坏了，看见满地的黄金不敢去捡。有时候股市中发生的事情确实让人感到奇怪，当局者迷几乎是所有投资者不可避免的一种现象。在市场中往往是那些新股民先赚钱，然后又亏钱，这不知是否与股市的这种降低智力的魔力有关。

6 月的大盘出现一周五个交易日至少有四天要跌的情况。乔锋可以感觉到章子良的心态开始转坏，脸色也越来越难看，一些埋怨市场的怪话不时冒出来。7 月初，市场股评家们为投资者列出沪指下档支撑位为 430 点，后市仍然看淡，数十只股票破发行价、配股价的 30% 以上，甚至有大量的个股跌破净资产值。一些证券公司的大户开始出现因透资而被打穿资金账户，也就是说因为股市下跌，自己的钱几乎跌完，被证券公司强行卖掉剩存的股票。这在证券公司中有一种说法，叫做清理门户。

在行情清淡的时候，章子良几次想叫乔锋利用尾市偷袭的手段抬高西部电力的股价，但是效果不好。乔锋对章子良说："现在应该保留资金，等到市场出现上涨的机会时全线出击，寻求决战。"章子良对乔锋的提议未置可否。不过那时的市场走势，几乎已经让所有投资者感到了崩溃，到证券营业部看盘的人已经非常少了，连章子良都会连续几天不露面。乔锋与证券部的同事百无聊赖，营业部里萧条冷清，没有了往日的人声鼎沸。中午时，乔锋他们想找人打牌打发时间都凑不齐人手，最后只能找营业部工作人员来凑数。这期间，乔锋亲眼看见隔壁的几个个人大户自大盘跌破 450 点后，便再也没有到营业部来过。后来，乔锋在街上打车时，看到司机居然就是隔壁大户室的老王。老王开起了出租车，说明这位老兄已经是彻底输了。

乔锋与他的两个助手日子也不好过，市场这种低迷虽然不是他们的错，但他们却像犯了错误一样，到哪儿都提不起精神来。他们心里觉得很委屈，市场的大势如此，又岂是个人的力量所能改变的。有一次章子良在公司开员工会的时候，阴沉着脸，用半开玩笑的语气冲着乔锋他们说："就是把你们三个都卖了，也挽回不了公司的损失了。"这时候的章子良好像忘了操作西部电力是他首肯的，而且，在进货过程中，一直是他的坚决态度主导着进货速度。乔锋第一次感觉到了在章子良身上存在着非常暴戾的性格，这让他闷闷不乐，还有些担心。

7月中旬，股市指数开始接近400点，之后没几天就击破400点。在投资者眼中，市场已经没有什么好股票，全部是毒瘤，越早割掉越好。在这个时候，原来一些委托万安投资管理资金的单位开始找章子良，希望抽回资金，甚至说只要拿回本金就行，连利息都不要了。章子良拒绝了这样的要求，还同其中两个人发生了争吵。章子良的脾气越来越暴躁，几次当着乔锋的面训斥乔锋的两个助手。乔锋明白他这是指桑骂槐，心里有些恼。后来，公司里一个跟他交情不错的同事偷偷告诉他，听章子良在办公室里跟一个董事说，当西部电力跌破2.20元，就让责任人滚蛋，这样可以对项目的股东有所交待。

乔锋真是有点灰心了，对章子良愈发不满，对这个人也有了更深的了解。章子良应该算是一代枭雄，但惟利是图、刚愎自用，在利益的驱使下，对人连起码的尊重都可以不顾。乔锋那时心里便萌生了退意。现在万安最让他放不下的，就是章沁晖了，他不知道如果自己离开了万安，是否还有机会跟章沁晖在一块儿。

不久，西部电力跌破2.50元，乔锋晚上便收拾好了行李。7月29日，深市一度跌到930点，沪市跌到333点，西部电力股价跌到2.32元。那几天章子良恰好不在公司，他与鲁毅一起去云南一家历史遗留问题公司商谈股权转让的事情。乔锋跟两个助手落了个耳根清净，但失败的感觉已经完全俘虏了他们。特别是乔锋，第一次真正的全过程操作大资金就遭受如此重创，再加上这期间感受到的人情冷暖，让他心情更是沮丧。

29号那天是星期五，乔锋心情格外不好，一天没有出门。他甚至打电话到车站问了车次信息，做好了回原州的准备。他想到了家乡原州，当时内地对证券投资还不是十分熟悉，一些人炒股票生怕周围的人知道，甚至有一些人把炒股票当作偷偷摸摸的事情。一次回原州，一个邻居老大妈问乔锋在深圳做什么，乔锋回答说："证券投资。"老大妈听不懂，"啥叫证券投资？"乔锋说："就是炒股票的。"那邻居大妈颇为惊异地说："一个好好的大学生，怎么不务正业，跑到深圳去炒股票啦？如果赔了怎么办呀？"是呀，赔了怎么办呀？这个时候乔锋想。没法办！在证券市场上从来就没有后悔药吃，永远只有胜利者与失败者，胜为王，败为寇。没有人关心成败的过程，也没有人可怜失败者。乔锋甚至想到了，如果股市崩溃了，章子良很可能会跟自己翻脸的。

傍晚时，乔锋在外头吃了点东西。回来后打开收音机，收听电台的股市节目已经成了一种习惯。就在节目刚开始的时候，赵熙忽然从上海打来了电话。

原来太行上次从浦东飞龙获利出逃后，没有再贸然进入股市，一直在观察市场。虽然在万安投资进场的那个点位，他也认为那个时候的股价具有了极强的投资价值，但是由于刚刚吃过亏，便更加小心，想等等再看，结果市场在历史低位真的再度出现了非理智的过分下跌。这个跌势带有恐慌性，也非常具有杀伤力。这样他躲过了这场股灾，但是直觉告诉他这是历史大底，市场已经面临极大的机会，报复性上涨随时可能来临。他跟赵熙商量，是不是要逐渐开始买进股票。赵熙问他："你有没有把握?"太行回答："我有把握，不过最好还是打电话问一下乔锋吧！看看他的看法。"

于是，赵熙就给乔锋拨通了电话，从乔锋的声调上就感觉他的情绪异常低落。她问乔锋是不是与沁晖发生了什么矛盾，乔锋说："不是，是股市套惨的，说不定会离开万安投资。"乔锋苦笑着又说，"真是风水轮流转，万安投资现在比你们上次套得还重，并且连自救的资金都没有了。"听了乔锋的话后，赵熙不知说什么好，只有劝乔锋多点耐心："现在市场指数已经非常低了，太行说现在是非常好的买股票时机，说不定奇迹明天就会发生。"乔锋由于心态已经很差，说道："那就祝愿这奇迹早点来临吧！我现在已经快受不了了。"那头的赵熙听出了乔锋话里的沮丧，宽慰道："总会有办法的，上次浦东飞龙还不是靠你的主意。你不要着急，这时候保持冷静比什么都重要。"乔锋听出来赵熙的关心，心里有些感动。操作西部电力以来，还没有人像赵熙这样柔声细气地安慰过他。他已经闷了一天，这会儿感觉好了一些，赵熙的话给了他不小的信心，也让他看到了一些希望。他甚至感觉赵熙电话里的声音柔柔的，像是一个姐姐在安抚受委屈的弟弟。

最后，赵熙像是思考一下，用种果断的语气说："我跟太行在浦东飞龙上赚了点钱，有一千多万，如果你需要，我愿意借给你当作自救的资金。我想太行跟我一样，会尽一切可能帮助你。"乔锋一怔，犹豫了一下。钱在这时真的太重要了，在重仓深位被套的情况下，只能等到市场出现转机的时候，配合后续资金杀出，只有这样才能抓住稍纵即逝的机会。而当机会来临时，如果你把握不住，或者出击力度不够，那或许随着时间的推移就更加困难。不少大资金，就是这样被打垮的。它们后来不是没有遇到机会，而是没有抓住机会的后续资金力量。万安投资前段时间采用盘面手段意欲拉高股价，一直未能奏效，资金却已用得差不多了。赵熙这时提出可以借钱给乔锋，对乔锋不能说不是一种强烈的诱惑。

乔锋想了想，问赵熙："那条件呢？这个时候这资金对于你们也很重要呀!”赵熙回答说:“没有什么条件,如果赚钱了你让章总看着给点就行,如果赔了,你能还给我多少是多少。你也不用考虑时间。”

就在这时,乔锋突然听见广播里的播音员以明显高于平常的声音播出了“管理层三大救市政策”的重要利好消息。乔锋全身紧张,血流加速。他让赵熙等会儿,把收音机拿到话筒边,跟赵熙一块儿听那段消息。然后,乔锋与那头的赵熙一齐发出欢呼,乔锋兴奋得都有点手舞足蹈了,他对着电话大声地说:“太好了,奇迹发生了!”赵熙高兴地道:“这回看来你想不借我的钱都不行了。”乔锋听出赵熙是真心为自己高兴,心里感动,说:“真是要谢你,是你的电话带来的好运。”

挂了赵熙的电话,乔锋迫不及待地给云南的章子良打电话。章子良听了也异常兴奋,他说明天会安排财务把公司所有资金调往证券营业部,自己也会尽快赶回来。他不在期间,西部电力具体操作,全权由乔锋负责。

30日上午,星期六。

乔锋查看了调往证券营业部的资金,只有几百万,跟操作需要的数目还有差距,但他已经下定决心一定要抓住这次机会。他与鲁毅商议,说市场必定会因为政府公布的重大利好消息出现转机,这对于万安投资是翻身的重要时机,如果不抓住这次机会,拖到年底融资资金到期,后果不堪设想。这次操作一定要做好充分准备,并且要速战速决。鲁毅赞成乔锋的意见,但却对资金不足这一块儿颇感为难。

乔锋想了想,便跟他说了赵熙愿意无偿借钱给万安投资的事。鲁毅一听便连连点头:这个女子有这样的见识真是难得。乔锋给章子良打了电话,说明要追加资金,章子良说,所有的事情由乔锋全权负责,只要对于操作有利的都可以办,包括借款利息的决定,他会马上交待会计配合他。乔锋立刻与赵熙联系,坦言说向她借款,并说章总同意根据借款期间的大盘涨幅支付利息。那边的赵熙爽朗地笑着:“昨晚我就将你需要资金的事跟太行说了,太行也很愿意。那你就快过来吧,我们都想你呢!”

乔锋很快带着会计坐飞机到了上海,办理了相关手续后,赵熙麻利地将1000万元打到万安投资的账户上。赵熙、太行要请乔锋吃饭,但乔锋急于飞回深圳。乔锋说,还要赶回深圳继续筹集资金。太行看到乔锋很着急的样子,便问乔锋:深圳的资金落实了吗?乔锋说还没有,还在找。“那你还需要多少资金?”赵熙问。乔锋回答:“最好是2000万,1000万也基本上解决问题了。”赵熙沉吟一会儿道:“融资我倒有不少关系,就不知道你的时间来得及来不及了，短短几天内估计很难融到这么多钱。”乔锋感激道：“能从你们这里拿到1000万，我已经不知道说什么好了。”

太行在边上不语，眉峰紧皱，显然想到了什么，却又犹豫不决。乔锋见太行夫妻为自己的事犯难，便想岔开话题，但太行这时却说：“我这里倒有一条路子。前几天朋友介绍了一个人给我认识，那人以前在银行里做过，现在专门做资金中介，手上有一些资金，前些时候问我要不要。但是这个人看起来很滑，不知道可靠不可靠。”乔锋道：“反正事已至此，死马当活马医呗。”太行说：“那好，咱们就直接找他去吧！事情不成你再赶快回深圳。”

太行、乔锋与那资金中介人在一家酒店的咖啡厅见面。初见那人，乔锋心里便隐约有些失望，如果仅从表面上看，那人就不像一个好人。那人叫皇甫村，中等身材，跟高高大大的太行站一块儿，要矮一个头，略显胖，40岁左右，像是一个当过干部的人。乔锋没有猜错，他曾经在内地一个中等城市的银行当过领导，后来因为犯错误下来了。这人一见到太行，就握住太行的手不放，紧赶着说些恭维话，就像下级恭维上级一样，又白又露，而且每说一句都要考虑一下的样子。怪不得太行不太喜欢他。乔锋在边上觉得眼前这个人，无论怎么看都不像是能办成事的人。

太行说话直截了当，问他能不能在三天之内拿到2000万。皇甫村本来还在滔滔不绝地说着废话，听到太行单刀直入谈起资金，立刻住了嘴，脸上还露出为难的神情。

太行与乔锋对视，都露出不加掩饰的失望来。既然皇甫村弄不来钱，便没有必要再为他耽误时间了。太行借口还要继续找人融资，便要跟乔锋离开。但这时，皇甫村忽然重重地一拍桌子，好像下了多大的决心一样：“别急呀，你们谈事情的性子也太急了，一点儿过渡都没有。不就2000万吗，我皇胖子如果这点事都办不了，以后还有脸再在这个圈里混？我干的不就是这行吗？”

太行盯着他看，皱眉道：“你可别说大话，2000万可不是个小数目，而且只有三天的时间。”

皇甫村呵呵笑着拨弄头发：“圈里人都知道我皇胖子说到做到，再说，就算借我两个胆子，我也不敢骗您——大名鼎鼎的太行呵。我要骗了你，赶明儿你发个话，说我是个骗子，我在这圈儿里可真就没法混了。”

太行再与乔锋对视，显然心里拿不定主意，不知道该不该相信这个皇胖子。乔锋想一下，冲太行点点头，太行复又坐下，说话口气中带了些不信任道：“你倒说说看，你用什么办法可以在三天内弄到2000万。”

皇胖子胸有成竹地道：“不是有没有办法弄到2000万，明人不做暗事，靠我皇胖子这点儿道行三天内弄2000万，就是弄5000万也不是什么难事。关键是条件，你们也知道，现在市场出了利好，赚钱是一定的呢!”他看太行跟乔锋露出感兴趣的表情，再笑笑，道：“当然，当然，这笔钱的利息可能会高一点。”

太行看看乔锋，乔锋毫不犹豫地道：“只要你能尽快弄来钱，利息不是问题。”

皇胖子又说：“还得有股票质押吧，能质押在上海那是最好的，1：1质押筹码，18%的息，您看行吗?”

乔锋说：“可以，我星期一就可以把股票转托管来。”

皇胖子神经质地再拍一下桌子，大声道：“那好，那咱们就周二签协议吧!”

因为星期一就要开市，乔锋不能在上海多逗留，便把融资的事全权委托太行和那会计办理。第二天一早，乔锋便飞回了深圳。

星期一，也就是8月1号，沪市跳高61点开盘，狂涨112点，升幅33.53点。当天尾市收盘时出现奇迹，勃海集团涨幅超过100%。周二，太行从上海打来电话，称2000万的资金已经全部到位，乔锋大喜，一时自觉底气十足，对此次操作更有了信心。他与太行在电话里提及那个不讨人喜欢的皇甫村还真有些能耐，应了那句老话——人不可貌相。太行也对皇甫村的印象大为好转，并隐隐觉得跟皇甫村有合作的可能。

周二这天市场稍有回档，乔锋把原来证券营业部留出的拉升资金全线杀出，逆市成为两市涨幅的第一名。周三沪市涨90点，西部电力在上午稍微调整了一下，这是因为乔锋在为下午的拉升先出一部分筹码。到了下午，乔锋再度出击。因为有了足够的资金后盾，所以西部电力再度冲到涨幅第一名，到周四一开盘就涨36点。这时候，乔锋把所有的账号市值计算了一下，已经盈利不小，当然这还包括资金的成本。周五飙升120点，以683点告收，周升幅达104%。西部电力由2.32元升至7.11元，涨幅远远高于大盘，浮动盈利达104%。在第二周，大盘继续上冲，在密集成交区700~770点上下来回震荡，后来在券商资金的跟进下，大盘冲过了这个阻力区，最后达到了1050点。

由于经历了前期330点煎熬，乔锋面对市场有些犹豫不决。他向已经回公司的章子良征求出货的时机。章子良显然被前期市场搞得有点胆战心惊了，故仍把大权交给乔锋。乔锋左思右想，心里非常矛盾。其实这时的乔锋与章子良一样，在心态上都处于受伤状态，所以对于700点时的西部电力价位已经非常满意了。犹豫再三，为了稳健，乔锋终于下达了出货的命令。后来的事都按照计划进行，出货完毕，乔锋一算收益近90%，一炉铁水终于炼成了钢。乔锋有一种从失控的过山车上安全着陆的感觉，心里一片轻松。

经过这次投资经历，乔锋对沪深股市的炒作、功能都有了一个新的认识，就像一个当兵的经历了一场大战的洗礼。特别是知晓了炒家的“炒”的确切含义。炒是由“火”和“少”合成，炒股得法，则财源滚滚，如火如荼；炒不得法，则越炒越少，引火烧身。

3. 秦齐楚燕

后来一些民营机构在培训自己的嫡系操盘手时，都要举一些沪深市场的经典战例。一些好事的记者在拿到这份培训资料后，把其中的一些战例浓缩为沪深股市操盘英雄榜，在这个英雄榜中根据战役的赢利比例把乔锋排在了第一位。记者就这个问题请教已年近不惑的乔锋，出乎记者意料的是，乔锋明确否定了这个排行。他认为，在沪深市场，真正的英雄人物是没有排在排行榜中的几位幕后人物，比如说章子良。尽管当时的国内媒体把这个民营大鳄比喻成“天不怕，地不怕”的农民，但是乔锋认为大英雄的才能（注意不是德能）不是展示自己手中的权力和武功，而是授权别人去干。单独战役的胜利可以由赵子龙、关云长这样的人单枪匹马夺得，但要取得整个战役的胜利，必须有其他人参与。当一个人有能力动员其他人一道为达到某个目的而共同奋战时，他就离成为一个真正的英雄不远了。

章子良确实就是这样一个人。

在西部电力的战斗胜利结束之后，万安投资的二级市场实力已经达到7亿之巨，对于个股的操作已经是一股非常强大的力量，但对于行情的掌控则显然不足。章子良认为沪深市场正处于一个类似于春秋的时代，谁能够像春秋五霸一样成为阶段的霸主，每年定期策动行情或者市场热点，将会获得极大的投资优势。这样，他想到了建立一个类似于社会团体的组织，主题是挖掘机构投资者的盈利模式。他把这个组织称为“机构盈利模式年度论坛”。由万安投资来主办这个活动无疑是非常理想的。虽然章子良是南方人，但却有北方人的性格，说干就干，这年年底的时候，他通过调查上市公司流通股东的方式，给几十个主力机构发了“机构盈利模式年度论坛”的邀请信。这是一个崭新的尝试，获得了大多数机构的赞同。这次论坛最后确定在香港九龙的一家五星级的酒店举办，参加的多数都是民营机构，也有一些券商的代表。

季云飞在万安集团虽然分管贸易这一块，不曾涉足证券行业，但他是万安的重臣，且职位显赫，组织能力强，又是皇亲国戚，“年度论坛”这样大的活动自然少不了他参加。乔锋自从结识季云飞后，就跟他成为朋友，两人不忙的时候经常在一起下两盘围棋。季云飞在这些年经商的同时，还利用业余时间拿到了大学本科文凭，这在深圳商界被引为美谈。乔锋遇到有些事情不好办时，章沁晖都说找季总去。初时乔锋还觉得不妥，但随着接触多了，他便完全释然了。季云飞是非常随和的人，他跟下属永远像朋友一样相处，但对待工作却又异常严谨。章沁晖在家里跟他关系最好，或许受此影响，乔锋也挺喜欢跟这位精明活泼的小伙子相处。跟他在一起，身心可以完全放松，全然不像面对章子良，你得提起精神，加倍小心。

“年度论坛”活动前，乔锋打了个电话给季云飞，季云飞沉吟了一会儿，说：“或许我不参加这次活动了。”他说他有可能要去日本读书，去看看日本的企业是怎样经营的。几天后，乔锋跟章沁晖开车送季云飞去机场。如果是普通的年轻人，乔锋对于这种决定会认为很正常，但是对于季云飞这种事业已经有成的人来讲是非常难得的。乔锋对他这种勇于放弃的精神很是敬佩。要知道做到季云飞现在这个地步的人已经很难再有上学的念头了。

乔锋记得那天送别时下着小雨，车后座上的季云飞一点也不像要独自出远门的样子，好像他这趟去日本只是平时出趟公差。乔锋表现得也挺坦然，随意地跟季云飞提及自己听说的一些日本民风民俗。在机场，章沁晖终于问起季云飞为什么会离开万安去日本留学，季云飞笑了笑，很随意地说：“因为心中的一个梦想吧。我很想知道日本的那些企业究竟是怎样从白手起家，做成世界大企业的。”

季云飞离开候机大厅去安检口时，章沁晖有点恋恋不舍地伸手拉住他。季云飞放下随身的行李，笑了笑，摊开双手，拥抱住沁晖，脸却转向乔锋，眼里有些狡黠。“我不知道现在拥抱沁晖，乔锋的心情是怎样的。”他说。乔锋哑然一笑，故意装作用手挡住脸不敢看的样子。章沁晖却被他们两个人的样子逗笑了，那些别情一下子冲淡了许多。

年度论坛开幕前一天，香港正下着连绵的冬雨。章沁晖有些感冒，本来想晚上跟乔锋一块儿去看海港夜景的，只能改成跟先期到会的代表一块儿观摩一部名叫《玫瑰英雄》的美国大片。片中有大量的战争场面，但真正打动章沁晖的，却是影片男女主人公最后相见的场面。

青年士兵费雷加买了一本最新出版的小说《玫瑰英雄》，非常喜欢，爱不释手，按照书中的地址给作者辛迪丝写了一封信。她回信了，第二天费雷加被派送出国参加空战。

空战是残酷的，费雷加的许多战友在空战中牺牲。费雷加在空中护送轰炸机时，被一群敌机团团围住，他甚至连敌机飞行员的狰狞面孔都能看见。

此前，费雷加在信中向辛迪丝承认，他时常感到害怕。这次战斗前，他收到了回信："当然你害怕——所有勇敢的人都会感到害怕，这是人之常情。下次你信心不足的时候，请你听听我的声音：我虽然走过死之阴影的幽谷，也不怕遇害，因为你与我同在——我正在写一部空军英雄的小说，非常希望你能像一个所有女孩子都佩服的英雄一样。我知道你是不会让我失望的。"他记住了这些话，在那个夜晚的空战中恢复了智慧和力量，创下美军空战史一次战斗击落敌机架数最多的奇迹。

战后，费雷加回到本土，立刻与辛迪丝约定在一个公园见面，他将要见到已在心中占有无上地位的辛迪丝了。这是费雷加盼望已久的事情，见面的时间定为六点。

六点还差四分时，一位姑娘从身边走过。可她衣服的翻领上佩戴着一朵深红色的香豌豆花，而不是他们约好的一朵红玫瑰。这个姑娘太年轻，才18岁左右。霍丽丝·辛迪丝曾告诉他，她27岁，比自己小一岁。

在过去的战斗中，辛迪丝忠实地坚持给费雷加回信，但拒绝了给他寄像片的要求。她说："如果你对我的感情是真诚的，我的长相就无关紧要了。假如我很美，我就会经常觉得你不过在冒险试一试罢了，这种爱情是我不能接受的。假如我长得平常（你必须承认这更有可能），我就会担心你是因为孤独寂寞，才不断给我来信的。你到纽约来的时候会见到我的，那时你可以做出决定。"

六点还差一分，一个年轻女子向他这边走来。她身材苗条，金黄的卷发，眼睛蓝得像两朵鲜花，一身浅绿的衣服如同春天，生气盎然。

费雷加的心已经有点焦急，他迎上去，丝毫没有注意到她并没有佩带玫瑰花。一丝挑衅的微笑流露在她的嘴角，"找我吗？大兵！"费雷加本能地靠近一步，这时看到了霍丽丝·辛迪丝。她就站在这个美丽姑娘的后边，是位四十开外的妇女，灰白的头发塞在旧帽子下面。她长得微胖，行动略显迟缓。可是她在棕色外衣的皱巴巴的翻领上佩带了一朵红玫瑰花。那个穿绿衣的漂亮姑娘很快走开了。

费雷加觉得自己的心仿佛给撕裂成了两半，他一方面那么强烈地想去追随那位绿衣姑娘，一方面又深深地向往着这位精神上一直忠实地陪伴着他、支撑着他的女子。她就站在眼前，他现在能够亲眼看到了，她那张苍白的脸显得既温柔又聪明，一双灰褐色的眼睛闪烁着温暖和亲切的光芒。

费雷加中尉毫不犹豫，他手中紧握着那本破旧的蓝皮封面《玫瑰英雄》，作为向她证明自己身份的标志。这不一定是爱情，却是某种珍贵的东西，也许比爱情还要珍贵，一种他曾为之感激并将永远感激不尽的情谊。

他挺起胸膛，向那位妇女标准地敬了个礼，并向她伸出手中的书，尽管他说话时由于痛感失望而觉得嗓子给堵塞了似的。

“我是约翰·费雷加中尉，你……你是辛迪丝小姐吧?”

那位妇女的脸上绽开了宽容的微笑：“孩子，我真不明白这是怎么回事!穿绿衣服的姑娘，就是刚刚走过去的那位，要我在外衣上佩带这朵红玫瑰花，还说如果你请我跟你去吃饭，请我告诉你她正在街道对面那家餐厅里等着你。她说这番行动是带有一种考验的性质。”

影片结束，章沁晖已经完全沉浸到故事情节中去了。后来她跟乔锋坐在酒店的咖啡厅里时问乔锋：“如果你是费雷加，你会怎么做呢?”

乔锋想了想，回答说：“我很遗憾我没有费雷加的经历，但是我很幸运我与费雷加一样，有一位幸运女神保佑着自己，并且战胜了一道道难关。”听了乔锋的回答，章沁晖幸福地笑了。

第二天，论坛活动正式开始。乔锋在证券界是个新人，但因为几次出色的战役，以及那本风靡全国的《淘金狐狸》，很多已经成名的私募大鳄都对他另眼相看。乔锋在众多前辈面前也很谦逊，在他心里，也想趁此机会多学习一些前辈高人的“武功”，以丰富自己的“内力”。乔锋注意到很多传奇人物都相当平易近人，也不张扬，几乎是光带着耳朵来的，只听不说。而一些新崛起的机构则表现得相对活跃。研讨会期间，一个北京来的科技公司，不愧是天子脚下的公司，言谈举止颇有风度。他们一再鼓吹巴菲特的投资理念，并指出：“巴菲特的投资理念并不是那些书呆子所鼓吹的买进绩优股长线持有不动，它的投资新思维的核心是买进一个价格较低、行业前景尚可的公司。大家应该特别注意，是买进一家公司，而不是仅仅买进股票。这样可以通过上市公司的财务重组来使得公司的业绩得到改善和提高，再利用二级市场上的定价杠杆效应提升股价。比如说市场的市盈率是50倍，股价的提升高度就是每股收益乘以50倍。”最后这位京城来的侠客扬言资产重组将成为大资金最实用的盈利模式，并且这种盈利模式是与大盘的好坏无关的。他们自己正在进行这种盈利模式的实践，沪深市场一只新的重组大黑马股将要在明年上半年诞生。

北京这家机构关于重组上市公司的盈利模式发言，引起了市场广泛注意，后来这种模式果真成为市场流行机构的盈利模式。与其他人不同的是，太行却从另外一个角度理解了这个北京机构的讲话。在论坛结束后，他就让甘愿追随他的皇甫村日夜监控那个北京机构，看看他们究竟与哪些上市公司联系。太行断定元旦到春节这段时间，是中国的企业公关的黄金时间段，这个机构必定会与准备重组的公司接触的。皇甫村本来不愿意自己亲自干——到底他有过当行长的经历，但是太行说，这种事情只有他们俩人中的一人干，如果自己干了，就没有他的份了。在利益的驱使下，皇胖子还是赶到北京，日夜监视那家机构老总的动向。这是件挺辛苦的事，皇甫村却自有一套办法。他随身带一件旅行袋，每当那公司的老总到哪里办事，他都会紧紧地跟着。有时皇胖子想："谁说国营干部都是饭桶，只要机制对头，再大的困难也能克服。别说处长当侦察员，人家外国市长想买一辆豪华轿车，不也得利用周末去刷烟筒。波兰总统瓦文萨不当总统后，不照样在工厂里当电工。"

这样一想思想就通了，干起活来也舒服。他那旅行包真是个百宝箱，里面不仅有折叠的小椅子，有各种饮料、报纸，甚至连遮阳伞、游戏机都一应俱全。皇甫村美美地坐在角落里，该吃吃，该喝喝。他还有个望远镜，那不光能用来工作，还能用来发现大街上小姑娘哪个漂亮。虽然有时会遇到一些误会，皇甫村也会自嘲地笑笑，丝毫不以为意。这比工作单位里的人际斗争有趣多了。其实太行让皇甫村跟踪那老总还有另外一个原因，就是要捉弄他，存心想看他出丑。没想到皇甫村在利益面前一点不含糊，每天晚上都会向他汇报那家机构老总一天的活动情况，详细到那老总在每一处停留的时间，并且还有他根据自己过去当领导的活动经验分析。这样，连太行都不得不对皇甫村另眼相看了，觉得他因为一些特殊的原因令人生厌，但却颇有些能力。后来，太行到达事业的顶峰时，皇甫村成为了他的左膀右臂。这也是皇甫村如此卖力追随太行的一个动力。根据皇甫村的报告，那家机构老总前两周没有什么动静。接近春节的时候，皇甫村跟随这个机构老总的轿车到了首都机场，并且成功地弄清楚了这个机构老总的目的地是黑龙江的一个边远小城。

太行立刻查询黑龙江这个小城附近的上市公司情况，果然发现一家钢铁企业的股价走势坚挺，明显有大资金进驻。为了谨慎起见，太行动用了部分资金进行试盘，发现有机构吸纳股票的心情非常急切，于是太行利用个人账号分散买进 200 万股。后来该钢铁股的股价从 4.50 元一直涨到近 20.00 元，获得了巨大的利润。本来太行可以获得更大的收益，但他一直担心民营机构收购国有法人股，会受到地方政府或者其他股东的人为干预。后来股权转移公告出来后，太行不由得为这个机构的运作智慧叫好。原来这个北京机构采取的收购方法是以收购的总价款借钱给这个上市公司的大股东，这个上市公司用股权进行抵押，时间是半年，这正好为二级市场的股价运作提供了时间。借款期到时间后，上市公司的大股东不用还钱，由北京机构状告上市公司的大股东，要求法院把上市公司的大股东用作抵押的股权强行划归给自己。由于双方都没有异议，法院当然愿意这样干。这样做把股东大会、上级批准等可能泄露重组消息等全都避免了，利用最高的有效法律手段绕开了可能的行政障碍。应该讲，这家北京机构的商业运作是非常精巧的，它们对政策法规条款盲点的研究达到了许多企业根本不可想像的地步，这是许多知识精英们的优势。

为期7天的机构盈利年度论坛圆满成功，大家觉得这种业界人士交流的方式特别好。继万安投资举办的这次股坛华山论剑大会后，又有不少机构举办了类似的活动，国内一些大资金都会受到邀请。这些论坛基本上都是不公开的，举办地点往往都放在风光旖旎的小城，如绵阳、承德、三亚、北海、丽江、平遥、洛阳、都江堰等著名景区。几次论剑之后，乔锋发现了一个奇怪的现象，就是参加会议的这些大鳄们经过多年浴血奋战，同志们的头发一个比一个少，越是资金大的人越像法国著名球星齐达内。难怪后来的证券投资基金的操作受到投资者的非议，通过电视节目大家可以发现，那些基金经理一个个都是油头粉面的小帅哥，一说话就露出学生腔，他们要能打硬仗那才是怪事。通过几次股坛论剑，乔锋结识了不少国内财富大鳄，也发现了一些中国亿万富豪的发迹真幕，其中有几个人对乔锋影响颇大。

还是在万安举办的那次年度盈利论坛期间，乔锋第一次见到了银赛港国际信托证券的老总卓融。卓融五十多岁，中等身材，不胖不瘦，穿着也很普通，到哪儿精神也不是太足。你根本不能想像就是这样一个看起来特别普通的人，却有着巨大的财富和被人引为传奇的商业经历。乔锋初次见到卓融，印象最深的是他的一头白发。乔锋听邻近的人议论，卓融的白发，是在一夜间生出来的。那之后，卓融干脆把头发染白了，是为了让自己永远记住那段艰苦的创业经历。

通过与卓融交谈，乔锋知道了卓融也是原州人。卓融对乔锋这位小老乡显然也很熟悉，言谈中对他颇多赏识。乔锋在银赛港国际信托证券操纵的几场战役他都很清楚，还津津有味地跟乔锋讨论其中一些具体细节问题，令乔锋受益匪浅。论坛结束后，卓融给乔锋留了名片，并且说如果乔锋有机会去海南，再与他把酒论剑。

卓融过去是中原省信托的一位副总，是中原省那个时候最年轻的正处级干部。当时，社会对于经营做官前程的叫走红道，对于经商赚钱的叫走黄道。很明显，如果卓融能够充分利用岳父的背景将是红道似锦，但他偏偏舍弃了从政之路，投入了需要个人重新奋斗的商海。在海南开发大潮的时候，他果断地停薪留职，赤手空拳地来到了海南，通过组织会展和公费旅游等方法，赚想去海南赚钱的人的钱，不长时间就积累到了第一桶金。后来迎来了海南房地产热，他又奇迹般炒到了数千万。可惜在房地产泡沫被捅破的时候没有及时抽身，千万资产又像煮熟的鸭子一样飞了，刚刚组建起来的公司也垮了，年轻貌美的妻子说他是神经病与他离婚了，一度可怜到身上剩下的现金还不到1万元。正当他走投无路的时候，海南又迎来了进口汽车的热潮，他把能够处理掉的地皮都贱卖了，得到几十万元现金，干起了汽车买卖。有时为了抢夺有批件的货物，他要亲自与一些渔民架着舢板去公海的外轮上往岛上运汽车。这种行动异常冒险，他亲眼看见过同去的朋友葬身鱼腹。后来有了解他这段经历的人问他："你难道不怕风险吗？"他回答说："怕风险，难道有比受穷的风险还大的风险吗？再说，做人是有成本的，做普通人的成本是要有逆来顺受的奴性，做英雄的成本就是以命来搏前程。"经过半年的搏命，卓融瘦掉了十几斤，又返回了千万富翁的行列。

4. 声名远播

这个冬天，股市行情依然像每年冬季一样，处于清淡状态。有时候开市半个多小时，还有庄股一笔成交也没有，证券营业部也显得比以往冷清。深圳是个移民城市，在开始的那几年，每到每年的1月份，都是离开深圳的多，来深圳的人相对较少。然而鲁毅却迎来了一位内地的朋友。

这人是李勇，是鲁毅在部队时的战友，退役后回了内地的一个省会城市。两人这些年来几乎没有联系。鲁毅本来想出去走走，意外地在大堂里看见了李勇，起初还有点儿不相信，便在李勇走过去的时候，喊了一声李勇的名字，果然看见李勇回头。两人见面，分外高兴。一问才知道李勇就是奔着万安投资来的，遇到鲁毅，他这才知道鲁毅已经是万安投资的大将。

李勇告诉鲁毅，自己目前在一家银行的证券营业部工作，说话的时候递给鲁毅自己的名片。接过名片一看，鲁毅知道李勇是这家营业部的老总，笑呵呵地说现在大家都是同行了。接着问李勇找万安有什么事，李勇回答说："也没有什么大事情，就是因为你们万安投资的大名如雷贯耳，想来结识一下。"

李勇参加了上次的香港股坛论剑活动，受到启发，回到省城后也举办了一个类似的沙龙活动，定期请些股市大鳄来跟大家见面，传授一些股市制胜秘技。为此，他把省城的一批大户引给在校的学生，做一场社会阅历讲座。他特意邀请万安投资的希望他能分享成功经验。章子良说这样也好，就跟鲁毅两个人去了李勇的营业部。

在章子良来之前，李勇已经在当地做了大量的宣传。当地的股民几乎个个都知道了股市大鳄即将前来指点股市江山。点评市场黑马，这是货真价实的，别人说什么时候涨就涨，别人说让哪只股票涨就涨；不是股评家，说涨说跌，那都是瞎猜的，连他们自己信不信都不知道。

到了周末，李勇的营业部里云集了众多股市大户，不论是不是本营业部的客户，大家都凭大户卡入场。然后营业部请当地的电视证券栏目主持人隆重介绍特区来的股市大鳄章子良与主力操盘师鲁毅。此前，当地的股民通过媒体的介绍，早已对章子良的大名如雷贯耳了。一开场，在主持人的鼓动下，掌声雷动，一双双如饥似渴的眼睛，落到章子良身上。

章子良见自己在内地都有这么大的影响，不觉有些飘飘然。他抖擞精神，目光如炬，也不寒暄，直接将话题切进市场。

章子良说怎样在股票中炖肉。股市里炖肉的方法有两个：第一是寻找并发现一个适合自己的稳健的方法，持续获利，细火长吃；第二个是决战，即平时以做一些无风险的品种为主，静等时机保存实力，一旦市场给出天赐良机，重仓乃至满仓出击，一箭定江山。

章子良虽然文化程度不高，但是见多识广，语调坚定自信，侃侃而谈，不时夹杂一些粗话，让人感到真实亲切。他这种倨傲与他股坛大鳄的身份极为相符，符合大家在此之前的期望值，所以赢得了在场诸人的敬畏和不断的掌声。

寓教于乐，话粗理不粗，在座的大户同志们确实受到了启发，满怀希望，想象着自己在掌握这些淘金术后搏个金玉满堂，天天炖肉。就在大家满怀期望之时，章子良突然结束了自己的讲话。大家嗡嗡声一片，然后有代表站起来非常诚恳地请章子良再多讲一些。李勇一看大家求知若渴，从经营部成交量方面考虑，他也想让章子良多说一些，便用眼光暗示一直坐在章子良前面的一个漂亮小姐。这位小姐嗲声嗲气地让章子良给大家讲一个细水长流的方法。这跟李勇的心思不谋而合。可在场的大户们不同意，大家一致要求，来个短平快的，爆炒肉丝，大家一起炒一回。大家要求非常强烈，章子良拗不过去，而且他也挺喜欢这种众星捧月的感觉，还有那个小姑娘火辣辣的目光，便说自己已经看好了一家低价水泥股，想把它做成红烧肉。各大户们谨记于心。

李勇安排章子良深入体验江南的生活，莺歌燕舞，美轮美奂。李勇问章子良："怎么样?"章子良说："行，比深圳的强，比北京的也强。大城市有钱的人太多，有姿色的都被大款们包了，像我们这些工作第一、道德水准较高的人就……"李勇说："那好，章总，只要你把自营盘放一部分过来，您只管工作好了。我保证不重样。"

到了星期一，章子良离开后，听课的股民同志们性子急，大家起个大早，拥进营业部，大量买进章子良暗示的低价水泥股，结果导致该股股价大涨，成为当天涨幅第一名。

随后，在大家的期待中，这只股票一蹶不振，也不管大家的心情如何，好像睡着了一般。大家的信心随着时间的推移受到了考验，就有人问营业部经理李勇：上次来讲课的章子良莫非是个水货？李勇也很纳闷，就问全程伺候章子良的那个小姑娘。小姑娘也是一脸疑惑，说章子良临行前那晚，他让自己把所有钱都买进这只股票，说如果有10万块钱本金的话，赚一辆夏利车没有问题。李勇心里稍定，便打电话到深圳去问鲁毅。鲁毅说，章子良前段时间酒喝多了，得了急性病住进了医院，刚开完刀，现在正在恢复期。公司的操盘师乔锋也刚刚离开万安投资，所以股票市场暂时没人打理。李勇一听放心了，赶快把这消息散布出去。于是，大家便纷纷求菩萨拜观音，祈求章子良早日康复，让那只水泥股价赶快上涨，红烧肉早点儿煮熟。说也奇怪，事后据章子良的主治大夫说，章子良那种病治愈的几率只有一成多，偏偏章子良不久就病愈出院了。看来众人的祈祷还是管些用的。章子良出院的时候，李勇却因为前些日子的股市下跌而急病了，正在医院里挂吊针，忽然接到那个小姑娘的电话说章子良出院了。李勇大喜，立刻神采飞扬，那病不治而愈，连吊针也不挂了，拔了针头就回营业部，在集合竞价前加仓买进那个水泥股。

随后不久，那个水泥股果然逆市涨停。

李勇暗暗高兴，自己抄住了低位。听了章子良的话买进水泥股的那些人，这时也闻风而来，聚在营业部里欢呼不已。不料他们没高兴两天，风云突变，正赶上美国打南斯拉夫，把中国驻南斯拉夫的大使馆炸了。市场受到惊吓，大盘又连续下跌。虽然那只水泥股还算抗跌，但是大家都被套住，心中自然非常担心。

李勇一看营业部里人心惶惶，便又花重金从上海一家咨询公司请了一个波浪分析大师来给大家鼓气。事先李勇交待那个大师讲课的时候不要过分看空，因为这次活动的主要目的就是为了稳定快要失去信心的客户。但那个大师压根儿就不管大家的情绪，掐指一数波浪，说没办法，大盘还得跌，那个水泥股马上要运作大C浪，要补跌。营业部的许多客户吓得晚上回去觉都睡不着。

正当大家几乎快绝望的时候，“5·19”行情开始了，那个低价水泥股开始发动，连续八个涨停板。坚持没有抛掉的股民们高兴得都跳了起来，连说红烧肉好吃。那个小姑娘事后果真如章子良所说，赚了一辆夏利钱。章子良的名声在当地大振，后来当地投资者一听说哪只股票是章子良做的，便全无顾忌地买进。

营业部老总李勇，后来又结识了不少私募大鳄，被圈儿内称为私募江湖中的宋江，因此笼络了不少核心的大客户，营业部经常进入交易所涨幅榜信息的前列。再往后营业部与银行脱钩，其他的营业部的老总在证券界站不住脚，结果李勇成了这个大券商的副总裁。

乔锋参加完学校的校庆，直接回了原州的老家过年。乔锋已经将近一年没回来过了，父母早就在家盼着他回来。在家里，乔锋跟父母谈了自己跟沁晖的事情，两位老人很是高兴。但是乔锋的姐姐在旁边听说沁晖家里是富豪，不由得有点担心，问沁晖的脾气怎么样。乔锋说：“很好的，她会做饭，干家务，买东西也会还价，不像香港电影电视里演的那些有钱的小姐。有机会回家的时候，我把她带回来让你们看看。”大年初一那天，沁晖给乔锋家打来了电话，给乔锋全家拜年，在跟乔锋母亲说话的时候，嘴可甜啦。乔锋的母亲乐得合不拢嘴儿。放下电话后，父母郑重地告诉乔锋：“在万安企业要好好干，不要辜负章家的期望。”

一天下午，乔锋接到了一个电话，打电话的人介绍自己叫许惊雷，说是银赛港国际信托总裁助理，是总裁卓融派他来的，有件事情要跟他谈，问他是否能赏光到他住的酒店见面，因为他对原州不是非常熟悉。

乔锋见过卓融之后，对他留下了很好的印象。后来有几次听人说了他的一些传奇故事，特别是在一次电视谈话节目中，卓融言语中体现的素质让乔锋非常佩服。

在原州国际饭店，乔锋见到了许惊雷。

许惊雷一身笔挺的咖啡色西装，不仅人显得精干，而且非常帅。这种帅是阳刚气质的，与那些歌星影星不一样。他有一种职业军人穿便装的那种风度，不沦是站着还是坐着，身体都是板板的，有一种贵族的气息。有一次，证券营业部里的一个小姑娘管理员问乔锋喜欢不喜欢一个著名的偶像男歌星，乔锋回答说有什么可喜欢的，一看就是包装出来的小瘪三儿，一点儿内在的底气都没有。乔锋认为男人的底气是要有经历和见识做底托的，不是把头昂得高一点儿，不是在头上抹些摩丝，不是见脸熟就能够装成的。但是今天他见了许惊雷，他感觉到了这个人的分量，他想到一句从西方小说里看来的话：“三代百万富翁才能培养出一个贵族。”

许惊雷很有风度地招呼乔锋坐下后，从一个设计得很精美的纸袋子中拿出两本书说：“这是卓总最近出版的两本书，他题了词让我特意带给你。”

乔锋接过来，翻开扉页，只见上面写着“一见如故，忘年兄弟”，便有点受宠若惊地说：“谢谢卓总的厚爱。”

许惊雷又说：“这是我们公司给先进工作员工发的奖品，是一些比较珍贵的邮票和纪念币，卓总让我带给你。另外这是我在书店买的你写的书，既然见了面就麻烦你给签个名吧。我和卓总的书好多都是有作者签名的。我买你的书还是卓总推荐的，他说你写的书有智慧，在字里行间体现出来，我翻了翻确实有同感。刚开始我还以为是个年纪大的人写的，卓总说：‘NO，是个小伙子，我们原州的年轻人。’对了，我们卓总也是原州人，你们是老乡。”

几句话下来，乔锋就觉得许惊雷已经是多年未见的老朋友了。

接下来，许惊雷开始切入正题了。他告诉乔锋：“去年底，我们公司原来证券投资部的经理辞职去美国哈佛大学留学了，现在我们银赛港国际信托投资公司的证券投资部负责人这个位置空着。这是我们公司最重要的职位之一，需要马上填补。经过卓融总经理提议，公司董事会研究批准，银赛港国际信托投资公司决定聘请你来担任这个职务，帮助公司发展。本来这个决定在春节前就已经形成了，但卓总说还是在你们两个人的家乡告诉你比较好。”

说完，许惊雷看着乔锋的表情。乔锋没有想到会发生这种事情，他一时没有说出话来。看着乔锋像是在考虑的样子，许惊雷接着说：“如果你能到银赛港国际信托来就任投资部副经理的职务，你的年薪将是现在的一倍，并且还能得到5万元的合同签署奖金。”

其实乔锋并不是在考虑待遇的问题，他只是有些不知所措，脑子里几个念头交替出现。他没有离开万安投资的思想准备，尽管他在万安投资的待遇并不是特别地高，但是他在万安工作的目的并不是为了赚钱，而是为了实现心中的梦想。但是他又对卓融的知遇之恩非常感激，不知道该如何答复许惊雷。许惊雷以为乔锋需要考虑，说：“这件事情你不用现在回答我，可以考虑一下，也可以跟家里人商量一下。这是我们公司的一些情况介绍，你可以看一下。在你正式答复我之前，我会在这里一直等你。”

在深圳的时候，乔锋与沁晖的关系也被一些人议论，甚至有人说乔锋是吃软饭的，说乔锋到深圳工作、出书等都不是乔锋凭实力自己干出来的。加之后来一度也不习惯章子良的粗暴领导态度，乔锋曾经有一段时间确实想换个工作单位，但是一时没有合适的，后来也就忘记了这个事情。现在许惊雷这么认真地从海南过来跟他谈，而且银赛港国际信托投资公司确实是当时证券行业中的龙头企业，对自己的聘请又是经过董事会正式通过的。最终他想还是跟父母商量一下再说。

谁知乔锋刚刚把这件事说出来，工程兵出身的父亲立刻反对："在万安投资干得好好的，为什么要离开？当初不是你自己选择去万安投资的吗？现在人家把你培养出来了，你立刻就要离开，这像话吗?！对于年轻人，关键是现在的单位给了你机会，你就必须对得起它。不管是国营单位还是其他什么单位，不能是谁给的钱多，就为谁干！"乔锋的妈妈也说："如果你离开了万安投资，沁晖的事情不就……"

两个老人明显不知道乔锋在深圳的一些情况，完全按照自己的思维看待这个问题，但是乔锋觉得也有一定的道理，就决定找许惊雷回绝这件事情。

许惊雷听了乔锋的决定之后，说："我个人尊重你的决定，我会把你的决定以合适的方式汇报给卓总。我很想成为你的好朋友。我这还是第一次到原州来，如果你不忙的话，能不能陪我去一些名胜古迹转转。你们这里的少林寺是很有名的！"

于是乔锋就领着许惊雷去了一趟少林寺，并主动带他去附近的两个古都游览。俩人聊天很是默契。许惊雷主动向乔锋聊起自己的生活。他说自己的妻子是海南一位颇有名气的舞蹈演员，后来成了影视明星。他在海南有一处非常漂亮的别墅，现在每年都要买一套房子，几年下来在北京、上海、深圳、杭州都购置了物业。他自称经常打高尔夫球，当球在洞与洞之间滚动时，生意就谈成了，他的财富也到手了。乔锋跟他谈了一些自己在万安的情况，也说了自己跟章沁晖的关系，并表示很佩服许惊雷的能力。谁知许惊雷说："我到海南，是从最底层开始干起。当初敢于闯海南的年轻人都是不甘于寂寞的，竞争的难度你可以想像。到现在的位置不知付出了多少的辛劳，经历了多少磨难。其实我非常羡慕你，年纪轻轻便能得到卓总的赏识。如果你能到银赛港国际信托来的话，做到我现在的位置，简直是轻而易举的事。"

在许惊雷临走的那天，他对乔锋说："我已经向卓总汇报了你的决定。卓总听了后对你更是赞赏，说你是义勇双全。他非常理解你的决定。"

乔锋说："谢谢你帮我跟卓总解释。以后有机会，我一定愿意跟随卓总。"

许惊雷说：“卓总现在就有个事情需要你帮忙。我们公司每年春节后都有一个工作舞会，这是我们海南总部的全体员工都要参加的一个大型正式聚会。在这个舞会上主要是总结表彰去年的成绩，激励和说明下个年度的工作目标和主体。每年会议都要邀请一些社会上的成功人士或者有能力的人士参加，今年卓总让我邀请你参加，我想你不会拒绝吧？”

许惊雷这么说，乔锋几乎已经没有办法不同意了。

银赛港国际信托每年最隆重的聚会是元宵舞会，这不是一次普通的聚会，在某种程度上可以说是银赛港国际信托的一种核心运营机制。银赛港国际信托除了股东之外的所有员工，确实就像许惊雷所说，是精心挑选挖掘来的。公司对于男员工的要求只有一条，就是有赚钱的能力。只要你能够赚到大笔的钱，公司会向你提供一切帮助和支持，提供一切发挥才能的平台。如果项目小组的可行性方案能够被公司的项目部认可，要钱给钱，要品牌名望给品牌名望，要什么支持给什么支持。比如说你需要一个外资公司的平台或者一个有名望的身份，公司都能提供包装。公司的激励机制也相当灵活，在一定的行政岗位上的员工，公司都为之配置轿车与住房，工作满三年这辆轿车便过户给你个人，工作满五年这套房子的产权就送给你了。公司的项目分红也异常丰厚。但这些都不是凭空而来的。

银赛港国际信托的大部分基层员工的工作可以用劳累过度这个词语来形容，甚至用歇斯底里也不为过。每个人都好像是疯狂运转的赚钱机器，整天都在绞尽脑汁、不择手段地从其他地方获得资金或者资金的使用权。银赛港国际信托里有一句非常著名的公司训语：“如果你愿意的话，即使在稻草中也能榨出黄金。”另外一句训语更为露骨：“智力商业赚钱的主要手段只有三个，第一个是创造财富，第二个是转移财富，第三个是控制财富。”不少被公司认可的精英，一进入公司便被公司的气氛所震撼，不由自主地就给自己上紧了发条，在紧张的同时他们的脑海中也冒出了从来没有过的希望：借助公司的这个平台，经过自己的奋斗变成商业界呼风唤雨的“魔术师”，尽快地度过“苦中苦”，踏上“人上人”的阶段。在他们工作的大部分时间里，会不断地听到和看到一些刺激他们产生“白日梦”的事在身边发生。一宗又一宗的项目，一家又一家的合作伙伴，各种各样的要求，来自各行各业的客户，交由各式各样的项目小组来打理。在银赛港国际信托工作几年后，员工会变成这支掘金部队中的“长征战士”，不过也有部分人经过几次战斗，身心极度疲惫。如果你没有在长征中掉队，又学会了在“精神桑拿屋”环境中工作，便能够积累到一笔普通人永远也赚不到的大钱。

银赛港国际信托每年的元宵舞会很注重格调，对于花多少银子从不在乎，奢华之至是国内其他企业几乎想不到的。银赛港国际信托一向鼓励员工生活上铺张气派，因为只有这样公司才能约束住这些赚钱将才，他们也只有在银赛港国际信托才能获得这样的薪水报酬。但舞会的特殊之处还有一个原因：在这个每年一次的元宵舞会中，除了公司中的每一位员工都能在两天的时间里尽情品尝富贵生活的滋味外，元宵舞会同时也是公司论功行赏的日子。

舞会的第一项内容是由集团总裁卓融总结前一年集团公司的经营业绩，展望来年的发展机会；第二项内容是公司聘请的专家论述新的一年的强势行业和强势趋于的机会和技巧；第三项内容是公司过去一年最成功的项目小组论述自己开展项目的过程和技巧；第四项是最为刺激人的，是公司颁发分红奖金，有房子钥匙，有汽车钥匙，有银行存款，有分公司的股权，有名人艺术品，另外每个人都能拿到一个红包。每当这个时刻都会让人把过去一年的劳累一甩而净，激起新的豪情，银赛港国际信托便也从中获得了大量新一年的利润。信托公司经营的是一种代人理财、代人投资的业务，而银赛港国际信托把这种业务发展到了极致。它的一项业务是大量尽可能地融资，另一项是用这些融资来获得超出成本的利润。

元宵舞会的最后一项内容就是元宵节当天的舞会和第二天的特殊运动会，这是公司的女秘书和女助理们展示魅力的时候。银赛港国际信托招募男性员工的标准是才，而招募女性员工的惟一条件就是貌了。这是银港赛信托的“一箭三雕”用人原则。第一雕是为公司树名，把公司建成一棵梧桐树，以此招徕大量的金钱和英杰；第二雕是想尽办法招揽英杰，让这些英杰为公司赚取滚滚财富；第三雕是以优厚的薪水招揽和培养才艺双佳的美女在公司进行普通的行政工作，以此作为吸引与稳定英杰员工的手段。

乔锋来到海南，对于银赛港辉煌的办公大楼和豪华的大酒店印象颇深，特别是对公司的运营机制更是闻所未闻。在银赛港国际信托两天的舞会活动中，乔锋的情绪被带动了起来，因为在这里他看到了年轻人最希望的那种激情。当卓融站在报告台上给大家描述银赛港国际信托未来的前景时，他身上迸发出来的光芒，绝对超过任何一个我们可以想像的明星。还有论功行赏的时刻，银赛港国际信托员工几乎每个人都从心底深处发出欢呼，那声音展现中展示的斗志可以超过世界上任何一支军队。不几天的耳濡目染，乔锋就对银赛港信托有了向往之心。

在海南的几天里，一直是许惊雷陪同乔锋。在特殊运动会那天，许惊雷看见乔锋对骑马比赛感兴趣，便让人牵来一匹又高又大的黑马。乔锋骑上后感觉没底，心里稍微有点害怕，只好两腿加紧马的肚子，身子伏在马背上。殊不知这样做的结果是让马快速跑了起来，并且一直停不下来。一起来的几个朋友还以为乔锋非常高兴，一边看一边议论："哎呀！你们看乔锋跑得多高兴呀！跑了这么长时间还不休息一下，越跑越快。"他们不知道，此时的乔锋正在着急，想着怎样才能使马停下来呢。幸好这是海南的度假村，而不是内蒙的大草原，否则一溜烟跑得找不到家就麻烦了。

临离开海南的前一天，总裁卓融请乔锋吃饭。这时候乔锋已经被对方的实力和诚挚邀请感动了。当卓融亲自再次劝说乔锋留在海南的时候，乔锋把他担心离开万安投资会影响与章沁晖关系的事情说了出来。卓融大笑起来："既然是这样，就更要离开万安投资了，因为你在万安投资工作，你就是家臣，根本谈不上赢得章家的人格尊重。你要是想顺利发展与章小姐的关系，必须得获得一个与她平起平坐的位置。而且你获得的成功应该是与章家的支持没有关系的。否则，你说不清楚，别人说你是吃软饭的，你自己也证明不了到底是你支持了章家，还是章家支持了你。你有可能在章小姐面前永远抬不起头。"卓融最后这句话确实说到了乔锋的痛处。在与章沁晖相处的这些日子里，自己确实有这些压力，同事也有一些不好的议论。最后乔锋终于下定了为银赛港国际信托效力的决心，与在座的几个人把杯中的酒一饮而尽。

5. 异域奇情

乔锋飞回深圳第一件事，就是去找章沁晖。在章家别墅前，他意外地遇见了季云飞。更令他意外的是季云飞身旁还有一个风姿绰约的女子。女子的装束颇为别致，咖啡色复古花萼连衣裙，蓝色水洗牛仔裤，有一种东瀛的气息。

两人显然是刚刚从外面回来，季云飞正在从车后厢提东西，东西有点多，那女子伸手想帮季云飞，一点没有娇气的感觉。季云飞颇为绅士地挡住她，表示自己能行。乔锋看见，急忙快走两步："我来帮忙可以吧？"季云飞看见是乔锋，说："正好，那还有件大的。"

进到客厅后，那女子给乔锋和季云飞倒了茶，笑着对季云飞说："你先别说，我猜你是乔锋吧。"乔锋从这句话中，已经知道这女子与季云飞的关系不一般。

那女子叫苏琪，是日本一家电视台的纪录片制片人。

季云飞第一次见到苏琪，是在日本东京华人圈的一个中国节日 PARTY 上。

那天PARTY的来宾中有建筑师，有贸易商，有媒体记者，还有时尚圈里的“名媛淑女”。苏琪以组织人的身份与每一个人说着完全不同的话题，谈笑风生，一身火红，搅热了现场。那天，是苏琪先与季云飞打招呼的。“你正在同我们的画家谈论什么呢？”带着英语口音的普通话从季云飞的背后传来，仿佛当他是熟人。当苏琪走到前面后，又说，“抱歉，我认错人了，我把你当做另外一个朋友了。”季云飞回答说：“那真要谢谢你那个朋友了，否则，我恐怕很难有与您说话的机会。”这是一句由衷的恭维话。后来，季云飞告诉那位朋友说是他不经意间充当了他和苏琪的媒人，那朋友还丈二和尚摸不着头脑。季云飞仔细端详了苏琪，五官古典端秀，罩烟眉、瓜子脸，十足的东方底蕴，但又透着大多数东方女人没有的野性妖媚。

聚会的主人是一家中国艺术品商店的老板，四十多岁，以前在国内是一家省级画院的画家。这位画家是华人社区公益活动的热心者，性格非常开朗。这位画师老板出场时，认识他的人纷纷向他祝贺大发。刚开始季云飞还有点摸不清头脑，以为这个仁兄发了笔小财或刚遇上其他喜事。后来才弄清楚，原来他微秃的脑袋上，如今长满了黑亮的头发。

这位画家老板满脸得意，说话时不断地捋一下新发，好像时刻在提醒别人看他的头发。后来季云飞知道，苏琪是他特意请来的司仪。应该来讲，在苏琪这种见过世面的女子眼中，季云飞并不起眼，那时苏琪也不知道季云飞已是一个大款。在两人交往的初期，季云飞也一直没有暴露自己的财富底细，但是有着电视记者的经历、智商惊人的苏琪，在众人堆里一眼就看出了这个年轻人的与众不同。

画师老板口若悬河地向几个头发稀少的中年人吹嘘一种生发水的神奇功效，说自己只用了3个月，便结束了自己长时间的烦恼。有人便问生发水是日本哪间企业生产的，画师老板露出骄傲的神色，说哪是日本的产品，是中国生产的。那几个人便纷纷询问哪儿可以买到。画师老板摇头说，这种生发水在日本销路特好，市场上已经脱销了。如果谁要想用，得专门回国去买。

画师老板的话引起了季云飞的注意，他上前仔细询问了那生发水的牌子，以及生产厂家的确切地址。画师老板记不太清了，便专门去取生发水的包装盒来给季云飞看。季云飞记下后，便不再做声，仍然静静地独坐一隅，只是眼神不断跟踪着苏琪。

凭着敏锐的直觉，季云飞感觉到生发水是一个非常好的商机。他第二天立即返回深圳，数日后驱车来到原州，当天就来到了原州生发厂。他走到门房打听："我想买生发精，在哪里办手续？"门卫告诉他："一年以后再来吧。"第二天，季云飞又来到该厂，偷偷溜进了厂内，他找到销售科，一个办事员接待了他。季云飞说明了来意，接待人员仍然告诉他："一年以后再来吧。"

第三天，一辆当时原州尚不多见的新款宝马驶进原州生发精厂大门："海外华侨季云飞慕名来访。"于是，西装革履的季云飞被礼貌地请进会客室。谈不多久，季云飞了解到由于该厂位于郊区，厂里职工上下班和领导公务活动缺少交通工具，便说："为了帮助厂子发展，我捐赠一辆客车和一辆小轿车。"这样，原州发精厂的厂长深受感动，与季云飞成了朋友。

季云飞代理产品的协议也顺理成章地达成了。至此，季云飞便与这个地处内地的原州毛发再生精厂结成了生意伙伴，并成为原州生发精在日本的经销代理商。在他的策划下，原州毛发再生精成了日本红极一时的商品。

一年以后，季云飞在日本成立了自己的公司，专门代理内地的产品，其中服装生意尤其红火。这不仅给季云飞带来了丰厚的收益，而且也成了他事业的重大转折点。他的这一操作过程都被苏琪用摄影机记录了下来。生活原比书本生动一万倍，乔布斯、比尔·盖茨、杨致远都是在大学还没毕业的时候创业成功的，但季云飞却是在刚刚开始留学的时候就成为了精明的商人。

苏琪也是个颇不简单的女子。她从上海到东京的第一天，一句日语都不会。20岁的苏琪站在日本东京机场上，看到一位将近40岁的同行人，身边有八九件大行李，里面锅碗瓢勺什么都有。看着这个人，苏琪想他放弃他在中国拥有的一切，背井离乡来到国外，在一个不很年轻的年龄，只为了自己的一个选择、自己小小的愿望，他给人一种殉身的感觉。他那种兴奋、不安、茫然的表情令苏琪不能忘怀。苏琪想要是有一台摄像机对着他不动，什么都成了。任何表演都没有他的表情给你的震撼力大！

苏琪初到日本的六年里，上日语学校，打工，考大学，读硕士，进入日本商社工作。留学生的生活，人家经历过的她也都经历了。苏琪是个易动感情的人，她身边发生的和她听到的、看到的故事，总让她感动。把这些故事用现代的手段记录下来，这个愿望慢慢融入她的血液中。

到日本的第一年，苏琪就曾拿起笔记录下自己身边的故事，她害怕自己忘掉那些让她感动的事情，这也许与她当时所学的专业有关。但是，她总认为自己写的不到位，也许在写作方面没有天分，没有淋漓尽致地表达出那份情感。

这年夏天，拿到戏剧舞台导演硕士学位的苏琪，为了生存，进入了日本一家商社工作。有了稳定的工作后，她再也抑制不住那种强烈的表达欲望，这种欲望藏在她心里已长达六年之久。可当她跟亲人、朋友谈起自己想拍中国留学生故事的纪录片时，周围的人没有一个赞成。只有善良的妹妹把自己的存折交给她，同时小心地提醒：如果丢了工作怎么办？在日本，公司职员是不允许兼职的。

苏琪把自己想利用节假日拍纪录片的打算告诉了公司老板。原本以为还要有一番争吵，没想到老板看她做事情是出于爱好，不占用工作时间，也没有额外的收入，竟然同意了。

后来苏琪觉得欠商社的很多。因为只要拍片，她就会连续工作 17 个小时以上，常常到第二天早上，吃点东西就去上班了。苏琪是一个“可以不睡觉但不可以不吃饭”的人。

苏琪最早先是去富士电视台，找究山先生。苏琪只知道他是一个抒情派，是日本纪录片界的泰斗和大制片人。人们都说他是一个酒色财势都买不动的人。听完苏琪的计划，他说了一连串的“不可能、不可能”。最后被这个中国小姑娘的精神所打动，答应给她提供机器，但提供的摄像师只是三四流的，而他的人要拍下她拍这个纪录片的全过程。

就这样苏琪他们拍了五六个故事。有一天究山去拍摄现场，他们正在拍高尾山。

那天拍的主人公是来自北京的工程师，一个眼睛里有无尽哀愁的人。他说他一生像浮萍：“小时候我也有梦，我曾经在一小块白布上写下我的名字，写下‘我想做一个……的人’，塞进一个小瓶子，扔到大海。我希望有一天，或许几百年后有人捡到这个瓶子，我的名字会再有人念起……可长大后，学理科、结婚、下海、出国，虽然跟着时代，但总是慢一拍。到日本，原本一心一意读博士来的，但是因为失去签证，就成为一个打工仔了。”

他这一生最大的梦想，就是“一间小屋堆满书，一杯清水伴我读”。最后他挣了 500 万日元。这 500 万日元换算下来，刚刚够他在国内时的工资。他决定回国，想回去过他梦想的日子。他说：“这是我一生中惟一一次自己决定命运。”

要走了，他想去看看高尾山，因为从那上面能看到整座东京。

那天天很冷，苏琪跟着这个要拍的人，心里满是哀伤。她从心底里很希望他这次决定是成功的，但是他的将来不能想像，他可能都不知道国内已经有了什么样的变化。

究山一直跟着他们，从早上看到晚上，一句话也不说。到晚上别人一走，他给苏琪深深地鞠了一躬，说：“我一直以为我在帮你的忙，但现在知道我一直在帮倒忙。我太小看你们的工作了。”从那天开始究山把自己手头的工作减掉一半，他觉得他现在做的所有事的总和都没有这个苏琪的故事拍摄有意义。他请来日本位列前五名的摄像师、录音师，把这些人召集起来，组成了最精干的班子。苏琪拥有了全日本第一流的摄制组。

苏琪把季云飞在日本创业的全过程也拍下来了，她深深地被季云飞的智慧和勤劳所吸引，拍摄的过程中她自己也成了其中的主角。究山先生把《最成功的留学生》那一集拿到富士电视台，电视台负责人看了以后说：“这样的片子如果不在富士电视台播，是我们的失职。”

乔锋见到章沁晖后，不知道该怎么跟她说自己打算离开万安投资的事。他犹豫不决的神情，被细心的沁晖看出来了，说：“你是不是又有什么坏主意了？快说。”乔锋回答说：“是的，就是不知道你愿意不愿意？”沁晖一时有些误会，以为乔锋想让她做些什么事情，就说：“你说了我才知道愿意不愿意！要是再不说，我就真不愿意了。”

乔锋想了想说：“我准备去海南工作，银赛港国际信托让我出任他们集团公司的证券投资部副经理。”

沁晖有些吃惊：“你要离开深圳，是不是你和我哥发生了什么矛盾？”

“不是的。”乔锋接着说，“我离开万安投资不是万安有什么不好，而是我希望自己能有一个更大的发展空间，能够多学一些东西。你是明白的，当初我来到深圳就是为了追你。我感觉要想真正得到你，必须离开万安。别人对我说只有不依靠万安的庇护，靠自己的力量去创造出一番事业，才能最终赢得你。我觉得这话有道理，否则，只要我待在万安投资，无论我做了什么，别人都会把我的成功归结于你们章家的实力。我不想在章家的阴影下生活一辈子，我要堂堂正正地娶你为妻，我要证明给所有人看，我有能力依靠自己的力量为你——章家小姐，创造一个幸福的未来。”

章沁晖怔怔地听着乔锋这一大通表白，最初刚听到乔锋说要离开万安时的怒气消失了，她感觉到了乔锋的一些压力，也知道哥哥的脾气。她甚至觉得乔锋有点儿委屈。她轻轻地依偎到乔锋的肩上，知道自己除了毫无保留地支持他外，已经没有了选择。谁不希望自己未来的丈夫是一个顶天立地的男子汉呢？但当知道乔锋要离开深圳，她的心里还是有那么一丝淡淡的忧伤。乔锋看着沁晖不说话，不由得有点退缩：“我这不是跟你商量吗！如果你不愿意，我就不去海南了。但是如果以后你哥哥把我开除，那只有依靠你养活我了。”

章沁晖把脸背过去，“乱说，我又没说不让你去。你去多学一些本领，将来回来还不得为我干。”

“是呀，还是你这丫头片子又明事理，又会做人。”乔锋高兴地说。

第二天，乔锋来到章子良的办公室，说起自己要离开万安的事，章子良惊愕得呆了半天，才急切地说：“是不是别的公司给你许下了什么薪水待遇？其实这方面我早就考虑过了，只是一直把你当成自己人，所以没跟你说。我春节那几天还在考虑，要让你做万安投资公司的副总经理。”

乔锋摇摇头：“我只是想换个环境，到一家综合性的大公司去锻炼一下。”

章子良瞪着乔锋，显是心中气急，但又不便发作。乔锋心里怕了，他担心章子良会像对待别人那样粗暴地对待自己。而且，现在他从章子良的眼中，好像看到了电影中革命者面对叛徒的眼神。办公室的气氛有点紧张，乔锋屏住呼吸，不敢看章子良。但章子良毕竟是久经战场的人，知道眼前的利害关系。半天，他才走到乔锋面前，双手扳住他的肩膀：“只要你能留在万安，无论你提出什么样的条件，我都答应你。”乔锋低着头，用低低的声音说：“章总，对不起，我已经与银赛港国际信托签订了工作合同。”

章子良蓦然转身，退回办公桌后面，一屁股坐下去，不发一言，只是用犀利的目光瞪着乔锋，显然是心中还在想着对策。乔锋这时道：“章总，感谢你这么长时间对我的照顾。现在，我虽然要离开万安了，但是，以后无论什么时候，只要万安投资需要我，我一定会像现在一样，全力相助。而且那时我在大公司可能已经学到了更多的东西。”

章子良大声问：“你的决定是否已经不会改变？”

乔锋点头，不作一声。

章子良再起身大步迈到乔锋身侧，忽然重重一巴掌拍到乔锋肩上，乔锋心里一紧，听到章子良大声道：“好，既然如此，你就是我公司驻海南的员工！”

6. 空中楼阁

在沪深股市起起伏伏波动的时候，林远思与关冰倩创建的金象信息科技有限公司很顺利地步入上升轨道。其发展的速度之快，连林远思自己都怀疑原来做企业赚钱是这么容易。原来在大学校园里听说一些香港人的月薪是几万元，自己感觉说这话的人是在吹牛。现在自己公司的软件产品在最近四个月的营业收入就超过150万元，几乎每天的进账就是1万元，这还不包括从第二年开始的服务费收入。每当想起这些，林远思不由得对当时每月拿几千块钱还感到很有优越感的情形感到好笑。不少人感觉做企业特别累，特别是处于第一年资金原始积累的阶段，林远思也有这种感觉。但作为一个刚刚当上老板的林远思，还是非常的恋家。冰倩生孩子的时候，他一个月时间完全脱离公司工作，就是侍候老婆孩子。他确实是非常爱关冰倩的，可以说是关冰倩改变了自己的人生命运。在林远思看来，生孩子是一件特别大的事情，它意味着一个新生命的诞生，别的事都可以慢待一些，惟有这事不可以。照顾孩子非常辛苦，但跟孩子接触也可以让你对未来多些遐想。

一天，林远思突发奇想："要建一座漂亮的大楼，最好是最高的大楼作为礼物献给她们母女俩。"从那时起，林远思对自己公司一天收人 1 万元的财富积累速度开始不满足了，开始留心新的更快的赚钱途径。当年媒体统计的中国新富翁产生最快的行业是，第一位房地产，第二位医药保健，第三位证券投资，第四位文化产品发行。美国产生富翁的行业排行是网络信息、在线游戏、物流配售、生物制药。林远思很快就对保健业和房地产业发生了兴趣。

人在顺的时候，出门走路也会捡到钱包。一天，一个内地的同学来到特区看林远思，林远思请这个同学吃饭。吃饭的时候，这个已经当上乡长的同学给林远思带来了当地的特产芋头。他看到林远思并不在意的样子，说："你可别小看了这个芋头，这在清朝的时候可是贡品。"林远思接过来看看说："我知道，好像电视上演过，但那好像说的是广西的荔浦芋头呀!"

同学说："这可比荔浦芋头好多了。你听我说，这芋头有一种特殊的功效：男的吃了，女的受不了；女的吃了，男的受不了。"

"那男的女的都吃了呢?"

"那床受不了!"

"这种好东西为什么不多种一些?"

"是呀，我刚当上乡长，知道这个东西的时候，也向乡委书记提过你这个问题，你猜书记怎么说？他说害怕地球受不了。噢，后面这是一句笑话。其实是这个东西怪怪的，它只长在我们乡里的几块山地里，同样的东西在其他地方种出来的果实就不是原来的东西了。"

"那可能与土质有关系了。哎，能不能把这个芋头和种芋头的土质化验一下成分。"

"你想做什么?"

"我现在正在寻找好的保健产品呢!"

"你早说呀！我们那有一个老姑娘，是一个老中医，她有一个偏方泡水喝，能使女孩子变得漂亮。你不知道吧，我们那可是产美女的地方，古代出了不少皇妃。”

林远思这回乐得合不拢嘴了。当时的保健品市场，“飞龙”、“娃哈哈”、“脑黄金”、“太阳神”等群雄并起，可还没有一家是定位于妇女保健品。这位同学说的如果属实，那么，那张方子可以创造多大的财富呀。林远思立即动身跟那同学一块儿去找那老太太。林远思去了之后，老太太起先死活不愿意出售家传的秘方，但最后当林远思出价到9万元的时候，老太太就把方子抄给了林远思。林远思回到深圳，立刻注册了特区药业公司，配备了生产线。3个月后，“皇妃口服液”在深圳上市。这是国内第一家女性内服美容保健品，定位于18岁到45岁的女性，有“活血、祛斑、养颜”的功效。

在以后的几年中，皇妃口服液连获多项国际、国内大奖，并以其独特的美容保健功效和良好的形象深受海内外女士的青睐。皇妃的产品几乎一夜之间成为香港女性的必需品，许多往返于香港和深圳的卡车司机都愿意捎上几盒回香港。后来林远思大做这个产品的广告，频繁地在全国电视媒体的黄金时间段密集轰炸。一时间连许多幼儿园的小朋友都知道皇妃口服液能美容，能让人长得更漂亮，并闹着要让爸爸妈妈给幼儿园的老师买。皇妃口服液远销港澳、新加坡、日本、韩国等海外保健品市场。

巨大的财富如滚雪球一样滚到了林远思的面前，林远思信心大增。这时，初为人父的林远思心情很复杂，除了每时每刻都能感觉到一种柔柔的幸福外，还有更强大的力量在胸中隐而不发。此时的林远思已经拥有了属于自己的一辆奔驰车，他喜欢自己开车在夜晚的高速公路上奔驰的那种快乐。

有一天，林远思开车带着关冰倩和女儿小奇雪去购物，车子经过一幢36层大厦的时候，林远思忽然把车停在路边。关冰倩奇怪他为什么把车停在这里，林远思指了指边上那幢大厦说：“你还记得这里吗?”关冰倩头伸出窗外看了看，摇摇头。林远思说：“几年前，软件公司刚成立，我们资金紧张，新软件推广全靠我们俩到各个证券营业部去散发广告传单。有一天，我跟你经过这里，当时我对你说，如果有一天我发达了，我一定会建一座全深圳最高的大厦，我还要在上面刻上我们俩的名字。”关冰倩想起来了，那段艰苦创业的日子涌上心头。她紧紧攥住了林远思的手，觉得此刻，俩人的心离得很近。

林远思的特区金象集团有限公司成立后，投资的项目遍地开花，涉及到了服装、食品、家具、摩托车等，仅保健系列就推出了12个品种，投放广告达1

个亿。林远思在这段时间，一门心思想建造一座自己拥有的全国第一高楼。这时候，深圳第一对他已经失去了诱惑力，要做就做全国第一。

林远思是个典型的儒商，一直保持看书的习惯，他看的多是些世界知名亿万富翁的传记。在看《霍英东传》时，霍英东发明的一种房地产经营模式吸引了他。这种经营模式是“楼花出盘法”。楼花，指正在建或待建的商品楼房。楼花出盘，指商品房在建或待建阶段，开发商即以期房形式通盘推出销售的一种经营方式。楼花出盘是房地产开发中一种特殊的经营模式：楼花处在建或待建状态，其价格一般较为低廉，可分期付款，且距离拿到现房时间不会太长。购房者只要拿出一定定金，即可拿到期房的权利，并可用于交易，因此在房地产行业景气的时候有相当的投资吸引力。楼花出盘方式对于开发商而言优势更为明显，一是可套用购房者资金建楼；二是投资资金回笼较快，便于新一轮的投资开发。

霍英东发迹是从上个世纪50年代朝鲜战争爆发时开始的。当时中国大陆遭西方国家禁运，霍英东凭着胆量和熟识门道，向大陆输入紧俏药品而获重利。1954年，霍英东看好香港的房地产产业，成立了立信建筑公司。他买下带地的旧楼房，推倒后重建。当时霍英东只有一百多万元的流动资金，加上向银行借贷的160万，资金仍然十分短缺。他发现老百姓购房很是踊跃，自己却没有现货供应，因为建筑速度跟不上，而主要原因便是缺乏资金。能不能让购房者掏钱建自己的楼房？经过一番深思熟虑后，他决定在楼宇尚未建成之前便开始兜售楼房。为了增加这种交易的可信度，他采用印发小册子和大幅广告的宣传方式。大规模展开促销活动，终于让顾客逐渐接受了这种购楼方式。这样购楼，虽然顾客不能马上入住，但分期付款的方式及看着楼房一层层增高，都让大家很有安全感。这一交易方法的试行成功，让霍英东如虎添翼，他用顾客的钱建房，一轮又一轮地开发高层住宅。货不愁销，又不用垫资，利润十分可观。不久，霍英东便登上了千万富翁的宝座。此后，这种售楼方式马上被人效仿，特别是上个世纪五六十年代最为风行。如超级富豪张玉良的张氏家族，在买卖香港百德新街的楼房时，更有过之而无不及。张氏先收取购房者定金，然后收购百德新街的旧楼房，收到多少订金便从该业主手中购回多少比例的楼契，直至所有楼花全部售出，赎到旧房地契之后才开始动工建楼，根本用不着自己掏钱，几无风险可言。

了解霍英东开楼花出盘之先河，尝尽甜头，奠定了新一代富豪地位的经营模式后，林远思认为实现自己梦想的时候到了。他对香港不少富翁的发迹途径简直可以用佩服来形容，后来在他的经营思维中便深深地打上了这种烙印。不久后，权威设计院主持的金象大厦设计方案出台。这时，金象集团根本没有这么大的资金实力，林远思把公司的主要资产都抵押给银行进行贷款，然后借鉴香港房地产的经验，以当时盛行的集资和卖楼花的方式筹款，集资1亿多元。同年金象集团销售证券分析软件、保健品等达到3.6亿元。同时金象大厦破土动工，提出了施工将按特区速度进行。

市场风云突变，受东南亚金融危机的冲击，国内的经济处于紧缩状态，银行纷纷收紧银根，金象集团原来赚钱的行业利润率也大幅下降。为了支撑金象大厦的建设，公司的全部资金调往大厦建设指挥部，金象集团已经危机四伏。金象大厦没有按期完工，买楼花的人纷纷要求退款，每天有大量的人到大厦指挥部讨债，一些特别激动的人甚至把指挥部的东西都抢走了。金象集团的许多员工被打，他们非常委屈，但没有办法。这时候，南方的一家报纸雪上加霜，在头版用巨幅版面报道了金象集团的财务危机。不久，金象大厦停工。全国的分公司已经无法经营，金象集团已经名存实亡。林远思一下子由亿万富豪变成了穷人，甚至说是中国最穷的人，因为金象集团此时已经负债2亿多元。虽然林远思非常后悔伤心，甚至一度想到了死，最后他还是挺住了。好在公司的几个好哥们没有在这个时候树倒猢狲散地各奔东西，他们建议林远思收拾“残部”，北上“长征”，切断和金象集团的一切联系，开辟新的“根据地”。

在即将离开特区的那几个晚上，林远思每晚都要开着奔驰车在郊区公路上转悠。这可能是他最后一次与这个老伙计做伴了，因为这辆奔驰车将被拿去抵债。林远思心里充满了挫折感，他甚至不知道该如何回去面对关冰倩与小奇雪。

夜深了，喧嚣的城市复归寂静，只有那永远灿烂的霓虹还在张扬着夜的奢靡。归途中，望着熟悉的大街小巷，他想到从此就要告别这座美丽的城市了，心头万千滋味，竟化作两行热泪。他这时想起一首词来：“今宵酒醒何处？杨柳岸、晓风残月。此去经年，应是良辰美景虚设。便纵有万种风情，更与何人说？”满腔豪情这时让他变得柔肠寸断。但最后，他抹去眼泪时想，大丈夫流血不流泪，只要自己还有一口气在，便仍有东山再起的希望，何须如此凄凄切切。

第五章
云遮雾掩

在日本兵把守伤兵不可过河的小桥前，瞎子想了个办法让三个伤兵全部过了河。他们走到河边，瞎子走在前边，用拐杖点着前边的地，嘴里道：“一只蚂蚱，一只蚂蚱。”紧接着麻风病人摇着头说：“在哪里啊？在哪里！”最后瘸子跳着脚也紧跟其后，说道：“踩死你，踩死你！”

1. 天涯金梦

海南，是中国最南的边陲，有天涯海角之称。世事如烟，沧海桑田，海南岛自有文字以来，便是“叛臣逆党”被贬谪充军的蛮荒、瘴疠之地。海南岛卧于南海万顷碧波之中，五指山高耸于云雾之端。海南成立特区的初期，就像海的精灵一样，诱惑着一批又一批心存幻想的热血青年抛弃一切，奔赴天涯海角。

这南方之南的热岛，不知演绎了多少惊天动地的发迹故事。

在一个时期，海南是特区，而信托业又是中国金融领域一个最大的“特区”。两个特区加在一起，海南信托业自然就成为“特区中的特区”。这种特殊的土壤，造就了海南信托业一度空前的兴旺。据媒体统计，海南信托业鼎盛时期，信托投资类公司竟然达到 21 家之多。这个数量让几乎所有的省份都甘拜其后。

那时的海南，信托业就是金融业，金融业即是信托业。就连海南在 1995 年成立的惟一一家地方商业银行——海南发展银行，也是由五家当地的信托投资公司合并而成，信托业当时在海南举足轻重的地位由此可见一斑。然而，如此多的信托投资公司挤压在这个没有任何产业基础，没有任何地域经济优势的狭小孤岛上，其生存空间可想而知。不过，有了一批极富想像力和充满激情的年轻创业人，什么样的奇迹都可能发生。当时海南流传甚广的一句语录，非常贴切地表现了这批年轻拓荒人的雄心壮志：没有做不到的，只有想不到的。于是，海南的特区之“特”（可以炒卖地皮）与信托业的金融之“特”（可以大量融入资金）开始同时发挥作用。在资金大量聚集但又没有任何资源可以依凭的情况下，脚下的土地就成为惟一可以下注的筹码，一场史无前例的地产炒作“会战”就此登场。在海南及北海炒地最狂热的1992年，许多生怕错失机会的外地炒家，经常是直接驾驶装满现金的小车奔赴目的地。由于涌入的资金太多，当地银行的营业部经常出现10元钞票（那时候还没有百元大钞）堆积如山的情形。这些地处边远的银行职员经常发出的一个疑问是：从哪里冒出来这么多钱？

以现在的眼光看，那绝对是一场想像力与勇气的比赛。但在那个时候，已经没有任何东西能够约束这帮年轻人，商业经验的苍白和对经济的浅薄理解都不能构成障碍。在他们面前，只剩下辉煌的个人成就和豁然洞开的金钱诱惑。这一刻，海南如流星般短暂的辉煌与日后绵绵不断的痛楚同时铸就。而这其中，海南信托业举足轻重。在海南地产最狂热的时候，一位海南信托业的名人曾经气壮如牛地发誓：要将海口所有的地皮都买下来。这句今天看上去无论如何属于商业噱头的豪言壮语，在当时却十有八九是发自内心的。其中底气来自海南信托业早期的巨大成功。在早期的地产炒作中，海南信托投资公司凭借其资金优势大发横财，资产规模在短时间内急剧膨胀。一时间，那些导演这些天方夜谭的金融家们，个个变成了点石成金的英雄。房地产热之后便是智力淘金的日子，因为来到这块土地的内地人，几乎个个都是怀着野心和绝技，海南滚烫的土地上到处都有这样的传奇人物。

现在的青年人已经很难体会到海南当年那种独特的精神魅力了。在现在人的眼里，海南不过是一处美丽的海滨度假地，而对于当时那一代淘金者，海南简直就是一个圣地。正如抗战时期的延安，海南也曾经引发了中国改革之后最大的一次人口集中迁移，其主体成分也同样是青年学生和青年知识分子。经历了20世纪80年代启蒙运动的一代理想主义青年，将海南这个带有神秘色彩的边陲海岛，当作他们理想和激情的避难之地。于是，“到南方去!”成为那个特殊时代最富魅力的选择。就在那个时期，一位上海女子有幸能加入到“十万大军下海南”的队伍中，她那带有传奇色彩的经历，深刻地演绎了海南独特的时代魅力。

那个女子便是赵熙。

赵熙出生在云南的一个上海知青家庭，知青返城的时候，父亲便带着她回到上海，而母亲则一个人暂时留在遥远的边陲。赵熙上小学的时候，父亲在上海京剧院里当了一个小领导，年幼的赵熙放学回来后，便经常到京剧院里玩。小赵熙不像一般上海女孩那样娇气，她最喜欢去的地方是剧院的排练厅。在那里，有许多叔叔阿姨舞刀弄枪，让她很是羡慕。那时候的赵熙便生得眉清目秀，一看就是个美人坯子，大家都很喜欢这个小姑娘。开始的时候，大家只是为了逗她玩，教她一些花拳绣腿，可后来小赵熙越练越来瘾，而且小拳小脚演示起来有板有眼不说，还煞是好看。大家看出这小姑娘是个练武的好材料，其中一位唱武生的演员便自动请缨，认了小赵熙这个徒弟。小赵熙从最基本的扎马步开始，一练就是好多年。

身怀武功的赵熙上了初中，就成了学校里有名的侠女。一次有一些社会上的小混混在学校门口无聊地闲荡，这些小混混们成就了赵熙校园时代的侠名。他们碰到赵熙，看她长得漂亮，三四个人围着她说些不干不净的碎话。开始的时候赵熙不愿意搭理他们，只顾自己快步急走，不料小混混们不依不饶，惹火了赵熙。她出手干脆利落，只三五下就把这几个家伙打得落荒而逃。学校里老师知道之后，对赵熙的举动大加赞赏，这让赵熙心里形成了很浓的英雄情结。

在漫长的校园时代，赵熙除了学习、练武、唱戏，最喜欢的就是到学校边上的一家小书店里租那些武侠小说来看。那些江湖中行侠仗义的英雄一度成为她心中的偶像，她单纯的心灵里，也渐渐积聚了“十年英雄剑，千里任我行”的侠义豪情。

赵熙戏剧中专毕业后，就进入父亲所在那家剧团工作。那时剧团已经很不景气了，常常是半年下来连一场演出都没有。那一年，赵熙家里发生了两件事对她影响很大，一是母亲终于从云南来到上海。另一件事就是父亲在母亲回来后不久，大病了一场，在医院里躺了一个多月。母亲刚到上海，没有工作，父亲住院需要很大一笔医药费，家庭的担子自然就落到了赵熙的头上。赵熙模样生得俊俏，嗓子又好，再加上天生聪慧，学唱港台流行歌曲惟妙惟肖。她便在那段时间，参加了剧团演员私下里搭建的班子，去走穴赚钱。她们的走穴，并不像80年代一些在体育馆里演出的班子，而是在一些夜总会轮回表演。夜总会这些地方鱼龙混杂，免不了有些轻薄之徒。赵熙生得漂亮，歌又唱得好，很受大家欢迎，有人便开始打她的主意，但这些人在赵熙面前无不铩羽而归。有些小子软的不成来硬的，想要调戏她，结果是被赵熙毫不留情地打翻在地。但这种事情也让赵熙对这个行当开始厌倦。

生活的困顿让赵熙不得不重新审视自己将来的道路。在上海那样一个繁华的大都市，不用刻意寻找，她随时都能从身边发现另一种生活方式。她心里潜伏着强烈的冲动，只觉得自己必须要改变，赵熙开始参加自学考试。像那个年代的许多年轻人一样，获得一个被大家承认的文凭，是他们认为最有效的努力方向。赵熙自学的是英文专业，一切都等于从头学起，但她凭着自己的努力与聪明，两年便拿下了大专文凭。恰在这时，海南的银赛港国际信托到上海高薪招聘，赵熙动了心。海南那时是一个令多少人向往的地方，而且，银赛港国际信托投资公司的高薪对于当时的上海也充满了诱惑。这样的岗位可想而知会有多激烈的竞争。赵熙站在招聘处所在的那家宾馆门前的台阶上，心里有些惶惑，亦有几分激动。她在内心无法丈量自己与那道新的命运之门的距离，但自小就形成的倔强性格，让她暗下决心，不能让任何人任何事把自己挡在门外。她在宾馆门口站了好一会儿，看到各种肤色的人那么从容地迈上台阶，踱进转门，进入另一个世界。这家五星级宾馆，在上海也是屈指可数的，她像西方小说里盛装的贵妇人，辉煌而傲慢。赵熙现在就要穿过它的转门，谋求自己新的生活。

考试像一面筛子，两轮的笔试与一次口试，赵熙均顺利过关。她凭着一台收录机花了两年时间学完许国璋英语三年课程，所有的辛苦在这时都有了回报。最后一场面试快结束时，主考官问她会不会打字，她毫不犹豫地说会。主考官接着问她一分钟可以打多少字。这下她稍微犹豫了一下，反问一句您要求的标准是多少呢？主考官说了一个标准，她马上回答说我可以。后来出了房间赵熙暗叫侥幸，因为在这次面试之前，她连摸都没有摸过电脑，更别说打字了。她当时敢那样说，是因为她小心地察看了面试的房间，发现没有一台打字机或者电脑。果然，主考官只说了下次再加考打字，便让她出了门。

赵熙觉得时间紧张了，因为她还不知道下次面试是什么时候，而她，却要在这点时间内学会打字。她向朋友借了700元钱，买了台打字机，没日没夜地敲打着键盘。整整一个星期，她的手指敲得在吃饭时都捏不住筷子了，但打字速度却越来越快，竟然达到了那天主考官说的标准。可是，很遗憾，直到赵熙进入银赛港国际信托，也没有人来考她的打字。

一个月后，赵熙成为银赛港国际信托公司一名普通的员工。那时的赵熙还不了解集团总裁卓融的用人准则，她以为自己是完全凭着实力打进公司的。在海南最初的一些日子，她扮演的一直是个卑微的角色，沏茶倒水，打扫卫生，做的完全是不用脑袋的体力活。赵熙有些不解，公司花高薪请来的人，只干这些粗活到底有什么目的。后来，她知道了公司老总卓融那一箭三雕的用人原则，才恍然大悟。进入银赛港国际信托公司，自己的美貌起到了根本性作用。

最初，赵熙感到了一种屈辱，她南下海南，不是为了当一个供人欣赏的花瓶的。那种屈辱后来演变成一种痛，一种触及心底的痛。赵熙花了好长时间才摆脱这种屈辱感。那之后，她坚定了一个信念，那就是总有一天我会做给你们看，我一点儿也不比公司里的那些精英差。

每个人都是在不断变化着的，有时身处的环境也会不断出现新的刺激来促使你改变。赵熙每天在办公室之间穿梭，完成公司赋予的简单职责，但她心里却集结着一层厚厚的冰，就在那段时间，她得到一个冰艳美人的绰号。

赵熙到银赛港国际信托的第二年，把握住了她职业生涯中又一个转折。公司由于经营需要加强信托一部的工作，赵熙主动到人事部门要求去信托部，公司批准了她的请求。就在赵熙暗暗窃喜，以为自己迈上了新的台阶时，公司董事会贴出公告，宣布聘请了两个香港人进入公司。赵熙初时并没有在意，那时她对于复杂的人事关系还不十分了解。过了几天，中午在公司餐厅吃工作餐时，她听到西南区的副经理对华中区经理说："早说要来狼了，你看，果真来了。"华中区经理似乎颇不以为然，笑着道："狼是来了，但我也没看出香港佬有什么特殊的地方，没啥了不起的。"又没几天，集团公司又贴出公告，聘请一位有着银行领导背景的曲小姐进信托一部工作。在文末还有一个脚注：增加新员工，原信托一部员工编制不变。这下赵熙一眼就看明白了，这就等于告诉你，引进多少新员工，就有多少旧员工可能被炒鱿鱼。这件事，在员工中像一瓢冷水泼进了滚油锅，大家被搞得人心惶惶，都担心被炒鱿鱼的人会是自己。大家都说这是公司逼着大伙儿与狼共舞。赵熙刚进信托一部，此刻面临比别人更多的压力。

自那以后，办公格子间逐渐发生了微妙的变化。过去临下班半小时，紧张的办公气氛开始松懈，小姐们三三两两低声谈女人的时尚话题，先生们则在走廊里悠闲地品烟。现在这种现象不见了，直到晚上9点钟，办公格子里还有多处亮着台灯。赵熙的组长老田是经贸大学的毕业生，接触他现在负责的承包工程专业是进入银赛港国际信托以后的事。过去下班以后，他常与同事到咖啡馆喝杯咖啡，或者打打桥牌，放松一下，现在一下班，就夹个包匆匆赶去一家培训班补课。他还怕搭档埋怨他，结果一打听，一个搭档去上英语强化班了，还有两个一下班就抱着电脑学习电子制图。

赵熙还有个同事叫大王，是负责项目开发的。最近有一份标书，送到总经理那里，两次打了回票。总经理还特别嘱咐他去找"熟悉这方面业务的人"好好请教一下。大王不得不收起敌意，去找了"没什么了不起"的香港佬。他回来后对着多处改动过的标书，感慨道："确实是各庄有各庄的高招呵。"

赵熙的工作是为公司融资，公司近期的种种变化她看在眼里，更是将全部时间和精力都扑在工作上。融资需要和各种人打交道，这些人几乎全都是飞扬跋扈不可一世的人，你要想从他们手里拿到钱，就得满足他们一切的要求。赵熙一个女儿家，在这期间受了多少委屈，背后不知掉过多少眼泪。但她倔强的性格让她每回擦干眼泪，便恢复了斗志。半年下来，她融资金额在公司里居然位列前茅，甚至超过了公司高薪引进的外援曲小姐。

那年的元宵舞会气氛热烈，公司总裁卓融在会上对赵熙提名表扬，并授予她“杰出贡献奖”。那年的舞会对于赵熙来说成了胜利的舞会，她站在欢呼的会场上，依然保持着冷艳美人特有的沉着与冷静，但实际上，万千滋味涌上心头，那些只有她自己知道的艰难日子电影般从眼前划过。赵熙想憋没憋住，终于一个人跑到洗手间里落下泪来。这泪，包含更多的却是欣慰与骄傲。

赵熙就这样，在银赛港国际信托从一个前台的接待员做起，历任销售代表、销售经理、融资中心副总经理。

其实，我们中许多人都可能是优秀人才，都有着与赵熙相似或者更艰难的经历，这些经历没有大起大落生死离别，但浸泡着数不清的汗水与泪水。很多人天分很好，会随着机遇来临慢慢浮出水面，在社会舞台上找到适合自己的角色。可是更多的人还处于寻找阶段，在未找到这样一个聚焦点之前，便只能做一个潜龙卧虎，继续蛰伏下去。

2. 玉面罗刹

乔锋来到银赛港国际信托时，赵熙已经离开了公司。但是几乎全公司的老员工都知道赵熙这个名字，因为赵熙是公司里少有的“永远的名誉员工”。银赛港国际信托每两年评选一位对公司有重大贡献的非董事会员工，命名为公司的“永远的名誉员工”。公司为该员工买进巨额的人身保险，还将他的照片与事迹陈列在公司的图书馆。乔锋来上班的第二天，便听人说起了图书馆里的荣誉员工榜，当他站在赵熙的照片下时，看着边上介绍她业绩的数字，内心油然生出许多敬意，觉得自己有必要重新认识一下那位原来熟悉的赵熙了。

当天晚上，乔锋打电话给赵熙，告诉她自己现在已经到银赛港国际信托工作了。赵熙有点惊讶，说：“是吗?”她的声音好像不如平常那么爽朗，乔锋问她是不是感冒了，她说没事。她给乔锋介绍了一些银赛港集团内部的情况。赵熙说：“银赛港的机制比较人性化，也更适合发挥人的潜能，而且它有庞大的体系支撑，它与人的智慧结合在一起，便会产生巨大的力量。其实挺适合你的。”赵熙最后提醒乔锋，“不管在什么公司，工作都必须遵循一个原则，那就是赚钱，个人的情感与尊严在其中都是附属品。”赵熙的话，有些乔锋并没有听懂，但还是笑着说：“一定听从师姐的教诲，以后我有不明白的问题就打电话问你啊。”赵熙也笑了，说：“那好，以后你就是我的师弟了，逢年过节要进贡。”

赵熙过去在银赛港国际信托是个名人，至今还有不少老员工经常提起她。乔锋很快就知道了赵熙离开银赛港国际信托的原委，他也弄明白了赵熙电话里一些话的含义。

与上海其他的女孩子不一样，赵熙不但表面英姿飒爽，因为从小就学习唱戏习武，而且骨子里更有云南人的直爽，加之内心积聚的英雄情结，似乎比北方女人更多了些坚毅的性格。公司同事经常看见她早上练习武术，但大家都认为这是一种锻炼身体的花架子，谁都没有放在心上。赵熙进入业务部门后，一直非常顺利，她对于自己销售的金融债券等产品非常有信心，所以再困难的业务，她都能够谈成功。后来公司总裁卓融亲自点名提拔她为公司融资事业部的副总经理。这位以发现人才著称的大鳄果然没有看走眼，在她主持融资事业部不过几个月的时间，就取得了惊人的业绩。与其他部门领导不同的是，她对部下不仅仅光用压的手段，还亲自在每个项目开展前，为部里员工做一次业务模式培训。许多与她一起工作过的同事都说她工作时确实有办法。但是树大招风，有很多人认为赵熙工作业绩的取得多半与她的美貌有关，甚至一些令人恼怒的传闻也时常传入她的耳朵。赵熙对此都付诸一笑，一直装作不知道的样子，与人谈业务时在席间仍然谈笑风生，杯到酒干。

那时内地有一家中等城市的地方银行是银赛港国际信托的重要客户，每年有大量资金用于购买银赛港国际信托发行的金融债券。该行负责放贷的副行长叫皇甫村，复姓皇甫。皇甫行长具备一般国企干部常见的各种毛病，好色便是其中一种，因此朋友常常叫他“黄”行长。此人还有一个特色就是啤酒肚，大家私下都管他叫皇胖子。银赛港国际信托融资工作人员第一次与他联系购买银赛港国际信托金融债券时，他一听说是海南的债券，眼睛一亮，指出对特区金融债券的高利息非常感兴趣，但是对银赛港国际信托公司的企业情况不是十分了解，因此心存疑虑。融资人员把情况向赵熙打电话做了汇报，赵熙立刻就明白了皇胖子的意思，他想来海南玩一圈。赵熙亲自给皇胖子打电话，说银赛港国际信托请他来特区考察改革开放的形势，并说来考察的人数由他自己定。

皇胖子来了趟海南，玩得非常高兴。他印象最深的是游览黎族村寨，那些黎族小姑娘使劲揪着游客的耳朵。皇胖子回来后摸着被揪得通红的耳朵，兴致勃勃地说："你说奇怪不奇怪，这耳朵都要被揪掉了，可一点都不觉得疼。"边上有人打趣："耳朵不疼那是因为黎族小姑娘喜欢你。"皇胖子信以为真，还嚷着有时间一定要再去一次。

行程即将结束，赵熙问皇胖子这趟海南之行是否满意。皇胖子腆着个啤酒肚，沉吟了一下，说："我在来海南之前，曾听人说过一首民谣：'到了东北才知道胆小，到了上海才知道楼小，到了深圳才知道钱少，到了海南才知道身体好不好。'正所谓耳听是虚，眼见为实，我在你们海南转了这几天，觉得你们海南并不是想像中那样开放嘛。我觉得既然是特区，就该像泰国和荷兰学习，那里的娱乐区是很有意思的。"

赵熙当时没明白过来皇胖子是什么意思，一个手下员工提醒她，所谓的老干部活动区，就是指红灯区，那皇胖子的意思是想找小姐享受特殊服务。赵熙真没想到，一个国家干部竟然无耻到这种地步。在海南，这种事情并不少见，这些人如果有这些想法，大可以自己私底下进行，也花不了多少钱，但这皇胖子居然公然提出这样的要求，显然是连最基本的廉耻都不顾了。赵熙虽然心中已极端鄙视这人，但为了争取这笔业务，还得尽量满足他的要求。赵熙默许手下员工安排皇胖子去了一次被称为"小香港"的小镇，据说皇胖子在那里丑态百出，闹出了不少笑话。手下员工最后结账时，陪他的那两个小姐竟然要多加几百块钱，还一个劲骂那死胖子变态。

皇胖子回到内地后，上海交易所有一只庄股在上午开盘时，出现了一笔莫名其妙的低开，而这只股票的低位买单正好是皇胖子老婆的账号。皇胖子终于答应了买进5000万的特区金融债券。事后，他告诉银赛港国际信托的融资员，他是特别看在赵熙的面子上才买进这个债券；如果双方合作好的话，下次还可以合作。

大约半年之后，银赛港国际信托的融资员给皇胖子打电话，说银赛港国际信托现在有一个收费桥梁的信托项目，问他感不感兴趣。皇胖子不置可否，却说："你跟我联系，我什么都不感兴趣。哪有像你们这样，一个普通员工给行长打电话联系业务的。有什么事，让赵熙给我打电话。"那位业务没做成反挨了一顿训的融资员愤愤挂上电话，向赵熙汇报。赵熙安慰那融资员，让他别跟这种老流氓计较。赵熙打电话给皇胖子，皇胖子说："谢谢你上次在海南的照应，这次业务好说，但是希望你能来内地考察一下自然保护区。"

赵熙一听之下，便明白皇胖子没安好心，但自恃见多识广，加之一身武功，并没把他放在心上。飞去那城市后，皇胖子还真陪她参观了当地一个自然风景保护区。一路上皇胖子东拉西扯，眼睛一直没离开过赵熙，不住夸赞赵熙比这景区的风景还要美丽，还说自己要是能在海南工作，就能天天见到赵熙了。赵熙脸上露出微笑，心里却腻烦透了，真恨不得冲着皇胖子那奔拉着肥肉的脸上扇两巴掌。

当晚，由于来不及赶回市区，就在风景区一家宾馆歇息。吃饭的时候，皇胖子喝了几杯酒就开始放肆，嘴里冒出一连串黄段子，喝酒的时候，胳膊还有意无意搭在赵熙的肩膀上。看到赵熙不苟言笑的模样，皇胖子把倒了一半的一瓶白酒竖到了赵熙的面前，摇头晃脑地说："不就为那点业务吗？业务哪有喝酒重要。你要能一口把这酒喝了，我立马就跟你签协议。"赵熙扬眉盯着皇胖子，眼中有些挑衅的味道："皇甫行长此话当真？"皇胖子在女人面前岂肯示弱，连连点头："当然当真，你看我说话什么时候不算数过。"

赵熙腾地站起来，一把将酒瓶擎在手中，向在座的诸人展示了一下，然后朗声道："皇甫行长的话大家都听到了，各位今天就给我们当个证人。"大家起哄，一迭声说没问题没问题。赵熙向着皇胖子微微一笑，一仰脖子，一口气就把半瓶酒喝下去了。大家看得目瞪口呆，皇胖子也张着嘴半天合不拢。大家纷纷鼓掌，都赞赵熙巾帼不让须眉。皇胖子被挤到了这份上，说过的话不能掉头就忘，便当着大家的面，把赵熙递给他的合同签了。

赵熙喝下半瓶白酒，胸中像有团火在烧，强忍着签完合同，眼前便有些模糊了。边上有人看她好像不行了，便劝她回房休息。那皇胖子一肚子坏水，这时脑袋瓜儿转了转，也劝赵熙早点回去歇着。赵熙跟在座诸人说声对不起，便起身离座，但皇胖子早已守在门边，扶住她胳膊，说："我送你回房吧。"

大家都已看出皇胖子的居心，但在这种情况下，又有谁愿意阻止他呢。

皇胖子扶赵熙到了房里，本来走路都有些摇晃的赵熙忽然变得清醒起来，她客气地谢过皇胖子，便打开房门，请皇胖子离开。都到这会儿了，皇胖子岂能甘心就此离去，他从后头上前就把赵熙给抱住了。

几分钟后大家再看到"黄"行长的时候，他一瘸一拐的，脸上还青了两块。他嘴上骂骂咧咧的："他妈的，是疯子！还没见过这么厉害的女疯子。"

赵熙当晚连夜打的赶回市区，第二天便飞回海南。

赵熙千里走单骑收拾皇胖子的经历，直到后来很久，才不知从哪儿传到银赛港国际信托员工的耳中。赵熙对付皇胖子的过程，显然被传播者加入了演绎的成分，一招一式都有了架式。大家这才知道赵熙身上原来有真功夫，再见她时，便觉得她身上真的有了些侠气。

再说那皇胖子，本想趁着赵熙醉酒占些便宜，没想到被赵熙三两下便摔倒在地，吃了大亏，回去后越想越不甘心：就这么随随便便把自己给打了？他打电话给银赛港国际信托，找到总裁卓融。皇胖子颠倒黑白倒打一耙，硬说赵熙把自己灌醉后签了合同，事后还把自己给打了，如果赵熙不当面向他道歉，他将拒不执行合同，还要到有关部门去投诉她。

恰逢那时银赛港国际信托的资金出现短期危机，总裁卓融心中权衡利弊，觉得这时不能开罪这位行长大人。赵熙来到卓融办公室，向卓融说了事情的原委。卓融劝赵熙以大局为重，向皇胖子道个歉了结此事。赵熙坚决不允，她说："皇胖子虽然是我们的客户，但是，他不能借此便凌驾于我们之上，随意践踏我们的人格和尊严。"卓融叹道："在商言商，在商场上你就必须得遵循商场的秩序和规则。我怎么会不知道那皇胖子是什么样的人，我知道让你跟他道歉是委屈了你，可是，我还希望你能以大局为重。忍辱负重的英雄有时比冲冠一怒的英雄更让人尊重。"

赵熙还是不吭声，卓融也没办法："如果你不答应向他道歉，那么，就由我代你去一趟那城市吧。我来向他道歉。"

赵熙听出了卓融话里的无奈，想了想，终于同意向皇胖子道歉。

其实赵熙答应卓融的时候，心里已有了主意。皇胖子这件事再度让她处于一次新的选择之中。赵熙从小个性就比较强，这点与一般的上海女子不同。一个单身的外来女子，做到了银赛港国际信托这么大一家企业的部门经理，在外人眼中风光无限。但是，这时她想到，其实自己依托于企业的力量，所拥有的只是一份可观的薪水及一份虚荣。人要想顶天立地按照自己的意愿生活，就一定要有自己的事业，那样，才能主导自己的思想和行为。赵熙深思熟虑之后，生出了离开银赛港国际信托的念头。赵熙打电话给皇胖子，在电话里向他道了歉，说那天自己喝醉了酒，失手把他摔倒在地，实在是对不起。那边的皇胖子给个梯子就上，当即表示事情就算过去了，他还恬不知耻地说那天是自己大意，要不然，就算三两个赵熙也不是他的对手。赵熙也不在言语上跟他计较，说为了表示对皇甫行长的歉意，想请皇甫行长五一节期间到深圳一游，自己部门恰好有几个给客户去深圳考察的指标。皇胖子沉吟了一下问，"那你去不去？如果你去我就去，你不去我也不去。"赵熙笑着说她当然去，到时一定当面向皇甫行长赔礼道歉。

皇胖子真以为赵熙迫于卓融的压力，想来讨好自己，满心欢喜地在五一节期间到了深圳。到达后，他打了个电话给赵熙，赵熙说因为临时有点事，晚到一天。她让皇胖子把下榻的宾馆告诉她，自己一到就去找他。

其实，赵熙早已先于皇胖子到了深圳。知道皇胖子所在的宾馆后，她也在那家宾馆里开了房，而且就在皇胖子房间所在楼层的电梯口。她料定皇胖子一个人在深圳肯定会不干好事，便在房间里耐心守候。到了晚上11点多钟，果然发现皇胖子跟一个小姐走出电梯，进了房间。过了10分钟，赵熙到外面用公用电话报了警，还通知了两家媒体的社会版的值班编辑。

第二天，深圳的报纸上出现了题为《内地银行行长公然宿娼，特区民警突查抓获》的消息。不久后，就听说迫于新闻监督的压力，皇胖子被单位撤了职。

这件事情过后不久，赵熙就辞职离开了银赛港国际信托。许多人都不知道赵熙做得好好的为什么要离开，只有总裁卓融猜到了事情的原委。临走时卓融对赵熙说："咱们是商人，只顾赚钱就行了，何必把事情做得太绝呢?"赵熙回答说："皇胖子是罪有应得，让他多当一天行长，老百姓和国家就得多遭殃一天。"卓融苦笑："你的脾气也太刚烈了，以后得好好改改，否则再漂亮也没人敢要你这个玉面罗刹。"卓融这句玩笑话却刺激了赵熙，她心里暗下决心，一定要在外面干出自己的事业来，而且，自己要像隋唐时期的女侠红佛女张出尘一样，找一个像李靖那样的英雄共同干一番事业。

在银赛港国际信托那几年，赵熙赚了几十万块钱，并且把融资渠道和一些金融赚钱手段都摸熟了。回到上海后，她对去其他公司打工，为他人做嫁衣的事情已经不放在眼里了。开始的时候也没发现什么合适的机会，就在证券公司开了个账号炒起股票，后来结识了太行。

3. 百岁活宝

股市是一个残酷竞争的世界，每一个投资机构都试图运用自己的智谋击败对手，创下其他领域无法获得的超额利润。对于机构来讲，某一天的运气没有任何意义，除非你能够将这个好运气连续地保持到下一天、下一个星期、下一个月、下一个季度，乃至保持到一个项目的结束。由于沪深的投资收益不仅与操盘师的能力有关，而且还取决于当年行情的好坏，因此不少机构把自己形容成金钱沙场中的农民。一个好年成，对于风险投资机构来讲意味着迎接一个事业巅峰的来临，而一个全胜之年则意味着从此可以自己重新规划前程了。当然那些重大战役的失败者也需要重新规划自己的前程。

在乔锋来到银赛港国际信托之前，银赛港国际信托在证券投资上刚刚经历了一场失败的战役。在“5·18”行情中，公司追高买进股票，不久就遇见政策性打压，导致大量资金高位被套。在股票投资的圈内，有一句流传很广的话：成功的投资家背后有三股力量在支撑。这三股力量第一是我们大家都知道的胆识家，第二是法律顾问，第三是心理医生。股市对于那些不具备上述三个力量支撑的人来讲是老虎机，而对成功人士来讲则是提款机。一般情况下，在金融市场中失去的，在其他行业中很难捞回来，只有在金融市场中加大赌本才有希望捞回。就像押大小赌博一样，第一次押10元钱，如果输了，第二次必须押20元，如果又输了，第三次必须押40元。以此类推，只要你压对一次，就能够获得胜利。但这需要一个关键的前提，你的胜率必须基本上与对手相当，以及能够使用的资金无穷大，否则就真的变成了赌徒。卓融非常相信这点，在他自己的投资事业中几次遇到危机，都是使用这个方法转危为安，逐步壮大的。因此卓融这一生中只考虑两件事情，第一是千方百计地挖人，不惜一切代价把自己需要的人搞定，有了有用的人就能够有资源、有办法、有钱途；第二是打通一切融资的通道，在自己需要投入资金弹药的时候，敢于投入手榴弹、炸药包、爱国者导弹。现代社会，财经大鳄的价值不在于拥有财富，而是支配财富。这是卓融生存与事业的理论基础。卓融认为原来的证券投资操盘师能力达不到要求时，就决定找一个真正的有用的高手，这样他就瞄上了乔锋。

乔锋刚到银赛港国际信托不久，国内金融行业便开始实行银行与证券业脱钩，不少地方四大银行的信托证券营业部开始出售，银赛港国际信托借机收购了几家。花几百万元就能控制一个有几个亿保证金的证券营业部是非常合算的。在收购几家营业部后，银赛港国际信托从总部分别向这些营业部派出了管理人员，同时向所属的原来营业部的工作人员宣布：人员稳定，近期不会做出大的调整。决定宣布过后的事实是，这些营业部的人员天天都有调整。在这次收购事件中，本来没有乔锋什么事，但有一天卓融把他叫到办公室，让他去内地一个城市接收一批股票。乔锋第二天便动了身，结果在那遇到了一个熟人，那就是李勇。

乔锋以前在万安证券的时候，李勇曾来请过他跟章子良和鲁毅去讲课，乔锋因为要参加校庆，所以没能参加。这番见到李勇，已是物是人非，俩人尽归银赛港国际信托旗下，唏嘘感叹一番后，感觉上亲近了许多。

原来李勇所在那家证券营业部也被银赛港国际信托收购。由于他这个营业部比较特殊，也可以说规模比较大，在一个合法的大营业部下面挂了五个相当于营业部规模的服务部，这是种处于半合法状态的格局，能否顺利存在，与当地监管部门的态度有直接关系。而李勇与这些监管部门关系较为密切，所以暂时得以保留总经理的位置。他自己清楚，如果不尽快地显示自己的能力，或者与上层老板搭上关系的话，独当一面的位置是很难让他这个被收编人员占据的。

人真是需要运气的，随后的两件事，很快给李勇提供了机遇，并引起了银赛港国际信托总部的注意。先说第一件事，李勇的营业部有一个机构客户经过实际的调研，发现在大盘最弱的时候深圳上市了一个小盘股票，这个股票对应的上市公司主营状况非常优异。这家上市公司是生产柴油机的，当时全国各地正在兴起农用机械和农尉车，因此产品供不应求，当年的业绩会非常优异。这只股票可以说是市盈率最低的股票了，但由于当时一方面整个市场风靡技术分析和题材炒作，深圳市场相对沪市市场来讲只是一个区域市场，许多地方的营业部只有沪市的股票。这样，那个简称为“龙飞科技”的股票处于非常低的价位上。但是原有机构的领导突然得知了本单位即将发生领导班子变化，自己可能会离开一把手的位置，他不愿意让来接班的人坐收渔利，便决定在卸任之前把自己利用关系的借贷资金全部还掉，并且大量地给员工发奖金。由于那个机构有李勇帮忙获得的融资资金，事先把情况通知了李勇。

李勇知道这个情况后是先忧后喜，忧的是大量的保证金资产流失会不会引起总部对自己工作的误会，喜的是听说总部的自营盘一直非常活跃，据说还是交易所主要做市商。权衡之后，李勇先劝那个机构的老总暂时别动，他可以帮忙找个接盘的机构，这样对双方都有利。随后，他把这个事情紧急向银赛港国际信托总部汇报。卓融在确认了这件事情后，很快就决定接下这个股票的筹码。由于对方需要快速出货争取时间，没有太在乎价格，这样一个股价仅3元多、业绩6毛多、流通筹码2000万的小盘绩优股，就这样落在了银赛港国际信托自营盘的手中。

乔锋也正是因为这只股票得以与李勇见面。由于双方谈好了价格，交接就在李勇的营业部完成。一方用大笔的买单在下面接，另一方用大单往下砸，很快就完成了交接。由于是放量下跌，还震出了不少散户的筹码。事情完成后，乔锋打电话向卓融请示，是否马上回海南。卓融让他等几天，公司还有一笔资金调往该营业部，想把市场上的浮动筹码再买进一部分。

乔锋留在营业部的这期间，李勇又做了件出人意料的事，甚至惊动了总裁卓融。总裁不久后专程飞到该营业部所在的城市。

有一天李勇待在办公室里，一个经常向他打探消息的大户走进来，笑嘻嘻地说："这股市可真什么人都有。"李勇问他，"又有什么好笑的事情了？"大户便说了他刚从另外一家营业部听到的一件事。本城另外一家营业部，有一位近百岁的老太太跟工作人员闹个不停。原来这老太太也要炒股，到那家营业部开户。那营业部工作人员看老太太只有3000元本金，再加上老太太实在太老了，生怕在炒股过程中老人家经受不住刺激，要是有个三长两短的，营业部也麻烦，所以就劝老太太别炒了。但那老太太非常固执，说什么也要炒，连她的儿子闺女也劝不住，还在营业部里当着大家面骂他们不孝顺。最后老太太是被儿女硬劝回去的。李勇听了也觉得很可笑，说老太太都一大把年纪了，不在家享福出来炒什么股。

大户出去后，李勇随手拿起几张报纸翻看，忽然脑子里灵光一现，接着他面露喜色，大声招呼办公室主任进来。李勇吩咐办公室主任："你尽快去帮我查一下那位要炒股的老太太的资料，查到了马上通知我。"办公室主任不解其意，李勇就把刚才大户跟他讲的事说了一遍，并强调一定要抓紧办好，这事情很重要。

办公室主任很快查到了那老太太的资料，在电话里告诉了李勇。李勇立刻亲自赶到了那老太太的家里，非常诚恳地对老太太说："欢迎您到我们营业部炒股，我们营业部会安排专人为您服务的。"老太太正在家跟子女闹别扭，一听这话当然非常高兴。她的子女见李勇诚心相邀，并安排专人服务，也非常高兴，对李勇再三表示感谢。

第二天，老太太在子女陪同下，去李勇的营业部开了户。李勇对老太太特殊照顾，专门在散户大厅的咨询台旁，为老太太准备了一台电脑，享受中户待遇，还安排专门的分析师为老太太服务。结果老太太根据分析师的建议买股票，真的赚了钱。这老太太特别有意思，喜欢做短线，每当股票赚了钱，就到营业部外头买一支雪糕吃，赚不到钱就喝水。很多散户很快也喜欢上了这个特别的老太太，有些还跟着老太太买股票。后来李勇有意让媒体知道这件事，便邀几家媒体来采访老太太，媒体争相报道这件奇闻怪事。李勇也及时大做广告，称银赛港国际信托所属营业部风水好，百岁老太炒股也赚钱。其他营业部的投资者有很多都跑来开户，营业部的交易一下子活跃起来。

百岁老太炒股的事情虽然不能直接创造经济效益，但是李勇的举动却让卓融觉得，这是一个思维敏捷，善于创造的年轻人。几天后，他专程飞来营业部，想亲自见见这个与别的收编人员不同的年轻人。也该李勇走运，卓融到达营业部的当天，正好有一家电视台来拍百岁老太，得知银赛港国际信托总裁卓融正好在，电视台便对卓融来了个即兴采访。卓融兴致勃勃地接受了采访，采访时重点提到了营业部经理李勇，李勇在边上便露出谦逊的笑容。

卓融来去匆匆，只停留了两天便飞走了。李勇这时已经放下心来，他从卓融那嘉许的眼神中知道，自己这个总经理的位置算是保住了。但他没有想到，事后不久，卓融便把他调往海南总部，并委以重任。

卓融临走时关照乔锋，建仓完毕后，告诉那个百岁老太，让她买进龙飞科技。由于龙飞科技有转配股，乔锋在告诉老太太买这只股票的时候，特别强调了不要买它的转配股，因为按照交易所的规定，法人股和国家股放弃的配股可由流通股东配股，但是不能上市。谁知道老太太在买股的时候，不小心把转配股也给配上了。更出乎意料的是，龙飞科技正好赶在配股上市的时候公布业绩，由于业绩比一般的投资者想的要好得多，激起买盘风潮云涌，股价因此暴涨。老太太高兴地把股票卖了，然后买了两支雪糕，一定要工作人员到楼上把乔锋叫下来，请他吃雪糕。乔锋不忍拂了老太太的心意，接受了她的雪糕。老太太乐呵呵地说自己赚了多少钱，还把交割单给乔锋看。乔锋不经意地瞄了交割单一眼，立刻吃惊地瞪大了眼睛，原来百岁老太竟然把转配的股票也给买出来了，这说明交易所的计算机设备对这种法规规定不能卖的股票并没有进行技术限制。

在此之前，乔锋曾经看到香港政府与国际著名投机大鳄的激战报道，报道说激战结束的时候，由于港府金融管理部门临时实施外汇、证券交易和结算的新规定，使炒家索罗斯的投机受到限制，不得不败退离场。但到了9月1日，在对8月28日股票现货市场成交结果进行交割时，港府发现由于结算制度的漏洞，有146亿港元已成交股票未能交割，炒家得以逃脱。乔锋当时还对这些消息不太相信，现在他清楚了，原来沪深市场的交易系统也存在交易漏洞，这种盲点将是下次投资成功的关键。

后来乔锋回到海南，有一次跟李勇通电话，李勇问：还记得转让龙飞科技股票那家机构的老总吗？他在下台前把公司的流动资金全都当作奖金发给职工，工人们异常高兴。结果新领导上任的第一个月发工资时就遇到了困难，职工不买账，说他刚来就弄得工厂发不出工资来，大家都说还是以前的领导好，联名向上级要求原来的领导回来。结果上级迫于压力，真的又让那老总回来了，官复原职。

4. 浪漫岁月

乔锋回到海南，与章沁晖已经有两个多月没见面了，他就打算利用几天假期，去深圳看看她。他去公司总部汇报完工作，回到住处洗了澡，舒舒服服地躺在床上打电话给章沁晖。他问章沁晖现在在干嘛，章沁晖说一个人在办公室里看信呢。乔锋心里甜滋滋地问看谁的信。章沁晖说现在这年月，除了大傻瓜谁还会写信。乔锋便干笑两声说那我以后也不写了。章沁晖连忙在那头说："别，写得挺好，我挺爱看的。"

原来乔锋这些日子在海南与内地，晚上没事时，如果想章沁晖，除了打电话，还喜欢给她写信。乔锋的信写得五花八门，除了大段抒发自己对章沁晖的思念之情，还经常赋上一首诗，留下一段歌词，或者再画幅插图，有时还会像小朋友一样折只纸鹤塞在信封里。章沁晖读这些信时，笑着笑着就能忽然被触动。透过文字，她能感觉到乔锋那颗质朴的心，现在很难找到这样有点童稚的男人了。翻看这些信成了章沁晖排遣思念的最好方式，她接电话这天便把自己一个人关在办公室里读信。

两个多月没见了，章沁晖也特别想乔锋。恰好这天是周末，章沁晖便想利用两天的假期，飞去内地那家城市看乔锋，却不想乔锋先打来电话说已经回了海南，而且在电话里说，明天要到深圳来看她。章沁晖眉头一皱计上心来，她在电话里婉转地拒绝了乔锋的要求，她说明后天得陪着公司的一个客户去广州考察一个项目，实在抽不开身。那头的乔锋便故意用失望的语气问那客户是男的还是女的，惹得章沁晖笑个不停。

其实章沁晖心里已经有了主意，她早就想去看看乔锋在海南的生活环境了，本来打算这两天去内地找他，现在他回了海南，更好，离深圳只有几个小时的路程。她不告诉乔锋，是想给他一个惊喜，原来都是他恶作剧，这次自己好好逗逗他。想着乔锋见到自己那一刻的高兴劲，章沁晖刚放下电话就生出几许迫不及待的心情。

回到家，章沁晖简单收拾了一下便要出门，正好赶上章子良破天荒这么早回家。章子良看章沁晖拎着一个大包，便问她要去哪儿。章沁晖说出趟差，去海口。章子良愣了一下说："你这是出私差，去看乔锋吧？"章沁晖红了脸，但仍然嘴硬："我这是公私兼顾，两不耽误。"章子良摇摇头，现出不相信的表情："你要去找乔锋自管去找他，也没人不让你去，何必还要用出差这借口来骗我呢?！本来我想给你报销路费，这样子你还是自己报吧。"

章沁晖本来一直担心章子良因为乔锋改投银赛港国际信托而在心里对乔锋不满，但现在听章子良的口气，似乎并没有生乔锋的气，便笑嘻嘻地说："哥，你既然知道我是去找乔锋的，又何必说出来呢？你说我回来的时候，让乔锋给你进贡什么，椰子好不好？"

章子良从鼻子里往外哼一声，走到章沁晖面前，说话的语气却透着疼爱："沁晖啊，我知道你怕我生乔锋的气，但你哥是那种心胸狭窄的人吗？我什么大风大浪没有经过，怎么会把这点事放在心上。乔锋是个人才，我也希望他能出人头地，有一番大作为；我更希望有朝一日，他能风风光光地成为我们章家的女婿，但最好是你能降住他。"

章沁晖虽然知道家里人早就知道她和乔锋的关系，但章子良这番话说得过于直白，仍然让她红了脸，她现出些娇嗔的表情。章子良见了忍不住哈哈一笑："好了好了，我也不再多说了，省得你背后嫌我麻烦。但是哥还有一句话不得不说，好男人一定要抓住，否则过了这村可就没那店了。"

章沁晖这回没待他说完，掉头就走，走出去几步，又回过头来道："哥，谢谢你。我自己的事，我知道该怎么办。"

章沁晖飞机到的时候，乔锋正在跟几个同事一起吃晚饭，忽然接到章沁晖的电话，便一个人走到外头说话。章沁晖问他现在在哪儿了，乔锋不想让她担心，便说在家没事呢。章沁晖说："你再说一遍。"乔锋赶快说了实话："我跟几个同事在外吃饭呢。我们这些同事也都是年轻人，下了班没什么事，我又刚回来，就拖我出来坐坐，喝了点儿酒。"章沁晖道："算你老实。"乔锋奇怪地道："你怎么知道我没在宿舍？"章沁晖说："因为我现在就在你宿舍外头。"乔锋听了大喜，但心中又有些疑惑，他说："你怎么能找到我住的地方？你又没来过。"章沁晖说："我刚才去你们公司，你的一个同事正要回来，便带我过来了。"乔锋这时心中再无怀疑，当即兴奋地说："你就在原地别动，我现在就赶回去。5 分钟，5 分钟之内我一定到。"

吃饭的大排档就在乔锋住处外面小街上，乔锋挂了电话，跟同事打了个招呼，撒腿就往回跑。跑到宿舍楼下了，他四处张望，没见到章沁晖，猜想章沁晖肯定在楼上了，便大步流星上楼。到了自己住的楼层，仍然没看到章沁晖，便想她是不是上错了楼层，赶快继续往上爬，一连爬了六七层，还是没见到章沁晖。乔锋这时已是满头大汗了，心里更是着急，又想到章沁晖会不会在楼下等得心急，去别处转转了。想毕又急步如飞往楼下跑，到了楼底，四处张望，哪有章沁晖的影子。乔锋沮丧地坐在一处花坛边上，喘息了一会儿，掏出手机打给章沁晖，问她现在在哪儿。章沁晖笑嘻嘻地说："我当然还在深圳了。"

乔锋连声说不会吧，心中失望，竟是一时语塞，不知道说什么好了。章沁晖还是笑嘻嘻地道：“难道我说什么你都信吗？我下午还在办公室里跟你通过电话，现在怎么会在海南呢？”乔锋想想也是，但失望过后，整个人便显得无精打采的。他道：“原来你是逗我玩的，我挺聪明一个人怎么到你面前就变得傻了。”章沁晖笑得更开心了，她道：“知道自己傻，证明你这人还有救，但是，你为什么就不能回过头来看一眼呢？”乔锋心中一怔，急忙转头，便看到章沁晖站在楼下花坛后边，拿着手机正笑吟吟地盯着他看。

乔锋说：“好个丫头片子，看把我害的。”

那边的章沁晖便笑弯了腰。乔锋飞快地奔过去，不顾边上有人，张开双臂就把章沁晖揽在了怀里。

久别重逢，当然有说不尽的话。从一进乔锋的房间，俩人身子就再没分开过，卿卿我我半个多小时，乔锋才想起来问章沁晖吃了饭没有。章沁晖愣一下才记起自己还没吃晚饭。乔锋便说：“是我给你做呢，还是去街上吃？”俩人还没出门，就听到敲门声，原来是跟乔锋喝酒的那几个同事，看乔锋匆匆忙忙地走了，这会吃完饭回来听说有一个漂亮的小姐来找乔锋，就想看看。乔锋被大家堵个正着，便有同事起哄，非得让乔锋给大家介绍这位漂亮的小姐。章沁晖虽然不太习惯这种闹哄哄的场面，但却是见过大场面的人，所以当下也落落大方跟大家说笑，相反倒是乔锋颇多拘谨。

把这拨年轻的同事打发走，再到外面吃了饭，回来就已经9点多了。章沁晖说屋里有点闷，提议搬两把椅子到阳台上坐。乔锋椅子只搬了一把，章沁晖正奇怪，乔锋一把把她揽了过去。章沁晖笑眯眯地任他抱着，坐到他腿上。

夜晚的天空像片鲜亮的深蓝色绸缎，那些遥远的星星刚被洗过般愈发明亮。乔锋看章沁晖抬头看得专心，便说海南的星星比深圳明亮许多。章沁晖微微一笑道：“你来海南几个月，好像变得比以前浪漫了些。”乔锋道：“浪漫是人与生俱来的，只是浪漫需要一种心情，而我只要跟你在一块儿，心情就会变好。”章沁晖摇头说：“你并不能时刻都跟我在一块儿，那么我们分开的那些时候，你的心情就不好了？”乔锋点头说：“如果你想让我心情永远像现在这么愉快，那么，就永远在我身边，永远都不跟我分开。”章沁晖“嗯”了一声，把头靠在乔锋的怀里，心里充满柔情。

乔锋揽着章沁晖，盯着满天繁星，嘴里轻轻地哼一首歌。章沁晖仔细听一下，听出来那是千百惠的《当我想你的时候》。章沁晖轻轻跟着乔锋一道哼起来，那歌声因为有了章沁晖的伴唱，愈发显得空灵清纯起来。一曲终了，乔锋忍不住在章沁晖额上吻一下，说：“这首歌还是跟你学的呢。”章沁晖笑道：

“那个也许……也许，全部是也许，可不是我教的。”

看见沁晖扬起笑脸，水亮闪烁的双眸射在自己的脸上，乔锋一把用力地拥沁晖入怀，低头深深地吻她，让沁晖来不及说出爱语。“我好想你，听说你回海口了，就到飞机场买机票来了……”像梦喃般，她紧闭双眸，嗓音细弱地在乔锋唇间呢喃。过一会，乔锋才抬起头来，用手托起沁晖的脸，“让我好好看看。”看着看着，乔锋一下子把这眼前的花仙子抱起来，将她压上床，再度低头吻住她，灵舌温柔地探进她的唇，采撷它的芬香，像是要吸进她的气息与灵魂。一直到她因缺氧有些不适的时候，他才又开始遍寻她的眉颜的每一寸，再逐渐过渡到她嫩白的耳颈。沁晖则像一个圣洁的仙女一样微闭着双眼，接受着圣徒的朝拜，同时两只小手轻轻地掐着乔锋的肌肤。在热唇熨烫到胸前的时候，他一下子啄住她金子一般矜贵的丰乳，同时双手托起花盘，身体挤进花蕊修长的双腿间。沁晖娇吟了一声，玉臂环在他的颈后。像海南的夜色一样，两个相爱的年轻人交融得越来越浓，惟一不变的就是最初悸动的感情。

彻夜的温存，使得两人在第二天醒来较晚。临近中午的时候，沁晖安稳地枕在乔锋臂膀上，小鸟依人般用柔臂环住他的身体。乔锋问：“什么时候回深圳?”

“好呀，刚来就要赶我走呀?”

“不是的，我是想安排一下今天和明天带你去哪里玩。”

“明天下午回深圳，见你一面要花好几千。对啦，你最好帮我定张票，明天要是回不去就麻烦啦。”

“是，主人，等会儿咱们下去吃中饭的时候顺便就买了。哎，不用，我有钱。这次时间太短了，咱们就看看海口有特色的风情吧！其实我自己也还没来得及转呢。要不咱们去潜海吧，听同事说这是无论如何要做一次的事情。”

“好呀好呀！”沁晖像个孩子一样高兴。

路过一个小镇的时候，沁晖发现了好几件怪事，镇上不管男女老少，几乎都是穿拖鞋，只有极少几个生意人穿着皮鞋。沁晖捅捅乔锋，“喏，你仔细瞧瞧，海南人穿皮鞋好像不用穿袜子耶。”

“这有什么奇怪的，你看看，在街上绝少见到自行车吧。这是奔驰，这是本田，看这些光脊梁的渔民也是骑着摩托车。我不告诉你，你绝对想不到，有的白天骑摩托的农户，晚上睡觉竟与自家养的猪崽睡在一间房里。”

到了大东海，上船的时候沁晖还笑着，可是临下海的时候又有点儿害怕了，在乔锋的一再劝说下，忍不住看了看别人，终于下定了决心，“人生就这么一回，我拼了！”

“这有啥拼的，这又不是蹦极。没关系，有教练带着，咱们俩一起下。还有好多人用这种方式举行婚礼呢！说不定下去看了以后，你也想这样呢。”

在教练的引导下，沁晖进入了奇妙的海底世界。她不时地听到自己吐气泡的声音，感觉到耳膜有点胀痛，心里有点害怕，便使劲向教练打手势说她要浮上水。上到水面后，沁晖觉得四肢麻木，心还在狂跳；看看乔锋还在海底里，便和教练打了一个招呼又潜了下去。这一次才算真正地进入了海底世界。她看见了乔锋，两人打了一个手势，便一同沉浸在一片略带浑浊的深蓝里。穿梭于高高低低的珊瑚丛中，里面躲藏的生物冷不防游出来吓了沁晖一跳。乔锋则调皮地摸一些海底植物，珊瑚上有像含羞草那样的触手，一碰，它就缩成一团。两人不经意游到了小鱼群里，它们自在地游着，一点也不怕人。沁晖伸手去触摸它们，总是差那么一点点距离。上来后沁晖问教练：“那是为什么？”教练说：“在海底看上去不远的距离，其实还远着呢，就像抬头望水面感觉很近。”接着沁晖又问：“刚才我们潜的有多深呀？”教练告诉她：“刚才已经潜到5米深处了。”“啊？才5米呀！不行，我要继续下潜！”

可能是这次习惯了，身边的热带鱼好像是一副兴奋剂，令沁晖忘却了刚才的害怕，她主动向教练打手势，把大拇指朝下，意思是要往下潜。越往深海，越神秘。他们能看到几条稍大一些的鱼了，珊瑚里的一个黑糊糊长满刺的大家伙吓了两人一跳。教练不住地提醒两个年轻人看周围的鱼。其实不需要提醒，他们哪里会错过这么精彩的一幕……不好，看呆了呼吸有点乱了，部分海水被吸到了面罩里，沁晖一时间有点慌了，使劲打手势说要上去。

浮上水面，把问题排除后，教练竟然把沁晖推上了船。“啊?！这就潜完了?！”沁晖几乎是半哀求半抗议地说她还要下去，教练说：“你已经下去40分钟啦，再去你身体受不了。刚才你已经潜到10米的地方了。”

在去三亚的路上，章沁晖还沉醉在海底世界的美景中，她对乔锋说：“有机会，我们一定要再来这里玩儿个够。”乔锋点头。

5. 百仙过海

海南银赛港国际信托没有国有企业那种等级森严的感觉，老板和员工之间、高层管理人员和一般职员之间，似乎只有分工的不同。在海南总部，卓融的办公室与员工的办公区在同一个办公大区，只隔着一扇很普通的门。如果正赶上他们开完一个会，你会发现会议室的黑板上密密麻麻写满了零乱的数字和文字，显然刚刚经过一场激烈的讨论。中午，卓融和大家一起吃盒饭。据银赛港的人说，常驻海南的卓融到北京银赛港去，曾被保安拦在门外；而常驻北京的副总到海南，也有过类似的遭遇。从几位老总的日常衣装来看，上述传闻是可信的。

卓融最常见的装束是一件棉质T恤衫、一条休闲裤。在北京举行的精英云集的首届上市公司管理论坛上，从未在公众场合露过面的卓融成了全场瞩目的焦点。如果说他被关注的直接因缘来自银赛港巨大的名声和他长期潜行形成的神秘感，那么，当他作为第一个嘉宾登台发表演讲之后，会场的气氛已由好奇变成了震动。很多人难以相信在这个有一大片白头发、相貌平平的人的脑袋里，竟然隐藏着这么多闻所未闻的思想。

卓融每天早晨起床，至少会用半小时来打理自己的头发。他的头发很特别，有一大片集中的白发。卓融用进口的洗发水洗头，用最好的护发素护发，但却从来不去把白发染黑。外面的人都知道卓融这样做是为了纪念他那段失意的日子，却不知道，这片白发已经成了卓融的标记。无论卓融出现在哪里，即使从没见过他的人一见到这白发，脑子里便会想起那个商界传说中的人物，立刻就会变得肃然起敬。

自从银赛港国际信托的经营稳定以后，卓融已经很少再过问哪一件具体的商业行为了。真正的枭雄最大的本事就是有驭人之术，那种成天把自己深陷到琐碎工作中去的人，即使再有本事，也只能说他具有将才。而卓融是天生要做元帅的，所以，在网罗了一批精英良将之后，除了正常的应酬外，他只在幕后参与公司一些大的决策，更多的时间他尽可能地向别人展示他享受生活的人生态度。

卓融每两天去一趟公司，当他缓步走进公司的大门，心内便会油然生出一种自豪感。这里是他的领地，每个人见到他都会露出最真挚的尊重。他在这里握有生杀大权，但他却会用怀柔之术对待每一个员工。水能载舟亦能覆舟的道理，在历史的舞台上早已演绎了无数遍。他深知自己的财富与声望其实更多的是建立在这些员工身上。员工之中有些人注定要在商界扬名立万，成为一代名将，但更多的人会默默无闻、心甘情愿地为他积聚财富。所以卓融在公司里总会习惯性地对每个员工报以微笑，员工们对他尊敬之中夹杂着更多的是亲近。

每回从公司里出来，他都会习惯性地在银赛港国际信托的那幢大楼下面停一会儿。他的办公室便在大厦的最高层，在那里，几乎可以俯瞰大半个海口。卓融喜欢在窗口吹风，那风让他微醺在自己的国度里，同时，也让他变得更清醒。商场如战场，这里的战斗你无法保证每次都遵守战争的法则，所以，你在积聚着财富的同时，也在预存危险。卓融同父异母的弟弟10年前大学毕业，那时卓融已经在证券界声名鹊起，身家千万了。但是，他却拒绝了弟弟要来银赛港国际信托工作的要求，而利用关系把他安排进了原州一家银行。弟弟初时不解，在父母面前抱怨这个哥哥不近情理，他大把地捞钱，却让自己每天工作8个小时，每月拿一千多块钱的工资。卓融专门为此回了趟老家，当着父母的面对弟弟说："如果你要钱，尽管跟我开口，我不让你来银赛港国际信托，是因为不想让你涉足商界。每个领域在它花团锦簇的外表背后，大多有着龌龊丑陋的一面。我今天风光无限，很可能明天便一文不名，甚至还会失去更多的东西。所以，我更希望你能过一种简单的生活，我认为这对咱们卓家可能是件好事。"

距海南千里之外的原州，有一个人此刻也正站在一幢大厦下面抬头仰望。与卓融不同的是，他心里没有丝毫的疑虑，只有成功带来的巨大喜悦。此人名叫杨冰毅，时任原州蓝月亮股份公司董事长兼总经理。这个军旅出身的北方大汉一生极富传奇色彩，在我们的故事中虽然分量并不太重，但一荣俱荣一损俱损，多少人的命运因他而发生改变。有担浆走卒的市井凡人，也有一些股市将军。

蓝月亮诞生在中原省原州市，其实也就是两三年间的事。中原省是内陆农业大省，在重庆市成为直辖市之后，省内人口便成为中国各省之最。它有着悠远的农业文化，以盛产文人、作家和军人著称。据记者调查，每10个中国人民解放军战士，每8个中国空军飞行员，每6个著名作家，每4个著名投机大鳄中，就有一个人的原籍在中原省。而后来在原州大地上掀起商业狂潮的杨冰毅，却偏偏不是原州人。

杨冰毅有一个部队里的战友叫田野，俩人当年从内地一个小城市一块儿入伍，一块儿被分配到空军某部，交情过硬。在部队的时候，田野对杨冰毅最佩服：他不论遇到什么困难，总能有办法解决。那时杨冰毅已经是班长，他为了教自己的部下在工作中多用脑子，给大家讲了这么一个故事，对田野后来的创业有很大影响。

故事的内容是：

抗日战争时期，日寇占领了一条河，河上有一座桥，桥上每天都有日本兵看守，凡是有残疾人过桥，都会被当做伤兵抓起来。一天，有三个国军侦察兵来到河边。这三个侦察兵在执行任务时都受了伤，有一个眼睛瞎了需要拄着拐棍；另外一个脚受伤了，变成了要跳着走的瘸子；剩下的一个得了麻风病，走路要摇头。他们听老百姓说日本兵抓伤兵，急坏了，一直过不了河。后来瞎子想了个办法让他们三个全部过了河。他们走到河边，瞎子走在前边，用拐杖点着前边的地，嘴里道："一只蚂蚱，一只蚂蚱。"紧接着麻风病人摇着头说："在哪里啊？在那里！"最后瘸子跳着脚也紧跟其后；不停地说："踩死你，踩死你！"

几年后，机遇甚好，已经成为"大展房地产"总经理的田野找到昔日的战友——32岁的杨冰毅，将商场的经营全权托付给他，自己保证不横加干预。另一家"股东"——中原建行租赁公司，则只要商场能保证按时付息、还贷，并且还有钱赚就行。这就是说，除了"蓝月亮"的产权不是杨冰毅的，他可以在这座空楼里任意折腾。此外，它也不在正规的商贸系统之内，属于"无主管企业"。风华正茂、心比天高、一心想成大事的杨冰毅仅领了40万元开办费，便毅然上任。因此，可以说"蓝月亮"从诞生之日起，就带有一定的民营公司色彩，带有强烈的杨冰毅个人色彩。但由于杨冰毅几乎没有真正从事过零售业经营，他在塑造新生的蓝月亮商场形象的时候，只有两个方面的经历可作借鉴，即部队生涯及党团工作历练。以后的事实也证明，这两方面的经历对他形成"蓝月亮"经营、管理思想的影响甚大。

杨冰毅有着一般人没有的魄力，而且特别聪明，遇事举一反三的能力非常强。他上任只用了198天，就完了商场开业的所有筹备工作，创下了当时中原省建商场的历史纪录。从开业的第一天起，蓝月亮就以一个崭新而不凡的形象让人眼前一亮。走进蓝月亮，人们仿佛进入了一个明亮、豪华的星级宾馆，四处鲜花绿草，室内清新宽敞，一切都是那么井井有条。杨冰毅还创造性地将人工瀑布引到了营业厅，每天泉水叮咚，使人们在购物时增添了许多乐趣。商场里不但有营业员，还有在此之前中国商场内从不曾出现过的导购小姐、公关小姐和歌舞演员。商场大厅中央设置了琴台，每隔半小时就有乐手登台演出。这样，很多人即使并不想购物，也会在闲时到蓝月亮里转一转。

蓝月亮开张前夕，杨冰毅在各地报纸投放了数十万元的广告，这是当时所有原州商场一年广告费的总和。一句"星期天哪里去——蓝月亮"的广告词，传遍了原州及周边几个城市的大街小巷。于是，几乎是一夜间，蓝月亮就获得了消费者的认同。商场开业当天，原州城万人空巷，顾客如潮水般涌来，保卫人员只好分批往里面放人，一天放了十几批。下午6点营业厅提前关门，因为90%以上的商品都已售出。当年，蓝月亮的营业额达到了1.86亿元，一跃而名列全国大型商场第35名，是上升速度最快的一匹黑马。此后3年，蓝月亮的营业额每年均以30%的速度递增，稳居中原第一。

蓝月亮开业当天晚上，田野与中原建行租赁部的老总，为杨冰毅摆了一桌庆功宴，在席间，两位投资者对杨冰毅赞不绝口，将一顶顶大帽子戴在杨冰毅的头上，还一直追问那些创意是怎么想出来的。杨冰毅自己也有几分得意，回答说："你做零售业，就得摸清老百姓的脾气。中国人爱看热闹的特点你们不会不知道，我就用那些热热闹闹的手段把他们引到商城里；不信他们就不掏腰包。"

杨冰毅的想法虽然简单，但实际上这样做的结果，使他取得了莫大的成功。蓝月亮商城的名气如刮风似的，从原州向中原、从中原向全国扩散，在国内名声大振。它被社会各界普遍看做是一家颇具改革意识和现代品位，走在全国同行前列的新兴企业。它是内地第二家明确服务概念的商场，常常以令人着迷的姿态主动寻求顾客对商场及营业员不满意的地方，并采取"惊天动地"的解决之道。如对胆敢与顾客吵架的营业员罚款300元，奖给顾客。一些显而易见的道理，如保护商场的清洁、优美、营业纪律等，说起来不难，但国营商场普遍做不到，或难以长久保持，而蓝月亮则做到了这一点。此外，它更刻意做一些别人想不到或不敢做的事情，用以引发"轰动效应"。如雇飞机撒彩票，在中央电视台做广告，推出奥迪、桑塔纳汽车巨奖等。以广告、宣传开路，它树立了别具一格的企业形象。

杨冰毅经常对属下讲："我们就是要与众不同，不管别人怎么攻击我们这一点，不管别人怎么千方百计想磨平我们的棱角，蓝月亮商城就是不能退让。因为与众不同，才能引起别人的兴趣，引起关注和讨论；越议论，它就越出名；越出名，别人就越来想看看稀罕，想来买我们的商品。"杨冰毅一些简单的思维在实战中往往起到出人意料的效果。作为标榜"与众不同"的重头戏，蓝月亮主动挑起了"原州商战"，它以社会办商业的非正统身份，以初生牛犊之勇气，向本地所有国营大商场发起攻击。在商战中，蓝月亮"以一敌五"的潇洒，以"集体"对"国营"的豪放，以"野路子"对"正统"的不羁，引起商界内外人士的赏识与好奇，一举树立了离经叛道的形象。在传统文化积淀深厚、改革开放进程落伍的中原地区，蓝月亮就这样脱颖而出，扮演了时代先锋的角色。

蓝月亮在中央电视台做了声势浩大的题为"原州蓝月亮"的广告片，使无数从未到过原州的人，都见识到蓝月亮商场清新典雅的营业大厅及秀美热情的迎宾小姐。原州的一位小学生给杨冰毅写信说：老师布置作文题《我的理想》，班里很多同学写的都是"到蓝月亮当营业员"。

在国内商界空缺明星的90年代初期，原州“蓝月亮”无疑是个吸人眼球的亮点。全国各地的商业单位及其他团体接踵而来，到“蓝月亮”访问、取经，这种现象被媒体称为“蓝月亮现象”。当时有关蓝月亮的报道连篇累牍，彼伏此起。蓝月亮商场政研室将所搜集到的传媒报道每年编辑成一本书，书名分别为《明媚的月亮》、《皎洁的月亮》、《十五的月亮》。蓝月亮商城发展至此已是如日中天了。杨冰毅当选为全国十大杰出青年，稍后，杨冰毅以原州蓝月亮商场为基础，扩股成立了“原州蓝月亮集团股份有限公司”，成为中原省第一家发行股票的股份公司。

在蓝月亮发行股票的时候，中国股市还处于童稚期，这时候的股市集中反映了中国经济结构的各种矛盾。当时中国股份制企业改造是按“先局部试点，总结经验，再面向全国推广”的策略进行的。由于股份制企业改造无论对企业、对地方都是极有利的一项最大的优惠政策，各地竞相争报股份制企业。中央总量控制，地方百仙过海，国家股、法人股、个人股、内部职工股、股权证可转换债券等名目相继问世。中原省在一年内股份制改造企业多达30家，中央批不了省里批，省里批不了市里批。这些公开股、内部股，就都成为了“历史遗留问题股”，也就是说发行后无法在沪深交易所上市，留待以后不定期解决。蓝月亮发行的这种股票就是属于历史遗留问题股，发行股票时的主要对象是内部职工和公司认可的特殊对象。那时原州人千方百计挤破头想买这个股票，争取这个天上掉馅饼的发财机会。但是买进这个股票后却发现不能很快上市，而且蓝月亮是高销售额低利润，每年的分红基本上是象征性的。这样，有许多借钱买股票的人就沉不住气了，产生了脱手的想法。

这种现象引起原州当地另一个奇人的注意，期货大鳄冯亿谋经过仔细分析，认为蓝月亮是当地的明星企业，代表着当地形象，有着多级政府支持，不可能不会上市。于是他专门组织了一个小组，一方面私下散布蓝月亮的股票由于是集体性质的股票，不是国营性质的股票，根本不可能上市；另一方面派人大量地收购这个股票，甚至收购价达到了人民币8元的天价。这个价格比当时蓝月亮发行股票的价格1.5元整整高出了6.5元。于是有不少蓝月亮的内部职工禁不住诱惑卖出了股票，甚至这其中还包括了一些公司的中层干部，因为他们看到即使是已经上市的商业股也不过就是这个价格，何乐而不为！杨冰毅知道这件事情后，只是一笑，并没有过多地在意。他想，地下转让再多，还能多过公司第一大股东的数量？他可能暂时忘记了，当初为了多募集一些资金，公司发行的内部职工股多达60%，远远超过了第一大股东“大展房地产”23%的数量。

6. 智血燃烧

外间传言冯亿谋收购蓝月亮股票的事已经有些时日了，杨冰毅也想当面会会冯亿谋。可是过了很长一段时间，都不见冯亿谋有什么动静，杨冰毅便放下心来，料想冯亿谋只不过是看中蓝月亮商城的灿烂前景，买些股票赚点钱。他一个期货大鳄，出手自然动静会比一般人大些。

10 年前，冯亿谋不过是省城原州一家金融专科学校的普通学生，没有任何家庭背景。毕业的时候，他已经懂得要寻一个好单位落脚必须四处活动。而与他年纪相当的同学们在生存智慧方面还是小孩儿的水平，他们不知道该如何使用当时最有力的公关武器——“手榴弹”和“炸药包”，大家都在静等天上掉馅饼。结果证明了主观能动性的作用，冯亿谋仅用几兜苹果和几瓶酒，就让自己一下子分配到了省银行的国际处工作，一时间在同学中震动很大。

在银行工作的 4 年中，冯亿谋表现了很强的业务能力，工作表现可圈可点，同学们都认为他必定有金鞍才俊的大好前程。殊不料，冯亿谋再度让大家吃了一惊，他主动辞职。当时省城整个金融系统内都在议论这件事。大家都很不理解，放弃了让很多人羡慕不已的好工作，冯亿谋到底要做什么。

冯亿谋初下海时，本金只有 7000 块钱，是工作 4 年的全部积蓄。他还跟亲戚朋友借了一些，写借条时，除了正规的措辞外，他还特意加上一句：借您一瓢水，欲还一桶油。

冯亿谋办起了三金公司，这三金公司一出手就怪，它利用当时全国读书热的背景，办起了民间图书馆。你只要交上 10 块钱押金，便可以办理一个借书证，在全省范围内的所有连锁书店都能借书。等你哪天不想借了，那 10 块钱还一分不少地退给你。天底下居然有这样的好事，就像你去公园或者逛游乐场，买了门票进去转一大圈，出来再把门票钱退给你。这种好事何乐而不为。消息一传十，十传百，连广告都省了，来办借书证的人络绎不绝。

就这样，当人们自以为占了便宜的时候，冯亿谋神不知鬼不觉地成功集资数十万元。三金公司迅速膨胀起来。在当时是卖方市场的经济时代，加之冯亿谋公关意识很强，资金增值是非常容易的。据说当时仅靠面包铺这样简单的生意就能获得丰厚的收益。

冯亿谋几年间就在省城成为小有名气的企业家了。原州商品交易所推出期货交易的时候，有着先天金融意识的冯亿谋很快就成立了三金期货公司。三金期货成为交易所第一批会员，并且在第一届交易所会员大会上，冯亿谋当选为会员理事。

期货交易刚开始时，冯亿谋一直没有直接参与，而是耐心地做着经济业务。他一边买些西方期货交易战例的书籍学习，一边观察市场的各方情况变化。直到他自认为胸有成竹后，才开始悄悄地准备，把上千万的资金分批转入他在交易所的结算账户。一个入市操作的总体计划已初步在他脑海中形成，不过他没有对任何人讲，一切都在绝密中进行。

大战前夕，冯亿谋召集手下的武士开会。“现在，宣布纪律：第一，从今天起到这一仗打完，谁也不准回家，我已经在宾馆订好了房间。第二，不准打电话，也不准接电话！”冯亿谋知道这是中国期货市场的一个机构盈利模式的新开端，第一支有组织的投机资金，将按照预定的计划、步骤去实现自己的利润目标。他有一种感觉，自己下达的每一个命令，都是向战场派出的一支战斗部队。

由于是逆市建立仓位，资金的大部队在两天时间内，几乎是在其他投资者不知不觉之中迅速进入阵地。星期一，当人们带着上周的惯性思维回到这已经沉寂了多日的战场时，谁也没料到一场伏击战将要开始。9 点钟一开盘，冯亿谋下达了总攻令，第一炮是以高出上周末收盘价 10 点的价格，自买自卖，完成了当天的第一笔交易。这个晴空霹雳般的举动吸引了全国期货交易者的注意，也形成了巨大的冲击力。那些自以为高枕无忧，等待大盘下跌大把捞钱的空头就在刹那间面临红军的密集炮火轰击。由于这是一场有预谋、有计划的战斗，所以战斗中虽然也遇到了一些抵抗，但总体战役还是在预料之中向前发展。当最后一批仓位平干净之后，三金公司获得了历史性的胜利。冯亿谋浑身的衣服都被汗水浸透了，他没有去回味和品尝胜利的喜悦，而是倒头大睡。那种精神紧绷的压力不是一般人能体会到的。

这次战役被圈内人士称为第一次国内期货大战，冯亿谋获得了决定性的胜利，他把另一家有银行背景的租赁公司打得大败，该公司总经理也因此辞职远走海南。冯亿谋的名声迅速响彻中国期货界。

冯亿谋除了精明能干之外，还非常注意期货市场狼群效应的培养，即培养了一批机构和大户与三金期货共进共退。这些机构大户与冯亿谋的三金期货一道，转战当时国内的多家期货交易所，胜多负少，很快就发展成为上亿资金的著名期货投机性狼群。随着三金期货的头狼名气越来越大，聚集的外围部队也越来越多，甚至浙江、山东的一些知名主力都加入了这个军团。期货交易所的交易活跃度与三金的动向有着密切联系。有些时候，一些期货分析师在分析行情的时候，说近期不可能有行情，听者问为什么，分析师的理由是冯亿谋最近发烧了，大家觉得非常有理。不过也有人暗地里为冯亿谋担心，这家伙过于张狂，并且经常找寻一些机制落后的国企打对手戏，这样容易得罪一些有一定实力和背景的集团。

冯亿谋知道人们对自己的担心，但他依然我行我素，全不放在心上。

在收购了大量的蓝月亮一级半市场上的股票后，冯亿谋的三金公司已经没有能力控制市场了，只有依靠小仓位的技术套利维持公司正常的经营。但就在这个时候，冯亿谋听到了一个让他震惊的消息，他在银行工作的一个同学无意中告诉他，最近有一股北京的期货投资资金大量转移到了原州期货市场，据说是要做多打击盘踞原州期货市场多年的南州帮。冯亿谋对这消息相当重视，因为他对原州期货市场特别了解。如果再这样发展下去，只要自己的资金达到一定的地步，不难确立自己的霸主地位，但外来力量的加入无疑会给他产生新的阻力。

冯亿谋密切关注着事态的发展。他同学的消息无疑是准确的，他很快就查明，近期大量调进原州的资金后台原来就是在“327”国债上大胜的北京招财信托；他们来到原州之前，已经对原州市场有了充分了解，特别是南州帮的情况。

所谓的南州帮，何许人也？了解期货的人都知道，期货不但有“期”还有“货”，它的产生原是为了服务于生产者的套期保值。但是为了保持交投活跃，交易所鼓励一定的投机，即有一部分投机者买卖合约并不是冲着买卖的商品来的，而是想通过买卖商品的差价获得投机利润。在交易的商品交割日之前，不管你是否需要这个商品或者是否真有这个商品，买或者卖都可以，用专业语言来说就是开仓平仓。平仓开仓，既不用金额拿钱，也不用提供货物。许多进行绿豆期货交易的人，根本就很少看见过绿豆，你只要把它当作一个符号就行了。但是你开仓后，到期没有对冲，那可就是真的了：你不是买绿豆吗？这是2000吨、5000吨，看见了吧，你拉回家去。没地方搁，有仓库替你保管，但是你得按月交仓储费。要是卖空的，到期必须把你卖的绿豆拿出来，让别人拉回家，如果你没有就必须承担违约的责任或者在交割日之前认赔斩仓。因此期货交易对于投机者是个双刃剑。西方有句话说，穷人炒期货，因为它是发财最快的一条路；中等阶级炒股票，只要你的资金是闲钱，看准了股票越跌越买，准会赚，可能比干实业的人赚得还多；富人买国债，因为依靠利息收入可以万事无忧。

在原州粮食期货交易市场，原来最威风的机构是出自中原西南部的南州粮食部门，因为南州是绿豆的产区，当地的粮食部门拥有大量的绿豆，因此成了以卖空为主的机构，市场上称他们为南州帮。尤其是在绿豆的期货价格明显高于市场现货价格的时候，更是尽全力地做空。如果卖空赚钱了，他们便成为投机客，及时平仓获利，其乐融融。一旦做错了方向，这些粮食部门便在当地大量买进实物绿豆进行套期保值，等到交割期之后，便在夜晚开着拖拉机轰隆隆地驶进城里的交易所。在原州粮食期货交易所开设后，南州帮发现这个包赚不赔的办法后，甚是得意。其他的主力机构对这帮农民投机者一点办法也没有，于是南州帮的胆量越来越大，开仓的合约数量也越来越大。

这番南州帮遇上了北京来的招财信托，一场硬仗即将拉开序幕。这时正是招财信托最鼎盛的时期，它在股票市场上驰骋多年打遍天下，百战百胜。在这年的会议上，招财信托的高层制定了全面出击的计划。“胆子要大一些，步子要快一些，思想要活一些。”这是公司对理财事业部的要求。在金融市场上最快的就是期货市场了，相对全国当时的几十个期货交易所来讲，原州期货交易所成立时间最早，成交最活跃；投资机构的思想最为封闭，多数投资机构在期货市场上摸爬滚打是真正的摸着石头过河，因此这个地方的机构也是最容易打击的。这正印证了那句老话：人傻，钱多，快来。

期货的投机客只有存在对手盘才能赚钱。针对原州期货交易所的主力机构是南州帮的特点，招财信托的投机高手发明了一种新的盈利模式，即“逼空”。当时11月份合约的价格才22000元左右，这个时间是绿豆青黄不接的时候，仓单才区区几百张。如果就买11月合约，可以想像的结果是卖方将没有那么多仓单来交割。这样一来，摆在空头的面前只有两条路：一是高位斩仓，二是违约挨罚。最后的结果是空头不管走哪条路，都只能把钱交出来。招财信托不愧有许多重点大学学数学出身的操盘手。最后公司通过了以11月合约为突破口，其他合约全面出击的作战方案。招财信托的姜总大旗一挥，招财信托的一队精兵强将就携带巨资秘密地兵发原州。从10月上旬到中旬的这段时间里，招财信托不动声色，一点一点地慢慢买进，表现了极大的耐心。操盘手们一想到在一个月之后，现在还在幻想数钱的南州帮突然变成了一队队举枪投降的资金运输队，买仓单时便忍不住想笑。这回这些土包子要把几年赚的钱一次性地吐出来了。没办法，金融投机市场就是这样一个弱肉强食的地方。

近期公司没有较大的事情，冯亿谋便亲自操盘。由于他同学的那次消息，加上公司的高手技术分析后也认为应该做多，于是他便开始在11月份合约建仓做多。但是他没把从同学那里得到的消息告诉任何人，包括自己的操盘手。冯亿谋害怕这会影响部下的判断，因为同学的消息到底是否准确自己目前也是心中无数，同时也想验证一下自己的操盘手的实际套利操盘能力。越是大战前，盘面上的动静越是死寂沉沉，这点是期货市场与股票市场一个较大的不同。做惯股票的人在初期进入期货市场时，经常被期货主力的闪电战打得不知所措。进入10月下旬，招财信托的进攻终于开始了，他们采取了与国债“327”品种一样的攻击策略，刚开始的时候缓慢震荡推高，走时显得颤颤巍巍，诱使对手加仓摊低成本，然后突然逼空。这一恶性的投机手段，随着招财信托挺进期货市场，第一次展现在人们面前。而南州帮一点都不知道，他们还在暗自高兴，不知道从哪里来这么多的傻子买绿豆。看到期货价格要比实物价格高得多，南州帮也没有与以往的绿豆供应商联系，立刻就大量增加做空的仓位。南州帮不知道这次的多方是从北京杀过来的大鳄招财信托——他们刚刚在上海把上海最大的证券公司和辽宁东北虎打得全军覆没。招财信托准备的资金足够把所有的南州绿豆存货全部买进。为了保险，在行情发动后，他们还是派人到南州大量购买绿豆现货，这样更保险。

随着对手仓达到一个令人满意的数量，北京招财信托原形毕露了，他们凶悍地挂出大单推升价格，威胁恐吓对手的战斗阵营。这一招对散户尤其管用，因为大家以往从来没有见过这阵势，明摆着是你要卖多少我全要。空方割肉盘开始出现。仅依靠这些叛军的倒戈，你一刀，我一刀，月份合约的价格很快地跳上了25000。多方开始了总攻，这更是吸引了全国的散户一齐跟进。墙倒众人推在期货市场中是最为贴切的解释。在临近11月合约到达交割日的几天，绿豆价格直线上升，到了最后价格干脆突破30000大关，升达30900。很多人都不愿意相信，难道绿豆真的这么值钱吗？这不是金豆的价格吗？毫无疑问，招财信托的逼空计划大获全胜，仅在这个小品种上的短线盈利就突破了两千多万元。

11月合约价格突破30000大关，对市场无疑是一个炸雷，把所有期货投机者追涨杀跌得神经轰醒，市场人气暴升。人们不顾一切地买进，好像买进的不是绿豆，而是金豆一样。所有的合约全部暴涨，国债期货的火爆场面在绿豆期货交易中再度出现。这时冯亿谋有些后悔了，当初要不收购蓝月亮的股票该多好，现在不知道要赚多少钱了。但这只是冯亿谋脑子里瞬间的念头，他意识到这种过度的投机只能是短期的，不可能持续时间很长，毕竟期货交易价格不可能长时间地脱离基本面的实际情况。而且，目前国家正在抑制通货膨胀，进行宏观调控。尽管行情的发展对自己非常有利，但他认为以粮食部门为代表的现货商的力量不可小视，一旦他们进行反击，市场的价格必然物极必反。一向善于逆向思维的冯亿谋突然萌发出一个让所有部下觉得不可思议的念头：在市场处于狂热的时候反手做空，这才是正确的做法。

冯亿谋把自己的想法说出来时，震惊了公司里几个参与操盘的人。几乎所有人一致反对，他们列举了一条条分析的理由，却都不能改变冯亿谋的想法。

“你不能不考虑这些关键的技术因素，它们可是人类几百年来的智慧结晶。”他的操盘手指着电脑上的技术图形说。

“技术指标图形？有钱就能画出来。”冯亿谋冷静地说。

平仓多翻空的想法产生之后，冯亿谋很快就采取了行动。接连下来的几天，各合约品种在狂热的买气作用下，连连撞上涨停板。他以高挂卖出的形式现行把获利的多仓逐渐平掉，看到差不多的时候，在不可思议的33000的价位上建立大批空仓。冯亿谋预计，这一次将与历史上历次狂热一样，行情将在狂热之中出现翻转，自己的这一次操作很可能会两面获利，他将又一次以果敢的智慧在关键时刻把握住机会。其实每个人在人生中的机会都差不多，成功的人就是能够把握住这些机会，而平庸的人则对这些机会熟视无睹，或者从众。

可是，他低估了招财信托的实力。由于近几年招财信托在资本市场上的巨大成功，已经有一批机构非常信服地跟随它的步骤操作，甚至不惜给它抬轿以获得惯性利润。在这些力量的作用下，多方的进攻犹如潮水一样，当一个冲击波过去之后，价格刚刚形成技术性的回荡，立刻有新一批的资金杀进来。市场走势没有像冯亿谋预料的那样在欢乐中死亡，而是像疯牛一样直接冲破了36000的大关。冯亿谋刚刚建立的空仓被套，保证金出现危机，账面上令人心惊的浮亏已经让他不敢去看，但他心中知道这个数字是多少。不知是晚上没有睡好觉，还是坐在电脑前时间过长，他的脑子已经乱了。他知道这时与部下商量是没有用的，因为这个时候的行情发展完全需要看运气了。虽然大盘随时可能真的像他原先预计的那样出现翻转，但是如果继续向上攻，自己将全线爆仓，这意味着他将被金融市场扫荡出局。他不愧是一代大鳄，已经知道先前错了方向，已经没有办法改变，只有先顾命要紧，他平掉一半的仓位，这样不管后市如何发展都有回旋的余地，不至于全军覆没。但是期货市场在处于一边倒的时候，败军就是想认错，找一根上吊绳都不是件容易的事。正在保证金最危机的时刻，多方放松了进攻。抓紧这个空子，冯亿谋平出了1/3的仓位。他没有计算，但估计这部分的损失一定超过1000万。他一方面恨自己不争气，另一方面对招财信托恨得咬牙切齿，暗暗发誓以后有机会一定要好好报复一下。

冯亿谋减出1/3仓位后，危机依然没有解除。在许多人的心中，市场价格突破40000已是指日可待。冯亿谋想，如果是那样的话，自己只有选择自杀了。这个念头在那几天几次闪现在他脑海里，有时他甚至眼中噙满了泪水。

世上的事就是这么反复无常，有时不信命还真不行。合该冯亿谋命不该绝，在关键的时候，交易所传达了上级“治理经济环境，整顿经济秩序”的重要文件，表明了政府要采取措施抑制通胀，平抑物价，坚决查处在金融活动中的乱纪行为的决心。市场立刻做出强烈反应，在政策的作用下，人气陡然一变，几乎市场的所有合约全部连续三个跌停。大盘的瀑布式下跌救了冯亿谋，没想到老天爷开了眼，使得剩下的2/3仓位安全回归。尽管如此，他依然亏损惨重，但这样的结局，他已经非常满足了。俗话说留得青山在，不怕没柴烧，这笔账迟早要跟招财信托清算。

后来招财信托在鼎盛时期大做投资理财，规模达到了数百亿，但是不料在股市高位遇上国有股减持股灾，仓位全线被套。股市行情的跌势出乎了市场预料，在一大批理财资金面临结账的时候，招财信托再次故伎重演发动了期货大战，想创造东方不亮西边亮的奇迹。但这次冯亿谋集结了中原省的所有机构实力与之对抗。一方是地头蛇，另一方是过江龙，双方实力相当，几乎都杀红了眼，血战达到了肉搏的地步。当双方把能够调动的现金全部投入战场，已经弹尽粮绝之时，多空依然陷入僵局。这时，冯亿谋发挥了地头蛇的优势。他瞒着所有人，把自己的所有现金全部提出来，一共60万人民币，放在一个旅游包中。他就一个人背着旅游包，在交易所外面打电话给交易所的电工班班长。冯亿谋相邀，电工班长不敢不出来。冯亿谋已经急红了眼，一上来就开门见山说明来意，请他在一个由他指定的时间内停电5分钟。那个班长知道那样做的后果，十分为难：如果那样做了，被查出来，开除那都算是便宜的事。冯亿谋知道电工班长的顾虑，当即将那个旅行包丢在他的面前。电工班长拉开旅行包拉链的时候，那些一捆捆的现金让他瞬间呼吸急促，脸上都冒出了红光……

半个小时之后，交易所出现电路故障，临时停止交易。同时，有利于三金公司的谣言在场内开始流传，并且很快就扩散到全国各个期货经纪公司。5分钟后，电路故障修复，期货交易所恢复正常交易。在中小散户的交易盘集中推动下，期货多空局面很快出现新变化，朝着有利于三金期货的价格发展。这种情况又导致了大量短线客的短线参与，最后竟然撼动对手联军阵营，出现了止损平仓盘。大盘运行速度出现了单向扎空走势，竟然出现了少有的连续跌停板。毫无疑问，一世枭雄招财信托被逼全线爆仓，把10年积累的家当全部赔进去还不够，最后在信托整顿的时候还被有关部门撤销。

第六章
金钱作坊

人的不同阶段有不同的友谊。少年人的友谊是虚的，兴趣相投，看着顺眼，大家能够在一起吃、喝、玩、乐；成年人的友谊则是实的，男人讲究的是经济上的互助，政治上的结党，危难中拉上一把。女人讲究的是一起哭，一起笑，一起又哭又笑。

1. 东山再起

圣诞节前夕的上海，到处洋溢着节日气氛。远渡重洋而来的洋人节日，让无数的年轻人多了一份快乐的心情。众多商家岂肯放过这样的商机，早在节前很多天，便极尽想像装扮自己的店面。临街的玻璃窗上，随处可见戴小红帽留白胡子的圣诞老人。如果你走进哪家酒店或者酒吧茶座，门里必定会有一棵高高大大的圣诞树，树上挂着彩色的灯盏，一些极舒缓清脆的音乐轻轻在它周围环绕。

街上，最多的就是鲜花和气球了，年轻的女孩子或者三五成群，或者紧偎着身边的男友，那些鲜花和气球就盛开在她们手中。还有穿着圣诞老人服饰的商场促销员，他们在店门口向经过的路人祝福并散发邀请书。天黑的时候，满街的华灯都在瞬间绽放，于是，圣诞之夜到处飘荡着暖暖的如春意般的温馨。

一个扎着蝴蝶结的小女孩，刚刚学会走路的样子，在妈妈的搀扶下，小腿儿尽力快快地迈动，似乎迫不及待地想要奔跑起来。小女孩模样长得俊俏，大大的眼睛里透着一股说不出的灵气。她身后的妈妈，身着月白色长裙，上身一件粉色的羊毛衫，长发从耳侧垂下来，透着灵性女子特有的美丽。

那小女孩叫林奇雪，是林远思与关冰倩的女儿。

圣诞节之夜，关冰倩带着小奇雪出来散步，她喜欢这样悠闲地扶着女儿在街道上走，这样，她能真实而深刻地感觉到一种幸福。宁静的生活可以让人的性情变得温和下来，从深圳到上海已经3个月了，这里的生活没有波澜起伏，没有刀光剑影，平平淡淡中透着种以前从不曾感觉过的温情。林远思依然在艰难地支撑着公司的运转，事业的挫折并没有击垮他的斗志。每天深夜，林远思拖着疲惫的身子回到家中，关冰倩心中总会充满怜惜。回想在深圳时，自己曾有那么一段时间抱怨林远思满足于大学里的安逸生活，不思进取。是自己的意志改变了林远思，让他从此走上了起伏不定的商海之路。现在关冰倩觉得自己的想法正在一点点改变，平淡并没有什么不好，只要幸福着。幸福的含义并非只有用事业的成功才能诠释。

现在的关冰倩，不管多忙，总会抽出时间把家里收拾得窗明几净，并在林远思回家之前做好饭菜。

圣诞节的前几天，林远思便说好了圣诞晚上一定回家吃饭，并且，还会为妻子带来鲜花，为女儿买一个她早就想要的洋娃娃。圣诞节临下班之前林远思打电话回来，说公司里有些事，他尽快处理，不会耽搁得太久。关冰倩知道林远思一定会回来，便带了女儿到楼下的，散散步，同时迎迎丈夫。生活中的这些小情调让现在的关冰倩无比迷恋。

女儿的小手攥在掌心，像软软的面团。关冰倩面上含笑，觉得上天赐予了这样一个可爱的孩子给自己，自己实在不该再有别的奢求。

3个月前，林远思带着妻子女儿，和原来公司里几个主动提出要跟着他的兄弟，来到上海。新公司注册完毕，一切都要从头开始。关冰倩那时便不再过问林远思公司里的事，一方面因为要照顾小奇雪，自己可以从小奇雪天真可爱的表现中获得无穷的快乐；另一方面，她害怕自己的参与会引起不必要的摩擦和麻烦。在广东的时候，她见过许多民营企业因为用人惟亲导致企业的人才得不到尽情发展。林远思的那几个兄弟在林远思最失意的时候依然跟着他，可见他们对林远思的情谊与信任。有这样的一帮兄弟，还有什么不放心的呢。

那时林远思感觉上海的发展潜力应该大于深圳，但是公司初创，经济相对拮据，而上海的各方面花费都相当昂贵，便有转移到周边的中等城市去发展的念头。但关冰倩阻止了他，说不能因为眼前的经济问题就改变初衷，在上海这样的大都市，发展的机会一定比别的地方要多得多。林远思留了下来，在选择住所时，关冰倩看上了外国人群居住公寓中的一套房子。林远思跟着关冰倩来看房子的时候有些犹豫，关冰倩知道他嫌房租过高，便笑着说："在你东山再起之前，我们娘儿俩的生活与这房子的租金，你不用考虑，我会有办法的。"

林远思略感诧异，他虽然知道自己的妻子不是普通的女子，但初来上海，人生地不熟，她能有什么办法赚到钱呢？要知道，房子的租金及一家人生活费用，可不是一笔小数目。

那时的关冰倩心里有数，她在选择房子时，便已经在这里做过考察。她说："你看这里很多住户都是外国人，附近也有不少外国人的公司和办事处，那些初来中国的老外肯定语言不适应。我在这里租房，可以在家里办一个汉语教学班，专门教那些外国人说中国话，同时，还能帮助他们解决一些地域差异给他们带来的其他不便。"

林远思想了想，觉得这是个不错的构思。但是，他还有许多疑问，便问："就我们租的这两室一厅，有地方教学吗？"

关冰倩说："那两室一厅，主卧室我们一家三口住，另一个房间和客厅拿来做教室。"

林远思说："那你怎么招生呢？总不能花钱去做广告吧。"

关冰倩笑道："这些我早就想好了，你进大堂的时候，看到那儿的公告牌没有。我想与这里的物业管理联系，取得他们的支持，在每座楼大堂的公告牌上张贴招生启事。还有，我还可以直接与附近的外国公司办事处联系。这样，我想一个月招四五个学生不成问题吧。有了那四五个学生，我们的房租和生活费就全有了。"

林远思不由感慨："得妻如此，夫复何求！"

林远思在上海的公司，一时还没有找到好的项目，现在只零星做些商贸方面的业务。林远思经历了金象大厦事件之后，整个人成熟了许多。很多时候，他会一个人待在办公室里，反思自己失败的原因。他得出的结论是自己在深圳时没有集中优势打歼灭战，而是盲目地多元化经营。如果集中精力做软件，那时的证券分析软件确实做得不错，销售额也很大，利润很可观，现在在同行业里面已经算是佼佼者了。但是自己很快就被胜利冲昏了头脑，以为做什么都行，所以就去搞了保健品，又搞制药，又搞了服装，还盖了房子。这样一来，摊子越铺越大。更重要的是，自己在力有未逮之前，便因为个人情感，要建中国第一高楼，在资金紧张的情况下，仍然要保住那空中楼阁，最后导致满盘皆输。林远思在考虑重新创业之前，最先想到的就是做自己的老本行——电脑软件。但是这个行业的特殊性让他无从下手。计算机行业变化太快了，林远思有那么长的时间耽于保健品和房地产，再回过头来的时候，这个行业已经与以前大不相同了。网络时代已经到来，林远思以前在大学教电脑的时候，甚至还不知道网络为何物。现在林远思最熟悉的就是保健品，但是一时还没有对路的产品。林远思想起关冰倩在开办家庭课堂时曾经说过，再穷也要站在富人堆里，这样才能找到赚钱的机会。就像同样的一件艺术品，在集贸市场里只能卖5元，在股市里能卖500元，在珠宝行里就可能卖到5万元。林远思从关冰倩这番话里感悟到一定要从高利润的产品重新做起。

圣诞节那天，关冰倩与小奇雪在家边的街道上等他的时候，他正坐在一辆公交车里往回赶。为了节省开支，他现在连出租车都不坐了。林远思在公司附近的花店为关冰倩买了一大束鲜艳的玫瑰，为小奇雪买的洋娃娃两天前就买来了。现在，他带着给妻子、女儿的礼物，心里被一片浓浓的温情充满。有时候，他跟关冰倩有同样的感觉，就像现在这样生活下去也没什么不好，世界上大多数人其实都是这样生活的。

公交车走走停停，车上的人上上下下。在一个站台，林远思被围着的一圈人吸引，他打开车窗，看到一个三四岁的小女孩在卖当天的晚报。这个操着外地口音的小女孩一副小人精的模样，脖子上挂着一个装报纸的大包，那包离地只有巴掌高的距离。小女孩卖报纸很特别，她只会一张一张地卖。有个年轻人给了她1元钱，说买两张报纸，结果她拿了一张报纸，找了5毛钱。那个年轻人逗她说："我要买两张报纸，你怎么只给了我一张？"小女孩想了想说："那你不会再买一张吗？"年轻人说："你为什么不一次给我两张呢？"小女孩老老实实地承认："我不会，我只会卖一张报纸。"

这时候，又有一个人拿了一张50元钱，说要买张报纸。小女孩拿过钱愣了半天，又把钱还给了那人。那人逗她："你干吗不卖给我呢？"小女孩说："我不知道找多少钱给你，你换张10块钱我就卖给你。"边上又有人说："那你不会不找钱吗？"小女孩马上一本正经地说："不行！妈妈说了，不能白要别人的钱。"

那小女孩很可爱，见没人买报纸了，自顾自地奶声奶气地唱了起来："啦啦啦，啦啦啦，我是卖报的小行家……"

公交车开动了，车上的林远思觉得那小女孩特别有趣，而且，她还给林远思很多触动。一个这么小的小女孩都能依靠自己的劳动创造财富，可见人的创造力是有多么奇特。记得一位科学家说过，人一生的能量最多只发挥出来3%，发展中国家的人可能还达不到这个程度，这主要是因为多数人缺乏奋斗的动力和执著的毅力。小女孩卖报纸的事无疑给林远思一个极大的鼓舞：人只要自己努力，总会找到适合自己的生存之路。

公交车到了附近家边的那个站台时，林远思在车窗外看到关冰倩与小奇雪手拉手正在人行道上冲他招手。那情景让林远思内心一热，他赶快打开车窗，半个身子都探出去，冲着妻子女儿挥动手中的鲜花。这一刻，林远思觉得自己满足了。幸福是什么？幸福在这一刻简单到一份家的温情。

关冰倩看见了林远思手中那一大捧鲜红的玫瑰，她的心中涌起一股温情。当林远思下车向她们奔来的时候，她忽然觉得有些想落泪。被幸福包裹的女人，看起来是那么柔情万千，这是走过她身边那些靓丽的女孩所不能比拟的。

回家的时候，林远思把小奇雪抱在怀里，关冰倩柔柔地挽着丈夫的胳膊，街道上那些七彩的霓虹投射在他们身上。小奇雪拍着巴掌高兴地欢呼，关冰倩把身子更紧地偎在林远思身上，林远思便一手抱着女儿，一手拥着妻子。远处的激光束在天空来回闪烁，把这夜晚变得五彩缤纷。

这个夜晚，还有些事是林远思和关冰倩没有想到的。就在他们回到自己的住所时，门前停着的一辆车并没有引起他们的注意，但是，当他们走过那车时，车门打开走下来两个人，他们听到有人叫他们的名字。林远思跟关冰倩停步，转过头，看到两个人正笑吟吟地向他们走来。

那男人身着便装，有着一张温和的脸；那女人大波浪的发型，身着雍容华贵的紧身浅黄色套装，眉目间风情无限。这俩人便是季云飞与苏琪。

当年在深圳，因为代理皇妃口服液，林远思与季云飞一见如故，结下了深厚的友谊。后来林远思败走深圳，并没有跟季云飞联系。一个有尊严的男人，不会在朋友面前展示自己的失败以博得同情。来到上海之后，季云飞曾经打来电话，他并没有说任何安慰林远思的话，俩人只淡淡地谈了谈当下的市场，便挂断了电话。那一次林远思知道季云飞已经从日本归来，在原州创办了自己的公司，公司业绩蒸蒸日上。林远思挂上电话心里有些黯然，但并没有多想，他明白眼下该如何脚踏实地做自己的事。

这个圣诞之夜，林远思真的没有想到季云飞会带着妻子来访。旧友重逢自然喜出望外，两个男人先是握手，又热情地拥抱，苏琪也与关冰倩一块，牵着小奇雪。

那天晚上，季云飞与苏琪就在林远思家里吃的饭，席间，季云飞夫妇对关冰倩的厨艺赞不绝口。而林远思与关冰倩，也因为客人的来访，觉得家里平添了许多欢乐的气氛。饭后，四个人坐在客厅里聊天，当时林远思跟关冰倩已经预感到了季云飞夫妇来访，一定有重要的事，但他们还是没有想到，季云飞将一个新的机遇摆到了林远思面前。

那一晚，四人谈到很晚，林远思心里被一种激情充满。当最后他吞吞吐吐想说些感谢的话时，季云飞微笑着拍拍他的肩膀，表达了一种中年男人的友谊。

林远思看着季云飞的笑，终于什么都不再说。季云飞的笑永远那么温和，不管他穿着什么样的衣服，在什么样的场合，你都能从他身上感受到那种亲和力。这个夜晚，暖暖的空气里飘荡着春意，窗外明媚的烟火绚烂的夜空，房内稚气的歌声欢乐的笑语以及季云飞带来的机遇，让林远思这时觉得这种友谊非常珍贵。谁说中年男人的友谊过于世俗？

这是个充满希望的圣诞之夜，林远思与关冰倩一直难忘。

2. 长袖善舞

季云飞旗下的新同达投资公司一直在内地做房地产生意。那几年，房地产业兴旺时，很多公司重点开发针对集团购买的楼宇，竞相争夺位置、交通、上学、就医便利的地域，导致热点区的地价一直居高不下。而新同达投资公司从一开始就瞄上了城市白领富裕阶层，建造城市花园。他们选择的地区比较偏僻，但注重居住环境的营造，很快打响了“新同达城市花园”的品牌。由于经营成本低于其他房地产公司，售价低，物业管理又是高质量的，新同达房产几乎是建一个小区就热卖一个小区。与其他房地产公司不同的是，“新同达城市花园”售出后，还得到了后续的物业管理利润。

投资房地产为季云飞带来了大量的财富，但季云飞还在寻找新的商机。这时候，世界范围内都开始兴起新经济，网络的狂潮已经吹到了国内。一些网络神话不断冲击着国人的耳膜，张朝阳、丁磊、王志东这些网络大潮的弄潮人，在短期内积聚的巨大财富，足以让在传统商业中摸爬滚打一生的大鳄们目瞪口呆。对于美国经济动态特别敏感的苏琪自然注意到了这种新热点，她与季云飞商量新同达公司也要赶上这股新经济的潮流。但是季云飞意识到国内的许多网站和科技公司如火如荼的烧钱运动是不行的，要搭上这班车，一定得从别人想不到的角度切入。而且，现在新同达投资公司主营方向是房地产，无论怎样都不能舍本求末。苏琪当然同意季云飞的观点，她真心佩服季云飞的就是他无论在任何环境下，都能保持冷静的头脑，决不盲从。

一天中午，季云飞专门打电话给苏琪，说中午请她出去吃饭。苏琪一进酒店，就见到季云飞一贯温和的笑容里带了一丝得意，便料到他一定又有了什么新的主意。季云飞只有在她面前，才会偶尔流露出一种孩子气的天真来。今天中午出来吃饭，他是想在自己面前邀功呢。这种夫妻间的小游戏，可以增加许多生活的情调。

苏琪看出季云飞已经迫不及待了，却故意不问，到最后还是季云飞实在憋不住了，主动开口。他先问妻子：“美国西部淘金狂潮的时候，你知道最赚钱的是哪些家伙？”

苏琪想了想，回答说：“当然是那些挖到金子的人。”

季云飞笑着点头：“还有呢？”

苏琪再想，说：“还有卖铁锹卖水的人。”

季云飞抚掌赞叹：“不愧是女中豪杰，真是聪慧无比，一猜就中了。”

苏琪笑道：“说话别酸溜溜的，有什么你就照直了说吧。”

季云飞这才道：“我想，那么多人去挖金子，挖到的人一定不是太多。如果挖不到金子，那么就什么也得不到，这样，他们还不如那些卖铁锹卖水的人。我想，现在这股网络旋风就像挖金子，很多公司只看到了挖到金子后的财富，却想不到能挖到金子的终究是少数。所以，我们如果加入进去的话，倒还不如那些卖铁锹卖水的人。”

苏琪当然一下子就听明白了季云飞的意思，但她一下子还没想到具体该怎么做。季云飞接着说：“搞网络不一定赚钱，但服务于网络新经济却一定能赚钱。所以，我想在稳健发展房地产业务的同时，进军互联网经济和相关高科技领域。”

季云飞是个实干家，随后不久他就开始运作了。

首先，他将公司更名为新同达科技投资公司。按照季云飞的本意，他希望借着中国互联网科技的迅速发展，使新同达在原有基础上重组主业，重点进军互联网，争取成为全国最有影响力的科技投资公司之一。公司更名后，季云飞第一步便把互联网与房地产结合起来，这样原州的名人花园成为公司首次上马的宽带网小区。这个项目在立项的时候，就受到了各方的重视。由于机缘巧合，一位外国总统在当地政府领导陪同下参观了小区，大加赞赏。之后当地政府更是全力支持，使得季云飞后来主业拓展到原州的住宅宽带业务，铺设从城域网接入住宅的光纤网络，使住户实现宽带上网的功能。新同达科技并与当地电信部门组成了合资公司，专门从事宽频光纤相关产品销售及安装业务。

季云飞的公司发展到这时，已经成为一颗耀眼的新星。接下来，苏琪说服了做商贸出身的季云飞，将公司及早上市。当时沪深股市的公司上市实行额度制，即上市的指标由国家分配到各个省市与部委行业，而且还实行捆绑制，即准备上市的公司必须要收购一家亏损的国有企业。当时政府还有一个口号：证券市场为国企服务。新同达公司是原州的税率大户，在他提出上市后，市政府的有关领导会见了季云飞，提出政府把上市指标给新同达没问题，但是有一个条件，就是新同达科技股份公司必须收购原州的元中制药厂。

原州的元中制药厂是国家医药行业一次性投资非常大的工程，总投资18亿人民币。但季云飞去考察时发现，那么大一块场区死气沉沉，工厂早已停产多日，只留下部分职工维护机器和看护厂房。厂区里野草丛生，一副衰败景象。一幢七层的办公楼到处积满尘土，散乱着丢弃的文件，很多办公室的办公用品都已残缺不全。库房内，大批医药原料随意堆积，很多都已发霉。季云飞考察完，出来直摇头。

元中制药厂是原州市政府想方设法争取过来的项目，令人匪夷所思的是，工程的主要生产设备均是从国外定购的，但是整个工程一直不能正式投产。症结所在正是引进的设备工艺不过关，试车不成功，但厂里又莫名其妙地支付了外商全部货款。设备进厂后，国家医药局曾提出对引进的技术状况进行审核，厂方以"外商技术保密"为由拒不提供，令国家医药局哭笑不得。元中制药厂历任领导班子成员，分别来自党政机关或机械、纺织、陶瓷等行业，真正懂医药、懂经营的人一个没有。从企业筹建到现任领导班子，11年先后更换了五任。盲目蛮干导致原料极大浪费、设备损坏严重，现在已经说不清是天灾还是人祸。四套引进设备有三套出了问题不能通过验收，而中方在未查出原因的情况下，便草草收了场。试车期间，仅电机就烧毁了上百台，结果以查不出原因和责任人而不了了之。1993年，企业购进生产原料玉米6万吨，年底发现竟有三千多吨不翼而飞……如此种种情况数不胜数。季云飞在掌握这些情况后，心里更是顾虑重重。

晚上回到家，季云飞把考察元中制药厂的事跟苏琪说了，苏琪当时刚洗完澡从卫生间里出来，边用浴巾擦拭头发，边发出一些感慨。苏琪说："如果说20世纪在经济学方面给我们什么启示的话，那就是自由市场机制优于其他经济模式。第一次世界大战以后，人们尝试过差不多所有的其他市场模式，但是毫无例外都失败了。实际上，这些模式中，与自由市场偏离得越远，在创造财富和提高生活水平方面就会越差。政治家们虽然不用担心市场份额或利润，但他们担心是否能够在下个年度保住头上的乌纱帽。这也是为什么政治家比商人更容易做出糟糕决策的原因。这很容易理解：政治家做出的不是真正的经济决策，而是政治决策。因此，当政治家做出那些本该由企业家做出的决策时，结果通常是灾难性的。比如说元中制药厂，还不知道在国家损失惨重的背景下有多少人发了私财。"

季云飞心中亦有同感，但他自己却有一套中国商人式的理解。他认为中国商人的前途取决于对未来的预测，特别是也要适当地懂政治。当他听到苏琪最后一句话时，反问了一句："别人能够发私财，那咱们能不能呢？当然咱们得是合理合法发私财。你的学问高，你能不能算一算，如果咱们答应了市长的要求，分批收购元中制药厂，咱们会亏多少。公司上市后，咱们一方面能够获得大量的政策照顾，比如税率等，另一方面可以控制更多的资产。你不是说过现代企业家讲究的是控制财富的多少，而不是拥有财富的多少吗？"

接下来几天，苏琪开始计算收购元中制药厂之后的各项财务数据。这是件繁琐的工作，苏琪整整干了一个星期。终于计算出结果，她把自己整个人都埋在那张舒适的转椅上，竟有片刻不知所措。然后，她飞快地拨通电话，像个小女孩般激动地让季云飞放下手头的一切工作，以最快速度来她的办公室。

苏琪平时生活就是快节奏的，做事处处透露着一种大气，但她还从来没用这样的语气跟季云飞说过话。季云飞一猜就知道她这几天的工作已经结束，肯定有一个出乎意料的结果，才会让她如此失态。季云飞立刻赶去，苏琪在他进门后关上房门，然后将厚厚一摞财务数据表单推到他的面前。季云飞拿起来翻了两页，一时间根本就理不出头绪来。季云飞摇头："你还是直接说计算的结果吧。"

苏琪瞪着他，那莫名的表情让季云飞猜不透她的心思。蓦地，苏琪一声欢呼，上前就搂住了季云飞的脖子。季云飞莫名其妙，但苏琪兴奋的心情感染了他，他把妻子抱起来，在她唇上一吻，然后问："你快点说吧，再不说我可要憋死了。"

苏琪这时也自感失态，在办公室里实在不该有这样的亲昵行为。她回到办公桌后面，将自己这几天工作的结果告诉了季云飞。原来，当她计算完收购元中制药厂上市后的资产控制情况后，吃惊地发现，如果能够成功控制经过捆绑上市的公司，不但不会亏损，还会发笔洋财。

她的账是这样算的：如果自己的新同达投资公司和元中制药厂的部分优质资产，按照法人股1元的资产组建股份公司，但是发行公众流通股的时候是用溢价，即十多元甚至几十元的价格发行，会导致新的上市公司每股净资产由1元升到数元，这样自己的法人股资产也会升值几倍。公司上市后的前几年还没有把元中制药厂的劣质资产通过配股收购进来，这样上市公司的业绩还可以保持为绩优股，可以抓紧时间在前几年实施现金分红。自己的公司不仅可以成功地收回全部投资，而且还可以控制上市公司的资产。同时，当地政府为了保持上市公司的融资能力，必须不断给上市公司各种财政补贴和政策优惠。季云飞听苏琪说完，喜出望外，这回是他忍不住主动上前，兴奋地狂吻妻子。他马上就要打电话给分管这件事情的副市长，但苏琪拦住了他。关键时候，苏琪表现出了比季云飞更沉着的一面来。她让季云飞沉住气，在去跟副市长谈判时还可以再提一些要求。季云飞连连点头称是。

那天晚上，季云飞与苏琪去了一家高档文化酒店，庆祝两人的新发现。席间，季云飞感慨道："娶了你这样一位老婆，简直就等于挖到一座大金矿。"苏琪那晚心情特别好，听着丈夫的夸奖，不禁有些得意。她说："我们家祖上留下来一本《帮夫秘籍》。这几年，我已经熟读了这本书，所以，娶了我，你的事业想不兴旺都难。"季云飞不禁大感兴趣："这本书我怎么从来没看过呢？"苏琪说："那《帮夫秘籍》让你看了，还怎么能显示我的本事？"季云飞点头称是："也对。我说天下女人怎么就我老婆一个人这么能干呢？原来家里有新时代的红宝书。"看着季云飞那认真样，苏琪不禁笑出声来，说："傻瓜，我骗你的你也信。"又过了几天，一直等到副市长亲自打来电话，询问新同达对于收购元中制药厂的意见时，季云飞才向他提出，在分步收购元中制药厂的同时，也要注入一些优质资产，以保证上市公司的融资能力和经营形象。那位副市长只求尽早去掉制药厂那块心病，对季云飞的要求毫不犹豫地答应了。

由于是额度制，在政府的支持下上市工作异常顺利，所有的工作都有券商的投资银行帮着去办。事情的进展比苏琪预想的还要美妙，在新同达发行公众股的时候，正好赶上网络股与生物制药股受到市场追捧，有关方面一度放开了对上市发行市盈率的行政控制，导致了新同达的发行市盈率高达88倍。

第一年，新同达就实施了高派现的分红方案。这时候苏琪又计算了一下，新同达投资以评估增值后的8000万资产出资，通过高溢价发行，权益一夜之间增值七八倍；一年分红又一次拿走4500万现金，两年就能拿回全部投资。

新同达充分利用中国股市的制度缺陷，用高分红来实现自己利益的最大化。问题的根子在于股权分裂的制度安排上。更精彩的是，一年后监管当局实施了上市股市的规范化监管，上市公司的再融资实行核准制，劣质资产无法利用配股注入上市公司。

新同达捆绑元中制药厂的优质资产后，季云飞麾下增添了不少生物制药的人才。有一次季云飞去制药厂，在车间跟一个快退休的老工人闲聊，那老工人高兴地告诉这位没有架子的老总，说自己几十年睡不好觉的老毛病最近好了。季云飞便问吃的什么药，老工人说是厂里才来的一个制药师，不知道从哪儿知道他有睡不好觉的毛病，两个月前拿了一剂中药来，说是这药能治失眠。老工人半信半疑，抱着死马当活马医的心态，回去服了药，没想到才一个多月，晚上沾枕头就睡，再也不失眠了。觉睡得香，自然平时就有精神了，又过一个多月，连一些老年病症状都消失了。

季云飞对这事来了兴趣，便问了那制药师的名字，花重金买来了药方。苏琪认为这种药的市场潜力非常大，建议成立独资公司生产。季云飞也觉得成立独资企业可以不受任何拘束地发展市场，但考虑到一来自己没有那么多的精力，二来害怕这件事情自己在背后操纵，如果被媒体知道了，会造成对上市公司的不良影响，所以一时有些犹豫不决。苏琪这时建议可以找一个信得过的人来做这件事，俩人考虑人选时，不约而同都想到了林远思。

“林远思对于保健品市场很熟，他的能力完全能胜任这个工作。”苏琪说。

季云飞认同这个看法，以林远思的眼光，他不会看不到这种新产品潜存的商机，他也有能力把这个产品做好。再三论证，夫妇俩更觉得这件事非林远思莫属了。所以，圣诞节前，他们开着车前往上海。林远思果然如他们预想的一样，仔细看了公司的商业运作方案，稍微考虑了一下，便答应了这件事。

送走季云飞夫妇，林远思在夜里久久难眠，他打开窗户，站在窗前。夜里的风带着些暖意吹拂过来，夜空里灿烂的烟花已经渐渐沉寂。林远思目光穿过深蓝色的天空，好像又看到了一座高耸入云的大厦屹立在天宇之下。曾经的失败像一枚钢针，一度扎得他心里隐隐作痛。但是，这晚的林远思却很快乐，他想，上海的夜空跟深圳真的很不一样。这时的林远思，忽然有了一种登高的欲望。这世界上最高的地方是哪儿呢？当然是珠穆朗玛峰。那好吧，就去珠穆朗玛峰吧。

3. 斗转星移

乔锋一回到海南，就把自己在李勇的证券营业部发现转配股能够上市流通的事跟卓融说了。乔锋本来以为卓融会大吃一惊，但是，卓融听完后，却异常冷静。卓融问：“这件事情你能够确定？”乔锋把在营业部复印的那张百岁老太太买卖交割单取出来放到卓融面前。卓融非常仔细地看了看，眉峰微皱，再问：“这件事还有谁知道？”乔锋回答道：“李勇。李勇也知道这个事。这份交割单就是他替我复印的，但我临回海南的时候跟他说了，让他一定保守这个秘密。”卓融又想了一会儿，眉峰舒展开来，说：“你做得很好。从现在起，公司的自营操作暂时停止，全部为一个类似的股票做准备。”他停了一下，又说，“为了防止意外情况，我会派李勇去国外学习一段时间。你注意近期的最新信息，争取在下一个类似的机会股票上动手。这段时间，你抽空到内地的一些其他证券公司营业部开设一些个人账户。千万不能让这些营业部知道这些账号的实际背景情况。”

乔锋点头。他已经完全知道了卓融的意图，这个资本大鳄面对新的信息能够及时做出决策，而且严谨沉着，这份定力便非一般人所及。

过了一些日子，有一个小盘股进行配股，同样具备转配股的题材。乔锋把这个情况向卓融汇报，卓融指示乔锋，目前公司的资金还没有准备好，让他先用那些做短线的个人账号做几千万的短线，有利润就出，然后把情况向他汇报。乔锋按照卓融的要求做了，果然很顺利，这其中存在着盲点漏洞利润。卓融对乔锋露出赞赏的目光，乔锋心情也很愉快，这是他进入银赛港国际信托后，首次独力操作赚来的利润。

接下来的一段时间，市场一直处于盘局状态，涨一天，跌两天，然后又涨一天。由于卓融已经交待了资金要处于全面静等的状态，所以乔锋也懒得把眼睛盯在那不死不活的大盘上，他干脆在交易所里看起了武侠小说。股市运行的规律是盘久必跌，这次也是这样。大盘在盘整几个星期后的一个周末出现了一个偏大的阴线。卓融立刻把乔锋叫到了他的办公室。让乔锋从现在开始，全力以尽量低的价格买进一只叫做“南方彩虹”的股票，具体二级市场运作全部交由乔锋负责。

乔锋其实也早就注意到南方彩虹了，这是一个家电行业的绩优大盘股，去年上市，但上市后一直表现得非常不活跃，被市场称为绩优垃圾股。因而在股票市场中吸货并不困难，对于优秀的操盘手来讲，最主要的问题就是在买股票的时候不动声色，高效率低价位买进目标股票，拉升的时候用尽可能小的资金提升股价。同时，不断保持同其他投资者抬高成本地换手，出货时把握好时机不影响股价。当然，有时也需要反向运作。在这方面，乔锋简直就是天才，操作起来得心应手，根本就没费什么事。

完成进货不久，南方彩虹就公布了良好的中期业绩，同时公布的分配方案是10股配2.5股转配7.41股，在此基础上再按每10股送7股。这下子乔锋明白了，卓融原来早就安排好了，很可能到时南方彩虹的配股承销商就是银赛港国际信托。随后的配股公告书，果然印证了乔锋的猜测，与以往其他股票的情形一样，大量的流通股东放弃了转配权，这些筹码被承销商全部吃进，然后又通过送红股的方式进一步摊低股价。由于交易所对这部分的筹码没有除权处理，包销的转配股部分几乎等于白捡。乔锋简单地按照操作计划算了一下账，按红股流向市场第一天收盘价计算，当天的计划收盘价是10.10元，可获得8726万元的套利利润。按当天计划的均价11元计算，可获得利润9503万元。当然这不包括正常流通筹码的盈亏。8月21日是南方彩虹的除权交易日，乔锋这方面的操作一切非常顺利，要不了多少个交易日就可以抱个大金娃娃。但不知道是哪个环节出现了问题，交易所的一个工作人员突然给《证券报》写了封信。8月25日，《证券报》登出了一封股民来信，谈到发现南方彩虹的转配股已经上市。当天下午南方彩虹在交易所的建议下停市半天。8月26日，再次申请停牌一天。同日，C证券交易所有关发言人就此事回答记者问时表示：按本所的理解，有关规定强调的是配售和转让的股票本身，不包括类似“南方彩虹”这种情况。因此本所依照此类问题的惯例，南方彩虹送股部分于8月21日上市流通。

也就在同一天，监管部门就南方彩虹事件做出正式裁决，认定南方彩虹转配股上市属违规行为，并因此对C证券交易所通报批评，责成南方彩虹整顿内部证券事务，对银赛港国际信托罚款200万元。但对已经上市流通的南方彩虹转配股，只好将错就错，让其流通。11月11日，南方彩虹在C证券交易所复牌交易。

由于这次突发事件的影响，使得整个市场知道了南方彩虹转配股上市流通的事情。这样，流通股的成本当然被摊低，其除权价不可能是10.95元，而应是8.81元，导致南方彩虹开盘后抛盘如注，市场上一时没有投资者敢于买进该股。这时候，乔锋知道不应该有太大的动作，于是同卓融商量暂时停止操作。不过，银赛港国际信托此时依然持有大量的流通筹码，如何处理这批筹码就成了件头疼的事。

乔锋当时不知道，银赛港国际信托操作南方彩虹的资金是大量的短期融资，为了支付这些已经到期的资金，卓融未经国家主管部门批准，采取超额发行、重复发行、变相发行的手段，擅自发行公司金融债券，数额达到了3亿元之巨。而那时国家正处于通缩阶段，实业普遍不景气，银赛港国际信托最重要的盈利手段就是依靠证券套利，这也是银赛港国际信托公司下大力气挖乔锋过来的重要原因。

乔锋感觉到了压力，手中持有的南方彩虹筹码，像沉甸甸的大山压在了他的心上。一天晚上，冲完凉梳头的时候，他发现自己掉了十几根头发。把头发拈在手中，他不禁苦笑。那次在香港，万安投资举办的“机构盈利模式年度论坛”，乔锋就发现了一个奇怪的现象，参加会议的那些大鳄们经过多年浴血奋战，头发一个比一个少，越是资金大的人越像法国球星齐达内（秃顶）。当时乔锋还不理解，现在看到自己掉发，心里不由感慨：股市真是一个让人心力交瘁的战场。

卓融看出乔锋精神不是太好，知道他心里承受的压力，便以轻松的态度安慰他。为了使银赛港国际信托的自营运作更具有隐秘性，卓融安排他去一趟上海，在当地其他的一些券商营业部开设一些个人账号，以备今后之需。同时卓融告诉乔锋，可以去苏杭几个城市随便转转，如果没有好的思路，可不急着操作。在证券市场里，有时耐心等待是必要的。乔锋知道这是卓融在安慰自己，让自己去上海散散心，减轻些心理压力。乔锋心里感激卓融的好意，便择日启程，去往上海设立一些账号。其实这种工作完全可以由普通工作人员完成，卓融这样做显示出他在驾驭人的方面确实有独到之处。

开设账号非常简单，几天事情就办完了。卓融临行前嘱咐乔锋不必着急回来，可以自主随便转转，乔锋便想到了找太行聊聊，或者太行还能给自己出点主意。但打给太行的电话老是不通，便给赵熙打。赵熙的电话虽然通了，但赵熙却说她现在正在外地，后天才能回来。乔锋听出赵熙的语气异常疲惫，便关切地问她是不是太累了，让她注意休息。赵熙沉默了一会儿，显然是心里有事，但是她不说，乔锋也不好问。赵熙问及乔锋这次去上海的原因，乔锋便说是一些简单的公事。赵熙告诉他，如果他不急着回海南，她两天后就会回上海。

放下电话后，乔锋又想起林远思和关冰倩也在上海，好久不见了，不妨去看看他们，又给关冰倩打电话。关冰倩听出乔锋的声音，非常高兴，告诉了乔锋自己家的地址，并带些歉意说只能让乔锋自己过来了，因为她正在上课。

乔锋打车过去，司机按照地址将乔锋载到关冰倩住的公寓前。关冰倩把乔锋请进家里，乔锋看见门厅和门上都挂着牌子“邻家汉语”，乔锋笑着问这是不是上海最近最流行的家庭 SOHO。关冰倩说：“是呀。”乔锋说：“变化不小嘛。”关冰倩说：“那可不是吗？奇雪都已经 3 岁了。”乔锋忙着纠正说：“我是说你干事情的魄力变化大，但模样一点没变，好像还更漂亮了。”乔锋确实不是恭维关冰倩，经过这么多的风雨，林远思的事业已有了新的转机，关冰倩精神气色要好了很多，并且气质更高雅了。她告诉乔锋：“刚来上海的时候比较拮据，灵机一动想了教外国人说中国话这个办法，结果还不错，每个月大概有八九个学生。刚刚下的课。”乔锋这才注意到客厅布置得像一个会议室，墙边还有黑板，上面写着字。

关冰倩话说得轻松，但乔锋却感觉到其中的艰辛，感叹说："让人佩服。"

关冰倩笑道："每个人都是要变的。正好远思今天可能回来，就在家里吃饭吧。你再夸我，我还能比你这沙场上的赵子龙强?"

乔锋摇头苦笑："你就别挖苦我了，什么赵子龙，这个行业你又不是没有干过，是个毁人的职业。我这趟来上海，其实就是来散散心，要不，坐在操盘室里，就是什么都不做，脑袋也闲不住，也清醒不了。"

"那应该去深圳，找沁晖呀!"关冰倩打趣。

"是呀，我也想这么做，不是还有工作嘛。再说朝见公主要在高兴的时候去才行，要不工作没有干好，后方又失火了。"

临近晚饭的时候，林远思回来了，乔锋一见，便说他比在深圳时瘦了。关冰倩怜惜地说："来到上海，一切都要重新开始，事事操心，不瘦才怪呢。"

林远思微微一笑："中国的男人嘛，不都是这样。又得搞家庭物质文明建设，又得搞家庭精神文明建设。"转而问起乔锋的近况，乔锋照实说了，只是隐去最近操作南方彩虹一事。两人都感慨事过境迁，当初大家都在深圳发展，如今却各散东西。乔锋随口问起林远思近况，林远思还未说话，那边的关冰倩已经抢着道："他刚刚爬了一座山回来，都两个星期了，身体还没恢复过来。"乔锋一愣："爬山，爬什么山?"林远思微笑不语，那边的关冰倩却自豪地说："珠穆朗玛峰!"

原来，不久前，林远思趁着新公司注册手续的空档时间，与三个兄弟去了趟西藏，去爬珠穆朗玛峰。他们乘车到达珠峰脚下，很顺利地登上了登山大本营5300米的地方。他们还想继续往上爬，但按照规定，再往上一定得雇当地的导游。那时公司初创，资金非常紧张，雇一个导游要花800块钱。林远思想省钱，几个兄弟当然也和他有同样的心思，四人就决定自己往上爬。上去后，他们在冰川里迷了路，转了好长时间，背去的氧气快吸完了，林远思一度认为自己回不去了。林远思跟同来的兄弟说："你们回去吧，我实在走不动了。"林远思的体力确实耗光了，又缺氧，一步都挪不动了。那会儿天又快黑了，天黑之后，如果还找不到回去的路，大家都会被冻死的。三个兄弟谁都不愿意丢下林远思，他们从深圳跟着他到现在，已经是患难之交了。他们留下一个人看护林远思，另两个人去找路。合该林远思有运气，那两个人居然找到了来时的路，他们把林远思拖到路上，轮流扶着他下山。找到路就好办了，尽管那条路很窄。直到半夜，林远思等四人才回到登山大本营。回来之后四人想想都觉得挺后怕的，林远思更是觉得捡了一条命回来，便一下子看开了很多事情。回到上海后，他过去的一些经营理念都发生了变化，所有的条条框框在他心里都被打破了，怎么实用怎么来。而那三个陪他去珠峰的兄弟，后来都成了他公司里的核心骨干。

听完关冰倩的讲述，乔锋不由对林远思肃然起敬。这件事对他的触动很大。他想，人在那种极其恶劣的自然环境里，真的可以爆发出所有的潜能来，而如果把这些潜能运用到商场中去，那么，你必定会是一个不败的英雄。

这个时候，小奇雪被邻居的一对外国青年送过来了。乔锋自然少不了要抱着小奇雪亲热一番。关冰倩的邻居有不少外国人，他们都挺喜欢小奇雪，所以没事时便来带她出去玩。现在小奇雪年纪虽小，却已能说得一口流利的英语了。

赵熙一回到上海，就联系乔锋，她这才知道关冰倩也在上海。她们原先在深圳见过一面，但是并不是十分熟悉。这次在上海相聚，乔锋给她们介绍的时候，说她们是上海最漂亮的两个女强人。赵熙与关冰倩，也是一见如故，亲如姐妹。

席间，乔锋免不了问太行的情况，说自己始终联系不上他。赵熙表情不是十分自然，勉强笑着说："他去了北京，最近与他合作的几个公司都在北京，资金不能离开北京。"关冰倩看出赵熙可能与太行有些不愉快，便说："男人么，再强也得有女人管，否则他就成不了大事。有时候要要小孩子脾气，过一阵自然就好了。"

赵熙开车送乔锋回宾馆，路上，乔锋再次提及太行，问赵熙要不要自己这个弟弟给她出气。赵熙被逗笑了："要，你要是去北京，帮我打他几下，踢他屁股两脚也行。"乔锋有心逗她高兴："那你得给我写个手谕，我奉姐之命踢他屁股，要不我平白无故踢他屁股，还不把他得罪了。"

赵熙的情绪很快就好转了起来，她告诉乔锋自己正在跟一个归国的医生筹划创办一家诊所，事情基本上已经定下来了，诊所的位置都已选好，这趟出差就是去考察一批医疗设备。

姐弟俩人几句逗嘴打趣，赵熙的情绪明显好多了。

乔锋确实也有女人缘，赵熙与他相处，有一种轻松的感觉。乔锋脑海里灵光一闪，他立刻变得兴奋起来，说："熙姐，每次我遇到难关，只要见到你，就会出现转机。看来，你真是我的幸运女神了。"话说完乔锋觉得有些唐突，赶忙解释："我是说，你每回总能给我带来幸运……"赵熙没有听懂："你瞎说什么呢？"乔锋回答说："没什么，我突然为公司想起来了一个一箭三雕的好主意。好，熙姐，你不要生气了，我明天就要回海南，我会和沁晖再来看你的。”

4. 商海一梦

蓝月亮商城与三金期货都是原州的明星企业。三金期货老总冯亿谋早期收购了不少蓝月亮商城的股票，那些股票当时还没有真正上市，冯亿谋认为蓝月亮商城是明星企业，代表着当地形象，有着多级政府支持，不可能不上市。一段时间内，三金公司利用蓝月亮商城原来持股者缺乏耐心的心理，大量在一级半市场收购蓝月亮商城的股票。

事情的发展正如冯亿谋预料，他持有大批蓝月亮商城股票一段时间后，终于迎来了蓝月亮股票的上市。蓝月亮股份公司，虽然头顶着10年时间销售收入增长45倍、利润增长36倍的光环，但公司上市的时机却不是太好，刚刚赶上南方彩虹法人股转配违规上市交易。上市当日仅以7.48元的中等股价收盘。公司在上市公告书中提出的“大市场、大商业、大流通”商品连锁战略口号，并没引起太多投资者的兴趣。有关媒体对蓝月亮的炒作进入高潮，也未对公司的股价走势构成任何助动作用。到了5月份，有关蓝月亮的消息一下子又多了起来，起因是蓝月亮公司证券部突然接到C证券交易所通知，称原州三金投资咨询服务公司已经收购蓝月亮股份公司上市流通股7 124 797股，占总股本68.8%。这个消息传开后，一下子在市场上引起轩然大波。很多人都在猜测，原州三金公司是何方神圣，如何在短短时间里就通过二级市场搜罗到蓝月亮如此多的筹码。

退伍军人出身的蓝月亮老总杨冰毅在证券市场上是个“土八路”，接到C证券交易所通知后第一个反应就是觉得有人想来夺班抢权。这时候他发觉蓝月亮比起其他上市公司有一个明显的特点，就是流通股占据了总股本的69%，大于法人股的总和，更是远远大于第一股东大展房地产持有的23%的股权。只要有人在二级市场买进了一定比例的股票，就可以申请召开临时股东大会。在股东大会上如果有足够的股份支持新股东，那么包括总经理职位在内的公司管理权就会落入他人手中。杨冰毅紧急派人把其他法人股东的负责人请到了蓝月亮股份公司商讨对策。会议上，大家纷纷谴责三金公司：“想利用证券市场获得蓝月亮改革成果，这是妄想。”大家在表示极大的愤慨的同时，一致同意在可能召开的临时股东大会上，继续支持杨冰毅出任总经理。杨冰毅拱手感谢大家的支持，但他并没有因此放下心来。会后，他对一个名叫汪浩年的部下说："别看这些人现在说的好听，到了关键时候到底怎么样还不一定呢。咱们还是自己先做好准备，防止恶意收购，必要时要在二级市场上进行反收购行动。"

三金投资咨询公司就是冯亿谋的三金期货的下属公司。当初，他就是以这个公司的名义在一级半市场上收购了大量的蓝月亮股票，平均价格达到了8元的价位。由于股票上市时机不好，原始股东抛售较为沉重，导致股价一直在7元的价位上波动。已经习惯了期货运作的冯亿谋自然不能忍受被套的局面，调集了大量资金进行护盘，股票越买越多。在冯亿谋的公司中，多数员工都是跟随冯亿谋白手起家的人，真正文化素质高和能力强的人不多，冯亿谋本身也只有大专的文化程度，因此他们对证券市场的法规不是很熟悉。公司操盘手在进行操作时根本没有注意个人账号和法人账号的持股数量限制，更没有想发动收购战。直到接到C证券交易所通知："公司买入蓝月亮股份公司二级市场上股票的数量已超过公司总股本的5%，按照规定必须举牌公告收购。"这才恍然大悟，原来还有这条法规。不料这件事一下子便成了市场上的炒作热点，头脑精明的冯亿谋灵机一动，真的对媒体宣称：由于看好蓝月亮的发展前景，准备在二级市场上收购该公司，并准备在二级市场上继续大量买进公司的股票。他同时号召二级市场上的其他中小股东支持三金公司的行动。举牌收购事件历来就是证券市场上最热门的题材，因此吸引了大量投资者的关注，握有蓝月亮股票的许多散户非常希望看到双方出现争持股票的现象，这样便可以使股票大涨，从而短线获利。这些人在接受报刊、电视台采访时，纷纷表示支持三金公司的收购行动，一时间闹得"山雨欲来风满楼"。

三金期货收购蓝月亮的事件当然也引起了卓融的注意，但他没有想到乔锋会把这件事情跟银赛港国际信托持有的南方彩虹股票联系起来。乔锋将一份详尽的计划书摆到他面前，他花了整整一个上午的时间才看完，他被乔锋设计的这种新的盈利模式所打动。卓融心里感叹，庆幸自己当初收拢乔锋这样的奇才没有花错心思。接下来的项目认证会议上，公司几位副总对某些问题进行了质疑，乔锋都进行了圆满的解释。卓融见再没有人提出异议，便当即拍板同意乔锋的计划，命令总裁助理许惊雷专职负责业务，乔锋则负责具体的操作。乔锋与许惊雷已是老熟人了，俩人这番联手，惺惺相惜，在后来的合作中非常默契。

计划执行的第二天，许惊雷便专程飞往原州，这是他第二次来原州。第一次他成功地替老板收服了自营大将乔锋，这次再来到这里，他很有信心，他是银赛港国际信托的公关专家，过去多少棘手的事情，他都凭着机智迎刃而解。

这次乔锋提出的这种新的盈利模式，如果实施将形成多赢的局面，即蓝月亮、三金期货与银赛港国际信托都将从中获利，如果对方不是傻瓜，肯定会同意的。即使对方是傻瓜，他也有办法让他聪明起来。

到了原州后，他第一个找的人是冯亿谋。在冯亿谋的办公室，许惊雷开门见山就问："三金公司收购蓝月亮的事闹得很大，我现在有一事不明，我想知道你到底是真的想收购蓝月亮，还是只是借机来炒高股价。"

冯亿谋还摸不清许惊雷的底细，他清楚许惊雷所代表的银赛港国际信托的实力，于是试探地问："如果我真想收购蓝月亮会怎么样？"

许惊雷说："这一决策明显是不现实的。蓝月亮并不像它外表看来的那么风光，它的干部人事情况是这种外在收购无法渗透的。而且，你是原州期货大王，你根本没有从事零售业的经验，即使最后收购成功，元气大伤不说，如何经营蓝月亮对你都是个问题。"

冯亿谋面无表情，又问："如果我不想收购蓝月亮又如何？"

许惊雷笑了："如果你不想收购，只是因为手上持有大量蓝月亮股票，想借收购炒作的话，我这里有一个多赢的计划，可以让你不费力气，且比原来的设想更容易赚钱。"

冯亿谋明白了许惊雷此行的意图，他听完许惊雷介绍乔锋的计划，振奋不已，最后连声说："这种天才的想法呀，怎么想出来的？我当然愿意呀，不过你给我们的条件不能太苛刻了。"

冯亿谋跟杨冰毅本来有些私交，但因为收购一事，关系闹得有点僵。得到许惊雷提供的谋略后，冯亿谋主动打电话给杨冰毅，约他出来聊聊。杨冰毅与冯亿谋一样，身上多少都带些侠气，当时便答应了。

杨冰毅到了约定的酒店，进了包间，看到屋里只有两个人，除了冯亿谋，还有一个年轻人。他不认识这个年轻人，也没有打招呼。一上来，杨冰毅还有些警惕，不知道冯亿谋壶里卖什么药。而冯亿谋，因为知道银赛港国际信托的计划，所以表现得非常豁达，上来就拉着杨冰毅的手，跟他开玩笑说："老杨现在见到我眼睛都红了。虽然商场如战场，可别忘了咱们还是老朋友。"

杨冰毅不便表现得太小气，只能与冯亿谋寒暄，但表情却有些不太自然。冯亿谋看在眼里，当下也不啰嗦，直奔主题。

"杨总，这是海南银赛港国际信托公司的总裁助理许惊雷。"冯亿谋说。

显然杨冰毅听说过海南银赛港国际信托公司，与许惊雷握手说："怎么，你们公司也要收购蓝月亮？"许惊雷微笑不语。

冯亿谋道："老杨，咱们挑开天窗说亮话，我知道你还在为我举牌收购蓝月亮的事记恨我。其实你不明白我的苦衷，当初我看好蓝月亮的股票，只想着买来后等它升值，谁曾想收购价格过高，被套至今。我为了解套，当然得想办法抬高价格，结果价格没抬起来，股票却越买越多。老杨你知道我是干金融的，我收购你的蓝月亮有什么用，我又不像你，有那么大魄力，我没有经营实业的兴趣。”

杨冰毅听明白了，原来冯亿谋并不是真想收购蓝月亮，他脸色缓和下来，但还是不明白冯亿谋今天请他来的目的。冯亿谋笑了笑道：“今天把老杨你给请过来，是有件好事要跟你商量，具体情况由卓先生的这位高手跟你说。”

许惊雷这时也不再客气，把自己此行原州的用意详细地说了出来。

许惊雷首先说：“三金公司收购蓝月亮的事情闹得沸沸扬扬，我们正好可以利用这件事来做做文章。我们银赛港国际信托一个下属投资公司，会公开支持蓝月亮进行反收购，反收购的资金将由蓝月亮提供。如果蓝月亮没有足够的资金，我们建议蓝月亮买断南方彩虹的两条生产线生产的全部洗衣机，用抵押承兑汇票的形式一年后付款。当然，如果按照正常零售价销售，这批洗衣机可能会出现积压，这样杨总也不愿意干。但是如果蓝月亮把这批洗衣机以出厂价甚至低于出厂价的价格出售，那么势必会出现抢购，这使得蓝月亮能够很快收回大量现金，蓝月亮便可以把这部分资金委托我们下属的投资公司进行反收购。这样做最大的好处，就是可以使蓝月亮股票大涨，蓝月亮的投资收益会同步提高，其中的利润会远远超过低价倾销洗衣机的亏损。如果这件事情能够做成，那么对于我们三方，将会形成一个多赢的局面，每一方都能从中获益。”

杨冰毅听得很用心，但这件事委实过于复杂，他一下子没有完全听明白。于是许惊雷进一步解释为什么大家都能得到好处。许惊雷说：“我们银赛港国际信托方面，可以获得大批的委托理财资金和一个配合默契的股票；蓝月亮方面成功地反收购并获得投资利益，公司领导也能有合法的额外收入；南方彩虹因为产品的大量成功销售使业绩稳定增长；三金公司购买蓝月亮股票本意就是为了从中获利，现在蓝月亮股票大涨，自然也就能从中获利了。”

杨冰毅对股市虽然不是很精通，但许惊雷说到这种程度，他一下子就理清了思路，再想一想，整个人都有了精神。这时，冯亿谋笑眯眯地盯着他看，问他：“杨总，对银赛港国际信托的这个计划有什么想法？”

杨冰毅没有回答，却大声冲着门外叫：“小姐，上酒！”

冯亿谋哈哈大笑，那边的许惊雷也面露笑容。

在那之后，证券市场上就出现了一个奇怪的现象，南方彩虹的走势总是与蓝月亮同步波动，被投资者戏称为逆市双雄。它们的走势十分怪异，在大盘涨的时候不怎么动，但是大盘一跌就涨，跌得越狠涨得幅度越大。后来许多投资者发现了这个规律，越是在大盘跌的时候越买进这两只股票。南方彩虹的家电销量越来越大，不断地吞并其他家电行业；蓝月亮也开始规划自己的全国连锁战略。银赛港国际信托这次盈利模式的成功运用，开创了沪深市场机构新的开端，以后资金链、盈利链、投资理财等新名词在圈内流行开来。

5. 镜花水月

有一阶段，原州股民几乎个个都在炒蓝月亮的股票。在证券营业大厅经常可以看见这样的场面，其他的股票无论有多么凌厉的表现，大厅里的散户就像没看见一样，但是一旦蓝月亮的股票出现了1毛钱的升幅，立刻就能引起全场雷鸣般的掌声。伴随股价的步步走高，蓝月亮这一年的中期每股收益0.11元，全年每股收益0.37元，比上年增幅达42.31%，销售收入更增长150.79%，其中下属家电分公司增幅就达245%。这就是说，蓝月亮这一年业绩增长多半是依赖于家电批发业务迅猛增长（股票投资收益的增长）。与此同时，公司“大批发、大商业”的口号也日渐响亮。原州蓝月亮每天都在闹市区用高音喇叭做广告：“蓝月亮，原州人的骄傲！原州人的荣光！”声调铿锵，吸引了许多围观。

与此相比，很少有人注意到蓝月亮属“历史遗留问题”，上市没有募得资金，1992年通过增资扩股募集的资金有680万元属参股组建的原州中意鞋业公司；而中意鞋业公司始终未能进入正常生产，到1997年已处于停产状态。公司决策的随意性由此可见端倪。更为严重的是当时公司资产负债率已高达68.9%，在利润高速增长的同时，股东权益却逐年“缩水”。公司董事长杨冰毅对蓝月亮高负债率却并不以为然，甚至认为“负债经营对公司有利”。虽然这时蓝月亮已经是上市公司，但严格来说，这时候的蓝月亮还只是个非驴非马的“企业”，它还有许多不成形的地方，有一些致命的生存隐患。包括杨冰毅曾大肆宣扬的“改革”做法，实际上与现代企业经营思想也还有着相当的距离，更有纯属落后的农业文明观念的“沉渣泛起”。

许惊雷因为负责帮助蓝月亮进行反收购的总体业务，一段时间内，在原州与杨冰毅接触较多，并进入蓝月亮商城。他虽然没有办法了解蓝月亮的核心部门，但是，蓝月亮商城经营模式中存在的弊端，却是显而易见的。所以当许惊雷回到海南向卓融汇报情况时，对蓝月亮的前景表示了极大的担忧。

许惊雷对于蓝月亮的情况汇报得很详细，其中有很多是外人所不了解的，所以卓融听得入神，并陷入沉思。

许惊雷提到蓝月亮以“实行总经理负责制，打破铁交椅，干部能上能下”而区别于国有企业的干部管理制度，自我标榜为“现代化企业管理模式”。在国有企业，管理干部是靠组织部门来摸底、审查、任免和调整，其中虽有官僚主义之嫌，但也不乏严谨认真之长处。蓝月亮“破三铁”，这一套都不要了，按说应该是向现代企业制度迈进一大步，但实际上刚好相反，没有了人事考核，没有了晋升依据，不管“能力开发”，也不管什么“合理配置”，所有这一切统统简化为总经理一句话。在蓝月亮，手握绝对权力的杨冰毅的个人品格变得至关重要。他的人格弱点放大到企业运营的每个环节，对企业造成了起伏不定的影响。周周的每个人都在观察他、琢磨他，利用他性格上的弱点来达到自己的目的。终于，这样的人出现了。

一名年轻干部叫汪浩年，因盛气凌人，得罪同僚太多，频遭告状，杨冰毅将他免了职。免职令下达那天，汪浩年一夜未眠，抽了两包烟，悟出了真经。此后，他用整整一年时间模仿杨冰毅的笔迹、走路的样子、说话时的口气，甚至大笑时用拳头遮嘴的习惯姿势等。一年后，他成了杨冰毅最亲近和最信任的部下。他每天都要探听杨冰毅的行踪和工作生活状态。当听说老板在北京犯了胃病时，他在原州马上命人到药店搜购所有治胃病的药，以他个人的名义送往北京。他在蓝月亮所负责的工作，没有一项不是耗资甚巨最后却不了了之的，但他却屡次被杨冰毅委以重任。因为他已经把杨冰毅研究透了，永远说他想听的话，永远顺着他的思路发挥。比如，杨冰毅说要建一栋68层高的大楼，作为象征“蓝月亮事业”的丰碑性建筑。这时杨的思想已经开始飘散出些许狂热。集团其他干部都沉默不语，惟有汪浩年说：“不！要盖就盖120层！到2000年都是全国第一！”嫉恨他的干部背地里说：“让他拿嘴去盖吧！”但杨冰毅很喜欢听这样的话，时常夸他“发展的思路非常开阔”。每次当汪浩年在工作中将要出乖露丑，很多干部等着看他的笑话，等着要用这“铁一般的事实”来验证杨冰毅的“用人失误”时，杨冰毅却总等不到最糟糕的结果完全显现，就将他调到另一个重要岗位上。

要求一家缺乏理论准备，仓促出现的新企业具有体制上、技术上的周密详备，无疑是一种苛求。事实上，蓝月亮开业后所做的，虽有炒作之嫌，但也足以傲视同类企业。这也符合它所得到的一部分荣誉。然而，它毕竟还有着许多稚弱及有待完备之处。以当时的市场形势而言，它也有充裕的时间去做这项工作，但扬冰毅显然是放弃了这个机会。有人说蓝月亮的成功是个“误会”，意思指它的成功标志是“成名”而并非企业经营的真正目标所在，它也不像企业经营者的成功，而更像宣传家。炒家的成功是把一名不识简谱、唱歌还经常跑调的美女包装成“歌星”。杨冰毅所擅长的是宣传、煽动、“整顿”和策划组织大型活动，他对通过改善商品业务来提升效益的方法有着本能的忽视甚至排斥。蓝月亮业务基础薄弱、运作混乱是原州商界人人皆知的事实。从蓝月亮一贯的“高销售、低利润”程式来看，这些效益只能说是“成名”的副产品。

原州蓝月亮商场筹备时构想的经营模式，是杨冰毅靠几个电大同学的讨论，他自己对广州、上海、北京等大城市商业现状的考察，以及阅读外国企业家传记的感悟中得来的。之后边学边干，边干边改，竟然也获得了意想不到的成功。摸索着前进，“跟着感觉走”的改革方式，被杨冰毅认为很惬意，很有独创性，很能发挥自己天马行空的想像力。他对理论是蔑视的。

像蓝月亮这类企业，善于利用舆论造势，而舆论的煽乎鼓动又反过来对蓝月亮产生作用，对杨冰毅产生作用，使他产生了幻觉，认为企业要想成功，就应该刀法不依古训，使用一些“鲜、奇、怪”招。很多人对“蓝月亮”后来开始疯狂扩张的举动迷惑不解，认为不符合决策者作为人的正常心理。但如果以“神”的心理来揣度这种行为，就会变得很容易理解了。当然，“神”是不存在的，有的只是把自己当成“神”或“超人”的人。

许惊雷将自己知道的关于蓝月亮的种种弊端都说完后，卓融不由得也开始替蓝月亮忧虑起来，对银赛港国际信托与蓝月亮股份公司的这种合作究竟能持续多久也产生了怀疑。最后他指示乔锋，在适当的时机将持有的蓝月亮与南方彩虹的股票全部出手，这样，蓝月亮的生死便与银赛港国际信托全无关系了。乔锋其实也正是这个意思，他认为蓝月亮的危机存在已久，但它被外表的光环笼罩，这种光环一定还会持续相当长一段时间，所以把握出货的时机显得尤为重要。卓融这时已经完全相信乔锋的实战能力，便将这一切都交由他自行决定。蓝月亮上市之后的第二年，股价达到了30元的高价。在股价涨升过程中，不少的原州投资者因此获得了一定的投资收益，这其中包含了方方面面的干部家属。有人说随着股价的单边上涨，杨冰毅把方方面面的关系都给摆平了。这一年，他入选“新时代十大杰出青年”。接下来，中原省委、省政府将蓝月亮树为本省商业战线的标兵，对蓝月亮和杨冰毅本人通令嘉奖。各种荣誉铺天盖地而来，杨冰毅在蓝月亮的所有做法，几乎都被政府、新闻界及纷至沓来取经的同行们挖掘、整理、提炼、升华，奉为“现代化经营之道及管理模式”，四处传播，褒扬有加。从开业起，蓝月亮商场经营就“奇招迭出”，这主要凭借杨冰毅个人的智慧、知识及经验积累。但个人才智、经验的积累总有捉襟见肘的时候。后来的杨冰毅被成功的荣誉、各种各样的出场机会分身、分心，不像以前那样一门心思琢磨经营了。

此时，即便杨冰毅本人有心改弦更张，恐怕也要搔首踟蹰、难以下手了，何况杨冰毅及蓝月亮已经静不下心来去学那些经营基本功，从头打好基础了。因为那是既费力、费时而又见效太慢的事情。这时也正好是杨冰毅的“苦闷期”，高层领导的视察、省市领导的鼓励、同行的称羡、记者的探访、百姓的爱戴等，使杨冰毅油然而生一股“领全国风气之先”的使命感。所有的荣誉都是因他以前的成绩而授予的，而这些成绩，现在看来都微不足道了。他迫切需要在更高层次上、更大范围里有一番作为，来进一步证明自己的价值。在“成功”面前，人人都认为更大的成功也唾手可得。

蓝月亮首先发动了热热闹闹的“原州商战”，蓝月亮四处叫阵，煽风点火。原州五大国有商场则是等着看蓝月亮出什么招，他们也跟着出什么招。蓝月亮赞助了电视台一期“谁让我心动”的交友节目，为了与众不同，为了产生轰动效应，请了一位外国妙龄女郎参加节目。下一期，蓝月亮的一个对手企业立刻也赞助了这个电视台的节目，结果六位女嘉宾全是外国人。观众给电视台写信说，电视台的节目应该改名，不应该叫“谁让我心动”，应该叫“外国人让我心动”。这种竞争模式的抄袭、雷同，带来的不是彼此各显神通和商业全局的畅旺，而是大家都往一条狭窄的道路上挤，你中有我，我中有你，混战一团，撕扯不开。而这正是商业经营之大忌。这种“商战”的后果是参战的六大商场无一不是经营业绩大降，其中蓝月亮商场还一度陷入到亏损的地步。但是巨大的股市投资收益，把许多问题都给掩盖了。

当连锁经营的理念刚刚传入中国，蓝月亮闻风而动，决心大举发展连锁霸业。这时正值国家“宏观调控”，房地产热迅速降温。单纯的房地产生意不好做了，几个房地产老板们想转而涉足零售业。他们与杨冰毅商定：房地产老板们分头提供物业，由杨冰毅领衔组建专门的管理公司“海南蓝月亮商联总公司”，负责运营。老板们认为经济有低谷就会有高潮，趁着眼下同行们纷纷收缩之际，自己趁势出击，以较低的代价占领全国市场，那么经济高潮到来时就会抢尽先机了。这些新朋友们传奇式的发财经历，以及他们喋喋不休的耳提面命，强化了杨冰毅本来就蠢蠢欲动的“超常规发展信念”。没有这些老板们提供的物业，蓝月亮也不可能一下子在全国铺开那么大的摊子。蓝月亮的触角伸向了全国各地的省会级城市，飞快地组织选项和筹备，平均每四个月开业一家大型连锁店。但杨冰毅及老板们没有想到的是国内其他发展商也纷纷把目光转向了大型零售商场。前几年，全国大型零售业以每年30%的增长速度递增，超过社会零售总额的增长速度十多个百分点，导致总量缺乏调控，结构严重失衡，大部分都是高档大商场——僧多粥少。蓝月亮本想趁着大家还没有清醒的时候去抢占地盘，却不知道现在他要与一群跟他有着同样心思的饿狼争食了。

随着北京店、上海店、广州店的相继开张，表面上看，蓝月亮帝国版图的疆域似乎在一天一天地延伸。但作为一家外来商业企业，最重要的是要尽快融入当地文化。任何一个城市的文化背景、商业人口、生活水平、购物习惯、交通工具等都有其独特的地域特征。异地开设连锁店，首先需要寻找的是本土文化的依托。蓝月亮是“不管到哪里，都只管走自己的路!”以前它的一些做法，在原州赢得过一些称赞，现在便四处套用。比如早上开门前的队列表演、钢琴台、幼儿托管站、男士休息厅等等，统统复制到了全国各地的“蓝月亮连锁店”。但这些“绝招”到了北京、上海、广州等地，却被人看成是“出洋相”。一位广州的同行说：“在寸土寸金的商场内设置170多平方米的托管站、男士休息室、钢琴台等，造成劳动力和用地的浪费。托管站在暑假期间几乎成了幼儿园。”对当地文化的不适应，使杨冰毅更加依赖、信任原州干部。这不但于事无补，还逐渐形成了一个怪圈。

在经营上，蓝月亮财务管理混乱、重广告轻商品、投入浪费等弊端也暴露无遗。各地的“蓝月亮连锁店”开业时，无一不是锣鼓喧天，大造声势，满足于听到一片“狼来了”的惊呼。但在上海、广州、北京等地，这色厉内荏的“北方的狼”碰到的却是“华南虎”、“北极熊”，以及“狮子”、“大象”这样一批重量级动物。“唱大戏、跳大神”式的开业序幕落下后，各地蓝月亮连锁店便一蹶不振，只能蹲在那儿艰难地喘息。

杨冰毅满怀万丈豪情进驻北京，成立了蓝月亮科工贸集团。集团包括蓝月亮购物中心、新时代蓝月亮超市和一批公寓与写字楼。蓝月亮百货开业时的红火很多人至今记忆犹新，它曾创下了日销售400万元的佳绩，因商场周围停车位不够还一度引发纠纷。在接受当地记者的采访时，杨冰毅的第一步打算就是让全北京市人高高兴兴地“赶大集”。蓝月亮不但让北京的老百姓赶了大集，还让老百姓开了大眼，眼睁睁看着它在很短的时间内创下许多“之最”，从生意最火、新闻最多，到欠债最多，官司最多。

一年后，涉及蓝月亮的案子被一件件告到法院，令人震惊的事实也在法官面前一一陈列。蓝月亮欠债竟然高达数亿，而且还在不断增多。债主包括银行、非银行金融机构、企业、供货商，同时它还拖欠上千名职工的工资。而此时，蓝月亮已经人去楼空，蓝月亮购物中心和蓝月亮超市相继停业，高层管理人员都人影全无。在省高级法院率领多家法院的五十余名干警对蓝月亮进行大规模执法行动时，在被切断了电源的大楼里，很多拿不到货款的供货商还在擅自经营，楼里一片狼藉。法警清走了商家，查封了蓝月亮大楼。接着，对蓝月亮房产的变卖和公开拍卖开始了。与此同时，蓝月亮集团在广州、西安等7个城市开设的蓝月亮连锁店都境况不佳，出现了经营上各种问题。沿海市蓝月亮商厦接着倒闭，商品被哄抢一空。一个一夜乍富的民营企业家的各种局限和弊端都显露了出来，就仿佛多米诺骨牌，一招走错，很快全盘皆输。杨冰毅没有料到自己在最辉煌的时候，走上的这条通往“中国零售连锁帝国”的康庄大道竟是一条失败之路。

6. 爱恨交加

赵熙与太行的婚姻，最初就带有很浓的情绪化色彩。赵熙孤身奋斗闯荡海南多年，回到上海后，已自觉看清人情冷暖世态炎凉。由于从小所处的环境影响，让她的心里平添了许多英雄情结，所以在选择婚姻的过程中也没有过多考虑情感的因素。那时在她心中，太行就是一把出鞘的宝剑，寒光闪闪英气逼人，完全符合她心目中英雄的标准。她在找太行之前，便多方对他进行了解，不仅收集他专栏内的所有文章，而且对他的生活也做了深入调查。太行初到深圳的经历特别能打动她。真正的成功必定要经历诸多挫折与磨难，太行不依靠任何人，单凭自己的能力，多年打拼，为自己撑起了一片广阔的天地，这足以像武侠小说里的侠士一样，打动赵熙的心。赵熙还知道了太行与张莲的故事，太行对张莲的痴情也深深打动了赵熙。赵熙认为，只有曾经失去过，他才会懂得珍惜。她能从太行讲座时激情四溢的动作与神态中，发现隐藏在他内心深处的纯真的东西。赵熙坚信每一个优秀的人内心深处，都有一处最纯真的角落，无论历经多少风雨沧桑，它都不会改变。

婚姻之前，她只觉得太行是一个有能力、可以依附的男人。在婚后，感情在日常不经意的生活中悄悄萌芽。太行也是个很体贴的男人，他并没有因为是赵熙主动找上他而轻慢，相反，他对赵熙无比怜爱，生活中对她无微不至地照顾，让赵熙许久之后想起来心里还会生出那种暖暖的温情来。赵熙自小便生活独立，这种被人呵护的感觉，很快就敲开她沉寂多年的心，她对太行的爱像春雨滋润万物一样，是不知不觉地产生的。

婚后最初的那些日子，赵熙与太行非常开心，虽然浦东飞龙一役让太行略显沮丧，但随后不久的一段平静日子，让俩人有更多的时间彼此面对，用心经营这份感情。赵熙也能看出来，太行是真心喜欢自己，她常常早晨醒来，睁眼便看到太行凝视自己的目光，那目光里的爱意，让她觉得自己正被莫大的幸福包裹着。后来太行曾跟她说过，睡梦中的她就像一个女神，美丽极了；而他觉得自己就像守护女神的仆人，只要能守在她身边，这么静静地看着她，便觉得非常满足了。他还会在不经意的时候轻轻搂住赵熙，像个不谙世事的青年人那样一次次问赵熙："你会不会像传说里的田螺姑娘一样，突然来了，有一天又会突然消失?"所有的这一切汇聚在一起，让太行与赵熙婚后的生活甜蜜且温馨。

浦东飞龙的事情过去后，太行一举完成了原始资本积累，再不屑于做以往服务于媒体和中小资金的股评师 b ，但为了保持市场知名度，他时常以成功的投资者身份在媒体上曝光。他为自己做了一个设计，用自己在浦东飞龙事件中积累的1000万元作为启动资金，在一家证券公司做了一个机构服务中心。圈内人把这种设在券商大户室里的咨询公司称为机构工作室。工作室成立不久，沪深股市即走出历史罕见的跨年度大牛市，市场扩容也达到了一个空前的速度。太行发现不用进行二级市场操作，仅仅依靠一级市场认购，就能获得每年30%以上的利润。在这期间，赵熙给了太行极大的后勤支持，她利用一些关系获得了几笔融资，尽管年息高达15%，但这个年度依然每年获利丰厚，没有丝毫风险可言。

本来这样的局面真可谓是天上掉馅饼，伸手捡就行了。但是人有时候太顺了，反而会出现一些想不到的事，就像一首歌里唱的，"爱是一种伤害，若不把感情和生活分开，你永远不会明白，爱，竟然是一种伤害，是一种伤害。"

刚认识皇甫村的时候，太行对他的印象并不好，认为这种人只会做官玩权术，一旦离开了权力，便一钱不值。但通过那次为乔锋融资，他的看法有所改变，觉得这个家伙并不完全是饭桶，确实有一些不可忽视的能量。再说多个朋友多条路，有朝一日自己做大事的时候，也需要各式各样的三教九流，与国有企业的干部打交道，皇甫村这样的人还是不可缺少的。在接下来的日子里，两人关系越来越密切。而皇甫村也不是个普通角色，他原是内地中等城市的一家商业银行的副行长，因为犯错误离开银行系统后一直想自己干成一些事情，但是几经努力还是一事无成。后来他干脆用自己在职期间的关系做资金中介，进行融资放贷的业务。但是这种业务做起来也不是非常容易的，尤其是难以找到客户，即使有客户，也不容易相信他能做。这时他看到太行在市场有不小的名头，不仅在散户中享有盛誉，而且一些大机构也非常看重他。特别是通过太行做成万安投资那笔买卖后，自己不仅获得了可观的中介费用，而且还有意外的收获。那次，提供资金的行长夫人也在做股票，问他近期有无内部消息，皇甫村告诉她："没有内部消息，但是据可靠消息，西部电力即将短线暴涨。"行长夫人大量买进，狠赚了一票，皇甫村自此便成为那行长夫人的座上宾。皇甫村认为自己要重新发达，必须攀上太行这棵高枝。太行做新股认购的时候，由于是无风险的利润，也愿意获得更多的资金，一来二去，两人的关系越发密切。

但事情就是那么巧，皇甫村没有想到太行是赵熙的丈夫，而他就是那个当初意欲非礼赵熙未遂的皇甫行长。皇甫村现在的境况，也算是赵熙所赐，不过赵熙一直把他当作坏蛋。

真是冤家路窄，赵熙与皇甫村多年之后竟会再次相遇。赵熙知道太行与皇甫村的关系后，非常生气，她告诉太行，皇甫村人品低劣，与他为伍迟早会出事，坚决要求太行不要与这个坏蛋来往。听了赵熙对过去事情的讲述后，太行瞬间对皇甫村生出几分厌恶。但是由于他与皇甫村签署了资金合作合同，一时也无法翻脸，就在关系上开始疏远皇甫村。皇甫村岂肯放过太行这样的靠山，像没事人一样，仍然隔三差五来找太行，该怎么样还怎么样。太行后来实在忍不住了，终于当着皇甫村的面发作了一回。太行说："你知道不知道赵熙是我的妻子?"皇甫村恍惚的样子："知道呀，我并没有做对不起她的事情，是她把我害惨了。但是这并不影响咱们的合作呀。你想想丘吉尔说过的话：没有永远的敌人，也没有永远的朋友，只有永远的利益。我觉得这些过去的破事咱们最好把它忘了。"

皇甫村不愧是当过干部的，说得太行反而不好意思起来。仔细思量，其实皇甫村并无大恶，不过是好色了点儿。国有企业的干部像他这样利用职务之便满足私欲的人，也不是一个两个。好色是男人的本性，它潜伏在每个人的心底，只是大多数人能用理智把它压下去罢了。如果抛开个人情感，太行觉得皇甫村的话有些道理。要不是赵熙后来报复，他现在还不正春风得意，哪用得着像现在这样在他太行面前这般客气。

太行也就没再说什么，但顾虑到赵熙的情绪，还是不愿再多搭理皇甫村。恰好这时章子良的万安投资在香港举办"年度论坛"，与会期间，太行对北京一家机构老总的重组盈利模式产生了兴趣，回到上海后便猜想那公司必有行动。他正想着如何探听那家机构的动向的时候，皇甫村无事又来找他探听二级市场有什么庄股好买。太行眉头一皱计上心来，他便怂恿皇甫村去北京探听那家机构的动向。

回到家里，太行颇有些得意地把这消息告诉赵熙，说自己又捉弄了皇甫村一次，想想他出丑的样子真是好笑。赵熙听了后知道太行还在与皇甫村合作，非常生气，便故意在一些家庭小事上与太行闹别扭。两人几次为一些生活小事吵架，太行还不知道是为什么。这让赵熙更加生气，她也不明说，两人的关系更加紧张。

后来赵熙终于忍不住了，“你明明知道皇甫村欺负过我，如今却还与他往来，你还是个男人吗？你要是继续与他往来，就不要用我的钱了。”

太行也把前一段憋着的气吐出来了，他把皇甫村的那番话说了出来：“你已经教训了他，让他付出了惨重的代价。你究竟还要怎么样？你不让用钱我就不用，你还能把我难倒怎么的？我现在就是没有一分钱，想赚个几百万还不容易。”太行说话的时候不小心把手边的水杯碰倒了。赵熙以为是他故意摔给自己看，眼泪一下子就委屈地流出来了，走过来冲着太行的脸就扇了一巴掌。这一巴掌，太行没有想到，气得想夺门而出。但是赵熙堵着门不让他走，边哭边骂太行不是人，抓住太行的手就要咬。此时太行被那一嘴巴打糊涂了，他如果能够服软认错，事情也就过去了，但是他没有。他挣脱着摔开赵熙，推开窗户跳出去就跑了，跳窗户的时候还把脚给崴了。

太行这一去竟两天没有回家。皇甫村把跟踪得到的消息告诉了他，于是太行就赶到了北京。恰好这个时候皇甫村通过关系又在北京联系了几家企业的资金，这些资金不能离开北京操作，于是太行就在北京的一家券商营业部新开设了一家工作室。这家工作室后来发展成为北京最大的机构工作室。这时，太行的气已经消了一些，就给赵熙写了封信，把北京的事情告诉给了她，并说上海的资金他不用了，让赵熙自己看着处理。信中一句认错的话也没有。赵熙看完信后又哭了一场。

随后，赵熙遇见一名在美国有职业经历的归国女医生，她在美国看到中国经济的高速发展后，认为回国发展更适合自己。她动员赵熙与她合伙开一家专门为上海的外国人服务的诊所。赵熙对诊所虽然不是太了解，但看到上海已经成为国际大都市，认为专门为外国人士服务的企业一定有很大的机会，就同意与医生合作开办诊所。为了让精神有所寄托，赵熙每天把生活安排得满满的，不让自己有空闲时间。可是，爱情对于女人来讲是比一切都要重要的事情。工作再多总有做完的时候，每到深夜，她拖着疲惫的身子回到家中，清冷的四壁总是让她心里生出许多酸涩。她也知道与太行之间出现的问题，永远没有办法争执出结果。过多的情感投入让自己感到委屈。赵熙有时候对自己失手打太行心里有点后悔，但碍于女性的尊严又不愿意先打电话给太行。她多么想让太行知道自己此时的心意，只要太行打个电话来，自己就会原谅他。

这一天，赵熙在家里接到关冰倩的电话，两人聊天的时候，关冰倩问起太行，赵熙委屈地哭了起来。满腹心事这时再也抑制不住了，赵熙忽然觉得在这样的夜晚是需要有一个朋友诉说的。

蓝月亮集团陷入困境后不久，杨冰毅召集蓝月亮部分高层，正式向他们宣布了自己的辞职决定。他说："我们遇到了一些暂时的困难，但是我们为中原省乃至全国商业趟出了路，没有白干。我也得到了很多很多的教训——我们每个人都得到了经验和教训。"

原州蓝月亮商场筹备时，最大股东蓝月亮集团借贷的银行大量资金别说无法还贷，就是银行利息也还不起了。此时实施了债转股，这家银行成为蓝月亮股份公司的最大股东和债主。杨冰毅离职后，蓝月亮先后有数位总经理上任企图挽救败局。然而败局已定。杨冰毅心情沉重地参加完交接仪式后，离开原州。

当地传媒记载，他走的那天，天阴沉沉的，深秋的原州凄风苦雨，寒意袭人。

第七章
恨满天涯

在静谧的非洲大草原，一头狮子在夕阳下沉思：明天当太阳升起，我要奔跑，用追得上跑得最快的羚鹿的速度奔跑；此时，一只羚鹿也在夕阳下沉思：明天当太阳升起，我要奔跑，用摆脱跑得最快的狮子的速度奔跑。

1. 风云突变

蓝月亮败走麦城的前一年，银赛港国家信托便已经预感到这个企业的情况不妙。年底，部分机构资金需要财务回笼，往常这个时候的大盘走势一般不会太强。国庆节的休市假期，乔锋与总裁卓融商量，公司自营主打的两只股票刚刚实施完10送10的除权，给人的印象是股价一下子变低了不少，应该利用人们图便宜的心理开始出货。而此前的几个月中，蓝月亮与南方彩虹的这两只庄股都已经走出了单边翻倍行情。卓融同意了乔锋的请示。

国庆节后的大盘走势出乎意料，比往常这个时间段要强。10月份，乔锋自己操盘出了不少的货，把年底需要还贷的资金基本准备完毕。此时大盘开始技术性的调整。很多老股民在这年已经养成了习惯，大盘一调整就快速买进蓝月亮和南方彩虹，导致这两只股票在上午大盘下跌时依然收出逆市红盘。中午收市的时候，乔锋来到卓融的办公室，准备向卓融汇报资金准备完毕的事，顺便把最后阶段的操作作个请示。通过对蓝月亮的中报研究，乔锋对蓝月亮的前景已经非常担忧，想赶在年底前尽快出货，以避开蓝月亮的年报公布时间。

在卓融办公室里，乔锋见到了卓融的几位客人，这些人都跟卓融年纪相当，或者稍长一点。从他们的谈话中，乔锋听出了他们都是卓融以前在原州工作的同僚。这些人来海南参加一个会议，知道卓融发迹，相邀过来看看他们眼中的暴发户。卓融向大家介绍了乔锋，大家谁都没有太在意，卓融说了几个由乔锋负责操纵的市场战例后，老头子们便纷纷对他另眼相看了。官场中的人是比较势利眼的。卓融让乔锋跟这几个人聊聊股市中的一些传奇故事。乔锋看出卓融有心要在这些以前的同僚面前显摆，便也不客气，将自己当初在“5·18”行情中操作西部明珠的故事加油添醋地描述一番，这帮内地人眼睛都听直了。其中有一个长得像和A的人，皮带都快不够用了，他在听的过程中端着茶杯不住地咧嘴，最后感慨地对卓融说：“还是小卓你有能耐，下海闯海南闯对了。我们这些人呀，说是老总，其实都是人家的奴才。你看看你，这哪是赚钱，分明就是抢银行嘛。”卓融嘿嘿一笑：“老郭，你也想抢银行？”那姓郭的老总道：“做梦都想，但就是没机会。我们是有贼心没贼胆，只能乖乖地看着你小卓发洋财。你说这世界公平不公平？”卓融摇头大笑，笑得豪气，又说：“各位既然这么多年了还能记着我卓融，大老远地过来看我，卓融无以回报，今天下午，我就带着大伙一起去抢回银行。”

中午吃饭的时候，卓融叫上乔锋同行。席间，卓融对那些昔日的同僚说：“咱们今天下午有正经事，中午就简单一点，请各位多包涵些。现在你们就打电话给家属，让家里人去股市，下午一开市就买进蓝月亮和南方彩虹。能买多少是多少，拿出抢银行那劲头来干就成。”那几位将信将疑：“小卓你是真的还是开玩笑？”“咳，抢银行能随便开玩笑吗？你们没看我把投资部的经理都叫来了吗！不愿意抢，咱们就喝酒。”卓融诚心想打趣这些老家伙。“别，别，我们这就打电话。”于是大家纷纷把手机掏了出来。

乔锋今天来找卓融，是想告诉他应该尽可能地出货了，而此时见卓融有这番举动，抽缝隙他小声与卓融说了自己对蓝月亮的担忧。卓融那天酒喝得不少，但却异常清醒，他沉吟了一会儿，说：“今天先让那帮官僚见识一下咱们的本事，出货的事从明天开始进行。你根据实际情况具体处理，原则上是越快越好，不要太计较价位。”

酒足饭饱，一行人奔赴银赛港国际信托的证券交易营业部。路上，卓融对乔锋说：“今天下午让我操一下盘可不可以？”乔锋慌忙说：“卓总，什么可以不可以的，这事儿还不是你说了算，怎么问起我来了。只是……”卓融呵呵一笑：“乔锋呀，你不知道，我这些昔日的同僚呀，个个都是势利眼，你得势的时候他们恨不得管你叫爹，失势的时候一个个都是白眼狼。当年在我辞职下海时，没少在背后说我风凉话。我回原州办理手续的时候，那时与现在不一样，他们没一个人拿正眼瞧我。现在我发达了，一个个都跑来了。我卓融不是那种斤斤计较的小人，我要以德报怨，让这帮人没白来看我。我要让他们知道，这是个优胜劣汰的年代，让他们此后只要想起我，就不会忘记今天的事。”

乔锋担心卓融喝多了，便提醒他别动用太多的资金。卓融最后笑着说："在商海闯荡这么多年，我怎么说也是老江湖了，你看我什么时候在干正经活前喝醉过?"卓融把那几位旧日同僚安排在一间豪华的大户室。隔壁另外一间大户室，乔锋坐在旁边看卓融亲自操盘。

内地来的官僚们便盯着大盘看。过不多久，那个老郭忽然从椅子上跳了起来，嘴里连声大叫："涨了涨了。"老郭慌不迭地又掏出手机打电话回家，接电话的是他老婆，他手舞足蹈地大叫："快快快，把钱全部买进，不不不，是抢尽，有多少钱买多少钱。你问那么多干吗，让你抢进你就抢进。这辈子摊上回抢银行的机会容易吗?!"边上其他几个人也坐不住了，纷纷跳起来，有的冲着电脑显示器呵呵傻笑，有的嘴里发出一连串的欢呼。这拨人哪里还有平时道貌岸然的样子，在金钱面前最本性的东西瞬间都流露出来了。

卓融听到隔壁的动静，轻蔑地笑着。

这时大盘的走势一般，而南方彩虹的股价在30分钟内来了个三级跳，从13.94元一下子涨到了16元，再从16元涨到了18元，最后又涨到了21.98元，谐音正好是"爱你就发"。隔壁大户室内的几个人简直乐疯了，一个个咧开嘴大笑不停，有的还蹦蹦跳跳互相拥抱，真正是丑态百出。这时候，一个坐在边上的花白头发老干部还算镇定，与别人相反，他面无表情，好像在压抑着什么。后来终于忍不住出声埋怨卓融："你这个小卓，你怎么能这样做呢？一点原则都不讲啦，他怎么能这样干呢!"那老郭跳过来拍拍他的肩膀："老家伙，话可不能这么说，这是人家自己的企业，什么原则不原则的。"花白头发老头赶忙摇手："我不是那意思。他刚才也不说清楚，我没买南方彩虹，我让老太婆全部买蓝月亮了。你看，你看，蓝月亮到现在一点动静都没有。"

这时的卓融微微一笑，用热助键打开了一个新的账号。过了片刻，那老头蓦然睁大了眼睛，看到面前的显示器上，蓝月亮一下子出现了100万股的买单，然后连续出现大买单，涨幅一下子超过了南方彩虹，达到了108%。两只对市场影响极大的个股的惊人表现，一下子把整个市场赚钱效应都激发了起来，大盘指数一下子又创出新高。全国的证券交易营业部中买入南方彩虹与蓝月亮的投资人越来越多，只见散户大厅里很多人在报单处挤着，嘴里高叫："买进蓝月亮，比市价高打1毛钱！买进南方彩虹，比市价高打1毛钱，不，两毛钱!"

那个花白头发老头，高兴地喊："蓝月亮，蓝月亮，不，应该叫红太阳……"整个人忽然瘫软在椅子上。边上其他几个人只顾着欢呼，根本没有管他在干什么，看见他这个样子一下子慌了起来。卓融赶忙上前察看，那老头因为过分激动，晕了过去。卓融摇头，指示部下把老头送去医院。

大盘疯涨，深圳万安投资的操盘室里，有一个人看得既兴奋又懊丧，兴奋是因为行情暴涨可以为自己创造效益，懊丧的是当初放走了乔锋这位赚钱大将。这个人当然就是章子良。

章子良的万安投资自从乔锋走后，一切操盘事务都由章子良自己与鲁毅负责。他们俩当然也不是等闲之辈，都有过真刀真枪的实干经验，接连打了几个不大不小的胜仗。这时候章子良心里渐生豪情，自觉万安没了乔锋，照样可以发展。随后这年的股票市场，是投资者扬眉吐气、高奏凯歌的一年。

经过两年的熊市后，新的市场主力资金进场，他们高举“价值回归”和“香港回归”两面大旗，在国家宏观经济环境转好、通货膨胀回落、金融形势连续降息的基础上，借助交易所推出的多项措施，市场步步登高，一举扭转了弱市局面。特别是以南方彩虹、蓝月亮为代表的绩优股马不停蹄一路攀升，制造了市场赚钱效应，引领大盘节节登高，令空方和观望期待股价回落的投资者不断后悔，眼睁睁看着大盘和个股走出毫不手软的行情。在如火如荼的高歌猛进中，市场的投资者数量大增，许多地方的股票账户开设登记部门排起了长队，买股票的人越来越多。

在过去的几个月中，蓝月亮和南方彩虹的走势非常凌厉，几乎只涨不跌，并且只要有一只开始上涨，另一只会很快地跟上，形成了相互赛跑的局面。市场投资者对这两只股票已经形成了“任何时候买进都对，任何时候卖出都错”的印象，许多刚入市的新股民只要问老股民应该买什么股票，多数得到的回答都是“蓝月亮”或者它的弟弟“南方彩虹”。但是此时有着熊市经验的一些老资格的投资者还没有彻底摆脱前几年的操作习惯，加之为了稳定市场，管理当局一再在媒体上提醒大家市场有风险，因此踏空和追涨杀跌而没有赚钱的投资者也不在少数。章子良这个时候的状态也是这样。

国庆节后的一周中虽只有 2 个交易日，市场并没有因放假而稍有冷却，节后开盘时大幅高开，然后一路上扬，创出了历史新高的点位。次日指数虽然有所回落，但只是指标股下跌，多数股票处于飘红的状态。期间股指剧烈上下拉锯震荡，成交量明显放大，指数牢牢地守在原先的高点之上，有经验的投资者都认为一轮新的上涨行情有望展开。

几次踏空，万安投资接受了教训。章子良对鲁毅说：“妈的，什么风险不风险的，现在最大的风险就是知道有风险还得往里杀。”

有一家上市公司是养鸡的，公司的老总与章子良关系不错。章子良这个时候没有时间，也没有耐心去选股了，就决定买进这只养鸡的低价三线股。他的想法是借8月份中期业绩公布完毕之机，发起超跌反弹行情，出发点就是短期获利投机心理。但是三线股毕竟市场形象欠佳，多数新入市的中小投资者不敢追高。股价达到一定的价位后，一看到市场出现技术性调整，对市场判断本来就三心二意的章子良又赶紧出逃，令股价迅速跌了回来，简单一算，赢利并不是太大。出完货后，大盘并不跌，反而在国庆节前，在蓝月亮和南方彩虹的带领下，爆出大阳线报收。章子良这个时候后悔对市场行情判断失误，更后悔当初没有留住乔锋。从龙虎榜数据上，他已经知道蓝月亮和南方彩虹的主力是海南银赛港国际信托。他左思右想，想出了一个好办法。章子良让鲁毅操盘，再把那个叫黑凤凰的养鸡场股票买回来，然后盯住蓝月亮和南方彩虹的走势，他们涨我也涨，他们跌我也跌，跟住他们操作，这不就像是跟乔锋操盘一样吗？鲁毅一听有道理，于是在开盘的第一周又大量买进黑凤凰。好在这几天蓝月亮和南方彩虹一直原地踏步，这两只股票经常是在大盘涨的时候不动，大盘不涨的时候又率先启动。

这一周恐怕是股市历史上行情最火爆的7天，一方面可能是经过国庆节7天长假，大量的游击资金准备完毕，在这周逐渐进入市场；另一方面由于金融政策的变化，停办保值储蓄和两次降低利率不仅使机构有巨量资金增长，也使中小投资者的资金汇聚成股市资金洪流。随着相当部分的银行存款转入股市，散户股民的队伍也日益庞大。市场全周的成交量天天创出新高，已经超过国际游资充斥的香港股市。最高一天成交152亿，全周成交696亿，将近流通市值的65%。但是受到蓝月亮国庆期间各种活动大肆渲染，买进的蓝月亮股票却原地不动，引起了市场的纷纷猜测。

有的散户说："这个股票是不是涨得太高了，主力的炒作积极性不高了。"另一个马上说："可能是操盘手国庆节出国旅游了还没回来。原来我买过一只股票，每天开盘时一直没有成交，但是一到上午11点就开始涨。后来一想，可能操盘手是个喜欢睡懒觉的人，11点才起来。"这时一个老股民插嘴："你们别瞎猜了！这个股票是个强庄股，大盘涨它偏不动，大盘跌就涨。"

但是证券管理层对股市成交量的巨幅放量显然存有疑虑，10月中旬的时候，有关部门重申，严禁股票代理业务中的信用交易，随后又决定向证券、期货交易所派驻督察员加强市场监管。

这两项措施明显带有抑制股市过热的倾向，加之资金买入高潮的过去，市场出现了调整的走势。许多机构受到政策影响开始看空，开始大量地卖出股票，而市场成交量依然很大，说明新加入股市的散户资金规模相当大。众多散户认为有关部门的几道禁牌是针对机构的，既然宏观面仍然向好，且香港回归指日可待，国家只会促进短时间的经济繁荣，因而大可放心在此难得的历史机遇中再搏一回。

卓融欲在昔日同事面前大显神通，亲自操盘就是这时候的事。远在深圳的章子良却不知道，眼看着南方彩虹与蓝月亮暴涨，心里痒得厉害，他感慨道："乔锋那小子可真敢干，这时候还敢有这么大动静。真是撑死胆大的，饿死胆小的。"鲁毅在边上道："章总，咱们'5·18'时，乔锋不是在咱们这也这么干了一回吗?"章子良点头："是呀，乔锋那一套操纵手法其实咱们还是知道一些的。可惜，现在咱们手边资金没有准备充足。"章子良沉吟了一会儿，然后下定决心，沉凝着脸对鲁毅说："从明天起，咱们把集团各公司的流动资金全部调到证券投资部来，咱们也玩回野的。"

鲁毅听了，感觉有点不妥，但好像也说不出什么理由。

几天之后，正当所有投资者都想在绩优股中分析出下一个蓝月亮是谁时，三线垃圾股黑凤凰异军突起，把蓝月亮的走势完全复制了下来，足令许多已经空仓的投资者为之愕然。紧接着一批三线垃圾股也有凶悍的走势，原来那些已经退场的机构翻身杀回。由于害怕买股票的速度慢，这些机构纷纷抢购三线垃圾股和新上市的股票，导致 12 月 3 日到 5 日上市的新股与三线垃圾股全面受到市场恶炒。市场又创新高，成交量也创出天量，这表明新一轮游资已经开始入市，指数继续创出新高不可避免。

在黑凤凰大出风头的时候，蓝月亮和南方彩虹却突然放量大跌，大手的抛单不断出现。中小投资者无法看到及时成交的情况，看见两只长红的股票出现了难得的下跌，蜂拥买入，但是依然抵挡不住蓝月亮和南方彩虹出货的决心。这种情况被章子良看在眼里，不由得有点心虚，暗想自己的这次操作是不是有点过于鲁莽。他开始犹豫，两种念头在脑海里交替出现，他既想随着乔锋一道出货，又想继续扩大战果。最后，他想："他们是已经赚够了，自己却才刚开始呢。"他终于做出了后来令他悔恨不已的决定：继续扩大战果，乘胜追击。

股市的再度狂热，明显激怒了有关方面。周末，权威报纸发表了《正确认识当前证券市场》的特约评论员文章，阐述了我国股市暴涨的原因，指出股市有涨必有跌，必须坚持"法制、监管、自律、规范"八字方针来规范证券市场，进一步抑制过度投机。同时，针对评论员文章可能导致出现的股市跌势，有关方面在证券市场推行 10% 涨跌停板制度，以保持市场稳定；又针对近期市场供求关系严重失衡和市场资金存量较大的状况，下达了次年新股发行100亿的计划额度。

由于特约评论员文章语气严厉，对过度狂热暴涨的市场下了一剂猛药，令不少股民感到风云突变，大祸临头，于是在市场上掀起了一轮恐慌性暴跌行情。周一，大盘一开盘就全线跌停板，而且开盘价就是收盘价。次日恐慌性气氛继续笼罩大市，绝大多数股票继续以跌停报收。连续的几周里，市场持续下跌，最低深跌了38%，技术图形形成了一道瀑布断崖。此后在有关方面发表了《增强信心，稳定市场》的评论后，市场信心才有所恢复。

章子良手中还持有大量的黑凤凰股票，股价跌破成本价，章子良懊悔不已。然而被套已成为事实，章子良左思右想，觉得解套的事还得落在乔锋身上。他问章沁晖有关乔锋的一些情况，章沁晖告诉他乔锋近期会来深圳。章子良说："他来的时候，你把飞机航班告诉我，我和鲁毅去接他。"章子良要亲自去接乔锋，这让沁晖大感意外。

2. 嫦娥奔月

乔锋走出机场，便看到鲁毅迎面向他走过来。鲁毅满面笑容，远远地就冲他招手。乔锋紧走几步，与他握手。自从乔锋离开万安，这还是他们俩第一次见面，所以都挺高兴。鲁毅拍拍乔锋的肩膀，笑道："才几天没见，你小子现在就风光成这样了。"乔锋知道他说的是蓝月亮与南方彩虹的事，便谦逊地摇头："我刚一回来，你少挖苦我。"从乔锋平时说话做事来看，他不像证券市场上的猛将，银赛港国际信托的几位老总闲聊时也这样议论过这个小伙子。卓融却有不同的观点："越是阴老虎越厉害。"

乔锋这时看见章子良也站在他那辆黑色的奔驰车前，略感诧异。乔锋赶紧走近车前，有些惶恐地道："章总，怎么敢麻烦你亲自来接我。"乔锋的惶恐，一方面是因为章子良是万安投资的老总，平时是比较自傲的，自己只是他从前的一个员工；另一方面是因为他是他未来的大舅子，与礼节上不是太合情理。还有当初自己离开万安投资时，他显然很不高兴。

章子良露出很亲热的样子，"咱们的赵子龙回来了，我能不来吗？"鲁毅帮助乔锋把行李放在后备箱里，问："是你开，还是我开？"章子良说："还是你开吧，他刚下飞机！"于是章子良和乔锋都坐在了后面的座位。

坐在章子良边上，乔锋想说什么，又没有说出来，有些不自在的样子，被章子良察觉到了，说："是不是有点累？还是有什么话说？"

乔锋说：“章总，小晖现在在哪？我想去见她。”

章子良笑了起来，“还叫章总，今后就叫大哥吧！别急，小晖还在上班。先吃饭，等吃完饭，让鲁毅送你去。”

乔锋显得不好意思了，前面开车的鲁毅便笑道：“乔锋你小子，怎么一点眼色也没有，还叫章总？以后你就不是一般的人啦，而是进入核心了。”

章子良这种态度让乔锋心里暗暗高兴。他此番来深圳，有一个心愿，就是想知道沁晖家里人的态度。他已经非常爱沁晖了，沁晖的心意他也能猜出来一些，惟一的就是不知道章家其他人的态度。他在来时的路上惴惴不安，此番眼见章子良对自己有接纳之意，心上的一块石头这才算全落了地。

到了市区已是中午，章子良想设宴款待乔锋，乔锋说不用，要直接去找沁晖。章子良问乔锋：“预计在深圳停留多长时间？让鲁毅给你安排住处。”乔锋回答道：“我们部门暂时放假，一直到春节后才上班。其他人都去东南亚旅游了，我先来深圳看看大哥和沁晖，过几天想与沁晖一起回趟原州看父母。住处的事情不用麻烦，我住员工宿舍就行。”

车上，鲁毅与乔锋又说起了蓝月亮和南方彩虹，触动了章子良的心事。章子良本来想立刻把黑凤凰股票的事说给乔锋听，看见乔锋此刻兴奋的表情，觉得一上来就说股票的事有点太世故，就忍住没说。章子良心想：“乔锋刚回深圳，让他跟沁晖玩两天吧！以后他就是自己人了。”

章沁晖在华南证券总部工作。女人的生活状态很受情绪影响，章沁晖这阵子明显是有高兴的事情，工作之余哼着小曲，工作效率也明显提高。深圳的大公司里，公司是管午餐的，一般是用饭卡在大楼的地下饭厅就餐。下午，临近下班的时候，沁晖正在整理一份资料，有人轻轻地敲门。沁晖说：“请进来。”探头进来的是好朋友、公司研发中心的小邓。那个人有着一张学生脸，显得很活泼，她是找沁晖一起去餐厅吃饭的。

恋爱中的女人，会情不自禁地跟要好的伙伴讲起自己心中所爱的人，这两人也不例外。“最近他的情书又有什么新鲜花样了？”小邓问。“没有。噢，他说他们公司有一个炒股票的客户是个一百多岁的老太太，他还和她合了个影，说等相片洗好了寄过来。哎，上次你那个学校的师哥怎么样了？”听了沁晖的反问，小邓脸红了，这种表情立即给沁晖察觉到了，打趣地说：“怪不得这阵子你好准时下班。哎，他是干什么的？”话匣子一开，小邓立刻显出兴奋的神情，“他现在在一家网络公司，说再干一两年，有了一定的积累，想自己开一家网站设计公司。”千古不变的道理，女人在有男人追的时候，才显得矜贵。

“其实，你们这样两地谈恋爱虽然浪漫，但是每过一段时间要见一下面才好，要不时间长了会不认识了。”章沁晖知道乔锋是今天的班机，现在他应该已经进入市区了。她心中有点奇怪，为什么这会儿还没有来电话报到，听了小邓的话，说：“去你的吧！等你的师哥吻过你之后，就是把他烧成了灰你也会认得。”小邓做了个鬼脸，“哎哟！原来你们已经爱得这么深了，怪不得他会从千里之外追到这里来会阿妹呀！”

吃完饭，章沁晖与小邓走回办公室的时候，惊喜地看到乔锋已经在办公室门前等着她了。俩人目光相视，都涌上些笑意来。乔锋紧走几步到章沁晖身边想要拥抱章沁晖时，章沁晖往后退一步，随手把门轻轻地带上。乔锋笑了笑，还是拥住了沁晖，两人热吻良久，才肯分开。爱河里的章沁晖，显露出她无限风情的一颦一笑，举手投足莫不娇媚美艳，足使乔锋心醉神驰，只想再次把她拥人怀里恣意爱怜。

“走，回家吧！”乔锋拉着沁晖。

章沁晖说：“我还没下班，还有些事情没有做完呢。”

“做什么事情?！快走吧！我有件更重要的事情已经等了好久了，现在实在等不了，已经快要急疯了。”乔锋坚持着。

“那好吧！”章沁晖锁上门，便与乔锋向电梯走去。

乔锋开着章沁晖那辆红色轿车，载着章沁晖直奔海边而去。路上，乔锋刻意地绕了一下道，到一家鲜花店买了一大捧鲜花。章沁晖以为他会把花立即送给自己，但是乔锋却没有，而是把花放在了车里。乔锋道：“现在咱们去海边，我们已经好久没去那里了。”沁晖知道乔锋指的是他们过去经常约会的地方，她已经猜到了乔锋想干什么，心中异常欢喜。

车子停在了海边的路上。下车后，乔锋手捧鲜花学着英国绅士的半跪拜礼请求章沁晖嫁给他。沁晖心中怦怦直跳，说：“如果你能够抱住我跑100米就答应你。”说完自己就先跑了起来，乔锋拿着花就追了上去，一下子把沁晖和鲜花都抱了起来。

如洗的月光把海面映照得一片碧蓝。远处星星点点的渔火像海中的星星，只需一阵轻轻的微风，那渔火便在海水中荡漾开来，像揉碎的金子。那边广场上有一帮十五六岁的年轻人在嬉戏，他们欢快的笑语在夜里听起来格外清脆。乔锋从后面抱住章沁晖，章沁晖面向大海，深深地呼吸，让海的味道直沁人心底。乔锋闻着章沁晖发间的清香，似乎有些微醺了，他说：“站在海边，我会想起海子的一句诗。”章沁晖嗯了一声，乔锋便轻声吟念起来：“从明天开始，做一个幸福的人，劈柴、喂马、饮水、周游世界，面向大海，春暖花开。”章沁晖听得仔细，她闭上眼睛，沉迷于乔锋的怀抱。

乔锋道："我已经想过无数向你求婚的场面，每一次的内容都不相同。现在我才知道，所有虚构的内容都没有现实来得更让我紧张。我第一次见到你的时候就有种心跳的感觉，一直到今天，我还不知道我能不能配得上你。但是，我实在别无选择，我爱你，所以我想一辈子照顾你，做你的仆人。如果你能答应做我的新娘，那么，今天，将会是我这一生里最大的节日了。"

情到深处，章沁晖接过鲜花，想说些什么，却眼前朦胧，幸福的泪花在她脸上盛开。章沁晖柔柔地偎着乔锋，女子的羞涩让她说不出话来。

乔锋道："我现在只想亲耳听你说一句你是不是愿意做我的新娘。"

章沁晖整个脸都埋在了乔锋的胸前，默不作声。乔锋再道："做我的新娘，我会用我的一生来呵护你，让你做世界上最幸福的女子。"

章沁晖心中已是一千一万个答应了，却故意大声说："我不愿意！傻瓜。"然后又轻声地说："我也等了好长时间，还以为你不会说呢。"

两人亲密地疯了很久才想到回家。回家的路上，沁晖看到两个老年夫妇互相搀扶着过马路，眼中露出羡慕的神情，这被乔锋看在眼里，他感到格外的欣慰，对沁晖说："过几天，我想回家把我要取个仙女的消息告诉母亲。你去不去？"沁晖答应说："当然去呀。"

第二天，乔锋去章家吃饭，带上几份礼物。章沁晖已经跟章大江夫妇及章子良说了答应乔锋求婚的事，大家都非常欢喜。章子良更是满心高兴，想借此劝说乔锋重回万安投资。席间，章大江提出来乔锋应该带章沁晖回原州看看他的父母。章子良沉吟了一下，觉得有必要跟乔锋提到黑凤凰股票的事了，他把乔锋叫到书房，把自己大量持有黑凤凰股票被套的情况说了。乔锋感到很为难，他知道救兵如救火，但是又非常想让父母快点见到自己犹如仙女的未婚妻。父母已经几次因为这件事情在电话里骂他了。

晚上，乔锋跟章沁晖单独在一块儿的时候，说了章子良想请他帮忙操作黑凤凰股票的事。章沁晖这时候一心想让乔锋在家人面前显露本事，便也竭力怂恿乔锋帮助章子良。乔锋还有些犹豫，说："难得这个假期，我本来是想带你回原州去见我父母的。"章沁晖想了想，说："那你看这样好不好？你留在深圳跟我哥研究黑凤凰的事，我自己去原州。"乔锋一听连连摇头："哪有这样的事，新媳妇自己去见公婆。"章沁晖笑道："我去原州，不仅要见你的父母，还想把他们接到深圳来过春节。这样，两家大人也能见见面，让他们老人决定咱们的日子，让你父母也高兴一下嘛。"

章沁晖这样说，乔锋觉得她对自己的父母这么关心，简直是心花怒放了。

他立刻打电话给原州的父母，说了章沁晖要去接他们来深圳的事。两位老人说不用，他们自己可以坐火车去。乔锋说："坐什么火车呀，反正原来也没坐过飞机，这次高兴一下嘛。"沁晖接过电话，也娇娇地劝，乔锋的父母无法拒绝。儿子的终身大事比什么都重要，而且，他们还从没有到儿子工作过的地方看看呢！乔锋的爸爸说："那就坐一次飞机吧！我坐过，你妈妈没有坐过。"

挂上电话，章沁晖也是心急，第二天她就准备乘下午的航班飞往原州。机场上乔锋和章沁晖俩人情意绵绵，短暂的分别让他们依依不舍。章沁晖进入安检口，还回过头来冲乔锋微笑摆手，乔锋觉得沁晖真是美极了。章沁晖已经消失在安检口内，乔锋还呆呆地望了好久，有点魂不守舍。他往回走的时候，迎面过来一个人，与他擦肩而过后，他觉得有些眼熟，便下意识地看他，那人也看见乔锋了。他就是当初替乔锋画了一幅章沁晖肖像的青年画家郁伊健。乔锋冲他笑了笑，想打个招呼，但奇怪他没有反应的样子，直接就走向了安检口。

乔锋对郁伊健的印象挺深，当年在万安投资的时候，自己曾跟季云飞联手，把郁伊健的油画拍出高价，而且他追求章沁晖，最后也是靠郁伊健的一幅油画获得突破性进展的。事情过去很久了，他在深圳时，还能偶尔与郁伊健通个电话什么的，去海南之后就再没联系过。今天在机场遇见郁伊健，想不到郁伊健已经不认识他了。乔锋在回去的路上，想到刚才在机场见到的郁伊健样子有点失魂落魄，不知道是不是碰上了什么烦心事才没认出自己来。

郁伊健那幅《镇宅之宝》油画被炒作成功之后，他的心受到了刺激，就再也不能做一个"安分"的画家了。他脑子里成天琢磨怎样才能像那些资本大鳄们一样赚大钱。他听一些朋友说在股市中赚钱非常容易，便用卖油画的钱进去试了一下，结果没过一星期就赚了5万块。第一次旗开得胜，从此他便一头栽到股市不能自拔。他本职工作是大学里的教师，炒股与教学不能兼顾，后来他干脆停薪留职，专职炒股。

郁伊健在股市扬名立万，始于他买进南方彩虹。当时他是全仓买进，一直持有没动，很快市值就增长了50%。赶巧电视台正在做股市人生的节目，听证券营业部的工作人员介绍了他的情况后，就请他当了嘉宾。由于他本身就有著名青年画家的头衔，做完节目后，郁伊健的名字很快就在股民心中留下了深刻印象。他每次判断南方彩红能涨的时候，几天之后就能在股价中得到体现，媒体把他称为炒作绩优股的专家。在分析少数几只绩优股上面，他就是财神，其他分析师在短线判断上远不能跟他相提并论。一时间，谁只要跟郁伊健搭上关系，谁就能发财。郁伊健在电视上介绍自己买的股票，说一只涨一只。连电视台的编导回忆起郁伊健点股之"神"时，都不禁感慨万千。

那个时候是全国股票热，电视台专门新增了股评节目，初期请的嘉宾都是一些证券公司和咨询公司的名牌分析师。不料这些所谓的专家太年轻，自己炒股票的能力根本不行，评论市场时驴唇不对马嘴，笑话百出。最可笑的是有一个证券公司的分析师，说话时每回都不留余地，非常绝对化。但是大盘偏偏跟他开玩笑，他说大盘涨，大盘第二天立刻跌。他说大盘第二天要跌 20 个点，结果第二天大盘刚好涨了 20 个点，弄得后来他自己都不好意思再上电视台了。但出乎意料的是，电视台的主持人接到了大量的电话，要求电视台继续请这个分析师做节目。他们的理由是，这个分析师是良好的反向指标，对投资者们的分析判断有很好的参考作用，而其他的分析师都是瞎说，有时对，有时错，都不敢听。等到郁伊健上电视做节目时，由于他自己也是投资者，经常把自己买的股票告诉观众。一次他说在两个月中，蓝月亮可能要涨 50%，很多人将信将疑，主持人也提醒他下次说话应该圆滑些。但他说："没有关系，我有把握。"两个月后，蓝月亮果真如他所说涨了 50%。这下把观众给震了，许多观众纷纷打电话到电视台询问怎么跟郁伊健联系，想委托他炒股，或跟着他炒股。

在帮别人发财的同时，郁伊健自己也是财源滚滚。刚开始的时候，他自己只有 100 万元，加上朋友们帮他筹措的 900 万元，手头资金总共也就 1000 万元。过了大半年，1000 万元变成了 3000 万元，净赚 2000 万元。国庆后，郁伊健筹到了一笔巨款，换了一家营业部。据熟悉郁伊健的朋友讲，他换营业部的原因是跟着他做的人太多了，他买什么，股民跟着买什么。这个时候，他已经没有精力上电视做节目了，为此许多股民打电话质问电视台为什么不请水平高的人做股评，尽请些瞎说的骗子做节目。

不料，此番市场变迁，郁伊健的命运彻底被改写。由于行情的持续火爆，郁伊健的胆子越来越大。在换营业部炒股的时候，他一口气向朋友借了 7000 万元作本钱。郁伊健在朋友圈中"豪气"的口碑尽人皆知，他向朋友借钱从来不是白借的，20% 的利息加上 50% 的分红，一分都不会少。原来一位朋友委托他炒股，没有达到预期的承诺，亏了 20 多万元，他二话不说，从自己账户里直接划了 20 万元给他。因此，他向人借钱别人也都愿意借给他。在大盘一路上扬时，凭着郁伊健的"信息"和"运气"，所赚的钱用来支付巨额利息及红利是没有问题的。然而，人的运气不可能一直这么好下去。就在他炒股的资金达到历史最高位的时候，不顾一切买进了蓝月亮和南方彩虹这两只大牛股。原指望跑个短线就出来，不料想大盘突然出现了连续的三个跌停板。按照当初的融资规定，他所有的股票被强行平仓，自己的钱一分不剩，还欠下了巨款，他也因此被逼上了绝路。当时，郁伊健已经两度自杀，但都被人发现后抢救了过来。一次债主们和他见面时，他喝得醉醺醺，被人搀扶着进来。当晚郁伊健和几个委托他理财的人彻夜长谈，直到凌晨，郁伊健才被不离左右的妻子带走。当时大家都劝他想开点，“留得青山在，不怕没柴烧。”他还能画画，终有一天能翻身。但郁伊健的意志看上去已有些崩溃了。

晚上回宿舍，乔锋洗澡时突然觉得心神不宁，洗完澡出来还差点滑了一跤。他想自己这是怎么了，想着想着神思恍惚起来。后来当他躺到床上的时候，电视台正在播报晚间新闻，一则新闻突然让他睁大了眼睛，只觉得漫天的黑暗都在这时向他扑了过来。

播音员在电视里平静地说：“今天下午由深圳飞往原州的航班发生空难，126 名乘客及 8 名机组人员全部遇难……”

3. 狮鹿赛跑

上海的傍晚。

林远思跟关冰倩难得一块儿吃了顿晚饭。现在林远思的事业如日中天，关冰倩也有了自己的事做，所以俩人聚在一起的时间越来越少了。吃饭的时候，俩人回忆起刚到上海那段平淡的生活，不由得心里感慨万千。

林远思的上海新同达公司刚成立的时候，他并没有一下子从幕后走到台前。他用从季云飞那儿借来的 50 万元，分别注册了几家公司。在这几家公司中，他的身份都是策划总监。担任公司法人代表的，是他的几名部下。令许多人称羡的是，无论在顺利的时候，还是落难的时候，林远思身边一直有一群跟随着他的死党。这些人有相当一部分是他当年的同学和学生。后来有一些公司想从新同达高薪挖人才，但是他们没有一个人愿意离开。

公司开始运作之后，林远思把公司大部分人马都拉到了乡镇企业比较发达的地区，在那里建立了生产基地。林远思为自己的产品取了一个叫做“真年轻”的牌子，取的是希望天下老年人吃了他们生产的保健品，都能变得越来越年轻之意。此时保健品市场已经相对成熟，全国的药店零售网络已经比较健全。只要你的产品有消费群，只要推广工作做得好，根本不用你自己花过多的精力去建立销售网点。

“真年轻”第一批产品出来的时候，林远思第一步是在江苏做直销。那段时间，林远思亲自带着属下深入到居委会，让居委会老头老太召集人，每次都能召集满满一屋子，然后林远思就讲自己的产品，并免费让人们拿些回去试用。在保健品效果反馈良好后，林远思便决定利用各地的分公司把“真年轻”撒向全国。那时，林远思在上海总部成立了一个“真年轻”指挥部，临时抽调各个部门的负责人凑在一起，这些人包括搞生产的、搞储运的、搞营销的。他把这个指挥部称为战役指挥部，把下面的分公司叫军、师，一时间让人觉得非常新鲜。

当“真年轻”快速撒向全国后，林远思定了一个做广告的原则，就是把产品销售额的15%拿来做广告。定这个原则的时候，他们的月销售额在一两千万的水平，没想到后来销售量越来越大，没几个月就升到了一亿多，这样，它的广告费一下子也增加了好几倍。“真年轻”的广告成为中国老百姓见到的轰炸最密集的广告。林远思一看这个效果挺好，后来就一直没改，还是按照15%的比例做广告，这样两年下来，“真年轻”变成了中国家喻户晓的一个品牌。随后一家名为原州新同达的上市公司发布公告称，以1.46亿元从上海新同达手中买下“真年轻”的商标权。原州新同达的老总就是季云飞，收购“真年轻”是他一开始就与林远思约定好的。

季云飞因为这件事，成为中国最成功的风险投资家。而林远思卖出“真年轻”之后，用得到的那笔钱购买了一艘前苏联的航空母舰，准备在深圳把它改造成军事主题公园。当一切都尘埃落定，林远思想起已经好久没有跟关冰倩和小奇雪在一块儿了，这天便专程飞回上海。关冰倩这时在上海已经有了自己的事业，所以她不再介入林远思公司的运营。林远思打电话给她的时候，小奇雪刚好被赵熙带出去了，夫妻俩便决定过一回两人世界的生活，吃饭之后他们又去了东方明珠塔。

东方明珠塔坐落在黄浦江畔浦东陆家嘴嘴尖上，与外滩的万国建筑博览群隔江相望。塔高468米，位居亚洲第一，世界第三。它与左右两侧的南浦大桥、杨浦大桥一起，形成双龙夺珠之势，成为上海改革开放的象征。

站在高塔之上，上海的夜景尽收眼底。璀璨的灯火延伸到远方，与天上的星辰融合到一起，让人分不清哪些是灯海哪些是星光。微风拂来，天台上的林远思与关冰倩衣袂飘飘，有些天上人间的意境。林远思温柔地揽着妻子，心里有许多话想说，但他知道关冰倩一定知道他的心意，说些什么在这时都显得多余。那还是什么都不说吧，就在这天上人间的轻风中，用相拥让彼此明了对方的心意。

风中的关冰倩美极了，那种成熟的韵味让林远思心动不已。但他在拥着关冰倩的时候，发现她的脸有一些倦意。林远思心痛了，事业在带给女人美丽的同时，也在劳乏她们的身心：这不是矛盾的对立面，而是相辅同行的结果。

关冰倩在做“邻家汉语”的时候，不但赚来了自己和女儿的生活费，而且还使自己的英语水平也有了飞速的进步，甚至连小奇雪现在都会熟练地用英语跟人对话了。在跟那些外国学生接触过程中，她们还得到了不少乐趣。一次，林远思星期天回家问女儿：“外国人说话好玩不好玩？”小奇雪笑嘻嘻地回答：“好玩！有一个外国学员在饭馆吃饭点菜的时候，把红烧排骨说成了红烧屁股，结果服务员姐姐说他是流氓。”

一段时间之后，关冰倩已经不再满足于教三五个外国学生了。那时候，上海有一股为出国而学外语的热潮，关冰倩便想针对这股热潮举办一个专门应付考试的突击班。针对社会上各种培训班鱼龙混杂的现状，口语已经非常流利的关冰倩，对国内传统的英语教学方式进行了重要的改革。同时，为迅速打开局面，在众多英语培训班中，关冰倩率先打出免费的招牌：20 多堂课，1 分钱不收，房租倒贴。免费的号召力是巨大的，五角场图书馆 1000 人的大礼堂，一下子来了 3000 人，关冰倩最后只好把课堂挪到了礼堂外的操场上。

没做 1 分钱的媒体广告，就是通过学子们的口口相传，关冰倩投资创办的“狮鹿英语学校”在上海声名鹊起，获得了空前的成功。与此同时，关冰倩趁热打铁，聘请了几位专业的英语教师，旗帜鲜明地提出“狮鹿”的经营理念：让利于学生，让利于教师，让利于管理者，让利于社会。别的学校托福培训班一人收 400 元，“狮鹿”只收 150 元。别的培训班开班后还巧立名目收取资料费，“狮鹿”则是一律奉送。“狮鹿英语学校”对学员人性化的关怀在当时也令人耳目一新：100% 的教室实现空调化，对学员生活的照顾具体到喝水、交通安全这样的细节。在“狮鹿英语学校”，还发生过这样的事情，晚上教室突然停电，老师点着蜡烛，依然在讲台上一口气讲了两个小时，坚持把课讲完。一年之后，从全国各地走进“狮鹿”的学生达到 1 万人，“狮鹿”编写的《邻家英语词汇精选》被大学生们称为出国留学的“红宝书”。“狮鹿”也从最初单纯的“托福”培训班，发展成为国内规模最大、师资最强、项目最全的外语培训学校。

五角场一幢普通的红色七层小楼，就是“狮鹿英语”的总部，也是被媒体称为上海最“热”的地方。据说，在美国、加拿大的任何一所著名高校里，来自中国的留学生，都有相当的比例是从这里走出来的。身为“狮鹿英语学校”校长的关冰倩，经常到北美考察访问，每次当她到附近的中餐馆就餐时，刚一落座，就会有人站起来，亲切地称呼她“关校长”。类似的说法还有：在

“狮鹿英语”附近卖烧饼、茶叶蛋的，一个暑假就能成为万元户。在“狮鹿英语”周围的大学里，一年四季都会有很多外地大学生想尽各种办法占领学生宿舍的空闲床铺。“狮鹿英语”一带的小旅馆，生意也是出奇得好，住满来自天南地北的求学者，他们的目的只有一个：离“狮鹿英语”更近一些。在“狮鹿英语”任教的老师，许多是来自国外名校的“洋博士”，还有许多是国内高校外语系的领导、骨干。他们在“狮鹿英语”的年薪从15万元到20万元不等，是中国第一批通过教书富起来的人。更有趣的是，学校里的几个外籍口语教师竟然成为了中国妇孺皆知的笑星，这无疑极大地提高了学校的知名度。

听过“狮鹿英语”课的学员，都会记得这样一个寓言：在静谧的非洲大草原，一头狮子在夕阳下沉思：明天当太阳升起，我要奔跑，用追得上跑得最快的羚鹿的速度奔跑。此时，一只羚鹿也在夕阳下沉思：明天当太阳升起，我要奔跑，用摆脱跑得最快的狮子的速度奔跑。

关冰倩告诉他的学员：无论你是狮子还是羚鹿，当太阳升起，你要做的就是奔跑！

莘莘学子从“狮鹿英语”中感受到的是澎湃的激情，加盟“狮鹿英语”的老师们看中的也是它充满激情的氛围。几年来，一个民办学校，能够将这些毕业于杜克大学等国际名牌学校的业界精英尽收囊中，并形成一个稳定的团队，不能不说是一个奇迹。一位“狮鹿”英语学校的教师告诉他的新同事，在“狮鹿”，教师们每天都感受到巨大的压力和挑战，但同时，“狮鹿”又为每一位教师的创造性劳动提供最广阔的舞台。“狮鹿”仿佛一块巨大的磁铁：学子们在这里找到了梦想和希望，老师们在这里找到了事业与激情，关冰倩也找到了缔造传奇的舞台。她的成功一点也不逊于林远思。

此刻，林远思和关冰倩站在东方明珠塔的最高处，林远思凝视怀中的妻子，心中怎能不为妻子感到骄傲。

这晚回家的路上，林远思突然想到好久没见到小奇雪了，自己却忘了给她买礼物，便带着关冰倩去了一家夜间营业的商厦。俩人给小奇雪买好礼物回到商厦一楼，正要出门的时候，林远思的手机响了。林远思听完电话，平和的脸色立刻变得如霜似冰。关冰倩便问发生了什么事，林远思皱眉道：“季云飞的电话，他说……他说有一趟深圳飞往原州的飞机发生了空难。”关冰倩心里骤然一紧。林远思接着说：“季云飞还说，章沁晖在那趟航班上。”

深圳，章家被突如其来的灾难搞得一团糟。章大江夫妇伤心无语，已经两天没有吃下东西了，老来痛失爱女的打击，让他们肝肠寸断。章子良与乔锋两人接到有关民航单位的通知，前往原州认领章沁晖的遗体。

认领手续很快便办完了，章子良与乔锋的心情异常地坏，但他们只要一出现，便总有些不识时务的记者围在他们身边，话筒都快递到他们嘴边了。章子良与乔锋不断地拨开面前的话筒，但记者们仍然喋喋不休地问个没完。乔锋此刻心中已是一片空白，当他扑在章沁晖的遗体上时，他都不相信这一切是真的。昨天这美丽如天仙的姑娘还活蹦乱跳地与自己说着情话，答应要做他的新娘，今天她怎么会就没有了呢？乔锋想，这一切肯定不是真的，这只是章沁晖跟他开的一个玩笑，章沁晖一定会在某一个他意想不到的时候，再次笑吟吟地出现在他身边。他边上的章子良脸色阴沉似水，已是满脸不耐烦了。那些记者根本不顾及逝者家人的悲痛感受，只想着如何尽量获得新闻，这些记者的提问似一根根钢针，刺进他们心中的痛处。章子良已是忍无可忍，他蓦然大喝一声："滚，都他妈给我滚！"

此刻的章子良，须发贲张，双目圆睁，两拳紧握，似乎只要谁再上前，他便要合身扑上。那些记者吓得纷纷掉头而去。

回到深圳，办完章沁晖的后事，乔锋把章沁晖房中的世界三大轻音乐乐队的碟片和一盘《当我想你的时候》收好，便要回海南了。深圳对于他是个伤心的地方，在这里的每一点记忆都能勾起他心中的痛。那一晚，他独自站在海边，不久前发生的一幕恍如隔世。那心中燃起的爱情之火已熄灭，那漫天绚烂的情感焰火已沉寂。没有了章沁晖的明天，哪里是天?! 何处为地?!

乔锋临回海南的时候，专门与章子良商讨了怎样处理黑凤凰股票的事情。章子良终究是一代枭雄，在巨大的悲痛面前不乱分寸，知道有些事情是始终要面对的。乔锋此时却已心烦意乱，哪里还有心思管股票的事。他沉默了一会儿，然后对章子良道："现在我情绪太差，心中一点主意都没有。黑凤凰股票被套太重，需要用些特殊办法才能解套，也不是短期就能够解决的，那需要大笔资金作为后盾，我现在根本没有这个实力。"

章子良沉默不语，心知乔锋说的都是实情。

乔锋看章子良此刻虽仍然腰板挺得笔直，神色间已有了萧瑟之意，心中不忍，瞬间想起一个人来，便道："我看能解决这问题的只有一个人，他现在要智谋有智谋，要实力有实力，而且在中国证券界影响极大。"

章子良条件反射地问："那人是谁?"

乔锋稍稍沉默一下，轻轻地说："太行！"

4. 红豆相思

太行在北京的公司如期成立，时机非常好，在 1996 年 12 月——一个股市最具戏剧性的时刻。据说当时有一些农民把耕牛卖了买股票。跟太行合作的几个企业想放弃一级市场认购，进入二级市场。太行竭力劝阻他们，预言股市随时可能发生暴跌。此后市场果真如太行预料，连续三个跌停。那几家企业躲过市场重创，从此对太行信服不已。随着口碑的不断传递，太行的名气越来越大。当然，这后来的许多“名气”主要是在证券投资界的机构圈中回旋撞击，太行自己却活得很低调，不轻易接受媒体的采访。此时，浸淫市场多年的太行已经积累了相当的经验、资金和关系。

在北京时，皇甫村一直跟随在太行身边，太行对他的某些坏习惯一直看不惯，对他的感觉形同鸡肋，既厌恶又需要。皇甫村心知肚明自己在太行心中的位置，知道若想长久地倚靠这棵大树，一定要尽量多地显现自己的能力，同时也必须有效地制约他。所以，在太行的几次资金操作中，他都及时充足地为太行搞来资金，让太行全部精力都用在资金操作上，没有后顾之忧。不知不觉中，皇甫村在太行公司中的位置变得举足轻重起来，太行眼见着这样的变化，却无可奈何，因为现在与他合作的几家大企业，有一多半都是皇甫村介绍过来的。这家伙结党抱团的能力极强。

公司发展迅速，与太行合作的企业越来越多，太行便暂时抛开了因为皇甫村一些坏习惯所引起的心中不快。在太行的心里，来北京发展的动机，其中之一就是要证明给赵熙看自己是一个顶天立地的实力派，即使不依靠现成的力量也能打下应属于自己的那片领地。随着皇胖子的作用越来越大，太行慢慢地也开始习惯了这个人，甚至有时把他当做重要的左膀右臂。历史上有多少君王将相，用人都是择其才而用之，他太行其实是效仿古人，不拘泥于常训。太行知道，现在三两次战役的胜利，不足以确立自己在证券王国中的地位。自己不是草寇，占据一两个山头，有吃有喝就认为到了天堂。他要的是为常人所不为，创下一段惊天动地的业绩，这样才是顶天立地的男子汉。

有了明确的目标后，太行知道自己现在该做些什么。投资职业是个毁人的高强度劳动，即使你什么也没有干，比如躺在床上，脑袋瓜也是处于高速运转之中。太行是爱赵熙的，随着理智的清醒，他对她的思念也越来越浓。与赵熙朝夕相处的情景，经常会像放电影一样一点点地浮现在眼前。有时候，他会生出那么浓的冲动，想立刻打电话给赵熙，告诉她他现在非常想念她。男人就是有理，对自己的爱人认个错不也是很正常的吗?

太行常常躺在床上沉思好久，可最终还是没能拿起电话。他深知赵熙的性格，她是那种坚毅的女子，她决不会允许自己与皇甫村这样的人在一起。如果自己不解决与皇甫村的问题，即使电话打过去，不但不能解决问题，还可能引发新的争执。

这些日子，太行已经习惯在没有开灯的房间倚坐在床头抽烟。这套公寓里装潢一新，符合京城最新的潮流，但是有时太行感觉这一切都是那么冰冷生硬，像一个没有生命的地方，不如上海的家那么温馨。太行此时已经非常后悔了，如果让他重新选择，他可能不会选择目前的境况。自己是爱赵熙的，他进一步确认了这点。自己的年轻时代一直在追求爱，但是伤痕累累，在自己的信心已经接近崩溃的时候，赵熙出现了。作为一个妻子，赵熙没有什么可指责的，甚至可以说是通情达理的，出色的。没有了赵熙，他现在的努力，再赚更多的钱，不也没有了欣赏者吗?他多么希望赵熙能主动给他来个电话，他相信她也是爱自己的。太行自己给自己立了期限，再坚持两个星期，如果还是这样，自己就投降。这样的冷战对于两个人都会是一种心灵的伤害，这种伤害可能是一辈子也治愈不了的。

还没等到他自己规定的期限，太行就知道自己失败了。他为自己的失败找到了一个折中的办法，就是写信。把自己的工作情况，把自己对市场的感受告诉她，先让她消消气，也让她知道自己的心意。这样不会使彼此的伤害加大，说不定还能够打动她。太行对自己的文笔是很自信的，何况这是对自己的妻子表达爱呢！当然刚开始，这种爱是有着男人的尊严的，先看看她的反应。这样做至少告诉她自己没有忘记家。

这段时间，赵熙筹建诊所到了最后的阶段，诊所的装修正在紧锣密鼓地进行中，一些医疗器材的安装也是非常繁忙。为了赶在春节后开业，所有的人都在加班加点，赵熙更是事必躬亲。她也不想回家，家里只有她一个人，空荡荡的，一到这个家就要想起那个该死的、没心肝的男人。后来赵熙收到了太行的信，太行信中的话口气越来越软，赵熙心中的气这才消了些，慢慢地就原谅了他。有时一封信她会读好几遍，还经常把前几封又拿出来看。从他的信中，可以看得出来他的事业还是挺顺利的，而且他经常说信是在晚上写的，说明他还是比较老实的。

有一天，赵熙跟关冰倩聊天，当关冰倩说起林远思的时候，她不由自主地带出了太行，感觉说漏了嘴，又咽了回去。关冰倩看了出来，她问赵熙最近两人的情况怎么样。赵熙就把太行不断来信的情况告诉了她，但是她表示自己不愿先给他打电话，也不愿先去看他。赵熙自己也感到无奈，她感觉到太行已经有认错的意识，就是脸皮薄，不敢打电话。关冰倩说："还不是你太厉害了，别人怕给你打电话又挨你的骂。要不这样吧，我先帮你打个电话，就说你已经原谅了他，让他再给你打电话。"赵熙点了点头。

于是关冰倩就当着赵熙的面给太行打了电话，太行接了非常高兴。他知道关冰倩是赵熙最好的朋友，关冰倩给自己打电话，在电话中又没有什么重要的事情，而是瞎侃，这是无理由的，因为原来自己与她并无过多的来往，他肯定赵熙就在她旁边。太行是搞股市技术分析的，对于这种简单的逻辑推理是最擅长的，于是他故意不点破。他说自己如何想赵熙，自己在北京生活得怎么悲惨，天天吃快餐面，衣服脏了又把没洗的衣服换上，赵熙好狠心，把自己从家中撵了出来，现在有家不能回，马上就要到春节了，自己天天发愁不知道该怎么办。这时赵熙正在旁边听着电话，当她听太行说自己春节不让他回家的时候，不禁脱口而出："谁不让你回家了，是你自己跑的，我又没让你不回家。我管得了你吗?"太行一听果然赵熙被自己激了出来，赶快说好话。女人都是希望自己的爱人讨好自己的，赵熙一下子就把怨气忘了，与太行又和好如初。

皇甫村确实是个善于钻营的人，他喜欢看人物传记的书籍，最佩服的历史人物就是袁世凯：韬光养晦、顺风使舵、借力打力、顺藤摸瓜的本领游刃有余。皇甫村在与太行的合作中，充分地挖掘和利用了太行的名气和能力。他也因此结识了一个内地的银行行长，并在那个城市注册了一家房地产公司，利用房地产公司获得了贷款，把贷款高息交给太行运作，既从与太行合伙的公司中获得分红赢利，又从贷款中提取中间费用。后来玩得更花，用贷款买地或者买即将扩股融资的法人股，然后高价评估其价值，以此抵押获得更多的贷款。这样，在短短的两三年中，他竟然号称那个中等城市的首富。

皇甫村对于吃喝玩乐甚为喜好与在行，在与人打交道中，这些东西有时能够获得意外的效果。但是太行不感兴趣，便把这方面的事情通通交给了皇甫村，自己埋头于业务。这天下午大盘刚收市，皇甫村给太行打来电话，说："上次说的那个外贸企业的资金投资管理的事情已经谈好了，明天就可以签合同。我今天请芮总吃饭，芮总非得让我把你叫上，你看……"太行打着哈哈："你知道，我最近特别忙，一大堆的事情要干。你解释一下，我就不去了吧！"皇甫村回答道："你说的我都知道，辛苦你啦。但是越辛苦，越应该出来放松一下呀。现在像你这样的人，可真不多了，是不是？唉，不说啦。芮总非得见你，他是看着你的名气才愿意做这项合作的。原来他们准备与华南证券合作，后来我把你抬出来，他才改了主意。如果你今天不来，说不定他会认为我是骗子呢！再说，你反正也要吃饭嘛！”太行想皇甫村说的也有道理，就同意了。

那芮总喜欢喝酒，对于劝酒格外有心得。他在饭桌上听说太行原来是诗人后，装作很意外的样子：“老兄我原来也写诗，一度对诗达到了痴迷的地步，不信我给你背一首。”结果他把一首当下流行的歌曲《对面的女孩看过来》的歌词背了一遍，引起满堂大笑。“来，来！太行老弟，你是边塞诗人，我是婉约诗人，让咱们两个诗人干一杯。”虽然太行觉得芮总的话很可笑，但是前一阶段确实有些累，今天感觉这个场合轻松，在大家的劝说下一杯又一杯地喝了不少。

在座的大多是色鬼。吃完饭后，皇甫村提议大家到夜总会去唱歌，皇甫村问：“吕总，我们都要去朗诵诗，您去不去?”太行这时有点醉了，头点了一下没有说出话来。皇甫村大声道：“看，还是芮总有面子，吕总去。我只看过吕总在盘面上写边塞诗，还没有见过吕总在歌厅演婉约诗呢!”

在夜总会，皇甫村为大家都点了小姐，为太行也点了一位。他交代那小姐：“你今天遇上的是大老板，你要好好地伺候。他现在是单身，如果你伺候好了，以后有的是好处。”这天，太行确实喝得有点多，也兴奋。那小姐刚刚来到身边，他的手机就响了。他随手就把手机打开了，房间里响着音乐，光线又暗，他喂喂了两声，没有听出是赵熙的声音。那小姐一屁股坐在他的腿上，说：“老公，谁的电话这么讨厌，春宵一刻值千金，理他干什么?”一下把电话关掉了。这边的赵熙把那小姐的话听得清清楚楚的，又眼见对方真的把电话挂断了。她再打过去，对方关机。

空难事件的调查工作一直在进行。航空公司发现这次空难的遇难者之一郁伊健，登机前购买了7份人身保险并携带了大量的饮料状液体。紧接着，媒体发现，所有失事人员的家属事后都应邀到了原州，所有能找到的死难者遗体都进行了DNA鉴定后被安排火化，惟独郁伊健的遗体一直存在冰柜中，正常的保险赔付在郁伊健这里也被要求暂缓。大家纷纷猜测，这次空难事件可能跟郁伊健有关。一个月后的一天下午，公安部门向郁伊健的家人传达了这次空难的调查结论，确定空难系郁伊健纵火造成。接着，来自航空公司的人士宣布，由于郁伊健的死亡系自己纵火造成，公司对郁伊健的遇难不予赔偿。根据原来乘机的有关规定，每个旅客准许携带两瓶白酒登机，安检的重点在是否携带金属凶器登机，因此旅客携带饮料登机也属家常便饭。不过，在这次空难发生后，加强安检的措施中除了脱鞋以外，还要求检查携带的饮料，比如旅客必须喝一口自己携带的饮料。

媒体公布了消息，原州的乔锋看完报纸，心内又充满说不出的悲痛。为了不让自己多去想过去的事情，只有用忙碌来让自己忘记悲伤。那年的春节假期，他把《奇智狐狸》重新从头到尾细细阅读了一遍，从中受到了不少启发，也发现了一个奇怪的现象：中国历史上任何一个伟大的人物后面都有一两个大师级的谋士辅佐，任何一个名将的成名都必须依托一个强有力的集团，任何一个奇迹的发生都需要借助外界世道配合，任何一个举世无双的红颜知己都不会伴英雄一生。

《奇智狐狸》一书确实深奥，乔锋读第一遍读的时候只是觉得有趣，后来每重新阅读一遍都会有新的启发。为了能够与证券投资技术结合起来，他模仿《奇智狐狸》的格式写了一部关于投资盈利模式的书籍，主要把市场盈利模式分成了四种：第一种是惟我独尊盈利模式。进行惟我独尊模式运作的个股走势通常情况下与大盘走势节奏无关，这就要求投资者的资金实力相当雄厚，并且做好买进绝大多数筹码的准备，然后用盘面语言与对手盘进行博弈。第二种是咸鱼翻身盈利模式。很多时候基本面非常好但价格又低的股票不容易找，这样投资机构就把目光集中到那些法人股股权松动、法人股与流通股比例适中的股票作为投资标的，在公司运营和二级市场两条线作战，通过资产重组的手段，改善上市公司的经营业绩和行业背景，获取当时市场投资者的偏好，同时运用杠杆效应提高二级市场股票的价格。巴菲特先生把这种做法叫做买上市公司。第三种是街舞路演盈利模式。在证券市场上一个好的题材策划要顶5000万现金。更多的机构习惯于二级市场的价差套利，这就需要机构重仓标的股票后有足够的市场吸引力，还需要投资标的有市场认可的社会题材配合、收购争夺事件或者基本面利好配合。最好这种利好是系列性的，像一个美丽的金钱童话故事。第四种是盲点狙击盈利模式。其实证券市场上最高境界的盈利模式就是盲点狙击，这是技术熟练者赚取大多数三无概念资金的上乘武功。

这一年银赛港国际信托的元宵舞会上，乔锋被集团宣布为公司的名誉员工。卓融知道沁晖遇难的事情，替乔锋难过的同时，反而从心理上解除了一些顾虑。卓融和公司里的另外几个副总一直担心乔锋与沁晖结婚后可能会离开银赛港信托。而此时银赛信托发行了大量的金融高息债券，公司的主要盈利点几乎已经全部集中到了证券方面，其中证券自营坐庄成为最大的利润来源，也是公司各种业务继续运营的公关润滑剂。

元宵舞会后，乔锋拿着自己的书稿去找卓融，让他抽空给新书写篇序。卓融看到乔锋的工作状态还不错，很是高兴。他看完乔锋的书稿后，觉得四种盈利模式总结得确实很实用。他笑着对乔锋说：“今年咱们是不是就按照这四个盈利模式再干一场?”乔锋说：“我正想向您汇报今年的运作计划呢。您看，按照第一种盈利模式要求，我想集中优势兵力打一场歼灭战，也就是把今年公司的自营资金全部投入到一只股票上面；按照第二种盈利模式要求，公司可以投资一只低价股，一只臭豆腐股——要让他闻起来臭，吃起来香；按照这第三种盈利模式要求，可以为目标上市公司引进一套国内其他企业没有的新技术，公司的业务会有巨大的社会意义；按照第四种盈利模式要求，最好是做一个边远地区的上市公司，这种上市公司除了投资者不容易了解外，还比较容易打交道。我想选择西北地区的股票，因为开发大西部的题材会逐渐深入人心的。我心中已经有了几个候选目标，但现在还拿不准，我想让许惊雷陪我到这几家上市公司转一圈。与人打交道，他比我擅长。我们回来后根据实际情况，最后确定一家上市公司进行战略投资，把它做成沪深股市的第一牛股。”

卓融当即同意了乔锋的请求，他觉得这时候，工作是惟一能让乔锋走出低谷的方式。乔锋主动请战，这让他看到了这个年轻人身上旺盛的斗志。

乔锋便订好机票，打点好了行装，择日与许惊雷飞往西北。

5. 塞上明珠

乔锋跟许惊雷一路往西北方向而去，到达了西依贺兰山、东临黄河的塞上明珠天湖市。到了天湖市，乔锋与许惊雷并不急着去办正事，而是先去了位于天湖市城区西边的西夏陵游览。西夏陵是西夏历代帝王的陵寝，俗称“吴王坟”。这里布列着9座帝王陵墓和207座宗室、王公大臣的陪葬墓。其规模与河南巩县宋陵、北京明十三陵相当，是中国现存规模最大、地面遗迹保存最完整的帝王陵园之一。

从西夏陵回来，乔锋取出了事先准备好的天湖市几家上市公司的资料，与许惊雷研究第二天的日程安排。在接下来的几天里，他们一共去了四家天湖市上市公司，感觉都不是太好。西北的汉子对远方的客人是热情的，但是乔锋发现这些公司有着典型国企特征，职员们的工作节奏保持相当慢的节拍。他们最初看好的一家公司的领导，在听说乔锋与许惊雷此行的目的并不是购买公司的产品，而是指望长期的深层次合作时，好像兴趣并不是太大。事后许惊雷分析说这些领导的任期也就是短短几年，他们对公司持续性发展没有更长远的考虑，只要自己在任时公司不出任何问题，他们就很满足了。乔锋与许惊雷第二次去那家公司，当询问公司的一些具体情况时，负责接待的一位副总几乎要睡着了。乔锋心中有气，便不动声色地问那副总：“贵公司想不想让股票在市场上能有更好的表现?”那位副总愣了一下，接着像被针扎了一样跳了起来，态度立刻大变，一迭声地问：“你刚才说什么？刚才说什么?”乔锋回答：“我问贵公司希不希望自己的股票能有更好的表现。”那位副总马上兴奋地说：“当然愿意当然愿意，如果你们有什么具体想法的话，这事儿可以直接跟我们总经理谈。”

乔锋与许惊雷并没有去见总经理，对这样的企业，他们已经不抱任何希望了。

回宾馆的路上，许惊雷问乔锋：“你觉得这个公司如何?”乔锋回答：“肯定不行，公司的整体状况不适合咱们银赛港国际信托用全部力量去投资。这样的企业，你即使给他一个金娃娃，要不了几年也会被折腾光的。这家国有公司的干部机制如果不改变的话，企业便很难持续发展，更谈不上有大的发展了。”许惊雷赞同乔锋的观点，但却有点担忧：好几天下来，原先看好的上市公司一家家都被排除，这趟天湖市之行，看来是不会有什么收获了。而乔锋却仍然信心十足，“我不相信这么大一个西北，我们就找不到一家可以投资的企业。”

天湖市气候干燥阴冷，有风的时候，空气里好像飘荡着一层薄纱。因为事情办得不顺，许惊雷与乔锋都没有了游览这塞上明珠的心情，这天从公司里出来，直接就回了宾馆。

乔锋洗澡的时候，许惊雷就坐在床上看报纸。许惊雷有个习惯，无论到哪个陌生的城市，不一定要去风景区，但一定会买一些当地的报纸，从那些社会新闻中加深对这个城市的了解。乔锋洗完澡出来，没什么事，便拿起许惊雷看过的报纸随意翻，很快，乔锋就被报上的一篇专访吸引住了。

那篇专访记述的是天湖市第一家上市公司天边红的董事会老总王中均的逸事。

王中均年轻的时候，想成为一名作家，那时他还是一位戏曲爱好者，还曾经是市话剧团的兼职演员。后来调到市话剧团工作，从那以后踏上戏剧创作的道路。组织上派他到北京戏剧学院深造，使他在业务上达到了一个新的高峰。在天湖市的20年中，他既当编剧又当演员，先后创作过二十多部剧本，其中包括《英雄有悔》、《枪挑小梁王》等历史剧，又有《丙方丁方》、《见了再散》、《小撒把》、《小腕》等现代剧。后来王中均下海到深圳创办了天边红文化有限公司。在公司创业之初，上自总经理，下至办事员，大家拿的工资都一样多。他刚到深圳的时候，只身一人，人地两生，孤独感、寂寞感不时袭上心头，惟有心底深处那束艺术之光强烈地支撑着他。后来当公司有人想扩大经营范围，向他提出把天边红文化有限公司的“文化”两个字去掉，他毫不犹豫地回答：“如果取消文化两字，那这公司对我就没有任何吸引力了。”由此可见王中均不管什么时候，都抛不开他心底深处的文化情结。或许，这也跟他西北人的性格有关吧。由于受历史文化的影响，西北人比东部沿海地区的人具有更多的奉献精神。

一次去北京开会，王中均在火车上与一位素不相识的农民攀谈起来。这个农民是省里有名的沙漠王，他的经历颇不简单。他在1984年承包了乡里和国营林场总共6万多亩荒沙进行治理。根据当初的协议，治理完成后，林木效益双方按二八分成。后来沙漠王先后承包了22多万亩荒沙进行治理，这相当于全县荒沙面积的1/5，但沙漠王至今却没有拿到一分钱的治沙收益。从1989年第一批种下的树苗长大成材可以间伐时开始，当地林业部门一直都以该林地属于三北防护林体系不能间伐为由拒绝颁发许可证。后来，国家将沙漠王种下的林子划成了生态林，完全禁止砍伐，这样连审批颁发许可证都不用了。沙漠王遂向林业主管部门提出移交6万多亩林木的申请。但无论他是否主张补偿，结果都是一样：被拒绝。

当沙漠王向王中均谈到他治沙经历的时候，王中均想到了自己年轻时的一些梦想，沙漠上绿草青青、牛羊成群、百姓安康的画面在那时再度诱惑了他。他不由对沙漠王生出许多敬意来。他问沙漠王：既然治沙没有收益，你为什么还要继续干呀？沙漠王说自己发现，在天湖市西南方向的一个叫“征沙集”的地方，约有6万亩沙漠正在逼近天湖市，严重威胁着周围的生态环境和人民的日常生活。他曾经多次忧心忡忡地向当地政府呼吁，可是由于经济不发达，政府不可能在短时间内筹集大批资金用于治理这块沙漠，所以他南上北下，四处活动，希望能找到一个有实力、有魄力、有远见的企业共同来做这件造福后代的大事业。王中均深深地被这位农民的执著感染了。

从北京回去后，经过实地考察，他找到沙漠王，表示天边红有意投资治理沙漠，并且还要从中赚钱。但之后两个多月，沙漠王都没见王中均有什么动静，本来兴奋欣喜的心情渐渐平静，甚至还对王中均生出些须怀疑。他曾经遇到过很多的企业家起初都提出过要治理沙漠，但最后都因为投资大、见效慢而不了了之。然而没过多久，一份任命沙漠王为天边红天然物产公司副总经理的文件签发，随之而来的还有天边红2500万的投资合同。王中均和沙漠王这两位身怀济世之情的汉子，至此成为莫逆之交。

乔锋看完专访，对王中均生出了浓厚的兴趣。晚上他跟许惊雷聊起了王中均治沙的事，许惊雷有些犹豫，显然他对治沙赚钱的说法有些怀疑。

第二天，乔锋和许惊雷便去天边红拜访了王中均。王中均在深圳待过多年，对于银赛港国际信托的名字并不陌生，听说两人代表银赛港国际信托来考察项目，当即非常热情地向他们俩介绍起公司的情况来。初次见面，王中均就给乔锋留下了很好的印象，两人谈得非常投机。后来乔锋提出要到天边红天然物业公司去看看，王中均稍微犹豫了一下，便答应了。

乔锋许惊雷坐着王中均的越野车很快驰进沙漠，到达天边红天然物业公司的时候，呈现在眼前的景象，让乔锋不由得对天边红从事的事业感到震撼。公司就坐落在沙漠之中，那些原始的沙漠透着一种灼人的焦味，沙丘起伏，绵延不绝，一大片黄色在视线里一直延伸到天边。王中均介绍说，如果风暴来了，这里又会是另一番景象：黄沙铺天盖地，沙丘四处流动，到处飞沙走石，大有世界末日来临的感觉。而毗邻沙漠的是天边红已经种植的1万多亩麻黄草，它们葱绿的色彩与沙漠形成鲜明的对比，沙漠变绿洲的奇迹好像就在眼前。

当乔锋和许惊雷对天边红的成绩啧啧称奇时，王中均却一脸忧虑地跟他们说起了听来的一件事：在日本，有一种黑色的云层叫黑沙暴，据说这云层中所含的沙子就来自内蒙古的西部。于是，一批批的日本人每年的春季都会自费到内蒙古西部的沙漠中植树造林。

这似乎是一个故事而不是一种现实，但是，即使它是一个故事，乔锋也从中听出了王中均的无奈——那是一种对国人不重视环境治理的无奈。

乔锋跟许惊雷回到海南后，向卓融汇报了天湖市之行的收获。乔锋非常看好天边红公司，主张全力投资该公司。许惊雷与卓融都对天边红的收益问题产生怀疑，乔锋便向卓融详细介绍了天边红从事的生物萃取工程。乔锋说："萃取的全名为超临界生物萃取。该技术是20世纪70年代末才兴起的一种新型生物分离精制技术，近年来发展迅速。特别是1978年在欧洲举行全世界第一次'超临界气体萃取'的专题讨论会以后，该项技术已被广泛应用于化学、石油、食品、医药、保健品领域，受到世界各国的普遍重视，在我国已被列为'九五'期间国家重点开发的高科技产品。"

卓融听后沉吟不语，最后问天边红的项目是否已经开始实施。乔锋说正在进行，因为天湖市的环境影响，这个项目的生产基地建在了沿海市，目前是先用生产牙膏的方式检验生产能力。

卓融还是有点不放心，他觉得乔锋讲述的时候有一点义气的成分，便提醒他："商场是战场，容不得妇人之仁，否则不仅帮不了别人，还会害了自己。"乔锋沉思了一会儿，回答道："卓总，我想我是理智的。当然做好这个项目，还需要咱们公司在一些高科技的项目上帮助他们，特别是麻黄草方面的。因为它提取的麻黄素是一种极为珍贵的医学原料，它不仅能够生产治疗类似感冒等症状的药物，同时它还能提取类似冰毒这样的毒品，所以它的价格非常昂贵。我现在正在请公司的项目策划部同事们帮助收集这方面的资料。”

卓融一时犹豫，觉得有些拿不定主意。为了慎重起见，他决定带着许惊雷和公司项目部的几个人亲自去一趟天湖市，再去考察一下天边红设在沿海市的生产基地。

半个多月后，卓融一行回到海南，很快就做出了决定，与天边红签订了财务顾问的合同。乔锋觉得有些奇怪，便私下里问许惊雷，许惊雷摇头苦笑道："卓总说你在汇报这个项目的时候有些义气的成分，他自己最后又何尝不是这样。”

原来，卓融在去天湖市的途中路过一个村子休息的时候，有许多当地女孩子纷纷要把自己写的日记送给他，一时间弄得他很是莫名其妙。后来到了天湖市他才知道，那些递日记本的小女孩都是受一个叫马燕的小姑娘影响。关于马燕，还有一段不同寻常的经历，国内许多媒体后来对此都有过报道，因而卓融也很快便弄明白了日记本背后的故事。

那个叫马燕的小姑娘家里虽然有 7 亩地，但从 1998 年以来因连年大旱几乎颗粒无收。她生活的那个村子所在的地区多年平均降水量仅 292 毫米，蒸发量却高达 1296 毫米。家境贫寒让小马燕再也不能去学校上学了，每年 600 元的生活费在她们家人眼中简直是个天文数字。而且，只有让马燕退学，家里才能保证她两个弟弟继续读书。马燕不想离开学校，她无数次哀求母亲，无数次跟母亲说着读书的重要性。但是母亲却始终不为所动，在她心里只有一个简单而又无法更改的念头，那就是全力供两个儿子读书，牺牲女儿是无奈的，也是必须的。马燕从小学四年级开始，就养成了记日记的习惯，辍学之后，她依然每天将自己的生活真实地记录下来。她在日记里一再提到对读书的渴望和辍学后的痛苦，后来她把这些日记捧到母亲的面前。可母亲是文盲，根本看不懂女儿写的是什么。马燕便又给母亲写了封信，让弟弟转交给母亲。母亲有些奇怪，便让弟弟给她念，当她听到“妈妈，如果我上不了学，我一辈子的眼泪都流不干”时，她终于明白了女儿的痛苦，她发誓就是再苦再累也要供养小马燕上学。

但是愿望与现实之间差距太大，家境贫寒不是靠人的意志力就能改变的。小马燕的学费，成了悬挂在全家人头上的一柄剑。

就在这时，命运之神突然眷在小马燕，法国一位名叫彼埃尔·阿斯基的记者来到了马燕家居住的小山村。这里曾经是澳洲记者爱德加·斯诺在闻名世界的《西行漫记》中描述过的地方。彼埃尔·阿斯基一行5人来这里采访，却没想到从此改变了小马燕一生的命运。

就在这几位外国人采访即将结束的时候，马燕的母亲不知道哪来的灵感，突然将马燕的日记本与那封信塞到了一个叫做萨哈的图片编辑手里。萨哈在读完信和日记后，被马燕的遭遇深深打动，便将信和日记转给了彼埃尔·阿斯基，说这个中国女孩值得采访。彼埃尔·阿斯基在看完信和日记后，便决定帮助这家人。从此他每个学年都会寄给马燕1000元学费，每月寄500元生活费，以保证马燕跟她的两个弟弟都能上学。

后来，彼埃尔·阿斯基在法国《解放报》上发表了题为《我要上学》的长篇通讯，详细报道了马燕为上学艰难奋斗的事迹。文章引起了法国乃至整个欧洲的注意，很多人寄来捐款，写来慰问信，后来还成立了一个“阿斯基—马燕基金会”，专门用筹集到的资金资助中国失学儿童。而马燕的日记，后来也在法国拉姆塞出版社出版，书的封面就是马燕和她母亲的照片，她们都微笑着，眼睛望向远方，似乎对未来都充满了信心。

乔锋听完许惊雷的讲述，心里对卓融又增添了一份敬重。但是他不知道，促使这个项目合作成功的原因还有一个，就是卓融与王中均想出了一条新的妙计可以集股市中的资金帮助西北人民治沙。

6. 妙计解危

太行在股票市场中是为数不多的几棵常青树之一，这除了因为他能充分利用一级市场的无风险利润外，还得益于他多年的投资经历。他已经摸索出一种与绝大多数机构投资者截然不同的投资思维，即在市场处于不同的阶段都能根据市场背景找到赢利的盲点，再根据这种盲点设计出胜率极高的机构盈利模式。比如说1998年沪深市场经历过1997年的绩优股行情，基本面良好的股票普遍处于高价位，但是大多数投资者对于股票的价格与业绩挂钩还是比较在意的。太行根据美国投资大师巴菲特的投资思维，成功设计和推动了1998年机构重组盈利模式。在当年春节海南的一次私募基金机构盈利模式论坛上，一个京城机构成功地运作了一家边远小城的钢铁股，坚定了太行的信心。这种思维影响了一代大鳄们的投资思想和兴趣，他们在次年纷纷采取了在垃圾股中掘金的投资计划，使得当年的沪深市场在指数波动不大的情况下，低价三线股黑马狂奔，湘火炬、川长征等股票演绎了乌鸦变凤凰的金海魔术。甚至有机构提出，不炒重组股的机构是不会炒股票的大笨蛋机构。后来越来越多的机构关注垃圾股重组盈利模式，造成了小盘低价股供求紧张的背景。为了使实战更具有号召性吸引大量的同盟军，太行第一次发明了“市梦率”这个中国独有的股市名词，并在这个基础上设计了后来庄股更名盈利模式。一时间市场科技股满天飞，先是钢铁变科技，水泥变科技，后来演变成各种各样的梦幻名称，许多机构大受其益。京城的一些私募机构称此举为一个好参谋长顶一个炮兵师。

太行的名气达到顶峰的时候，有一家期货机构大鳄极度看好深市的龙头指标股深发展，大肆买进这个股票，成为最重要的流通股股东。其中最大的一个个人账号达到1300万股，用的就是太行的个人账号。1997年5月深发展的历史最高价48元就是太行所在的亚运村营业部买出来的。由于成功操作了深发展这只市场形象极好的股票，奠定了太行在机构中的威信。

这天，太行设在北京的办公室来了两位不速之客。太行听秘书说到章子良与鲁毅的名字，愣了一下，立刻让秘书请进来，太行热情地上前招呼。大家是熟人，稍事寒暄过后，太行问：“章司令，鲁旅长，是什么风把二位南方大侠吹到我们京城来了？”这个时候太行已经俨然把自己看成了京城股市中的座山雕。章子良沉吟了一下，也不拐弯抹角，直接说自己是来求助的。

章子良告诉太行，自己已经通过上千个个人账户，掌控了S股票交易所上市的黑凤凰股票90%以上的流通股，而黑凤凰的流通股占公司总股本的29%。不过自己投入的大量资金多半是融来的，其中有一部分很快就要到了合约规定的还款日期。现在黑凤凰股价已跌近历史最低价，如果不想办法及时解套，那么，万安投资不仅损失惨重，而且很可能血本无归，数年经营的成果将毁于一旦。

太行很快查看了黑凤凰股票的情况，连连摇头：“你们怎么会这样蛮干，这样会破坏股票的市场形象的。而且基本面也太不理想，从盘面上根本没有办法解决问题。”章子良本来心里就忐忑不安，听太行这样说，登时就吓出一身冷汗。到这时，章子良再也顾不了身份，拉住太行的手恳求道：“这次无论如何你都得帮我想个办法。如果你救不了我，我想，这世上再也没人可以救我了。”

太行的虚荣心这时得到了极大的满足，他答应好好考虑一下，但最后结果如何，他现在也没有把握。其实太行这时心里已经有了主意，但长期扮演大谋士的角色已经让他非常厌烦了，他觉得正好可以利用这次机会壮大自己的事业，建立自己的资本王国。而且，黑凤凰股票的现状正好可以让他实践一下自己机构重组盈利模式理论。他没有爽快地答应章子良，是为了接下来谈条件时可以多掌握些筹码。

两天之后，太行想出了办法，他起草了一份协议，让章子良考虑。这个时候，对于章子良来讲就是稻草也要捞，并没怎么犹豫就订定了协议，俩人遂成为战略合作伙伴。在协议中，有两个关键词，一个是“长期投资”，另一个是“改造国企”。从这两个关键词章子良确实感觉到了黑凤凰解困的难度，所以面对其他苛刻的条件，他也没有过多斤斤计较。太行提出的条件用苛刻这个词一点都不过分，它包括太行操纵黑凤凰股票股价后，股价每达到一定价位，章子良要根据价位逐渐把股票按比例无偿地转让给太行。如果股价涨到 100 元以上，章子良最高将无偿转让给太行自己现在持有的股票 50%。在操作的过程中，章子良需要配合长期锁仓，还要帮忙安排收购黑凤凰部分国有股，最终实现对黑凤凰股份公司的控制和重组。太行粗略估计这场战役将历时 5 年，所以这一战略投资的合作关系协议也签订为 5 年。

在签完协议之后，太行答应将很快把黑凤凰的股价用自己的资金往上拉升。章子良在股价上涨后，尽快让第一批转让筹码及时到位。他自己也可以先高位出一部分股票，来应付近期的到期融资。

离开北京回深圳的路上，鲁毅有点愤愤不平，指责太行这是乘人之危，落井下石。他心里还有些奇怪：以章子良的个性，怎么会答应这么苛刻的条件。章子良叹息一声道：“乔锋前段时间在深圳曾跟我提及生财之道有四种：挣钱、生钱、赚钱和来钱。挣钱是用手去干；生钱的‘生’字是‘一’字上面一头牛，说明只有在牛市中才能生钱；赚钱的‘赚’是用兼并宝贝；来钱的‘来’字繁体写法是中间一个十字，表明要有二个基础，另有三个‘人’字，表明把人才网罗到一起自然就来钱。”章子良顿一下，接着说：“何况，除了乔锋和太行，我实在想不出还有什么人有本事解决这件事。再说，如果太行真有本事让股价涨到 100 元，我就是送出去 50% 的股票，依然获利丰厚，你知道目前黑凤凰的股价只有 10 元左右。我答应了这么苛刻的条件，我们眼前的路就开阔了起来，否则，还不知道会有什么后果。”

这番话让鲁毅觉得自己跟了章子良这么多年，其实还是很不了解他。平时看他火爆脾气，做事很多时候全凭喜好，但在关键时候却能屈能伸，以大局为重。鲁毅这时更下定了跟着章子良的决心。事实上，章子良日后远走异国他乡时，身边最信任的人依然还是鲁毅。

那边的太行接下了章子良这单活儿，有心要大干一场，但家里的内院再度起火。赵熙那天打完电话，大哭了一场，一气之下就把一份离婚协议书寄到了太行的手上。太行真是欲哭无泪，几次打电话过去，赵熙都不接。太行春节还未闭市就飞回上海，但赵熙不在家，整个春节她都去澳洲旅游了。一个春节假期，太行也没有见到赵熙，思前想后，最后把赵熙寄来的离婚协议书烧了，放在家里的桌子上，以表明心迹。春节后回到北京，再往上海打电话，赵熙依然不接他的电话。他猜不透赵熙的心思，一时也无计可施。

章子良走后，太行按计划开始着手运作黑凤凰了。他首先要写一份详尽的项目运作书，以取得后援机构的支持。他明明心里已经有了思路，却不能让自己全身心投人，一份计划书做了三天还没有完成。太行不写了，他现在已经意识到，如果不能取得赵熙的谅解，自己根本无法安心做事。而且，这次操作黑凤凰的运作太大，时间太长，自己要借此做一番震动中国证券界的大事情，期间如果不能全心全意，万一出了什么纰漏，那可是件非常危险的事。好在自己目前有几千万的资金能够先行把黑凤凰的股价提升一个台阶。

太行想再打电话给赵熙，他又想到，赵熙的性格倔强，既已认定了他做下什么对不起她的事，不知道还能不能听进去他的解释。就先给赵熙的好朋友关冰倩打了电话。

关冰倩初识赵熙的时候，便听说过赵熙的传奇经历，对赵熙的女侠风度颇为羡慕。赵熙身上有许多人向往但又做不到的东西，敢爱敢恨的率真，敢作敢当的侠气，都构成她独特的人格魅力。近期，关冰倩也看出赵熙的情绪不佳，便一再地问她。赵熙终于忍不住向她诉说了与太行之间发生的一切。赵熙并不是一个习惯向人倾诉的女子，但跟关冰倩在一起，这个与她年纪相当而经历过的磨难更甚于自己的姐妹，让她忍不住产生信任，把她当成可以说贴心话的朋友。听到赵熙对太行怨恨的语气，她看出来赵熙还是爱太行的，只有爱才能生出目前赵熙这样的怨恨。赵熙之所以不愿意立刻原谅太行，是觉得应该给自己寄托了太多希望的男人一个惩罚。但是这种冷战对于身处异地，双方都还深爱对方的夫妻来说，是一种伤害。处理这种伤害要有一个适当的方法，有时这是两个人自己无法解决的，作为赵熙的好姐妹，关冰倩觉得自己有责任帮助赵熙。

关冰倩这天接到太行的电话。太行在电话里坦言了与赵熙发生的误会，他没有过多地解释理由，他只说他是爱赵熙的，这种爱是刻骨铭心的。“曾经沧海难为水”，如果赵熙不肯原谅他，他天天如同一个心灵上的囚徒一样受着煎熬。太行恳求关冰倩帮助他让赵熙回心转意。关冰倩问他为什么不自己打电话给赵熙，太行说：“我已经打了无数次电话，但她要么是不接，要么接了，知道是我打的就立刻挂断了。你能不能告诉她，只要她愿意原谅我，我愿意在大庭广众下给她下跪。”最后这一句话，连关冰倩也受到了感动：哪个女人不希望爱人是这样对待自己——为了自己的爱可以放弃一切，哪怕是社会上的尊严。她沉默了一下，在内心她还是向着赵熙的，随后她答应了太行。

关冰倩是真心关心赵熙，觉得她那样一个不平凡的女子应该得到幸福。她找到赵熙，赵熙的诊所正好刚开张不久，生意还好。俩人找了个僻静的茶吧坐下，聊了会儿诊所的事，扯了会儿家常，关冰倩便把话题引到了太行的身上。赵熙沉默不语，眉目之间落了些薄霜。关冰倩便说了太行打电话给她的事，并把太行愿意下跪请求原谅的原话复述了一遍。赵熙听完，冷冷一笑：“你相信他的话？”关冰倩点头道：“我信，因为我认为真情是装不出来的。”赵熙摇头道：“他的身边有一个皇胖子，皇胖子品行低劣，对那些歪门邪道轻车熟路。太行跟他在一块儿，做出什么事来都不稀奇。”关冰倩摇头道：“你应该知道太行是个自负且有自制力的人，他跟皇胖子混在一起，一定有他的理由。男人追求的最终还是事业。如果没有了事业的男人，恐怕你也不会看上的。况且你得有信心，是皇胖子对他影响大，还是你自己对他影响大？你收拾皇胖子不是有一整套吗，你说是不是？”赵熙带着眼泪笑了：“那当然。”关冰倩也笑了：“我理解你心里的愤怒，哪个女人看见那种场面都会生气的。但太行只是一时糊涂，在生意圈里，哪个成功的男人不是这样？你没有听说过吗，一等男人家外有家，二等男人常不回家，三等男人下班回家，四等男人老婆不在家。现代的爱情最重要的是锁住心，而不是锁住身。”关冰倩看着赵熙心动了，再笑笑，“要不，我告诉他，让他回来给你下跪，你看看他跪得诚心不诚心？在家里跪就行了，别在人民广场，那不成了全上海都知道的笑话了。”

赵熙叹息一声，低头不语。关冰倩心里有数，知道赵熙已被自己说动。她再道：“太行近期连续打了好多电话给你，你都不接。他现在已经接手了章子良的一个大项目，可能马上要打一场硬仗。在这种时候，我想你应该给他一个机会，听他解释，原谅他，让他没有后顾之忧。等这件事情过后，你们还是要在一起才行。”

赵熙还是无语，但心已经软了。当天晚上，赵熙再次接到太行的电话，她犹豫了一下，终于拿起听筒。太行的声音带着些惊喜：“赵熙，我想你！我明天早上就回上海，我自己已经买好了一个搓板。”太行说得动情，竟然有些哽咽了。

赵熙眼睛湿润了，但她仍然不作一声。她知道自己终会原谅太行的，因为在她心里，这些日子有着和太行同样的一个期望。

太行完成了一份标名为《长线投资，长线持仓》的项目运作书。运作书主要内容分为五点：

(1) 计划的最初阶段是广泛搜罗筹码。第一年年初时，黑凤凰的股价是10元左右，流通股3488万股。力争在这个阶段，达到控制90%以上的筹码。整个计划要求有6亿元左右的自有资金。

(2) 择机购买部分法人股，进入公司董事会。这一个阶段在10～14元之间完成，可以边拉边吃货。14～20元之间，通过与公司配合放利空等办法，震荡上行。估计当前的市场背景下，很多人会守不住仓的。用1年左右的时间，在20元以下将股票筹码控制85%左右。

(3) 保持足够的资金，所有筹码一概通吃，控筹超过90%时，坐庄成功。A分析，资金分配上，经估算前一阶段的资金损耗，应当在5亿元左右，其中花在二级市场上4.5亿元，花在法人股上0.5亿元。但是，控制的流通筹码的市值在6亿左右。用这6亿元市值在券商处抵押，即使按1:0.4，也可换来透支款2.4亿元，加上余下的1亿元，手中还有3.4亿元。然后在20元以上，有多少筹码无论价格多高通吃。当控制筹码90%以上时，就成功了。

(4) 通过除权，将股票价格推高到复权价1000元一股。A说随后经过不停地除权，最终将股票价格推高到复权价1000元一股，也就是说流通市值达到350亿元。到那时，庄家控制了流通市值里的90%，也就是315亿元，但是成本仅6～7亿元左右。用这些钱即使按1: 0.3透支，也可透出100亿元的资金。用这些资金来打新股，扣除透支的成本，1年可以有9亿元以上的净利赢利。

(5) 用这些利润，可以控制公司股权，然后不停重组，将最好的项目注入公司，甚至可以注册影子公司，每年将数亿元利润转入公司。这样，公司的股价就被认可，从流通股上每出2.5%的货，就可收回7亿元左右的现金。通过5～7年左右的操作，你最初的6亿元，可能变成400亿元以上的收益。

太行将这份建议书通过一些证券公司的营业部，投入到有兴趣入市的“市场机构”手中。这些机构多数都是太行的老客户，基本上都是一些大企业和不同形式的私募基金。在巨大的利润诱惑面前，这些机构很多都跟太行签了约，确定了投入时间、盈利预期等，协议时间从1年到3年不等。太行此后将自发性组织方式类比为国外的私募资金。他通过仔细研究美国股王巴菲特的成功经验，发现巴菲特就是通过这种方式成为美国首富的。为了配合说明自己计划的可行性，他一下子买了300本这种海外中文版的《巴菲特传》，作为计划书的一部分。太行自己都被计划的美好前景打动了，有那么一段时间，他甚至认为黑凤凰有望发展成为中国的伯克希·哈撒韦。伯克希·哈撒韦就是美国著名投资家华伦·巴菲特的投资公司。此时伯克希尔·哈撒韦的股票价格已高达1万美元，是美国股市中著名的贵族股。由于成长性极佳，所以公司一直没有分红。有一年，巴菲特对市场有些担心，不愿意大规模投资股票，就进行了一次分红，结果一下子就分出去几十万个百万富翁。

在章子良配合下，由太行组织的机构资金逐渐接过了章子良手上的部分黑凤凰流通盘，时间在这年的年底。此后，第二年4月和5月，太行又安排机构资金，分两次收购了黑凤凰34%的国家股。他安排的人手也终于在黑凤凰董事会的11个席位中占据了7席。太行第一次大量买进黑凤凰流通股每股约11元，共建仓5500万股，加上后来收购国有股所付1.75亿元，太行组织的这一操作前后共动用资金7亿多元。参加太行此轮计划主要以“北京企业机构”为主，好多国企的领导层在看了这份方案后，无不佩服他的理论。这个时期，追随太行投资模式的大有人在，而且多有“较高的文化品味”，几乎所有的大券商都有涉及。也有一些机构在将钱交给太行的时候，对市场法规有所顾忌，知道自己一旦签约便纯属合谋非法操纵市场。但是眼前的利益诱惑过于巨大，大家也不愿意去考虑可能的法律后果了。

当然在这过程中，太行也曾遭遇到一个不算小的挫折。在重组黑凤凰之前，太行没有真正深入过这家企业，只是研究了公司的财务报表。报表是一家著名会计师事务所做的，律师和太行都很满意。章子良私下里曾跟太行说过，这次重组完全是企业与收购者里应外合，所以成本才会这么低。但是企业含金量却颇高，不仅有大幅土地资源，还有大片位于黄金地段的商业用地。而且，企业还隐藏了很多赢利单位，比如香港分公司等。还有一点就是有消息说，地方政府曾经答应可以返还收购款的40%给企业。太行对此当然也非常满意。

但是，当太行入主黑凤凰后，他和他的财务顾问发现自己简直就陷入了一个精心设计的收购黑洞，而这个黑洞是不景气的国企积重难返的疮疤。这时候太行发现，除了养殖场外，黄金地段的商业用地根本就不存在；主营业务利润很低，所谓赢利单位更是无中生有；那家香港公司实际上早已成了有关人员去消费的小金库；地方政府这时完全否认了返还40%收购款的承诺。这样的打击可谓不小，太行一度感觉“仿佛落入了一帮犯罪分子的陷阱，并且自己也迅速沦为同谋”。但这时的挫折改变不了心中的梦想，冷静的思考也不能冲淡对成功的渴望。战略投资初战告捷极大地膨胀了太行个人的野心，一场规模空前的扩张计划迅速出炉。

太行在组织资金接盘黑凤凰后不久，他又以更高调的方式证明了自己超乎寻常的“影响力”。太行对媒体的力量相当了解，第二年春，他用一个化名，在对二级市场影响很大的周刊杂志上发表了《关于世纪末资本市场的对话》一文。这篇看起来主要是高谈阔论的文章，只在一处不十分显眼的地方小心翼翼地加入了自己的具体需求——先在某处说应当把对“投机”这个词的认识变成“风险投资”的一种，后来又在另一处提示，可以注意那些有重大重组题材的个股，新概念肯定会从那里脱颖而出。我看好农业和生物科技领域。比起市场上那些串联股评人士公然“点股”的低俗手法，太行的办法显然高明得多。不过只要认真排出时间表，仍然可以看出太行文章中宣扬的观点与他的市场操作恰在同一时段。他的谈话发表在3月6日的杂志上，此后不久，他组织的北京机构两次受让了黑凤凰总计34%的国有股，而太行提出的重组黑凤凰的目标正是“农业加高科技”。

太行那篇文章影响很大，杂志为满足读者需要，刊登了一批讨论文章，太行借势将自己的文章做得更大。在此后2个月中，他连续发了4篇讨论文章，一直持续到5月8日。在第二次对话中，太行在继续主张“做多”的同时，干脆直接谈到了“市场应该至少有一两本专业的权威刊物，一两个权威的王牌工作室，一年只要研究两三只股票就够了”。并且再次小心地强调，“我们中国人还有世界上最好的口味”，“在生物技术和生物农业这两个领域里中国人完全可以与洋鬼子叫板”。到第四次对话，他的“战略家”印象已极为深刻，他提出了“战略投资，摆脱颓势，创造双赢”的口号，并终于在文章中公开点了黑凤凰的名。

黑凤凰在太行的操纵下一路高升，终于在太行接手的第三年创下了股价高达百元的股市神话。

第八章
百战魔术

生活就像一场游戏比赛，我们无法改变它的规则。我们能够并且必须去做的是认识这些规则，适应这些规则，利用这些规则。当然玩游戏的内在兴趣、外在压力和人生机遇对于获得胜利也是很重要的。

1. 借鸡生蛋

这年春天，原州一位普通的老太太做了一个梦，梦到儿子在海边走来走去，好像马上要下海的样子。海里游着好几条鲨鱼，儿子却像没看见一样。老太太夜里醒过来后出了一身汗，心里头一着急，高血压病与哮喘病就犯了。老伴儿被吵醒，吓得不轻，连夜送老太太去医院。老太太清醒过后，在医院里坚决要求老伴打电话把儿子给叫回来。老伴有点不乐意，说儿子还有工作，哪能说回来就回来。老太太不听，老伴害怕她的病加重，只好当着她的面给远在海南的儿子打了电话。

那老太太的儿子就是乔锋。乔锋在电话里一听说老妈病重进了医院，而且现在还处于不清醒的状态，嘴里不停叫着他的名字，一下子就慌了。他放下电话就去卓融的办公室请假。卓融一听是这事儿，假不能不批，就同意了乔锋的假期。但眼前公司与天边红合作的计划刚刚启动，正是关键的时候。任何一项大的投资，中间是不能轻易替换核心技术操作人员的，甚至有些核心参与人员还需要进行阶段性封闭。他让乔锋考虑这个问题，看是否有稳妥的办法。乔锋看出卓融的犹豫，便说："这个项目，我就不参加了，由李勇来主持，我看也没问题。"

李勇这时候已经从证券营业部调到海南总部，而且就在乔锋所在的部门给乔锋当副手。天边红计划启动前期的准备工作，他一直都有参与。卓融挺看好李勇，有培养他的意识——像证券投资部这么重要的岗位理应有双保险才行。

他见乔锋也推荐李勇，最后便决定同意了。

乔锋心里着急，连东西都不想收拾，回办公室后便打电话到机场询问航班情况。这时李勇进来，准备跟他讨论下午在董事会上汇报今年投资规模和运作方式的事。乔锋说："下午的汇报就由你来做吧！我已经跟卓总请了假，马上就要去机场，具体的事情有卓总亲自与你交待。这次操作可能由你独立完成。"说完，也没顾得上多解释就匆忙离开了银赛港国际信托大厦。在大门前等待出租车的时候，他忽然觉得心里有些异样，便回过头来注视了一下这座矗立在阳光中的大厦。在海南这座大厦应该是数一数二的。

回到原州，母亲虽然卧病在床，但气色已经好多了，见到儿子回来，更是放下心来，身体自然就恢复了。乔锋一回来，老太太就拉着他的手，看着儿子给自己买了许多东西，很是高兴，说："我呀，小时候就喜欢吃菠萝罐头。有时候发烧了，吃什么药都不管用，只要吃了一瓶菠萝罐头，立刻就好了。"乔锋说："我不但给你买了菠萝罐头，还买了真菠萝。看，还有椰子，看还有这个，你猜猜这叫什么？"妈妈笑了，"猜什么，你把我当做孩子了。老大不小的，也不知道……"接着妈妈把自己做梦的事情跟他又说了一遍。乔锋也笑了："那不会是真的，那只是个梦。你可能确实是想我了，以后我会经常回来的。"

老太太见乔锋不把梦里的事当回事，便拉着乔锋数落起来："傻儿子，你别不信妈的话。当年你舅舅就因为不听我的话，结果怎么样，真是的。这世间的事情都是有征兆的，只是一般人不能察觉罢了。"

乔锋回家那天，老太太说了半天，乔锋看妈妈高兴也就听着。后来乔锋还真好好琢磨了老太太的话，觉得也不是完全没有道理。几年前，乔锋的舅舅在工程兵部队服役。有一天晚上，乔锋妈妈梦到有几只狼围着舅舅住的工棚乱转，醒过来后也是病了一场，然后打电话告诉舅舅，说想他了，让他回来一趟。那时舅舅已经是副团长了，正在做的工程已经到了紧要关头，不可能抛下工作回来。他根本不相信姐姐的话会是真的。几天后，在工程隧道里施工的时候，坑道塌方了，舅舅与几个战友全被埋在里面，挖出来的时候已经牺牲了。

说起乔锋的母亲，还确实有些地方跟其他的普通老太太不一样，她的文化程度不高，也就是能够认识字。但神奇的是，凡她带过的孩子，个个都非常有出息。那时候，考大学是百里挑一，竞争非常激烈。乔锋上中学那会儿学习成绩并不是太好，一度在班里成绩处于靠后的位置。高考那会儿，连班主任老师都说乔锋考上大学的几率很小。在高考前夕，乔锋上体育课的时候又摔伤了，将近一个月没有上课，爸爸私下说乔锋更没指望了。高考时，乔锋却超常发挥。考完试，填志愿估分数时，估出的分数之高，周围的人和自己都不敢相信。结果出来后，乔锋的成绩在班里位居前列，考上了上海的重点大学。乔锋的姐姐和弟弟也都考上了大学，乔锋家成了大院里惟一的一家孩子都考上大学的家庭。这还不算，乔锋姐姐的孩子，还有大院里两个邻居的小孩，小时候都被乔锋母亲带过，他们高考的时候居然都成为大院里高考分数最高的孩子。这事情一直被大院里的人当作稀奇事情传说，到现在还常有双职工不把孩子送到托儿所，想让老太太帮着带带。

乔锋看到母亲的病快好了，就想回海南上班。老太太知道乔锋要回海南，说什么也不让他去，到最后甚至大吵大闹，说乔锋要是回海南，她就一头撞死。

乔锋没了主意，这个时候刚好原州有一家期货公司想寻求转让，他就打电话给卓融问公司买不买。乔锋最后又吞吞吐吐地把老太太那个梦说了。本来他以为卓融会觉得事情无聊，都什么年代了还信这些东西。但卓融在电话里只沉默了一会儿，说："那你就让老太太高兴高兴，在家多陪她几天吧。顺便把那家欲转让的期货公司情况搞清楚，向我汇报。"

谁知过了两天，卓融主动打电话给乔锋，说他给乔锋寄了点东西，让他注意查收。卓融在电话里没说寄了什么，但乔锋从卓融的语气中，觉得有什么事情已经发生了。卓融只提了一句，省里发生了人事变动，一位与卓融关系甚为密切的领导被调走了。几天后，卓融的特快专递信到了，信里面还有一个存折和几份文字资料。卓融在信里说：上次听乔锋说了老太太的那个梦，他第二天就去一位高人那里替自己起了一卦，结果那高人说他一年左右的时间内必有一劫，这个劫跟钱财有关，涉及的人可能会比较多。卓融有点紧张地问那一卦有没有解，高人说没法解，但他让卓融该干什么干什么，只是做事一定要小心谨慎，如果运气好，那个劫难或者只是个小劫难。存折先放在乔锋那里，如果没有事情，就请乔锋把存折还给自己；如果自己出了事情，就把存折转交给他弟弟，那份文字资料也一样。

乔锋看完信后，心里更觉不安。他在银赛港国际信托两年，还从没看卓融这么紧张过，他自己隐隐地觉得这件事情可能与天边红的股票有关。那份文字资料是什么，乔锋一直不知道。

乔锋跟老太太说了自己暂时离开了银赛港国际信托的事，老太太很高兴，让乔锋就在原州找工作，别去有海的地方。随后老太太的病彻底好了。乔锋这些年在外头东奔西跑，这下总算有时间陪着父母了，一家人开开心心地一起吃饭一起聊天，那种亲情的温暖让乔锋心情也变得愉快起来。只是，有那么一些时候，乔锋会突然想起章沁晖。到现在为止，乔锋还是不能听千百惠唱的那首《当我想你的时候》，一听眼睛就会朦胧。母亲看在眼里，便找邻居帮忙张罗给乔锋介绍对象，但乔锋知道后，全都回绝了。邻居介绍了一个非常好的女孩子，这女孩与乔锋曾经是同学。乔锋对母亲说："我现在实在没有心思。人家越是好，越是不能骗人家，否则耽误了人家。"

乔锋回来后不久，给季云飞打了一个电话，接电话的秘书说季云飞和苏琪都不在原州；她问了乔锋的名字，说会转告给老板的。乔锋就想等他们回来后再去拜访，自己就把几年的积蓄拿出来在一家证券公司开了一个账号准备自己炒股，这样也有个事情干。一般从事过证券投资的人，很难再看上那些赚钱不多但还要受人管的工作。过了两天，季云飞给乔锋打了电话，说自己的生意有点麻烦事需要处理，马上就会回原州的。

季云飞刚刚结束了一场官司，这场官司他虽胜犹败。季云飞在"真年轻"风险投资获得极大成功的同时，他旗下的一家软件公司受到猖獗的盗版侵害，公司自主开发的核心软件因为盗版，每年损失至少几百万人民币。前几年，有一家外地公司是新同达集团的产品代理公司，一直代理新同达的激光照排系统。后来这家公司发展壮大，开始独立销售自己的产品，并成为新同达集团行业内的竞争对手。但是这家公司没有自己的知识产权软件，就私下盗版新同达的软件。新同达集团曾向版权、工商、法院等有关部门举报这家公司盗版知识产权的违法行为，但由于缺少证据一直没有结果。

季云飞想出了一个办法，他安排集团的几个职员，在地方公证处的配合下，以普通消费者的名义与这家公司商谈购买激光照排系统事宜，前后花了60多万元终于取得了直接证据。然后，新同达集团向法院起诉，向那家公司索赔300万元。法院一审认定那家公司侵权事实，也支持了新同达提供的证据，判令那家公司赔偿经济损失100万元。被告上诉到高一级法院后，法院却将新同达集团取证的方式定为"陷阱取证"，故而只判决那家公司赔偿一套正版软件的市场价格13万元。这一案件判决结果令胜诉者感到虽胜犹败，而败诉者"基本满意"。

季云飞一回到原州就把乔锋请到了公司。他听说乔锋暂时自己炒股，就说："反正炒你自己的也是炒，多一份我们公司的也是炒，干脆就一块干了吧！我专门成立一个证券投资部，你来负责，需要什么条件你只管说，你说是什么就是什么，工作的时间也由你自己掌握。你看怎么样？"乔锋已经习惯了大资金投资，对于分析市场确实感到不刺激，就同意了。他说："我这是暂时的，说不定还要回海南呢！”两年的时间，乔锋已经与卓融结下了深深的感情，卓融一直没有孩子，常常在星期天的时候把单身的乔锋请到自己家里。在外人看来，卓融有点把乔锋当成自己的干儿子。乔锋也对卓融非常尊敬，他发现卓融支持希望工程，竟然资助了100个贫困地区的孩子。乔锋想，卓融去了一趟天边红之后，立刻就决定与天边红科技股份公司的合作，说明卓融对于贫困孩子的入学问题是非常用心的。

根据季云飞与林远思的最初协议，“真年轻”产品在林远思经营了几年后，将由季云飞全部收购股权。一次，季云飞跟乔锋提到想收购一家上市公司，把“真年轻”的资产注入进去。但现在集团有好几个项目又同时在进行中，一时抽调不出那么多资金，让乔锋考虑考虑，有没有什么办法。乔锋听了，说自己要想一下。

随着蓝月亮全国性扩张策略的失败，以及与银赛港国际信托理财合同的终止，蓝月亮的多米诺骨牌倒了。贷款给蓝月亮的大建银行发现开给蓝月亮的承兑汇票出现回收难的问题。半年间，大建银行累计垫款486笔，垫款金额17.24亿元。由于蓝月亮买断的南方彩虹的产品未能顺利销出，而此间厂商们却发生价格战大幅降价，价格比优势消失，蓝月亮只能赔本卖货了。当年蓝月亮主营发生巨亏，第二年情况进一步恶化，蓝月亮有效资产不足6亿元，拖欠银行债务高达15亿元，每股净资产—6.8856元，资产负债率216.95%。这年大建银行为了逼迫已经成为大股东的当地政府还债，一纸诉状把蓝月亮告上法院，申请蓝月亮破产还债。电视台《经济》栏目报道：目前蓝月亮每存在一天，就要亏掉270万元人民币。蓝月亮同时发布公告，提示公司存在破产可能。这意味着持有蓝月亮股票的人可能血本无归。蓝月亮的股价出现大跌，从高价股的行列一直跌到低价股的行列，持有这个股票的人亏损惨重。

正当大家对蓝月亮股票已经彻底失去信心而疯狂抛售时，报纸登出一则让市场大跌眼镜的消息：面临破产的蓝月亮有望死而复生，著名民营企业新同达集团将入主重组蓝月亮。同时，蓝月亮董事会在报纸上公告，新同达集团将出3亿元现金、2.5亿元资产重组蓝月亮，使之起死回生。大建银行也很快撤回了诉讼。在市场的震惊中，新同达集团董事长季云飞一夜成名。大家纷纷猜测季云飞是不是疯了，难道他不知道蓝月亮是一个标准的“烂壳”吗？不管猜测如何，重组就意味着濒临死亡的蓝月亮又得救了。对于这则重组利好消息，市场给予了空前的关注和回应。受消息影响，蓝月亮很快被占流通盘将近90%的9400万股买盘封死涨停。此后蓝月亮一路高奏凯歌，竟连拉7个涨停板，在全体股民目瞪口呆的注视下，蓝月亮已赫然成为一匹新的耀眼的股市黑马。

大建银行以3亿元的价格把蓝月亮约15亿元债权出售给新同达集团；新同达集团购得这一债权后对蓝月亮予以全部豁免，同时蓝月亮全体股东将其所持股份50%过户给新同达集团，不同意过户的由公司按公平价格回购其全部股份；蓝月亮现有的人、财、物全部由原州蓝月亮集团有限公司承接，蓝月亮入主后将注入优质资产2.5亿元。蓝月亮董事会在上市公司信息披露指定报刊上，首次公告了本次重组的基本方案。

随后不久，蓝月亮董事会公告本次重组的详细方案。根据这一方案，新同达入主后将注入的优质资产不是2.5亿元，而是4亿元；新同达购买近15亿元的债权，花的不是现金，而是重组后拥有的新同达流通股权质押。

这是一个多赢的方案。从蓝月亮的债权人、大股东、战略投资者到财务顾问，他们在不同的场合、不同的时间异口同声地重复这一评价。其理由是：对银行而言，重组使它有望收回6亿元债权，其中包括从新同达集团收回3亿元资金，从原州市政府得到对3亿元债权的有效担保；对新同达来说，成功借壳上市，轻取大股东地位，并廉价取得其他大股东难以得到的约5000万流通股，还频繁在各大媒体露脸；对地方政府来说，可避免面对所辖企业破产、开中国上市公司破产先河之窘境；对股东来说，股票缩水一半总比颗粒无收强得多；对蓝月亮而言，它得以脱胎换骨，赢得新生。

原州市蓝月亮二楼会议室，蓝月亮董事长、新同达集团总裁、大建银行代表、三金咨询董事长、原州市政府秘书长等几位关系重组命运的“重量级”人物，以及122名操着南腔北调的大小股东汇聚到了一处，召开股东大会。大会将对蓝月亮资产、债务重组议案进行表决，如果表决同意，重组就有望进行；如果被否决，蓝月亮将根据规定退市。

这次会议是在一场地道的劝降派与讨价还价派的争吵中进行的。但是到表决的时候，差不多每个股东填的都是同意。新同达就这样空手利用现实背景，巧妙地获得了一个上市公司的壳。要知道，光这个壳价值就过1个亿。

2. 黄雀在后

李勇光着身子进入桑拿房，许惊雷正闭着眼睛斜倚在木质墙壁上，一副非常舒服的表情。李勇走到他边上，有些不安地问：“那个基金经理会不会不来了？”许惊雷睁开眼笑笑：“放心好了，那些基金经理也不是傻瓜，我约他们到这里来谈事情，他们谁心里不明镜似的。”李勇“嗯”一声，坐那儿还是有点忐忑，便站起来说：“我还是到外面去等着吧！”

这天，许惊雷约了永俸基金管理公司的副总经理范伟来谈天边红股票的事。天边红计划的操作本来全部由李勇负责，由于是第一次运作大资金，李勇的动作较为直接，完全是散户的简约风格。不过这种操作方法的效率极高，建仓完毕后，稍微涨了两周，接着来了个恶狠狠的洗盘。这种洗盘的方式在乔锋这种老手看来，过于张扬和显痕迹，但是却收到了意想不到的效果，持有这个股票的散户吓坏了，纷纷抛售，甚至连天边红一些内部职工股都吓了出来。当手中的筹码达到一定数量后，李勇把股价直接上拉，基本上没有什么震荡。中报上市公司推出10送10的方案，李勇原来想借除权后出货，谁知大盘因为重大利好消息的公布，出现了罕见的暴涨行情。刚开始的时候，李勇还是按照既定方针出货，后来一看许多股票都是连续涨停，一激动，开盘时也把天边红推上了涨停板。更出人意料的是，这时候不但没有抛盘，反而追者如云，在涨停板位置买单巨大。既然这样，李勇一不做二不休，干脆直接把天边红连续拉上了8个涨停板，成为当年的明星股。谁知道，行情来得快，去得也快，等到李勇再想出货的时候，市场的成交量急剧萎缩，大家都认为这个股票经历过大的炒作，不敢再买进。李勇想尽了办法做偏线也不管用，最后只得向卓融汇报。卓融没有责怪李勇，但是卓融说：“公司近期需要大量的现金，必须尽快地出货，要不惜一切代价。”说完后，他没有让李勇马上走，他考虑了好一会儿，让李勇去找许惊雷想想办法。

许惊雷在银赛港国际信托的具体工作就是与方方面面拉关系，相当于外交部长。他手段非常高明，被卓融称为当代张仪。李勇跟许惊雷商量的结果，就是尽快找到接盘的下家。经过一番信息分析排查，许惊雷确定了几家基金作为下家，剩下来要做的事情，就是做通几个基金经理的工作。每逢这种时候，许惊雷就喜欢约人洗桑拿，在那里不仅僻静没人打扰，还可以给人一种安全感，不会留下什么后遗症。

永俸基金的副总经理范伟，就是许惊雷约见的第一个目标基金的领导。

那天范伟来得晚了些，稍事寒暄，许惊雷开门见山，直接把事情说了。范伟听说要让自己管的基金高位接筹码，连连摇头，说这种事自己是不会干的。边上的李勇听了心中微微有些着急，许惊雷依然不慌不忙，提出范伟如果能让基金每接一股，就给他个人一块钱的差价。范伟这回沉默了，眉峰皱起，显然在进行激烈的思想斗争。许惊雷这时又道：“我选择这个地方跟你谈这件事，你当然明白我的意思。不会有丝毫问题的，而且差价提成我们也可以用两个跟咱们双方没有关系的账号对敲实现，不存在任何后遗症。”范伟盯着许惊雷看了一下，又盯着炭火看了半天，终于点头。

范伟所在的永俸基金市场拓展一直很缓慢，就在沪深股市基金大发展的那年，永俸基金在基金企业列表的 20 个基金管理公司中，仍然名列倒数第一。永俸基金的总经理张小年是一位名牌大学的金融投资学博士，他上任后聘请了他的一个同学马再进做了基金经理。马再进有海外金融机构的工作背景，对海外成熟金融市场的金融机构运作理论十分了解，并且他一直力图将学院派的风格运用到基金管理公司中。可是这种分散组合式投资风格好像并不适合沪深股市。在刚刚过去的一波暴风骤雨式的急涨行情中，永俸基金不但没有抓住这次非常好的难得的赚钱机会，就是原来重仓持有的股票由于不是市场热点也表现不佳。股市中甚至出现了这样的被动情况，散户只要知道自己所持的股票是永俸基金管理公司持有的，便立刻抛出。因为根据以往的经验，永俸基金管理公司持有的股票，表现一般都很沉闷。所幸的是大盘一直表现很好，为了支持基金初步发展，基金管理公司获得了大量的原始股配售，所以还能有一些赢利，但这种赢利远远落后于大盘。永俸基金管理公司的各位董事对此意见颇多，多次在会议上建议基金管理公司改变操作风格，争取为股东和投资者获取更多的投资效益。但是张小年和马再进却认为，他们的这种操作思维没有错，是市场错了。因此他们继续坚持自己的一贯风格。

范伟与许惊雷会面之后，永俸基金管理公司召开了一次董事会，会上，范伟抬出一系列的数据，用以证明本基金决策的问题。范伟说：“别的基金管理公司因为业绩得到市场认可，已经发了好几只基金了，但是咱们这个管理公司却还只管理着一只基金。个中原因是什么呢？那就是基金操作水平连散户都不如。基金经理不知道，美国优秀基金经理的操作方法也不是死搬书本的，最为典型的，像巴菲特、索罗斯等都是集中持股、重点突击的方法。”

听了这话，张小年非常不高兴，冷冷地问范伟：“既然这么说，你现在有什么好的办法可以改变公司的业绩？”

范伟听出了张小年的不满，但他根本不在乎张小年的态度。他回答说：“现在行情都已经过去了，一般的办法也不行了。如果按照正常的思路，改变分散组合的思维，再集中起来，再提高市值，时间显然是不够的。不过前几天，银赛港国际信托的许总给我打电话，问我愿不愿意把他们公司做的天边红接过来。我研究过了，这只股票的业绩和市场形象都不错，如果咱们基金能把它接过来，可以很快地转变分散投资到集中投资上来，在年底还可以提高市值。”

张小年听范伟说完，立刻打开旁边的电脑，查看天边红的走势图，他用不相信的语气问范伟："你有没有搞错，天边红的股价今年可是已经翻了两倍。"

范伟平静地回答："我知道。如果不是高位，别人会轻易转让给你吗？咱们基金是用市值计算业绩，也是用市值提管理费，又不是非得把筹码兑现成现金！把市值弄上去是当务之急。"范伟稍停一下，接着说，"许总还说如果咱们把天边红的筹码接过来，每一股可以给基金公司3元钱的差价，这样一下子就可以使得市值提高一大块。"

张小年犹豫了一下，说："这事我考虑考虑吧。我需要同基金经理商量一下。"

散会后，张小年回到办公室，把马再进找来，跟他说了刚才会上范伟的提议。马再进听完，立刻不屑地道："让咱们高位接盘，再控盘操纵股价，这明显是投机行为，与金融理论不相符。"张小年点头："我也是这么认为。"

俩人在办公室里谈了好长时间，不但没有想出好的投资办法，反而对范伟盛气凌人的态度越想越气。一怒之下，张小年写了一份提议，向公司董事长提议召开临时董事会罢免范伟的董事资格。这个书呆子，既没有把股票投资的原理弄懂，也没有把人际关系的学问弄明白。

三天后，永俸基金管理公司召开临时董事会。张小年准时走进公司会议室，一眼看见其他的董事都提前到了，而范伟却大模大样地坐在主持会议的董事长的位置上。张小年觉得奇怪，满腹狐疑地坐下。范伟见张小年进来，把烟掐灭，宣布会议开始。范伟先是宣读了公司董事长的授权书：公司董事长因为身体不适，不能参加这次董事会，委托范伟主持这次会议。会议的第一项提案是罢免范伟董事的提议，大家表决时只有张小年一个人同意，其他董事无一举手。张小年非常恼火，但更让他恼火的是，范伟接着又拿出了他自己的新提议，提议董事会罢免张小年总经理和董事职务。表决结果恰恰相反，除了张小年自己，其他董事全体通过。

这样的结局是张小年没想到的，他离开会议室的时候瞪着范伟，恨恨地说："你会有后悔的一天的。"

张小年这时候说什么已经不重要了，范伟大权在握，成为永俸基金管理公司新的总经理。他上任后的第一件事，就是接下大量的天边红股票。

消息传到银赛港国际信托，李勇不由衷心佩服许惊雷的公关能力。许惊雷又用同样的办法联络了其他几家基金机构，高位接下天边红的全部流通筹码。这几家基金接过筹码后，在年底做账市值的推动下，继续攀升。12月底最后的一个交易日，天边红的股价在最后一分钟被一笔500万股的买盘一下子扫到了涨停板的价格。持有这个股票的投资者欣喜若狂。市场也纷纷分析，永俸基金管理公司的市值上升为下半年的第一名。随后该公司获得批准发行下一只基金。元旦节休市期间，一位因为连续推荐该股而名声大噪的股评人士的专著《天边红——中国未来大蓝筹股》赫然出现在各地的新华书店里。

但就在这时，北京一份影响颇大的报纸《投资时报》接到了一份匿名资料，资料里提到了天边红科技股份公司种种不为人知的内幕，让记者大为震惊。节后开市的第一个星期，天边红股票在短暂回荡后，继续不断地创出历史新高，创造着市场神话。而《投资时报》的记者们，却在分头忙碌地调查着这个神话的根源。

调查结果基本证实了那份资料的真实性，后来寄来资料者的身份也渐渐浮出水面。原来那人是天边红科技股份公司的一名副总，一直受到王中均的排挤，但在心里忍着不发。元旦期间，天边红公司股票又创历史新高，他看到公司其他领导兴高采烈的样子，非常受刺激。他知道那些领导都私自买了许多公司股票，这一次还不知道赚了多少。自己虽然也跟了一些，但由于不知道底牌，买的数量太少。他就在这种极度不平衡的心理下，在元旦休息的时候写了那份厚厚的资料寄到《投资时报》。

记者根据资料调查的结果了解到，治沙种草，虽然为天边红带来了异常良好的企业形象，但却并没有带来什么经济效益。天边红声称前后投资超过6亿元，其实是一个夸大的数字，实际投资只有约9000万元。据说这一项目近期可持平，但要贡献巨额利润为时尚早。

天边红的年报，在股本扩大一倍的情况下，每股收益增长超过60%，达到每股0.827元，盈利能力之强令人咋舌。利润绝大部分来自沿海市天边红：天边红全年主营业务收入9.1亿元，净利润4.18亿元。天边红公告称，当年沿海市天边红向澳洲诚信公司出口1.1亿马克的姜精油、桂皮油、卵磷脂等萃取产品。今年3月，天边红再度公告，澳洲诚信公司已经和天边红签下了连续三年、每年20亿元人民币的总协议。以此推算，今年天边红的每股收益将达到2至3元，这将使天边红成为“两市业绩最好市盈率却最低的股票”。天边红传奇达到了顶峰。然而记者通过调查却发现，天边红公告里显示的数字根本是不可能的产量、不可能的价格、不可能的产品。

在专家和同行的眼里，天边红取得的惊人效益，处处都是疑点。第一，以沿海市天边红萃取设备的产量，即使通宵达旦运作，也生产不出其所宣称的数量；第二，沿海市天边红萃取产品出口价格高到近乎荒谬；第三，天边红对澳洲出口合同中的某些产品，根本不能用二氧化碳超临界萃取设备提取。

此外，疑点还有很多。天边红公司称，当年公司对澳洲出口了50吨以上的卵磷脂。而这至少需要上千吨原料，但知情人透露蛋黄卵磷脂的原料蛋黄粉在国内只有两个生产基地，分别在北雪市和长安市。事实上这两地加起来卖给天边红的蛋黄粉也不过30吨。记者还从沿海市获悉，某制药厂曾经也想上二氧化碳超临界萃取的设备，但沿海市天边红的一位高层管理人员私下向他们透露，此举需谨慎，因为沿海市天边红"已经很久开不了工了"。对于天边红计划在徽南市上的另一条3500立升×3的生产线，根据天边红的公告，将主要处理茶叶，每年向澳洲公司提供萃取产品咖啡因157.5吨、茶多酚24吨、脱咖啡因茶叶9000吨。这些产品至少需要处理2.7万吨茶叶。多位教授分别对此进行测算，得到的一致结论是：一套3500立升×3的设备即使全年全天24小时不停运转，也只能处理茶叶6000吨至7000吨而已。

如此等等，不胜枚举。

春节前，《投资时报》登出了一篇令市场哗然的文章《天边红陷阱》。该文章的核心内容是，一个即使在并不成熟的中国市场上也相当少见的特大造假骗局，展现在我们面前。该文章迅速被媒体狂炒，所有持有天边红股票的投资者和机构似乎都听到了泡沫扑哧一下破裂的震耳欲聋的声音。随后监管当局公布的查处结果显示：天边红通过伪造购销合同、伪造出口报关单、虚开增值税专用发票、伪造免税文件和伪造金融票据等手段，虚构主营业务收入，虚构巨额利润7.45亿元。

天边红这一座撑起无数人发财梦想的大厦，终于在辉煌之后轰然倒塌了。

3. 薄冰之舞

这年的沪深股市中，天边红的最大涨幅名列第二位。第一位的是沪深两市惟一绝对价位越过100元大关的金凤凰。

入主黑凤凰的太行及其统领的"风创机构"，已经成功地将手中的上市公司变成了股市的一个财务工具。在太行的一手操办下，金凤凰高科技风险创业投资集团有限公司在京城成立。上市公司黑凤凰的简称也变成了金凤凰。太行本人非常喜欢向外人强调金凤凰是国内第一家真正的风险投资公司。金凤凰的发起单位和个人，大多具备较强的实力和名气，其中几位著名的经济学家、体育明星、影视歌星更为投资者所关注。太行自己虽然是主要策划者，但是他还没有一个正式的职务头衔，他喜欢像一些发展中的国家领导人那样，用一个不明显的头衔行使权力。此后，随着名气的扩大，更多的不同企业性质的机构开始追随太行。两年时间，掌握了黑凤凰又搭建了金凤凰系的太行，在市场上呼风唤雨，以“钱生钱”之术结起了一个公开的庄股之网。这个网，被人们称为“凤凰系”。

在这期间，皇甫村也不负太行期望，太行操纵金凤凰股票的第一笔钱就是他从一家证券营业部用1000万元股票市值质押融来的1000万元资金。此后，皇甫村所在的分公司共为太行融资18亿元。这些融来的资金，相当比例实际是券商出面找的出资人。在完成融资活动后，证券公司或营业部主要承担监管责任，掌握股票的买卖及资金管理。

在券商营业部的帮助下，资金融进得非常顺利。二级市场人气更旺，在完成接盘及吸筹后，太行趁随后而来的一轮行情，一口气将金凤凰从低位拉到28元左右，后拉至45元上下。在这一轮行情中，暴涨行情大部分都是由太行直接下指令，有时甚至亲自到主要仓位营业部看下单。经过这一轮暴涨后的几个月，金凤凰股价便一直在30元至40元间区内徘徊。这段时间是太行自买自卖成交最高的阶段，很多对敲都集中在这一时期。其原因是：大盘盘整时期需要不断对敲来维持价格和成交量；大部分融资在年底到期，需要从股市提钱还款。

第二年春节后，凤凰创业再度一鸣惊人，成为与天边红相提并论的两大牛股。从春节后，金凤凰仅用了20多个交易日便使该股票从40元左右一飞冲天到84元，这天是赵熙的生日，太行特意让操盘手把股价收在84.88元。随后大出风头的金凤凰在媒体的一片叫好声中一直冲上128元，且被评为“风险最小的十只股票之首，可以放心长期持仓的高成长大牛股”。凤凰系其他兄弟股票也不甘示弱，连创佳绩，以至于负责二级市场操作的操盘手几乎不用出手拉抬，“股票自己涨，压都压不住”。金凤凰股价开始回到100元左右。太行认为形象工程已经初见成效，就开始转向别的股票。这期间，太行开始进入一批流通盘小但总股本大的股票。这些股票的涨跌能够直接敲动指数涨跌，这些股票也就是后来外界所流传的凤凰系。

这个以“钱生钱”之术结起的公开网络牵连的资金达200亿元以上。

在金凤凰股价达到100元以上的时候，股价依然运行平稳，资本市场收购也相当顺手，太行可谓春风得意。黑凤凰在更名为金凤凰之后，重组喜讯频频亮相，媒体对它的评价是“将涉足优质农业、生物医药、网络信息设备、网络电信服务、高技术产业投资等多个新兴产业领域，通过项目投资、股权投资等多种投资方式以及其他资本运营手段，逐渐发展成为一家具有一定产业基础的投资控股公司。金凤凰具有广阔的发展前景，将有望发展成为中国的伯克希尔·哈撒韦”。

太行在春风得意之际，似乎忘了股市中本没有不败的英雄，人在最顺利的时候往往孕育着危机。太行的危机来自自己创造的“资金链模式”。太行将自己的组织方式喻为国外的“私募基金”，这在中国是没有法规规范的。太行和“风创机构”都心知肚明，但巨大的利益诱惑已使他保持不了冷静了。更不冷静的还有日益壮大的资金链条，股票质贷越玩越大，链条越拉越长，断裂的危险也越来越大。

其实，庄家玩“假重组”、“钱生钱”已不是什么新鲜事儿，最终导致金凤凰雪崩的导火索还是人为因素。面对庞大的资金链，每位契约者只有遵守约定才可维持其正常运作，只要有一人毁约，就会“牵一发而动全身”，导致全面瘫痪。谁都没有想到，这第一位毁约者竟然就是金凤凰的缔造者之一章子良。

太行让股价超过百元已经让章子良瞠目结舌了，而有一次太行居然在电话里跟他说，要让股价最终涨到1000元以上。章子良这时虽然已经完全想信太行的能力，但对1000元的说法还是半信半疑。而且，股价涨得超出他的想象，让他心里觉得特别不安。他跟鲁毅在一块儿商量，鲁毅也吃不准太行的底细，便建议就这件事咨询一下乔锋的意见。章子良当即打电话给乔锋。乔锋其实早就注意到了金凤凰这只股票的异常走势，他对太行的做法持有不同的观点，他认为这样做的风险太大。他对章子良说：“要让股价达到1000元，并不是没有可能，但这样做必须要让股价不断地保持除权，像新疆机构的几只股票那样保持一个相对低的价位，否则一旦下跌便无法控制。”章子良也是股市老手了，乔锋一语便让他洞悉了其中关键所在。他叹道：“太行一定不会同意你这个见解，他就是想让金凤凰保持沪深市场股价第一的位置。”乔锋说：“这种做法是在作诗，不是在炒股票。你最好与太行好好商量一下。这样下去，股价升得越高，资金链拉得越长，危险也就越大。”

章子良显然对作诗不感兴趣，他也没有耐心与太行商量，面对着电脑苦苦思索，思想斗争得非常厉害。恰逢这时，天边红事件被曝光，股价大跌。天边红神话彻底破灭，对章子良刺激挺大，他终于决定要全身而退，不能再把自己绑在太行的战车上。

太行最早听说章子良出货是五六月间，有人跟他说：“章子良现在隔三差五从营业部提走现金，每次都是 1500 万。”太行当时不以为然，还开玩笑说：“他怎么这么喜欢钱，那么多现金他拿得动吗？也不怕抢银行的人去抢他。”

到了 10 月，太行又获知了另一个坏消息：资金链中一个重要人物皇甫村受一位行长经济问题的牵连，被检察机关查处了。原因是那个行长私自挪用信贷资金交给皇甫村炒作金凤凰的股票，按市场上的行话说，这叫开了“老鼠仓”。“老鼠仓”本身的违规当然不会被太行看成“问题”，关键是皇甫村的“老鼠仓”涉资甚巨，多达数千万元，一旦进入调查就会被强行平仓。太行担心平仓对股价造成连锁反应。更让太行不安的是，他知道在自己统领的公司中，像皇甫村这类的“老鼠”绝不在少数。这种漏洞应该尽早清除。

太行好像被这件事整糊涂了，接着做出了一个搬起石头砸自己脚的决定。他下令在金凤凰集团内部查“老鼠仓”，要求所有子公司资金于年底以前结清。在太行发出通知后的次日，偏偏市场出现了突发利空，境外股市暴跌，影响了国内投资者的信心。早上开盘没几分钟，在一些“老鼠仓”出货开始后，金凤凰却突然有强大的抛盘杀出，股价跌到 85 元以下。章子良看到金凤凰出现了大抛盘，以为是股价挺不住了，便改变以往温和性质的减仓行为而不顾一切的抛售。开始的时候，内部的人还以为是震仓，因为按原计划要在节前把股价收到 88 元以上。集团北京总部的所有资金全部打光，总共成交 220 万股，股票跌停。

市场的变化让太行猝不及防，更加失去了冷静。他怀疑是章子良在雪上加霜，觉得自己应该提醒他遵守协议，他给章子良打通了电话，告诉他一些重大的重组项目已经进入尾声，为了共同的利益要遵守协议；现在这只股票牵涉的面已经非常广了，出了问题大家谁都兜不住。章子良的态度也非常明确：“我不想再发神经了，也不想再玩这无聊的游戏了。我答应给你的已经给你了，咱们各听天命吧！”太行在电话里冲着章子良怒吼：“你知道你在说什么吗？”脾气暴躁的章子良这时却很平静地说：“我当然知道。我已经放出了我手上大量的股票，现在已经不可能收手了，因为我不想跟你一起完蛋。”太行对章子良这种背信弃义的行为义愤填膺，忍不住骂道：“你是个小人！”章子良不屑地回话：“就算我是个小人吧！但我已经没有兴趣再听你讲市梦率的故事了。我只知道股票买进后要卖出才能赚钱。你还是去做你的诗人吧！”太行怒气冲冲地摔了电话，气得全身都在颤抖。

当天下午，太行给他的律师打了一个电话，问如果章子良失控该怎么办。律师在那头半天没说话，最后才吞吞吐吐地道：“你有没有把事情的严重性跟章子良讲清楚？”太行这时已经完全明白律师的意思，他长叹一声：“跟个农民有什么道理好讲。”

太行挂断电话，就吩咐秘书谁来都不见，谁的电话都不接。他呆呆地坐在办公室里，脑海里尽是些不着边际的想法与画面。时间一分一秒过去，太行身上一片冰凉，而额头上却挂满汗滴。他清楚，最严重的后果已经不可避免了。

过了几天，有消息传来，章子良已经去了香港。而这时，凤凰系股票已经齐刷刷跌到第三个跌停板了。太行好几天没露面，当他再次出现在公司时，谁都没法再看出他就是那个曾经操作过数十亿资金的股市大鳄了。短短几天工夫，他的腰伛偻下来，满脸疲惫。

太行把自己关在房间里，写下了一份离婚协议书，签上名字。然后他先到银行把自己所有的流动资产划到了赵熙的账号里，把离婚协议书用特快专递寄往上海。太行回顾这几天发生的事情，先是因为章子良的“不配合”，后是因为这批“老鼠仓”的数目比他估计的要大，紧接着大规模平仓出货，之后偏偏遇见大盘出现暴跌，这又引发章子良的破坏性抛售。接下来，金凤凰连续9个跌停板，跌去50个亿的市值，引至“凤凰系”股票集体跳水，连续跌停。

股市大盘因凤凰系大溃败受到冲击，股指连续暴挫超过20%。太行，这位梦想成为中国的巴菲特的诗人，头脑终于清醒了。太行对于大盘的下跌是有预感的，只是没想到会以这样的方式，如此剧烈地降临到自己头上。他意识到自己即将面临灭顶之灾，心里的滋味真是复杂万千。他感到自己罪孽深重。他想待在大牢里总比待在外面被人追杀更安全。

元旦前的最后一个周四，太行找到自己熟悉的一名记者，表示愿意披露有关坐庄金凤凰的内幕情况，但不可透露他的名字。这个记者坚持表示，要报道便不可能回避这个基本事实。太行犹豫了两天，还是在元旦的晚上，在龙花园别墅的自己家中约见了这名记者。那晚，他非常详尽地讲述了自己作为庄家操纵金凤凰重组，最终吃亏上当，导致危机的整个过程。当时，采访是不允许录音的，而且太行显然更坚信自己的文字。第二天他又向报社传真了一份题为《金凤凰崩溃内幕》的文字稿。《投资时报》在1月3日立即发表了这一独家采访。至1月4日，互联网上相关消息已被传得沸沸扬扬，多家报纸都转登了金凤凰崩盘的“内幕消息”。这些文章最后一句都引用了一首被篡改过的歌词：“股市故事多，充满丑和恶。人生境界真善美，这里不包括。赔的赔，割的割，股市跌得没法说。请你的朋友别进来，要不赔得会更多。”

4. 金色阳光

这是一片位于北京亚运村附近，建于上个世纪90年代中期的高档别墅群，共有三十多套。这里的每栋别墅虽说不是独门独院，却也自成体系。别墅为两层建筑，每套面积380～450平方米。这样的别墅目前月租金为4.5～5万元，购买价每平方米不会低于2000美元。这片别墅区坐落在北京中轴线的北部，这里被北京人称为所谓的“龙脉”地带。因为北京多北风，这里就成了上风头。自明清以来，“龙脉”两侧就是公认的“风水宝地”。文化人出身的太行两年前购得“风水宝地”的龙花园8号别墅之后，装修豪宅完全不落俗套。他对设计师提出的设计原则只有四个字“浪费空间”。最后，1000多平方米的两层楼只隔出四五个房间，其他的是上下两处各占数百米的大客厅。寥寥几件精美家具饰物散布在这宽敞的客厅之间，更显出客厅的空旷与气度不凡。

现在客厅的空旷却更显出了太行的落寞与失意。夜幕已经降临，屋里却没有亮灯，太行仰面躺在沙发上，目光盯着天花板的一个角落，好久都没有动一下。往事一幕幕浮现在眼前，太行深陷其中。他忽然想到只有垂暮的人才会回忆往事，自己是不是老了。夜色透过厅内落地式大玻璃窗悄悄地涌来，太行的脸庞在阴影里一片模糊，只有他头上的白发仍然清晰可见。太行想到自己还只有38岁，这个年龄正该是事业有成，与妻儿共享生活的人生最美好的时光。太行不由得怨愤起来，虽然他根本不知道这些怨愤该指向何方。这个时候再来深究成败的原因显然不明智。过程与结局相比实在是太微不足道了。不管你曾经多么风光，不管在过程中你拥有过什么，而一旦事过境迁，一切都会物是人非。

太行坐着，忽然又站了起来，打开客厅的灯，那些金黄色的光晕层层蔓延开来，房内顷刻间有了生气，似乎又找回了些昔日的辉煌。而这些辉煌对此时的太行，是一种多深的讥诮啊。太行忽然不能忍受了，他踉跄着上楼，撞进每一个房间，打开那些房间的灯。而当光线从角落里射出来的时候，太行又掩面而逃。他想找回昔日的生活，但那曾经的风光却又触动他的心事，他甚至不知道该如何打发剩下的时间了。

如果留在这里，那么等待他的无疑会是一场牢狱之灾。太行也想到了死，如果他死了，所有人都可以把事情推到他的身上。太行这样想的时候，就觉得非常孤单，所有的朋友同事下属，这时都在心里离他而去。太行在卫生间的镜子前，盯着镜子里那个容颜憔悴的男人，悲极而笑，笑声穿过卫生间，在外面空旷的厅里回荡。

别墅的外面停着一辆轿车，车里坐着的是一家外贸企业的两个保卫干事，他们奉单位之命盯着太行。太行也知道他们在门口。白天，太行还拿了几桶饮料，问他们喝不喝。这时车里的人看见有一个男人进了别墅，他们嘲讽着：“他妈的，这个家伙，到了这个时候了，还真有朋友来看他。”

进入别墅的男人是赵熙化装的。在上海突然接到太行寄来的离婚协议后，赵熙的头一阵晕眩，她猜到了太行可能出事了。随后报纸和网站就铺天盖地刊登了金凤凰的崩溃。她知道太行的性格，他是个敢想敢干、敢干敢当的人。根据证券法，太行即使被判有罪，最多只能坐5年牢，但是这件事情会牵连许多人。而如果太行走了，则大家可以把责任都推向他，这样可以大事化小，是个聪明的决定。但是她想，现在他已经什么都没有了，他没法走，说不定他会想到自杀。到了现在这个地步，也只有自己可以救他了。想到这里，赵熙赶到银行，把能取出的现金都取了出来，放在一个箱子里，随后立即坐飞机赶到了北京。

赵熙看着面前的太行，心里真的生出许多怜惜来。那瞬间，泪水模糊了视线，抑制不住的伤感一起涌上了俩人的心头。赵熙很快就恢复理智了，因为现在没有时间再顾上儿女情长了，她必须要以最快的速度让太行清楚目前的处境，并采取行动。

不一会，只见太行走出来了，两个保卫干事立即迎上去问：“吕先生，您要去哪?”“不去哪，请你们进屋吧，车里怪不舒服的。进屋看看电视，喝杯热茶。”“嘿，吕先生，还是您的肚量大，宰相肚里能撑船我们就不客气啦。”

两个保卫干事在喝了杯热茶后，便昏昏地睡了过去。太行披件军大衣，手里提着箱子走出了房间。在去机场的出租车内，放着《笑傲江湖》的插曲，歌词里有这样的句子：“说英雄说是英雄，笑江湖几人笑傲江湖。”江湖历来多风险，而股市江湖虽然没有刀光剑影，但同样充满杀机和瞬间生死的场面，其实更惊心动魄、荡气回肠。

一天之后，两个保卫干事醒了过来，看见面前放着专门写给他们的信，他们看了信之后便离开了别墅。信中到底写的是什么，谁也不知道。

林远思将“真年轻”的产品和品牌卖给季云飞后，用那笔钱与新疆一家大型民营企业合作买下了前苏联退役航空母舰明思克号，将这艘世界著名的航空母舰改造成了集旅游观光、科普和国防教育为一体的军事公园。乔锋和季云飞都收到了林远思的邀请函，林远思请他们去深圳参加军事主题公园“明思克号航母世界”的开业典礼。关冰倩特意拉赵熙陪着自己来到深圳。

老朋友再次聚首，除了赵熙不太爱讲话外，几个男人一直围绕着航母说这说那。中午吃完饭，乔锋和季云飞便迫不及待要去看那艘前苏联航母。林远思笑着说："明天才能看到，现在还没有准备好呢！"

乔锋与赵熙对深圳都非常熟悉，但也都有一段时间没有来了，而特区几乎每天都在发生着变化，这些变化让他们回忆起当初在深圳的日子。在公司办公楼的广场前，林远思发现，赵熙和乔锋的心情好像都有些低落，就知道他们一定想到了太行和沁晖。这两个人心情的变化，关冰倩也看在眼里，她知道赵熙和乔锋原来都喜欢体育运动，于是说："我们的军舰上有一个旱冰场，前几天我们一直在练习。咱们要不要在这里练一下？楼里有旱冰鞋。"

季云飞和林远思先穿上了旱冰鞋，他们动员乔锋也穿上。几个男人先滑了起来。赵熙从关冰倩手中接过鞋，却没有马上穿，说："我先看看他们是怎么滑的。"

季云飞和林远思虽然说是会滑，但花样很普通，大众化的水平。而乔锋在场中滑冰的动作则明显不同，他滑动中还加入许多武术动作，出拳抬脚，沉腰回旋，一会儿转弯，一会儿跳跃，舒缓自如，当真把大家看得眼花缭乱。就在这时，赵熙笑了，她穿上冰鞋，轻飘飘滑到乔锋身后，模仿着乔锋的动作，身姿更加轻盈地滑动起来。

这下不仅场外的人觉得奇怪，就连乔锋都万分诧异。赵熙却旁若无人地翩翩舞动，似乎舞得比乔锋更为娴熟。乔锋这时看赵熙，动作协调轻灵，一头乌黑如墨的长发舞动起来犹如黑云般轻盈，本来冰艳秀美的脸庞这时双颊泛出两片微红，额上沁出一层微汗。

等到两人停下来的时候，林远思非常惊奇地问："想不到你还有这手，在哪里学的？"

于是乔锋把自己刚到深圳遇见赵冬义的故事简单说了一遍。说完后，他问赵熙，"你是怎么会的呢？好像比我滑得更好。"赵熙对乔锋说："那当然啦！赵冬义是我的爸爸，有好些动作是我设计出来的，我爸爸还是跟我学的呢！"

明思克号航空母舰静静地停泊在海面上。欢乐而盛大的仪式过后，第一批游人登上明思克号。作为嘉宾的季云飞和乔锋他们，在林远思夫妇的带领下，走到了航母最高的瞭望台上。美丽的盐田港就在他们脚下，碧蓝的海与湛蓝的天交相辉映，在大家视线可及的尽头交融在一处。微风，碧浪，海鸥，还有远处的点点帆影，这样的景致让所有人都陶醉了。更让大家陶醉的是脚下的这个庞然大物。

航空母舰被誉为国家力量的缩影和海军威严的象征。据了解，明思克号甲板总面积相当于3个标准足球场，整舰体积则相当于一座18层高的商住楼，有2000多间独立的舱位密布其间，称之为一座“海上的浮动城市”实不为过。然而，1995年11月，当硕大的明思克号出现在广州文冲船厂时，却好像一头遍体鳞伤的巨兽——前苏联的解体使明思克号的营运和维修经费极度缺乏，不得已于1993年把它当做废金属卖给韩国人，而韩国又将明思克号转手卖给了中国。

明思克号航空母舰现被改造成集旅游观光、科普和国防教育为一体的军事公园。这日是“世界旅游日”，明思克航母公园定于当日正式对外开业，深圳市旅游局、盐田区人民政府举行规模盛大的庆祝活动和庆典仪式。庆祝活动从下午5点开始，一直持续到晚上10点30分。国家旅游局、省市有关领导，及俄罗斯文化部、俄罗斯航天博物馆、中央海军博物馆等嘉宾出席。明思克航母世界开业庆典仪式上，俄罗斯明星足球队与深圳平安足球队，在航母飞行甲板上举行了一场史无前例的足球比赛。广东武警军乐团、俄罗斯“太平洋舰队”歌舞团、明思克艺术团也表演了精彩节目。

站在“明思克”甲板上，林远思如数家珍地讲着“明思克”的故事。“明思克”拖航来中国的时候，起先韩国方面死活不让，理由是中方只去了一艘拖船，却要拖航上千海里，路上风云莫测，实在危险。当初，韩国将“明思克”从俄罗斯拖回来，动用了4艘大马力的拖船，前后左右严密保护。中方人员在经过反复论证后，向韩国方面作出承诺：绝对没有问题，我们的拖船是中国马力最大的一艘，而且航线都是精心选择的。韩方让步了，但还是派出了2艘海军船只跟在“明思克”后面，以防万一。一直跟出300多海里，韩国船只才返航。整个拖航过程，除了在珠江口遭遇到一场台风，耽搁了一些时间，一路平安无事。韩国方面不得不佩服：拖航，你们赢了！

“明思克”开进广州文冲船厂，进行彻底整修。最初的3个月，船厂一直都没有动手。为什么？没有图纸！每天，工程师们的任务就是进船舱摸情况。“明思克”甲板上9层，甲板下11层，有上千个舱室，一不留神就会迷路。一天晚上，一个保安好奇，钻入甲板下第4层想看个究竟。不想这一看竟然看到了第二天早上5点，因为他找不到来时的路！“明思克”内部没有电，没有水，没有通风装置，差点把保安憋死在里面。

林远思说，“明思克”来中国到现在，还没有人能（应该说是敢）下到甲板下第7层的地方！

俄罗斯在卖出“明思克”时，拆掉了大部分涉及军事机密的电子设备和控制设备，“明思克”自身已经失去了动力和军事价值，只剩下一个空壳。但走马观花，你仍可以发现许多令人吃惊的地方。“明思克”内部的电缆有自来水水管那么粗，切开一看，里面竟然是数百根光纤的聚合体，担负着全舰的通讯和指挥信号的传输。舱室墙壁看似普通，可你要把它切开，不费点周折可不行。修船期间，一次意外失火，大火在甲板下烧了好一会儿，甲板上的人还没有感觉到。把火扑灭一看，内部除了黑了点，一切都完好无损。军舰的防火功能可见一斑。

这一天的明思克号像一个沉睡了许久的巨人，一醒来便满眼莺歌燕舞，处处是欢声笑语。林远思领着一个大胡子俄罗斯人过来，给大家介绍说他的名字叫维可多·亚历山大·科基拉耶夫，是明思克号航空母舰首位舰长。大家不禁对这位满头白发的老人生出许多敬意来。

维克多·亚历山大·科基拉耶夫自 1978 年从尼古拉船厂接收“明思克”起就担任了舰长一职，任期 5 年。身着前苏联海军白色将军服的科基拉耶夫站在沙头角明思克舰母世界前侃侃而谈，他神情愉快地回忆起十几年前在“明思克”上度过的美好时光，回忆起再见爱舰时已在中国广东的激动心情。他说这些年来尤其是退休后，一想起当年和部下驰骋世界各大洋就想起明思克号，没想到这只蒙难小海豚最后被善良友好的中国人搭救了。当他从虎门乘直升机再次登临“明思克”后，他在上面整整待了 6 个小时。他说，那天在夕阳下的“明思克”上踱步，感觉很好，因为它的外观已与当年没什么两样。科基拉耶夫将受聘为这里的职员，继续在沙头角明思克航母世界当他的舰长。

5. 闯荡南国

太行乘机抵达南垂市的时候，天空微微飘着毛毛细雨。他没有停留，直接搭旅游班车经崇左、板利、宁明直奔凭祥。一路上，车颠得人昏昏沉沉，直到南山烈士陵园他才彻底地精神起来。司机说，这里曾是电影《高山下的花环》里的一个取景地，过去没几分钟就要到友谊关了。关口之间是下坡路，两边的山上连绵着丛生的绿林，回头看友谊关巍巍挺立，有点像一个胖子凸起的将军肚。国境的分界处是没有界碑的，只在路中间划出一条线，线的这端写着“南宁 3×× 国道终点线，1992 年 5 月 27 日”。太行知道这就是人们常说的零公里处了。护照签章、安检都非常顺利。据说东南亚的通道，属越南过关的手续和程序最简便，因而两岸的边贸生意也最红火。

越南的路况并不好，还不如凭祥的那段路。据介绍这里的高速公路虽然在本土被定为一级，却没有达到国际化的标准，真正达标的高速公路在南部。到河内需要两个多小时，沿途经过地域广袤的谅山省。太行的视线掠过老旧的平房与狭簇的小楼，看到田间站着耕作的人们，那水稻已分不清是第二季还是第三季。抵达胡志明市时已经下午了，太行用香港护照在宾馆办好了登记手续，然后在夜晚的街道上游荡了很久。他心里百感交集，感慨万千：昨日还在中国的首都，今夜却已身处这异国的人群中了。

摩托车、自行车是这座城市的主人，黄昏下班的时刻汇成来去的两道车流，但入夜后车流显然稀疏了许多，不再似黄昏时那么匆忙了。太行横穿街道时仍然左顾右盼，犹犹豫豫，不像当地人那么从容，习以为常。太行努力记住自己住宿的宾馆所处的方位，否则在这布满奇怪的越南拼音文字的城市里，没有了说明和标志，很容易迷失在那些相似的街道、相似的老旧建筑群中。走在街上，嗅到的异国情调是淡淡的，不浓郁的，有时还会因一些熟悉的景物生出错觉。从越南人同两广人近似的容貌、沿街的旗楼、居民区挨得很近的楼房间穿过的小巷，都让他有置身广州旧市区的感觉。在这里不时还能发现中文，这些原本在国内习以为常的文字，在这里让他生出那么多的亲切感。在越南文如大雪般覆盖了一切的城市里，古老的中文依然如野草一样，从一些角落探出头来。旧宅名、老店号、古墓碑、佛寺的对联、丧葬用品的店铺前挂满了丧殡锦旗，这些中华文化的痕迹悄无声息地诉说着这个国度古老的根。对于那些纷扰和失去的情感，太行已经不再加以计较，否则自己会被忧伤侵蚀得不成样子。

太行原本只想在越南逗留几天，等到心情平静一些后再转到香港或者澳洲等其他一些地方。不料有一天他在河内商业区购物的时候，发现了一家证券公司，还在证券公司遇到了来自中国上海的一位姓徐的投资者。老徐 50 岁左右的年纪，为人热情，性格豪爽，已在越南待了将近 10 年。在异国他乡能够碰到老乡，自然是件令人高兴的事情。老徐的话匣子一打开就收不住了，太行从中了解到了很多事情。

胡志明市证券交易中心正式运营以来，短短两年多时间，股票市场由最初的两只上市股发展到现在的 20 只上市股票、33 种政府债券和 2 种企业债券。证券公司有 9 家，投资者开户的数量近 1.3 万户，日均交易量约为几十亿越南盾。老徐下面的话更引起了太行的兴趣：越南股市开张后许可外国人开户，因此有一百多个中国人在越南进行股票投资，但大多数人是以越南人的名字开户的。这些人多数来自浙江、广东和广西等地，他们要么和越南有经贸关系，要么是专门的炒家。这些人大多带着现金而来，在越南专门的金店里把人民币兑换成越南盾。在越南，几万人民币就已经不是一个小数目了。

晚上回到宾馆，看着窗下摩托车风驰电掣，街上不时闪现出越南美女的婀娜身影。风吹起越南女人的面巾，白净的脸蛋若隐若现，高挺的鼻梁，饱满的双唇，雪白的牙齿，再加上一头飘逸的长发，构成了一道靓丽的风景线。越南美女给人一种独特的感觉，除了幽幽的冷艳之外，还有一股淡淡的忧郁。这些女人有些穿着打扮也十分前卫，但多数还是穿越南国服。越南国服是一种开衩到腰部的旗袍，颜色是玫瑰红，里面是淡黄的丝质长裤，色彩艳丽。

就在这时，太行脑子里突然冒出一个想法：与其到西方发达国家重新奋斗，不如依托着自己现在手中的十几万人民币，在越南发展。有了那十几万元人民币，在越南还算个大户。主意打定后，太行第二天便在西贡河边租了一套外商公寓住下，一边学习当地语言，一边结交一些当地证券界人士，用自己手头的资金购买原始股。

为了学习越南语言和开展一些证券投资培训业务，太行在当地注册了一家小公司，同时聘请了一位越南姑娘为自己工作，这个越南姑娘叫阿阮。阿阮刚来的时候很文静、贤淑，轮廓清晰的脸庞，挺拔的线条，温柔之中略带野性的妖媚，非常可爱。两人熟悉后，阿阮少女顽皮的一面很快便显露了出来。她喜欢跟太行比个子，太行比她高出大约一头，她就站到矮凳上同他比。由于太行个子太高了，她还是没有比过，便撅着嘴很不高兴的样子，直到太行笑嘻嘻地过来哄她，她才露出开心的笑容。有一次太行问她会不会唱歌，阿阮大方地唱起越南歌来，是一首既熟悉而又陌生的歌曲。阿阮唱完颇有兴致地问太行听过没有。太行侧头想了想，说是不是香港歌星叶倩文的歌，歌名好像叫《曾经心动》。那次阿阮没有说对，也没有说错，接下来又为太行唱了一首越南当地的流行歌曲。

阿阮的父母是中学里的老师，有时会来太行的公司看女儿，太行有时也会同他们聊上一会儿。阿阮告诉太行，在越南人口当中，女性占据了大部分。越南的妇女很勤劳、很乖顺，在农村的稻田里到处可以看到她们劳作的身影，还有的背着孩子在地里干活。越南的女孩子很小就开始帮父母照顾家，有的下地干活，有的放牛，有的帮父母做针线，很多姑娘做得一手漂亮的越南民族服装。在城市里，女孩子主要是帮助父母做买卖，这对她们来讲是一个锻炼的机会，因为出嫁后她们就可以轻车熟路地开个小店，做个女老板。在越南当个男人可以什么都不干，是最幸福的了。

有一天夜晚，天上的星星很多，也很清晰，太行坐在院子里抬头看天。越南的夜空美丽而纯净，这是因为越南工业落后，很少有污染的缘故。天上的每颗星星都像上古世纪的秘密，隽永，深邃。这些秘密无法被人类解读，因为彼此相隔着不知多少万光年的距离。星空浩渺，正如人海茫茫，每一次相遇都来得那么不容易。

太行正感慨着，阿阮不知什么时候坐到了太行的身边。一切都很自然地发生了，太行先是轻轻揽着阿阮的腰，接着轻轻把她拥到了怀里。太行低头看她略带羞涩的神情和唇边浮起的一抹浅浅的笑，心中刹那间生出那么多的柔情来。他吻了一下她的眼睛，她探起头来回吻了太行一下，太行的嘴唇便落在了她的唇上。后来太行的唇又滑过她瘦削的肩，滑过她小巧而温软的乳房，滑过她纤细的腰肢、平坦的小腹……突然不知怎的，阿阮摇了摇头，用力推开了太行，身体从太行的手中挣脱。太行错愕地盯着她，她却拿起太行的手，问："你是要让我当大米，还是当米粉?"

太行一时没有听懂阿阮的话，阿阮给他解释说，米粉是越南小蜜的代名词。在越南大米饭是天天要吃的，因此，明媒正娶的大老婆是大米饭。比大米饭好吃一点且不常吃的面条是二老婆，比面条还好吃的面包是三老婆，而看上去白白嫩嫩，吃起来美味可口的米粉才是最受宠的小老婆，也就是小蜜。

越南由于长年的战争，成年男子不正常死亡过多，男女比例严重失调，女多男少现象很严重。因此越南男子的地位很高，很多人都有面条、面包和米粉。男人可以什么都不干，喝茶，闲坐，赌博，而把一切劳务交给女人。即使夫妻俩一块儿上街，男人都是空手走在前面，女人挑着沉重的担子跟在后面。这在越南是很正常的事，如果一个女人不这样的话，那她将会被唾沫星淹死。

太行弄明白大米饭和米粉的典故后，点了点头说："我要让你给我又当米粉，又当面条，又当面包，又当大米，你说好不好?"阿阮盯着太行，眼里有些被感动的光芒。她终于幸福地把头埋进太行的怀里。

没过多久，太行就跟阿阮结婚了。婚后生活幸福。阿阮对于太行尽快地融入这个国家帮助不小。刚开始的时候，由于语言问题，换钱对于太行是件很困难的事情。让太行觉得要命的是越南计数制跟西方国家一样，中国的"万"在这里变成了"十千"，中国的"十万"在这里变成了"百千"，太行几下就能数糊涂了。后来在阿阮的悉心调教下，他终于能够适应这里的计数习惯了。

生意方面，俩人婚后先是开了一个书店，太行教阿阮把大陆一些生活知识方面的书翻译成越语书出版，非常畅销。后来，太行感觉在越南做房地产非常赚钱，便转向房地产业。

越南没有房产开发和社区建设的说法，只要有钱就可以向政府申请买地建屋。路两边除了极少数上星级的宾馆外，绝大部分是不超过四层的民房。小楼往往盖得很出色，从门窗的装修到敞露阳台的雕饰，既沿袭了欧式的格调又不失南亚本土的风情，材质方面也很够档次。只是每栋小楼都很狭长，这些酷似越南人消瘦形体的房屋怎么看怎么像积木，而且房屋只装修前后，左右两侧没有丝毫掩饰，袒露着青灰色的墙体。这是因为旁边的土地还有可能被卖出去盖房子，所以是无法装修的。太行考察计算后，发现这种民居在河内从买地到建成，需要大概20万到80万人民币不等，主要是视地段与建筑材料的不同。于是，太行根据中国商品集贸市场的样子盖了批发市场出租，结果大获成功，非常赚钱。

再后来，太行领着阿阮出国旅游，到过新加坡、新西兰、法国等许多地方，但是一直没有回过大陆。一次俩人旅居香港，太行在宾馆里的报纸上看到中国大陆股市新一轮的火爆，一些新的名字成为耀眼的新星。他笑了笑，随手就把报纸丢在了一边。

太行在越南过着平静而幸福的生活，但他的妻子阿阮从头到尾都不知道她的丈夫曾经是中国资本市场上的风云人物，他的名字直到许多年后还被证券界的人们提及，他创造的许多盈利模式至今仍然被很多人拿来学习和研究。

6. 海阔天空

黄昏，美国的V市。章子良从一家出租录像带的小铺子里出来，手中抱着一大摞录像带。他准备横穿马路回自己租住的寓所时，忽然听到门口有人问："请问您是章总吗？"在美国遇见华人并不是件稀奇的事，但是面前的这人，他仔细端详了半天，仍然想不起来他是谁。

眼前这个三十多岁的男人，穿着西装系着领带，拎皮包，模样看起来像推销员或者卖保险的。章子良疑惑地问他是谁，那男人笑眯眯地说："你当然不会认识我这样的小人物，但我却知道你，你就是大陆万安投资的老总章子良。"章子良便问："你怎么会认识我呢？"那男人笑道："我当然认识你，我听过你的讲座呢！你讲的吃红烧肉的故事，把我们乐坏了。当年，我就是因为买进你说的那只水泥股，狠赚了一笔，这才有钱来到美国。"章子良释然了，他跟那男人打个招呼，便转身离开。

那男人转身对老板娘道："下次你可得客气点，这是大陆的亿万富豪！"

老板娘说："是吗？你不说，真的跟一般人没什么两样。"

那天晚上，章子良想着那男人的话，觉得心上的某根弦被触动了，许多往事浮现在眼前。现在，他不知道自己这一步是走对了还是走错了，但是，既然命运把自己推到了这个位置，已经无法逃避，那么剩下惟一能做的就是迎接新的挑战了。

章子良在大陆抛完金凤凰的股票后，很快便去了香港。在去香港前，章子良把自己这些年的融资贷款全部连本带利还清。那些贷给他资金的人感到非常庆幸，同时又不得不佩服章子良的为人。这些人后来看到全世界范围内的股灾，再想起章子良，便会赞叹不已，都说若以结果论英雄的话，还是章子良是大英雄。他选择隐退的时机拿捏得特别好。大家都看到，在后来不久大盘出现的是系统风险，不管你持有的股票是好是坏，都要暴跌，更谈不上大资金出货了。

章子良借道香港，然后去了澳洲。他在澳洲把家人安顿好之后，便以考察的名义进入美国。刚开始的时候，章子良原本想以投资移民的身份办理美国绿卡，因故遭拒后退而求其次，改申请移民。申请投资移民固然是主要目的，但章子良还想投资一些美资企业以便在海外谋求发展。后来经过朋友介绍，他与美国旧金山一家设址于海沃市、以销售电话卡为主的网站公司洽谈，以 79 万美元投资该公司并担任主要股东。章子良与该公司负责人协议商定，由公司为他办理美国居留手续，同时进行扩大业务准备。这家公司目前已在加拿大多伦多市购置了一处楼宇，并推出电话卡及其他一些相关业务。章子良曾向该公司职员宣称，预计一到两年公司就能在美国上市，并打入美国股票市场。

章子良在新收购的公司虽然担任股东，但并未直接管事，而委与过去的旧属鲁毅以总经理名义坐镇该公司，其间偶有重大决策或其他投资项目时鲁毅才会找他商议，所以章子良的生活过得很轻闲。后来闲着没事，他又组建注册了一家商务咨询公司，专门负责接待大陆赴美进行考察学习的各省市地区的市县长官。由于接待报价是以赔本的价格进行，所以咨询公司生意非常好，章子良因此结识了不少新贵。鲁毅不理解章子良的举动，便问他："咱们现在在国外，有必要巴结这些贪官吗？"章子良到国外后，对待下属的态度明显温和了许多。他平静地说："咱们的根在中国大陆，近几十年内，大陆以权经商的时代还不会过去。现在咱们这样做就像积蓄资源一样，是长线投资。大投资是投资关系，中投资是投资智力，小投资才是投资资本。"

公司组织架构初步完成，身份申请案也已送至移民局，章子良无事一身轻，再度飞赴澳洲探视妻小，随即返美在V市租房而居。一些好事的记者告诉他的房东，章子良是大陆资本富豪。房东笑着摇头，不相信记者的话。在她眼里，章子良平常衣着朴实，低调寡言，住在V市公寓期间除了必要时外出购物，平日总是独自一人闷头在家里观赏录像带。他平均每两天就要去一次公寓附近的录像带出租店，每次都抱回一大摞的连续剧，像什么《康熙大帝》、《雍正王朝》等等。章子良是那家出租店租得最多的一位大客户，有一次他问老板："有没有股市题材的片子？"在得到否定的回答后，他自言自语道："应该拍一部这样的电视，如果有谁愿意拍的话，我愿意投资。"

章子良在V市居住的一段时日，可谓相当悠闲。其间，他曾以自己英文不佳为由，托友人介绍一位女伴，陪他畅游佛罗里达、夏威夷等地。曾经有人问他关于金凤凰抛股票的事情，他回答说："我自己的股票怎么不能抛？如果不抛，你看现在要跌成什么样子了！要是太行早听我的就好了，他到底是个书生。在中国说到底还是农民的智慧是最顶级的。"

有一天，章子良外出购物，在附近新开的一家超市发现一个华人收银小姐。因为都是中国人，章子良在交款时与她攀谈了几句。这时，他忽然发现这个小姐长得特别像一个人。在回家的路上，他忽然想到了，那小姐说话时的神情，浅浅低笑时的清纯，像极了自己的妹妹章沁晖。

章子良的心情沉重起来，他想到妹妹的墓前这时一定已经花草茏荣了。只是，全家人都已迁往国外，不知道她一个人留在大陆是否会觉得孤单。

位于婺源的章沁晖墓前现在站着一个人，是乔锋。乔锋用一块湿布轻轻擦拭着汉白玉的墓碑，擦得那么仔细，不放过任何一点灰尘，然后将一束洁白的百合插在墓前的花瓶中，又清理了墓前长出的丛丛绿草。

几天后，乔锋与赵熙出现在海南第一监狱的门口，俩人拎了好几个大包，里面都是些生活用品和吃的东西。在等待监狱接待处开门的时候，乔锋又到边上的小卖部里买了两条烟。小卖部的老板告诉他，买烟送给监狱干部行，送给犯人是不允许的。乔锋笑笑，对边上的赵熙说："卓总以前就爱抽这个牌子的烟，咱们好歹也要拿进去试试。"

一年前的秋天，乔锋在海南与卓融吃最后一顿饭，那次还有卓融的弟弟在场。那时，卓融花白了一半的头发已经全白了。席间，小姐上了一盘河豚，卓融的弟弟心情沉闷，一口喝干一杯酒，抢先拿起筷子去夹河豚。边上的卓融慌忙拦住他说："河豚有毒，还是我来尝第一口吧！如果有什么事，咱们卓家有你在，也算是留个香火。”卓融的神情有说不出的萧瑟，让边上的乔锋几欲落下泪来。

其时，作为海南信托投资公司中的后起之秀，由于沪深股市第一绩优蓝筹股天边红的空中楼阁坍塌，海南银赛港国际信托投资公司最终被关闭的命运已经注定，接下来的将是一连串的清算。对于近在咫尺的牢狱之灾，卓融肯定已经心知肚明，惟一不能确定的是这场牢狱的期限。此情此景，也难怪这位曾经在海南金融界叱咤风云的人物，在席间大放悲声了。

几个月后，银赛港国际信托天边红案宣判：卓融一审被判有期徒刑3年。同时宣判的还有卓融的两位助手李勇和许惊雷。他们俩人被判有期徒刑两年半。这项由中心区人民法院做出的判决称：在1997年到1998年，“海南银赛港国际信托投资公司未经国家主管部门批准，采取超额发行、重复发行、变相发行的手段，擅自发行公司债券，数额巨大，后果严重，其行为已构成擅自发行公司债券罪”。

乔锋在天边红计划运行前期便已抽身而退，所以他无法详细索解银赛港国际信托案的真实内幕，但他可以肯定的是，卓融及他的同事不过是在重复中国金融界近年来一再发生的故事——利用模糊的规则打擦边球。实际上这也是中国金融界，乃至中国整个改革过程一直沿用的潜在的策略。对于这个终于到来的判决，卓融应该感到庆幸，因为它毕竟没有与具有强烈道德色彩的腐败联系起来，如果那样，卓融面临的指控将会严厉得多。

卓融被判刑后，乔锋与赵熙便约好了一块儿来看卓融。他们俩曾经都是银赛港国际信托的员工，内心始终保持着对卓融的一份尊重。

在接见室里，乔锋、赵熙终于又见到卓融了。穿着蓝色短袖囚服的卓融和过去相比，身体模样都没有太大的改变，只是发型由以往精心梳理的大背头变成了板刷头。那根根白发此刻看上去，倒让他多了一份令人肃然起敬的超脱感。

乔锋最关心卓融的身体，卓融笑着挥动胳膊：“你们看我现在跟以前一样强壮。”乔锋与赵熙便笑了，他们看出来卓融的情绪挺好。乔锋说：“卓总，您应该知道前一阶段的股灾吧？好多上市公司都存在与天边红类似的问题。天边红还算好的，它没有赚钱，却每年拿钱治理沙漠，还拿出现金来给股东分红。而其他那些公司的资产其实都是被大股东掏空的，甚至是赚钱了做假账说没有赚钱，也不给股东分红。”卓融点头道：“我当然知道，他们早就告诉我了。”他用手指指身后的狱警。卓融接着说：“乔锋，你也别再叫我卓总了，以前的事咱们都不要再提。我现在算是明白了，人生有很多事情不是你有能力就能做到的，它还必须有运气才行。我想这就是所谓的谋事在人成事在天吧！”乔锋点头赞同。卓融又接着道：“乔锋，你的运气真是不错，有性命之忧的时候，章沁晖为你挡过去了；有牢狱之灾的时候，李勇顶替了你。”

乔锋摇头不语。赵熙这时将俩人带来的生活用品递到卓融面前，卓融笑道：“你们能来看我，我已经很欣慰了，你们带来的这些东西我也确实需要，所以客气话我就不多说了。多谢。”卓融身后的狱警把东西提到一边检查，卓融脸上露出很开心的表情。乔锋和赵熙都看得出来，其实卓融并不一定真的需要这些东西，他的话只是要让乔锋和赵熙开心些。

见面即将结束的时候，卓融忽然盯着乔锋与赵熙，面色有点奇怪，好似心中有件事迟疑不决。赵熙道：“卓总你是不是还有什么话想说？”乔锋也道：“卓总你有什么话就说吧！只要我们能做到的，我们一定不会推诿。”卓融摇头不语，旋即又面露喜色。乔锋与赵熙面面相觑，不明白卓融在想些什么。

卓融最后抚掌笑道：“就在刚才，我突然有一个念头，只是不知道当说不当说？”乔锋与赵熙齐道：“卓总有话但说无妨。”卓融又沉吟了一下，目光在乔锋与赵熙的脸上逡巡一遍，这才说：“你们俩人来看我，我很高兴。你们不要怪我年老眼拙，我现在看你们俩人倒真的颇有几分机缘。如果将这机缘变为姻缘，我想，一定是桩美事吧！”

乔锋与赵熙这才明白卓融的心思，瞬间颇有些诧异，继而俩人都满面通红，赵熙转过脸去，乔锋倒比她要从容些。乔锋道：“卓总你就别拿我们开玩笑了。”

走出监狱大门，乔锋与赵熙相视而笑。卓融刚才“双剑合璧”的话，真的触动了俩人的心弦。俩人来时从容，这会儿都有些拘谨。默默向前走了一段路后，赵熙眼角余光察觉乔锋一直在盯着自己看，便突然站住，面向乔锋。乔锋猝不及防，慌忙移开目光，眼神已有些慌张。赵熙道：“你在想些什么？”乔锋怔怔地道：“我在想卓总的话。”赵熙笑了，她的笑容在正午的阳光下如绽放的烟花，灿烂极了。赵熙道：“其实能够笑傲江湖真的是很多人梦想的事，只是天底下真正能够做到笑傲江湖的，又能有几人？如果能有一个伴随自己一生的……我就十分满足了。”

俩人并肩而行，渐渐远去，没人知道俩人此番将去何方，也不知道他们俩是否真的能如卓融所愿从此双剑合璧。但无疑他们俩人前面的道路依然遍布棘荆，也会洒满阳光。他们俩人这一生，还会创造出许多惊心动魄的传奇故事。

第九章
股海星云

胜利者的经验并不复杂，那就是寻找人生的关键点，并在关键时刻竭尽全力。没有决战的人生只能说是活着，不能说是生活；但人又不能始终活在决战中，风口浪尖的持续重压是生命所不可承受的。聪明人是在“天时、地利、人和”聚集时奋勇一搏。

1. 破冰首航

2005年4月的一天，当东方第一道曙光照射到大地时，由新同达集团再度更名为新通达集团的董事长季云飞和往常一样早早地起床，开始了一天的工作。从早年远渡日本打工掘金到现在拥有年销售额数十亿元人民币的集团公司董事长，季云飞仍然未改早起的习惯。“一日之计在于晨”，他认为一天中最好的工作时间就在早上。因此，新通达高管们边吃早餐边商讨工作的早会也成了财经记者们眼中的一大亮点。公司的日常工作决策大多是在这个时候产生的。

刚刚过去的几年对于季云飞来说是非同寻常的一段时间，他的企业横跨房地产与医药两大行业，并且已经成为国内中部区域这两个行业的龙头企业。随着事业的进一步扩展，旗下的医药公司又开始研制基因芯片等尖端生物制品，并将行业里最著名的专家请到公司任职或担任顾问。这个决定是季云飞做出的。即使这些专家不用在公司坐班，甚至是一年也没有做过任何实际的事情，也是值得的。因为这个领域面对的将是海外企业的国际竞争，大家拼的不是常规武器，而是精英的灵感与运气。

基因芯片事业开始，季云飞认为这是他个人创业史上的奠基之标志，也是今天的新通达集团股份有限公司又上新台阶的奠基之标志。

在房地产和医药两个产业发展很顺利的情况下，促使季云飞下决心投入巨资到看不到眼前利益的基因制品上，与世界首富比尔·盖茨的一段预言有着密切的关系。比尔·盖茨预言：超过我的下一个首富必定出自基因领域。但是进入该行业也需要巨大的资本实力做后盾，其成败不仅仅取决于企业的努力，更重要的是取决于企业的运气。

先做房地产，再做医药，然后进军基因，事业上的三部曲正好反映了季云飞的个性：既要稳操胜券，又要敢想别人所不敢想。与一些大老板不同的是，他可以正襟危坐在会议室里调拨上亿资金，也可以穿着球衣跑到球场一角敲锣打鼓，着急时亲自赤膊上阵，但投篮时常常又是“三不沾”，只有又下场充当拉拉队。他懂得享受丰盛的宴会，也可以一身便装和员工一起挤饭堂吃饭。季云飞从来不打没把握的仗，到关键时刻又会显得特别勇敢决断。

而此时此刻，事关中国证券市场重大变革的一个突发的挑战，又摆到季云飞的面前。

这天上午，季云飞正等着一位从北京来的重要客人。在这之前的空当儿，他翻看着当天的《中国证券报》。报上的头版消息很醒目：中国证监会负责人在北京宣布解决股权分置问题的时机已经成熟。他想，这个消息一披露，股权分置改革立刻就会成为吸引市场内外人士的重要事件。

其实，就在这一天，还有一个更为重要的举动未曾见报。这天上午，一个重要官员出现在中原原州的“新通达集团”公司总部，与公司董事长、总裁季云飞进行了一番长谈。

该重要官员此行是有明确目的的，这就是确立股权分置改革的上市公司试点。——因为，“新通达集团”这家公司早在他的心里挂上了号。早在前几年，“新通达集团”申报上市时，就提出了股权全流通的大胆设想，引起了证监会官员的高度重视。后来，身为商界明星的季云飞在出席全国人大会议的时候，又以人大代表的身份提出了相关议案。

显然，他对季云飞的过去也有所了解。所以一见面就说：“季总，听说您曾给一首著名歌曲填过词呀！如果不是看到歌曲作词者就是您的名字，很难让人把一个词作家与企业家联系到一个人的身上呀！当时是怎样的一种情景？能不能给我们讲讲这个故事。”

一句话，不由得勾起了季云飞对往事的回忆。

1994年，已经是深圳拓荒牛的季云飞，工作之余还在上夜大学，他与夜大学的几个同学是诗词爱好者。就在这年，广东省青春歌曲创作大赛火热进行，由季云飞的一个夜大同学作词的参赛歌曲的第一稿没有入围。这个同学便力邀当时的民间作词“红人”季云飞帮忙修改。

季云飞的创业生涯与中国的改革开放恰恰同步，在这个过程中，他耳闻目睹了中国改革开放后翻天覆地的变化，写出优美的歌词也就顺理成章了。这首参赛歌曲的第二稿被送到了该次创作大赛的深圳分赛区。结果被评为金奖，很快红遍了整个中国。

听完季云飞讲述的深圳故事后，这个官员笑着点了点头："季总这个故事可以当做我们国家改革初期过程中的一个经典细节呀。我今天来就是想看看季总的新通达集团能不能再谱写一曲中国证券市场解决股权分置的新曲目。国务院已经下决心了，准备开始进行中国股市的股权分置改革试点。政府的态度很明确：解决股权分置问题不是万能的，但不解决股权分置问题则万万不能。今天来，就是想与新通达集团的管理层探求实施的可能性与操作细节。"

他接着给季云飞介绍道："尽管市场对股改的呼声一直很高，但相当一批国有控股上市公司对此并没有很高的热情。究其原因，主要是担心股改中自己付出的代价太大，担心丧失对上市公司的控股权。"

听到这里，季云飞立刻接过话来："我们没有这样的担心。新通达集团之所以一直对股改，也就是全流通抱有热情，主要是认为股改可以解决大股东资金不足的问题，从而为企业创造一个更完善的资本平台，把企业经营得更好。"

他顿了顿，然后果断地说："如果选择我们公司来作为试点，在合理的情况下，新通达集团会给予最有力的配合。其实，股权分置的解决就是重大的改革。这次改革，相当于当年的农村改革，主要是为解决积极性问题；农村改革是解决农民种田的积极性问题，结果成功了。今天的股权分置改革也是要解决积极性问题，解决大股东和经营层的积极性，实际上也是解决他们'种田'的积极性。"

"从新通达集团对股改的态度，以及上市公司的基本面来看，是有作为股改试点的条件和基础的。如果选择了公司做试点，你们对具体的方案有没有什么具体的设想？我们都认为：开弓没有回头箭。股改试点一旦展开，整个市场的股改则只能成功，不能失败。你们新通达是不是也同我们一样，对于新通达的股改有这样的决心啊？要知道股改不光涉及流通股东的眼前直接利益，也涉及了非流通股东的长久利益，更涉及中国证券市场的稳定大计。"这个官员说话的声调显然是受到了季云飞的情绪感染。

季云飞一贯是"嫉慢如仇"的性格。在他看来，不讲速度和效率的"错失良机"简直就是犯罪。在听到这个官员的话后，稍想了几秒钟，就接着说："我想为我们公司的股改先定下三个目标：一是确保改革的成功率，二是提高企业在市场上的知名度，三是提高企业在投资者中的美誉度。为此，我们公司将尽最大的努力，也敢于比其他企业的大股东有更多的付出。当然，我们也需要证监会的帮助和出谋划策。毕竟试点是一个标杆，还得为其他的后续公司股改做个示范，也得考虑三公原则嘛。”

听了季云飞的话，这个官员非常高兴，从椅子上站起来走到季云飞的跟前，抓住季云飞的手说：“季总到底是在特区创业过的人呀，既有开拓精神，又非常精明。你所说的上市公司大股东的动力问题，我个人也非常同意。只有彻底地解决股份分置的问题，中国证券市场才能实现真正的‘三公’，才能彻底地解放上市公司的生产力。你说的股改三个目标也是非常精明的，我可能会把这个道理同其他一些上市公司的大股东领导说说的。你不介意吧？相信我们一定会成功的。”

送走该官员后，季云飞抑制住有些兴奋的情绪，立刻召开了新通达集团控股公司的高管会议。会议前，季云飞先把自己同该重要官员的会谈结果告诉了刚从上海坐飞机赶到公司原州总部的林远思。此时，林远思已经是上市公司新通达集团的执行总裁。

在公司的小会议室，林远思听完季云飞的介绍后，沉吟了一下，又用笔在本子上写下了些什么，然后眼睛盯着季云飞说：“总的来讲是件好事，这也许是咱们几个人这辈子最大最关键的一笔买卖了。如果股市真的比较合理地解决了法人股、国家股的流通问题，实现了全流通，中国的福布斯富豪榜就要大换血。现在，公司需要专门组织一个机构全力做好这件事情。董事长，我看，眼前最急的是有两件事情必须立刻办。第一，要从已经备选的股改方案中选出一个适合咱们又容易被流通股东接受的，同时要摸清楚家底，搞清楚我们送股的底线是多少，合理方案的送股率是多少；实施全流通后，股价会定位在一个什么样的水平上，流通股东增值多少，我们法人股东又增值多少。这不是合计合计就行的，需要找个数学专家来帮我们精确地计算。第二，我们要在最短的时间里，再学习一下大众心理学、公关学，还有博弈学。”

第二天下午，林远思就从原州科技大学请来了三个专家，一个是数学教授，一个是公关学教授，还有一个博弈学教授。其中，矮个子数学教授还带来了两个在读的研究生。

林远思安排了财务部的经理接待数学教授，按照直接送股的方案计算几种送股率和送出后法人股在不同价格的总市值。总裁办主任与公关学教授探讨公关方案，在向总裁办主任布置任务的时候，最后林远思还特别加了一句：“我们要用‘大选’的方式来规划股权分置改革。‘大选’首先要有纲领，这个纲领就是股权分置改革方案，需要得到‘选民’的选票。”最后，他领着博弈学教授来到了季云飞的办公室，两个人要关起门来听博弈学教授讲授博弈理论。

博弈理论是现代经济学的基础理论之一，它所研究的是人们的决策选择以及相应的均衡问题。举一个经典的博弈案例有助于我们了解什么是博弈，这就是著名的“智猪博弈”。

这个例子讲的是：猪圈里有两头猪，一头大猪，一头小猪。猪圈的一边有个踏板，每踩一下踏板，在远离踏板的猪圈的另一边的投食口就会落下少量的食物。如果有一只猪去踩踏板，另一只猪就有机会抢先吃到另一边落下的食物。当小猪踩动踏板时，大猪会在小猪跑到食槽之前吃光所有的食物；若是大猪踩动了踏板，则还有机会在小猪吃完落下的食物之前跑到食槽，争吃一点残羹。

博弈论讨论的是：“两只猪各会采取什么策略？”正确的答案是：小猪应舒舒服服地等在食槽边，而大猪则为一点残羹不知疲倦地奔忙于踏板和食槽之间。

这个博弈结果被经济学家们用来解释了一系列的社会经济现象，其中也可以包括解释股市中的控股股东与中小投资者的行为博弈。

在博弈学教授讲到“智猪博弈”时，季云飞不由得插嘴说：“中国股市不搞全流通，不解决法人股的问题，大猪就不会全力拱食的。昨天我还同一位重要官员讲过类似的话。看来，要解决大猪拱食的动力问题，还有大猪独食问题。另外还有，大股东也要关心自己公司的股价涨跌了，这样流通股东的利益就与大股东的利益一致。现在，股价的涨跌与大股东的利益有什么关系？没有什么关系嘛。”

接下来，博弈学教授又给两人讲了博弈学中关于增大对未来预期的内容。

晚上吃饭的时候，季云飞对林远思说：“预期也很重要呀，做股票不就是做预期吗？对未来的预期，是影响大家行为的重要因素。”

林远思接过来说：“对，一种是预期收益——我这样做，将来得到什么好处；一种是预期风险——这样做可能面临的风险。”

突然，林远思好像想起来什么，说：“云飞，你说，某些公司的干部们懂这些博弈论吗？嗯，应该懂的，不过他们不会用在上市公司的股改上，而会用在承担责任上面，还有用在保住帽子上面。咱们只要准备充分了，就不会陷入囚徒困境。现在，陷入囚徒困境的是股市里的流通股投资者、券商，还有那些从股改中无法得到实际利益的一些国企领导班子。”

季云飞意气风发地点着头说："对，就是这样呀。这在中国的股市又要写下新诗篇……"

2. 剑胆琴心

这是北京东四环边的一个涨价最快的园林式高档楼盘，毗邻京城最大的朝阳公园。在18层，一家在中国股市翻云覆雨的私募基金总部便位于这里。想必这个处于股市食物链最上端的猎食者的老巢会让人感到一丝神秘。

进门之后，首先映入人们眼帘的是专门供操盘手休息与会见客户的咖啡厅。这里格调高雅，俨然一副星级宾馆的派头，透过巨大的玻璃幕墙，可以环顾公园里的美丽景象。在咖啡厅的一角，甚至还摆放了一架钢琴，高强度的脑力劳动者需要音乐来调节和放松自己的神经，私募精英的生活则比其他的中国脑力工作者更显奢华。

旁边是资料室，美国NBA专用地板显得相当考究，完全听不到一般证券营业厅里的嘈杂。柔和的灯光泻在装潢考究的墙面上，另一面几乎整面墙都是书架。书架上的书分为两大类，一大类是国内外的股票书，老板台上放着一本《盲点套利》；另一大类是闲书，有阿西莫夫的《基地》系列，斯蒂芬·金的恐怖系列，还有希区柯克的悬念故事集。

接着进入盘房。比起在营业部操作的大户来，隐藏在里面的这些"操盘室"显得更为高深。私募机构的"操盘室"在圈内也被称作"盘房"。"盘房"指挥着数十亿资金的流动，是一般外人不能轻易进入的，这是这个特殊行业的行规。

盘房里有两张弧形的桌子，桌上各有三台电脑。其中的一张桌子上有几台颜色不同的固定电话机，一台电脑显示的是和讯网，一台电脑显示的是ST数码的走势图，使用的软件是证券公司的网上交易软件。还有一台电脑的软件比较特殊，股票买卖盘上各显示十档挂盘，画面上不断地提示有一些股票发出"火箭发射"的信号。据说这台电脑的行情显示速度要比证券公司大户室的速度快三到七秒。

最特别的是，两张桌子的正前方还有一个清晰度很高的投影屏幕，也正在显示行情。这也明显是一个专用软件：屏幕上图影分成了八个方块，其中左两个方块分别是上证综指的日走势图和深圳成指走势图，右上边的四个方块是沪深股市的涨跌前10名，左下边的方块是八只自选股的交易情况，右下边的是当天的交易提示信息。

电脑中还隐藏着一些具有特殊功能的炒股软件。比如说下单软件，可以同时对几十只或者几百只事先设置好的股票进行同时买卖。这样可以形成一个板块同时暴涨或者建仓，反向操作也是这样。有时这样的操作能瞬间影响股指出现上涨行情的突破，当然也能造成跌势中的指数快速下沉。

还有一种投机软件，可以对 ETF 指数基金进行套利。由于 ETF 基金的功能是复制指数，但是由于指数中的成分股权重时刻是变化的，这样 ETF 指数由于与市场真实指数是不一致的，为投机者提供了制度性的无风险套利空间。经营投机者一年只要重仓抓住这样的几次机会，就把私募基金运作的基本费用赚出来了。

对于这支在股票投资硬件上已经武装到了牙齿的私募基金来讲，几乎一切最现代的技术都掌握了。对于这些私募精英来讲，现代的窃听技术花样翻新，钢笔式、纽扣式、领带式都已经不是什么新鲜玩意了，具有遥控、调频、自动停止等功能的窃听器也十分普遍，红外激光窃听器甚至可以通过声波来还原声音。除此之外，一些私募基金设计出能够识别语言、录下电话、自动归纳谈话内容的软件程序，当目标出现时，同时实施监听和录音，并完成初期的分析、整理工作。

如果上述的一切还不能展示私募精英异于常人的地方，那么盘房中的两幅油画则一定让人感到了他们的邪灵仙气。

在弧形桌左面的墙上是一幅题为“Game”的油画，但却是中国的传统 Game——麻将。画上的几个女子，代表着全球化竞技场上的博弈者。

画的左面，是一个最天真和最聚精会神打麻将的女孩，她为抓了一手好牌而暗中庆幸。

中间背影的女子，开了一个东风明杠，可那女子有些不规矩的换牌小动作。

中间正面的女子，似乎有些外来血统。她在打牌之余，另有闲心地眺望光源。她穿着光鲜，脸上有一些忧虑。

再就是那个外国女郎了。她也来掺和中国的游戏，信心全无，躺在那里，因为她少抓了一张牌，相公，陪打。

右面显然是一个进城打工的农村姑娘。然而她的脸上有一些困惑，有一些不满意。她手中握着一把亮晃晃的水果刀，这暗示着一种仇富心理，暗示着一种危机。

画的右边，在破旧的建筑的前方，有一条大河，有一些石头。这象征着前景莫测，只能摸着石头过河的现状。

这个解读是来自加拿大的一张报纸，画的作者也用毛笔书写了中英两种文字的书法，并列于画的旁边。

但是这幅画的画主乔锋并不承认这个看似很有道理的解读。

房内的一幅横卷的中文书法也很引人瞩目，挂在一台高级音响的上面。原来这幅遒劲又不失娟秀的书法承载着的是激励私募英杰们的私募战歌。出乎意外的是，私募精英的战歌并不是雄壮的进行曲，而是更让男人备添斗志的女声歌曲《枕着你的名字入眠》。这首歌也是赵熙最喜欢的。

我把我的心交给了你，我就是你最重的行囊；
从此无论多少的风风雨雨，你都要把我好好珍藏。
你把你的梦交给了我，你就是我牵挂的远方；
从此无论月落还是晨起，我日夜盼望你归航。
我会枕着你的名字入眠，把最亮的星写在天边；
迷茫的远方有多迷茫，让我照亮你的方向。
我会枕着你的名字入眠，把最亮的你写在心间；
寂寞的远方有多凄凉，让我安抚你的沧桑。
你把你的梦交给了我，你就是我牵挂的远方；
从此无论月落还是晨起，我日夜盼望你归航。

在私募的盘房聆听这首分别由金善姬、张炜、卓依婷、陈明演唱的优美节奏的歌曲，就像喝了一杯香醇的冰酒，受伤的心会迅速振作起来，相信明天太阳照样会升起。暗示在股市中：今日如果是受难日，后天就会是复活节，股市的笑容不会失去的。而得意忘形的时候听到这首歌，一方面可以警醒自己早日归航，另一方面也别忘了还有一个牵挂你的人在远方。

在盘房中放这些轻缓柔情的音乐是赵熙给乔锋出的主意，这主意起因于章沁晖。因为章沁晖的死给乔锋造成了太大的精神打击，这些音乐能够起到安抚乔锋精神的作用。同时也是来自一部美国电影的启发。

一次，赵熙和乔锋在上海大光明电影院看电影，电影名字是《肖申克的救赎》，是美国历史上最伟大最具观赏性的一部电影，至少这对私募情侣是这样认为的。受到乔锋的影响，北京、上海、深圳的高手大鳄们都非常喜欢这部歌颂智慧、自由、友情的巨片。并且有许多大鳄经常自觉地接受这部集智慧与勇敢于一体的电影教育。因为，每看一遍《肖申克的救赎》，就像是接受了一次心灵的洗礼。电影故事娓娓道来，平淡得像是一位老人在静静地回忆一样。

但是，随时随地，你都能感受到影片中包含的丰富的人生哲理，以及带给你的那种彻彻底底的震撼。

其实，私募精英喜欢这部电影的原因要用文字写出来，那就是：它鼓励了人们去捍卫人性的尊严，去珍惜人生中美好的东西；最重要的，是永远地心存希望。每一个人，当他出生时，就注定将会死去。惟一不同的是，这个人在忙于生活，还是在忙于死去。这个电影告诉人们，即使一个人只能拥有一次生命，但是，只要他心存信念，心存希望，并且正确地生活，就已经足够。信念是在黑暗中可以预知光明的飞鸟，而希望则是这个世界能够提供给人们最美好的东西。生活就应该充满象征着光明的飞鸟的歌唱，以及希望带来的快乐……

这部电影所描写的故事发生在监狱里。相比外面的世界，这里的友谊或许要更纯粹更干净，没有杂质。从主角安迪的朋友身上我们可以看到人性善良的一面，不管他们过去做过什么。安迪的朋友阿瑞，总是作为一个清醒的旁观者出现，总是用悲天悯人的眼光看待周围。乔锋觉得电影中有两个人可以称为智者，一为安迪，一为阿瑞，而阿瑞则比安迪更为内敛。安迪是因为良好的教育和坚韧的性格，而阿瑞更多的是与生俱来和经历过很多事情后沉淀下来的智慧。当人们仔细体会时，就会发现他的智慧犹如散落在沙砾中的金粒一样灿灿发光。他们的友谊建立在惺惺相惜的基础上，让人觉得他们是一类人，很有亲和力，但又谨慎地和周围保持距离；清醒面对周围，同时又有预见性。如果说不同，就是安迪对未来有更多希望，而且能够去设法实现。他们之间并不是亲密无间，是保持距离而又彬彬有礼。

中国有句古话：君子之交淡如水。也许这样的友谊才是最牢固、最持久的。当安迪在黑暗中凝视他十年庆的礼物，当阿瑞抚摩那管口琴时，你能否感受到两人之间的友谊和互相为对方注入的希望？

“一座小岛，一叶扁舟，一间旅店，这样的要求应该不算过分。”然而这样的要求却要付出怎样的代价？至少需要一把貌似无力的小石锤、一张遮蔽自身本质的女明星大海报、一本“得救之道，尽在其中”的《圣经》，还有19年的时间。压力和时间，实际上就是希望和耐心。

但是，安迪没有被命运毁掉，他获得了一个完满的结局——“涤尽罪恶，彼岸重生”。他重获自由，惩罚了监狱长等恶人，还与老友阿瑞在海边重逢。回想一下这部影片，虽然讲了那么多残酷的事，但留在我们脑海中的竟然都是美好的记忆。比如安迪冒死向看守队长进言，为狱友们赢得了一箱啤酒，大家在阳光下畅饮的情景。比如安迪不顾一切进入监狱长办公室为大家播放《费加罗的婚礼》的场面：你从来没有觉得自由的阳光是如此灿烂，莫扎特的音乐是如此美妙。那些平日里最粗劣最愚昧的人在这一瞬间都变得高尚美丽，容光焕发……这时你就明白了为什么人类在经历了那么多的苦难与沉沦之后，还能生存，因为美好永在，希望永在。

赵熙对安迪不顾一切进入监狱长办公室为大家播放《费加罗的婚礼》的场面印象特别深刻。她对乔锋说："股市狩猎，大家比拼的是智慧、灵感、耐心、理智与联想。而音乐具有这一切的功能，正好可以压制人的贪婪与恐惧的股市天性。"

其实，以乔锋为旗帜的这支私募狼群基金，正是由于在许多方面已经明显远远超出了国内包括公募基金在内的其他投资机构，才能在已经击溃了90%老牌私募基金的几年狼市中屹立不倒，并一步步成熟壮大、发芽、结果、开花，而乔锋和赵熙之间的情感也就是在这样的背景下，逐渐成熟、升华……

3. 股灾岁月

经典教科书上关于股灾的情形是这样描写的：

股灾是股市灾害或股市灾难的简称。它是指股市内在矛盾积累到一定程度时，由于受某个必然的偶然因素影响，突然爆发的股价持续暴跌，从而引起社会经济巨大动荡，并造成巨大损失的异常经济现象。

股灾不同于一般的股市波动，也有别于一般的股市风险。一般来说，股灾具有突发性、破坏性、联动性和不确定性。

沪深股市自2001年中旬开始至2005年中旬连续下跌，这已经具备了上述定义的主要特征。如果上述教科书中的文字不足以刺激人们的心灵，那么股市网上论坛的一些股民的炒股日志，则更能让那些没有经历过股市中的血战湘江、爬雪山、过草地的投资者体会到股灾四年中坚持者的物资上艰苦卓绝与心灵上的千锤百炼。

一位著名的股评家这样写道："据最新调查，股票投资已经成为中国社会最危险的职业之一。危险程度在10大危险行业中排名第六位，名列钢筋工人、特技演员、空中护林员、试飞飞行员、排雷工兵之后。死亡率可能超出前五个行业。"

2004年，沪深股市进入熊市已经是第三个年头了。

此前，沪深市场上能够发动行情的最大主力狼群机构共有三个集团，第一个集团便是以太行为首的凤凰系。由于营利模式的严重缺陷化，以及内部哗变，导致该集团在熊市的第一年就崩溃了。但是在这次崩溃中，凤凰系的大鳄主角虽有人血本无归，但有的人则巨赚无数。

在熊市的第二年，天下第一庄家西域集团的三家重仓在坚持了近两年的高位运行后齐刷刷地连续十几个跌停板。结果导致了西域集团严重的资不抵债，一家拥有上百家实业与金融机构的超级主力就这样轻易地烟消云散了。在这个集团大厦的坍塌中，所有的牵连的机构都是悲剧角色。

虽然这两家超级大主力的灭亡也引起了中国证券市场的震惊，但到底他们都只是中国的民营企业，其背景资源和社会认可度还是不如那些国企超级金融机构。

在熊市的第三年，股灾的真正威力开始发挥了，消灭一切敢于顽抗的机构投资者成为了眼见的事实。

三年前，在国内第三次期货大战中，冯亿谋率领三金期货等中原土包子资金打败了以招财信托为首的北京龙和东北虎联军阵营，一举获得了数亿元资金的战果。此时的冯亿谋雄心万丈，已不满足于他目前地方诸侯守成的角色。晚上睡觉前，他经常读《三国志》中蜀国丞相诸葛亮写的《出师表》，觉得自己应该做中国现代金融史中的诸葛亮。对公司今后的发展思路，他为自己制定了六出中原的战略。

但是，杀出中原，逐鹿珠江三角洲、长江三角洲、津京渤海区等中国经济中心富庶地区，只凭三金期货这个期货公司的平台可不够，必须要有一个有足够影响力的证券公司才行。因为，证券公司在中国经济领域的影响力要远远大于期货公司，其影响力已经遍及了中国经济领域的每个角落。

真是心想事成。不久，冯亿谋就成功收购了一家西南的小证券公司，并把它增资扩股改造成一家颇有声势的综合券商。这家证券公司的名字就代表了冯亿谋的志向——鸿鹄证券。取意于“燕雀安知鸿鹄之志哉!”

2001 年 5 月，鸿鹄证券在深圳挂牌成立时，冯亿谋通过三金实业出资 1.8 亿，占 20%，为第一大股东。其实，在公司 20 个股东中，大部分都是冯亿谋的关联企业或是不实际出资的名义股东，整间公司的控制权都在冯亿谋的手中。

在金融市场中施展拳脚，不外乎就是两项资本：第一是资金，第二是能干的人。

当时，证券公司没有任何正途的融资渠道，要想搞大生意盘子，只有为公司多拉客户资金。这时，公司有人告诉冯亿谋，太行过去的搭档皇甫村，在融资界人脉深厚，业务能力很强。他个人也恰好因为那个金凤凰的案子目前无事在等待新的机会。于是，冯亿谋学着刘备三顾茅庐的样子把皇甫村请到了公司，并把上海分公司的重任交给了他。

鸿鹄证券照着能逮住耗子就是好猫的思路，请来了很多业内的能人异士。在皇甫村之前，曾在招财证券多次坐庄中担当操盘手的孙小栋也被挖了来，并委以证券自营重任。

鸿鹄证券成立之后，第一届董事会在北京召开。冯亿谋在会上做了一个激情洋溢的讲话，提出鸿鹄证券要“尽快集团化、国际化、公众化（上市），三年进入券商第一军团”，令与会的刚从五湖四海聚集在鸿鹄证券的精英们为之动容。

鸿鹄挂牌后，初期的业绩相当不俗。

投行方面，2002 年 5 月拿到主承销商资格，在当时六家同时申报的券商里是最快的。2004 年则是投行方面大获丰收的一年：获得债券业务主承销资格，数个公司债成功发行；两家上市公司成功 IPO（首次公开募集），投行一块的收入就有四五千万元之多。

国际化方面，鸿鹄一到深圳注册就请来著名国际咨询公司做管理顾问；和世界大银行合资基金在 2002 年年中谈判基本就绪，中外合资基金“鸿鹄世界”已获批筹建；和德国一家银行合作合资券商也已完成商业条款的谈判；期货公司的业务发展也很顺利。

经纪业务每年翻一番，特别是“银证通”业务因请来的副总裁很有两下子，在业内很快崭露头角。

鸿鹄证券成立之后，市场化的薪酬激励制度，吸引了很多行业优秀人才加盟。许多鸿鹄员工，基于对一个新公司的期望，大家非常努力地跑项目、跑资金。另外，老券商普遍出现困境，也给鸿鹄证券这样的新券商让出了部分市场。

鸿鹄证券取得了令证券界瞩目的成绩。第二年券商年度排行榜显示，鸿鹄的业务综合价值量排名由 32 位上升到第 16 位，在注册资本 10 亿元以下的综合类券商中排名第二。业内，鸿鹄证券当仁不让成为一匹“黑马”。

可是，在鲜花着锦、烈火烹油的背后，鸿鹄的内部不和谐种子也已悄悄种下。

虽然在期货市场冯亿谋曾经杀败过招财证券的大股东招财信托，但冯亿谋证券公司的楷模却是招财证券，即占据尽可能多的市场份额。他相信金融机构是“大者不死”。在具体经营中，冯亿谋一再要求部下投行打品牌、经纪保本、投资赚钱。

所谓投资赚钱指的就是在股市中“坐庄”。公司成立的第一年，鸿鹄证券与招财证券合作炒作“天涯软件”获得利润6000万元。在这个合作中，冯亿谋看中了招财证券的操盘手孙小栋。孙小栋后来被冯亿谋挖到鸿鹄，一直担纲鸿鹄自营业务。也许正是这一示范效应以及冯亿谋的历史原因，即使在2001年下半年以后传统的坐庄模式正在被市场抛弃之际，冯亿谋仍然坚持集中持股的思路。甚至2003年年中，鸿鹄为此还专程在海南开会统一思想，向大家介绍自己期货投资的发家史，给大家大讲《论持久战》。

鸿鹄证券集中持股的股票，包括从招财证券高位接来的天涯软件，还有多只基本面一般但与公司高管熟悉的股票，这中间除了两只赚钱出货外，其余大多深度套牢。其动用资金高达几十亿元，基本来自于外部融资，即委托理财、三方监管、国债回购等。早期，鸿鹄的资金成本是12.5%，后来随着市场的进一步下跌，降到8.5%左右。

公司里的精英太多，这造成了内部山头林立，不同部门因为利益分配矛盾重重。冯亿谋对下属的管理思路则可总结为“赛马理论”。简言之，走到前面的是好马，有好果子吃；落在后面的是劣马，得砍掉。“赛马理论”积极的一面是激励员工工作，但消极的一面却是“急功近利”。到了后期，一些员工对老板的赛马理论有了切身理解，就是干活、拿钱，根本不敢想什么长远事业。

皇甫村担当上海分公司的总经理后，为鸿鹄证券引来了五家国债投资的上海机构客户。这五家上海机构虽然名义上与鸿鹄签订的是委托国债投资协议，但在协议之外，双方还签订了一份《委托国债投资补充协议书》。合同除约定委托方将资金委托给鸿鹄证券在深圳证券交易所进行国债投资管理外，还约定：“在委托有效期内，鸿鹄证券可以进行相应的债券回购，并对回购出的资金具有使用权。”为了保证资金运作的安全，五家机构还对鸿鹄证券承诺：“为确保国债的安全，公司在一年内不对该国债进行买卖操作，并不对指令交易予以撤销，请贵公司妥善保管，并加强监管。”其实质就是委托鸿鹄证券理财。

在招财证券崩盘后。有多家其委托理财的公司受到了严重损失。这无疑使得那些正在把资金委托券商理财的企业受到了惊吓。

当年2月，中国证监会联合中国证券登记结算公司对国债回购业务进行了调查。调查显示，数家高风险券商中，鸿鹄证券名列其中。随后，券商委托理财成各方警惕的焦点。2004年4月，上海市国资委下文责令旗下各家企业清理回收委托理财资金。五家上海企业的领导显然也受到了上级领导的压力，他们一起找到了皇甫村，要求解除理财合同，提前拿回资金。

皇甫村清醒地知道，一旦这五家机构抽走资金，鸿鹄证券的资金链将立刻断裂，其后果将不堪设想。他权衡了利弊后想："证券公司的业务经理们最有价值之处就是能够拉客户、拉资金。公司倒了，可以换家公司接着做，但是得罪了客户，拉不到资金，任何一家公司都不会长期养着他。"

换句话说，客户资源是他皇甫村生存的根基，宁可灭了公司，也不能得罪大客户。

2004 年四五月间，皇甫村向冯亿谋几次反映他的客户要求提前终止合同，一直没有获得公司总部的同意。在此期间，冯亿谋坚信自己可以掌控局面，对皇甫村几乎没有防备。

2004 年 8 月 16 日，皇甫村发起"兵变"，率领五家上海本地的大客户杀向正在上海出差的公司董事长冯亿谋，要求提前解除客户同公司的委托理财合同。这场纷争激烈到双方动粗口伤人的地步，甚至动用了警力才避免了事件扩大到不可收拾的地步。

这时，鸿鹄证券公司高层意识到事态严重，开始采取对策以防止皇甫村声言的强制解除合同的措施"得逞"，但为时已晚。冯亿谋没有敌过他亲自请来的金融奇才，皇甫村在当初就已经留了后路，轻松绕过了公司临时设置的障碍，帮助他的客户"逃离"鸿鹄证券。

2004 年 8 月 16 日，在一天之内，这五家机构将托管在鸿鹄证券的尚未到期的 4.7 亿元国债抛售一空，并立即转换成其他债券。这一行动直接导致鸿鹄证券对中国证券登记结算公司的突发性巨额欠库。根据交易规则，登记结算公司次日停掉了鸿鹄的国债交易业务，鸿鹄证券赖以维持的国债回购运转链条至此崩溃。

鸿鹄证券资金链断裂被媒体曝光后，其重仓股连续跌停，位于深圳的鸿鹄大厦门前来自全国各地的债主们络绎不绝。

和清爽的天气不相称的是，焦灼和忐忑布满这些人的脸……

随后，监管层宣布鸿鹄证券被国家行政托管。

4. 智者乐水

2005 年 4 月 29 日，中国证监会发布通知，股权改革的试点正式启动。第二天，"新通达集团"大股东"新通达"控股及其他非流通股股东即向中国证监会提交了股改方案。

证监会确定了包括“新通达集团”在内的首批四家公司的试点名单，由保荐机构、财经公关组成的专业团队随即与新通达集团取得沟通。5月9日，专业团队搭上最早一趟航班赶到原州市郊区，进驻新通达集团。当天，新通达集团成立股权分置改革投资者关系管理（IRM）工作组，由总裁季云飞挂帅，公关传播部配合，专业团队督导。IRM工作组随即排定了工作计划。随后，新通达集团率先公布股权分置改革方案。

“新通达集团”推出的股改方案是：由控股大股东新通达控股向流通股股东支付的对价为每10股送3股，另外派送8元现金。

另外进入试点的三家上市公司也公布了股改方案：民企紫河企业每10股送3股；国企华清科技每10股转增10股；国企每10股送2.5股。

在第一批试点四家公司的股改中新通达是最好的。这下子，季云飞心中有底了。但是，当季云飞打开一些证券网站论坛了解民意时，出乎他意料的却是，股民对于四家上市公司的股改方案，包括新通达集团的方案，市场上下是一片骂声。

最可气的是网上流传的这样一条讽刺股改方案的帖子：

有一个山村，叫郭家湾。村长姓郭，叫郭法人。

有一年初春，村长决定由村民入股成立一个养殖场。郭村长首先将自己家里100个土鸡蛋孵化出100只小鸡，作为100股发起养殖场，并吹嘘他的鸡是乌鸡，今后还会变凤凰。之后，向村民两次筹集股份。

头一次要求村民以一头猪作为一股，共有60户入股，入60头猪。

第二次增发要求村民以一头牛作为一股，共有40户入股，入40头牛。

养殖场很快发展起来，鸡鸣，猪肥，牛壮。

年末，养殖场制订分配方案。全年鸡生的蛋共200个，每股分一个蛋。这样村长分得100个鸡蛋，其他每户分得1个鸡蛋。由于村长入股的本钱也就是100个鸡蛋加点孵化费，所以他的本钱基本上就已收回。而且村长一年吃喝都在养殖场里面。

第二年，村长要求减持他的股份50股，他将40头牛和10头猪牵走。

村民眼看着这么大的养殖场只剩下100只老母鸡和50头猪，而且村长在里面还有50股，只要他愿意，他还可以随时赶走50头猪。村民急得眼睛发红。

邻村有一个有文化的高中生叫张伟星，他为村民打抱不平。张说，这只能从源头上解决问题。他出个主意：将村长100只鸡按鸡与牛的比价，折合一头牛或100只鸡算一股；他退股可牵一头牛走。

大家都认为有理。但村长说这是歪理，是他的资产流失。

有一个叫甄献容的假道士有不同看法。他认为那100只鸡是一座“金矿”，因为养殖场以100只鸡成立时，其价值多少是不可能以鸡账上的计价来确定的（特别是鸡的多彩颜色、鸡叫的优美声音等无形资产之类的东西更是无法以会计账为基准）；至于以猪牛入股，完全是村民傻的结果。现在是村民中有一个“利益集团”在逼村长让步。一句话，村民以一头猪、牛换来一只鸡和一个鸡蛋，活该!!

由于郭村长有权有势，又是控股股东，村民拿他没有办法。

据说乡里的领导已经关注此事，但是处理起来很复杂……

有传言说乡里可能让村长按每股净值（0.5只鸡+0.3头猪+0.2头牛），拿走20头牛加30头猪和50只鸡。或者以2：1的比例缩成50股，就是说村长能拿走40头牛和10头猪。

村长高超的魔术使其一夜暴富，可他还整天骂骂咧咧。村民只能打掉牙往肚里吞……

过几天，有“中原首富”之称，作风一贯低调的新通达集团创始人、董事长兼总裁季云飞约见媒体记者，抛出了“大猪拱食小猪别闹”即著名的“猪论”：“一头大猪带着一群小猪，墙上挂着一桶猪食。如果大猪不把猪食拱下来，小猪就一点都没得吃。现在，大猪将猪食拱下来了，一群小猪就开始闹意见，要求得到更多，这怎么行?”

“猪论”引起了市场上的巨大争议，一些散户对季云飞把投资者比喻成“猪”有极大的反感。这下子，新通达集团一下子成为第一批试点公司中的出头鸟，成为市场攻击的目标。新通达集团就股改方案进行网上路演时，执行总裁林远思就“猪论”数次道歉：“这个观点本来是一个比喻，但是经媒体传播变成很多版本。季总特别交待我，这个比喻可能不是很恰当。‘大猪’向大家道歉!”

林远思解释：“猪论”的意思是把非流通股股东比做大猪，流通股股东比做小猪，公司的业绩比做猪食。小股东没有参与公司管理，就要解决非流通股东的动力机制问题，建立共同的利益基础，不然大猪小猪都没有食吃。

季云飞一度对市场的反应感到很委屈，但很快他就想通了。“中国股市已经积累了太多的问题，投资者心里有气，找个机会发泄一下也是可以理解的。自己既然有勇气第一个参与股改，就应该有勇气接受投资者的批评。”他对自己说。

季云飞向公司高层提出了要修改对价方案：由原来的每 10 股送 3 股提高为每 10 股送 3.5 股，原来提出的派送 8 元不变。有的董事听了季云飞的提议后提出，大股东为此要多支付 300 万股的对价，加上 4800 万元现金补偿，大股东的牺牲是否太大了一点？因此他们建议是否可以改为每 10 股送 3.1 股或 3.2 股，象征性地提高一点，以平息市场的意见。

但季云飞认为，提高对价的主要目的并不是为了平息市场的意见，而是要切切实实地向流通股东让利。在他的坚持下，每 10 股送 3.5 股并补偿 8 元的对价方案最终确定了下来，并随之于 5 月 24 日向社会公布。

股改方案修改以后，投资者看到了“新通达”对投资者的诚意，市场上的批评渐渐少了。

但是，季云飞却通过这一场风波看到了市场的力量，对股改工作的推进丝毫不敢懈怠。从最初公布股改方案到公司召开就股改方案进行表决的股东大会，这一个月成了季云飞最忙碌的日子。

为了宣传、沟通、危机公关，新通达集团调动了所有公关力量。公司高层对基金公司等十多家机构逐家拜访；为了争取中小股东支持，展开密集的网上路演和媒体宣传。

在这个过程中，季云飞与一位小股民朋友的故事堪称佳话。

这位小股民名叫徐根芳，涉足股票市场已有十余年的历史，虽然没有大的斩获，但对股市的操作却已是烂熟于胸。退休前，徐根芳曾长期在上海一家医院的财务部门工作，因此对上市公司的财务技巧十分熟悉。他投资股票都要经过反复研究，如果有可能还要到实地去考察一番，与董事长进行对话。四川长虹、青岛海尔等公司他都去过，这些公司的高管也都领教过他的“厉害”。

徐根芳与“新通达集团”的接触，正是在“新通达集团”股改时期。2005 年，他本来买好了四只股票，但恰好看到了“新通达集团”公布的股改公告。经研究，他觉得“新通达集团”的股改是有诚意的，也是能够给投资者带来利益上的收获的。于是，他把上个交易日刚买进的四只股票全部割肉抛出，集中所有在市场的资金，买了一万余股“新通达集团”股票。

在“新通达集团”就股改议题召开股东大会前夕，徐根芳来到了长沙，通过对公司的实地了解，通过和季云飞等高管的交流互动，他对“新通达集团”的股改更有信心了。但是，当时市场上对上市公司的股改还有许多混乱的认识，一些股民甚至扬言要抵制“新通达集团”股改的投票。闻听消息，徐根芳连夜写了一封致“新通达集团”股东的呼吁书。在这封呼吁书里，他认为“新通达集团”上市后没有搞过增发之类“生儿育女”的活动；这次支付对价和现金补偿以及将本年度的分红派息放在一起实施，给投资者的回报是巨大的。

“股权分置改革这道中国股市的头号难题，现在正面临破题，请‘新通达’的股东们珍惜自己的权力，积极参与投票选择。”徐根芳大声呼吁道。

徐根芳的这封呼吁书在网上挂出以后，在“新通达集团”的中小流通股东中间引起了很大的震动。

正当民企新通达集团的股改朝着有利的方向转变时，国企华清科技的股改则出现了一种人们没有预料到的情况。

华清科技公布每10股转增10股的股改方案复牌后，出现两个涨停，股价涨幅超过20%。看着涨停板的股价，华清科技的几个领导笑了，“看，这是市场的看法，咱们公司的股票可是涨得最多的吧！”

当记者采访华清科技的总裁时，针对市场计算两类股东持股成本的观点，总裁皱皱眉头说：“我认为，所谓非流通股持股成本的概念是错误的，没有依据的；法人股持股成本概念有极大的误导性。股票价值由市场决定，投资者购买的是股票的投资价值，既跟净资产没有关系，也跟股票面值没有关系。”

在华清科技广场举行的“股权分置改革投资者沟通会”上，大股东华清控股和部分流通股股东们展开对话。华清科技董事长、大股东华清控股董事长表示：“方案没有更改的余地。”

华清科技总裁同时回答小股东的提问时表示，不会针对今后的出售股份做出承诺，因为这种承诺没有意义。

令华清科技没有料到的是，南方的一家证券报纸《南方财经》突然登出了著名作家梅勇贞的一封反对华清科技股改的公开信。在这封信中，梅勇贞不仅公开表示自己将投反对票，并呼吁其他流通股东一起抵制。

信中的很多内容引起了绝大多数华清科技中小股东的共鸣：

> 我愤怒，是因为我和全国绝大多数股民一样，每一分钱来得都不容易：那是我们的工资，我们的稿费，我们的退休养老金，我们的血汗！
>
> 做了你们公司的第一大流通股东，是我的大不幸，也是你们的大不幸！
>
> 面对资本强权，我们是弱者。所幸的是政府和管理层给了我们否决权！

从来就没有救世主，您的命运掌握在自己手上。站出来，对所有侵权方案投反对票！

股票这个名词成了许多中国家庭最敏感的话题，那是不可触摸的痛，刻骨铭心的痛！股市竟然成了中国经济的反向晴雨表！

面对资本强权，我们是弱者。所幸的是政府和管理层给了我们否决权。股民朋友，千万珍惜您手上的否决权，不论它是华清科技还是银丰投资，当他们的股改严重不公，再次侵害了您的利益时，您一定要行使好您宝贵的否决权，一定要去投票！哪怕只有一百股，您也要大声地告诉资本强权：我愤怒了，不能再容忍了，我的一百股反对！在这里，我要纠正中小股东的一个错误认识：不要以为否决了现在的这个股改方案就没有得到对价的机会了。我告诉您：未来的机会也许更大，只要不进行股改，您手上的股票就是含权股；股市跌破千点会促使对价普遍提高。另外，将来的对价方案出台时，也许股市会在上升期。

从来就没有救世主，您的命运掌握在自己手上。站出来，对所有侵权的股改方案投出神圣反对票！……

开始的时候，华清科技的管理层对这封公开信还不屑一顾，但是随后了解了梅勇贞的知名度后不由得开始担心起来。

梅勇贞，一级作家，享有国务院特殊津贴。其许多作品都红遍了大江南北，并被改编成电视连续剧在中央电视台上热播。

从刚有股票时，他就投身股海，是江苏省最早的10个大户之一。十几年间，几乎将自己所有的稿费收入全部投入股市。

他从2002年6月开始连续买入华清科技，持股量从几万股增加到70万股，从2004年9月开始一直都持有该股，已亏损超过百万元。

5. 百年难遇

私募基金一直被中国股市视为一支“神秘之师”，行事神秘、操盘风格凶悍、灵活多变，高利润、低风险，有非常成熟的盈利模式和精英资源。在国外，私募基金早已成为市场中流砥柱，在美国更是如日中天，巴菲特、索罗斯等大鳄更是千万投资者的偶像。而在大多数国内投资者印象中，中国私募基金基本就是“庄家”的代名词。牛市时，强庄股火箭发射式的表现令人羡慕得掉口水；熊市时，资金断裂的庄股高台跳水更是惊心动魄。

三大私募主力军团的崩塌，一方面宣告中国股市老庄股时代彻底结束，另一方面也使得真正精英私募铸造成功。操盘手是精英私募业中的关键人物，绝大多数操盘手都是从券商、信托、租赁等非银行金融企业的从业人员中蜕变而来。他们大多是40岁左右，有胆识，有经验，有人脉关系，有实力派的圈内支持者。

有一位著名大型科技企业的老板对操盘手有这么一句评价，“精英级私募基金的操盘手可不简单，要想成为这种基金中的一个合格操盘手，素质上必须体现四种动物本性：狼之野心，象之宽容，鹰之果断，狐之狡猾。”

优秀的股市操盘手认为，“胜利者的经验并不复杂，那就是寻找人生的关键点，并在关键时刻竭尽全力。没有决战的人生只能说是活着，不能说是生活；但人又不能始终活在决战中，风口浪尖的持续重压是生命不可承受的。聪明人是在‘天时、地利、人和’聚集时奋勇一搏。”

乔锋就是中国股市私募精英业的一位杰出的人物。中国股市的熊市已经持续了四年之久，以乔锋为首的这支号称为“中国龙”精英理财计划的私募基金不但没有被击垮，反而每年都为客户赚取了远远高于其他行业的稳定利润，从而形成了一批忠实的客户群体。而一支私募基金是否有持续稳定的盈利模式，是否有一批稳定忠实的客户群体，正是区分这支私募基金是草寇级还是精英级的标准。

2005年5月是中国股市股权分置改革试点推出的第一个月。据说策划者原以为该试点一经推出，沪深股市就会暴涨，甚至为了防止股市过度投机而准备了大盘指标股的增发来平衡市场的走势。但结果却是大相径庭，由于股权分置改革试点的推出，横盘一段时间刚开始出现几天小反弹的大盘指数接连破位，媒体展望的“红五月”成了让投资者人人胆寒的“黑五月”。在这个“黑五月”里，股指屡创新低，上证指数失守1100点，下跌了8.49%。1000点虽然没破，但在很多投资者眼里，1000点只是纸糊的堤坝，破位必成为不久将来的现实。

因为股市继续大跌，大多数投资者都开始质疑股权分置改革。但乔锋和已经出狱并成为了他的合伙人的许惊雷一致认为，现在的股市已经具备了巨大的，其他经济领域都远远不能比拟的百年难遇的发财机会。

乔锋既像是在问许惊雷，又像是问自己：“市盈率只有7倍，分红能够稳定地达到8%，比银行存款年利息2%要高得多，也比银行的商业贷款5.8%要高，难道这样的股票还要跌，不会涨吗？无论如何，我也不会相信这种情况会持续。但是天天还是这么多抛盘，我看如果咱们要是没傻，就一定是这些人被跌傻了。现在买，肯定能赚大钱。可惜咱们的钱不多，要等到最低点时买会多赚点。不行咱们得想办法弄钱，看能不能发展些新客户。”

两人分析了一下，现在手里有钱又敢买股票的人，应该存在于两个极端，要么是特别了解股市的，要么是特别不了解股市的，那些半了解半不了解的人没戏。

想到这里，许惊雷看着乔锋说：“既然是这样，事情就明确了。今天咱们就突击把‘中国龙’百年难遇的报告赶出来，明天上午咱们俩也不用看盘了，让小潘盯着，有变化给你打电话。你去上地创业科技园联系那些洋海归，我去山西拜访煤老板，看能不能拓展一个亿的资金。如果有人要抵押的话，可以把我在望京区的那套别墅抵上。但不能抵得太低呀，我可是360万买的，现在至少涨了50%。我现在可是把自己的一切都献给了伟大的私募事业啦。”许惊雷说得兴致盎然。

北京上地科技园区是一个IT业高度集中的地方。普通人都说中关村是中国硅谷，其实真正的硅谷非上地莫属，这里有方正、华为、西门子，还有数不清的创业公司。在这里上班的大都是年轻人，北大、清华、海归人士有不少聚集在这里，每个人走在路上都有一股创事业、学盖茨对未来充满希望的冲劲儿。

在上地科技园，乔锋成功地发展了一个私募基金的新投资客户杨风帆。杨风帆给人的印象是，猛地一看不像一个喝墨水的海归，倒像一个已退役的三大五粗的运动员。他说话很爱开玩笑，自造的新名词很多。当别人说他是海归的时候，他自嘲地说：“什么海归，不过是国际民工罢了。不过，国内民工比较直率，进城直接奔工地挣钱。我们国际民工还得先读几年书，学会了和洋人说OK、byebye后再奔硅谷的工地。用头脑打工一点也不比砌砖头省心，那可是日夜地干。我们干活，盖茨们发财出名。所以，这不就回来了。在外面当孙子，回国后装孙子。”

其实，杨风帆回到北京创业，并不像他说的，是在美国当孙子受不了才回来的，而是看着大陆新去美国的中国人都惹得大家羡慕，所以赶回来赚钱的。

一位驻美的国内记者这样描述：年轻的留学生中坐头等舱并不少见，每天早晨起床都要国内的父母打越洋电话叫醒也时有耳闻。但这些跟住豪宅和开大奔的阔少中国留学生相比，简直不值得一提。

许多中国留学生兜里揣着大把的钱去美国开洋荤。价值数百万美元的豪宅，一些“孤儿寡母”竟能一次性实现现金交易。这使只能靠30年分期付款，甚至要付出一辈子心血的美国邻居都看傻了眼。对于这帮买豪宅、开大奔甚至林肯的中国留学生，美国的当地媒体戏称为“大陆阔少”。

不过这些阔少的举动让人觉得中国内地赚钱很容易，使得不少在美国混不出名堂的类似于杨风帆这样的留学生先后回到了中国内地发展。

当乔锋给杨风帆介绍中国股市正面临着重大机会的时候，尤其是当乔锋说起股市的股权分置改革时，买流通股还会平均再送三股，不由得使他眼睛瞪了起来：“还有这等好事，这不是分浮财吗？”

由于是初次认识，杨风帆提出委托理财的方式，即资金还是存在自己的账号里，但由乔锋来操作，赢利分成，也就是让乔锋给自己当股票经纪人。乔锋说：“你的意思我知道，你当东家，我给你打工。也就是说我是长工，你是资本家。”

后来，杨风帆不但给乔锋介绍了许多客户，还为他引荐了不少自己结识的奇才！

6. 火焰海水

2005年6月10日，中国证券市场划时代的事件——审议第一批股权分置改革试点方案的股东大会召开。

此次股东大会从上午10点30分一直持续到晚上8点，经过了一系列紧张激烈的讨论、投票等表决程序和相关规定，新通达的试点方案最终以95%的高赞成率顺利通过！正式宣布成为一家通过股权分置、实现全流通的上市公司。

原州，中原国际影视会展中心金色大厅，新通达股权分置改革临时股东大会将永久地被载入中国资本市场发展的史册。备受关注的新通达股权分置改革方案在这里以95%的高赞成率顺利通过，标志着中国股权分置改革的进一步成功。

与新通达集团的股东大会相比，华清科技的股东大会现场则出现了很多不和谐音符。不仅独立董事没有出席，就连位列十大流通股股东的几家基金也未见其身。前几大流通股股东除了一家当地的券商之外，均未现身股东大会。大家难得见到了几位稍有影响的名人，但却是来发难的。而原本下午1点30分开始的股东大会，由于陆陆续续有投资者前来登记，所以一直拖到2点才正式开始。

会议开始后，由于公司高管占用大量时间介绍公司的相关业务而引发前来参加投票的中小股东的极度不满。3 点左右，华清科技高管还没有结束发言的迹象，因此，有一位投资者语言犀利地打断了华清科技副董事长兼总裁助理滔滔不绝的发言。此举也使得股东大会的现场首次出现了火药味。

接下来就是长达一个多小时的股民与高管之间的针锋相对。在十几位提问的投资者当中，普遍对于华清科技用资本公积金转股而不是大股东送股颇有微词。这也难怪，无论是华清科技的管理层还是流通股股东都心知肚明的一点就是，公积金转赠股本，不仅会摊薄每股收益，而且此方案对流通股股东的补偿诚意明显不足。

一陕西的投资者当场便直言不讳地指出："采用公积金转赠股本的办法，其实就是按发行价打折返还给流通股股东，这跟商城购物返券没什么区别。"

南方的一家报纸《证券周末》的一代表认为很多华清科技小股东希望获得更多的补偿。股东希望别辜负华清的这块牌子。另有两家机构向华清科技提出最低补偿方案，请非流通股东考虑。组织方没有办法，只好宣布临时休会。

复会后公司大股东回应质疑，华清科技的总裁助理说："由于总裁出差去内蒙，我代表总裁发言表示，有些问题不在今天的讨论范围之内。资本市场本来就存在不公平的成分。"这种表态当然引起了多数人的不满。

这位总裁助理也没办法，便匆匆地宣布会议进入表决程序。

华清科技方案的表决结果颇具戏剧性，在晚上 6 点钟，股东大会的现场宣布，赞成率高达98%，于是一些网站就发出了"华清科技方案通过"的快讯。但仅仅过了 2 个小时，所有投票的汇总结果却让人大跌眼镜，流通股股东的赞成比率为 60%，没有达到 2/3 通过的法定门槛，试点方案宣布失败。

周五晚 8 点 18 分，华清科技股东大会现场的最后统计结果是，华清科技由于流通股股东网络投票通过率为60%，未到规定的2/3 比例，股权分置试点方案没能通过！

此前，股东大会现场投票结果为通过，且整体通过率 99% 以上。但投票前公司方与参会中小股东一直剑拔弩张，不少与会股民都在质疑公司的业绩及方案。

在股东大会现场，一位电视记者了解到，与会的中小股东不少是华清科技的长期持有者，有的华清科技员工从公司上市伊始持股至今。一些老股东的持股成本相当高，最高的为五十多元，低的也在 20 元以上；对比停牌前的收盘价 9.6 元，可谓套牢者众。与会中小股东损失最多的达五十多万元，少的也有七八万元。

按规定，试点方案须达到经参加表决的流通股股东所持表决权的 2/3 以上才能通过。因此，尽管非流通股股东全部投了赞成票，但试点方案仍未获通过。

这次会议，股民对公司方提出了大量问题，主要围绕公司业绩和股权分置改革方案。

不少流通股东对股权分置改革的必要性表示怀疑。一位信奉巴菲特的老者坦率地说，股权分置改革对公司到底有没有好处？没好处，改与不改，无所谓。他从1998年买华清科技，增发、配股都买，目前股票成本为31元多。每次股东大会也参加，但损失很大。

一位头发花白的女士明确要求公司回答2005年、2006年的业绩是否能够改善；如果改善，就赞成方案，否则投反对票。这位华清科技的流通股东从1997年华清科技上市至今，一直持股且没有卖出一股。

一位姓蒋的先生则自己打印了多份资料在现场派发，并要求公司对非流通股股东与流通股股东投入收益不均做出解释。其资料显示，华清科技的非流通股股东投入11.18亿元，分红取得1.66亿元，改革后股东权益仍高达17亿元。而流通股股东投入19.2亿元，分红仅1.398亿元，改革后股东权益仅有7亿元。持有3万多股的他毫不犹豫地投了反对票。

最终公司的方案没有获得通过，华清科技董事长对此表示遗憾。他还说，有可能由此引发公司股价下跌，造成全体流通股股东的利益损失，他为此而深感不安。

几天后，华清科技股票开牌，股价不但没有下跌，反而出现了连续的两个涨停。

在新通达股权分置改革会议后，徐根芳与季云飞交上了朋友。以后每次来到上海，只要有机会，季云飞总要与徐根芳见上一面。

当年年底，季云飞被提名为2005年度经济人物，并在上海进行“路演”。信息灵敏的记者知道了季云飞有徐根芳这样一位朋友，便瞒着季云飞把他请到了现场。

当季云飞结束他的演讲的时候，徐根芳忽然出现在眼前。在现场，徐根芳讲述了自己投资“新通达”的心路历程。他掏出自己当时买进“新通达”时的交割单，动情地说，这张交割单见证了股改第一股，我本来是要传给儿子的，现在我决定把它送给季董事长。季云飞激动地接过徐根芳递过来的这份礼物，郑重地说：“这份礼物虽然只是薄薄的一张纸，但放在我手里却感觉十分沉重。我们只有勤勉地工作，创造出好的业绩，才能对得起像徐根芳这样热心的股东啊。”

但徐根芳紧接着就开始向季云飞“发难”了。他像变戏法一般又从口袋里掏出一张纸，上面写着他身为一个股东要求公司董事长回答的问题。

“今年房地产业可能会整体下滑。‘新通达’将以怎样的手段来保持住持续性的经营业绩?”

季云飞从容回答道：“我们已经制定了一系列扎实有效的措施来保证‘新通达’的利润。股改完成以后，我们已承诺将把控股公司中利润最大的部分划到上市公司，并保证控股公司在相当长时间内不参与这些行业，不与上市公司争利，也就是不与广大中小股东争利。”

“新通达今年经营形势很好，但是在目前的对外贸易中，经常有收不到货款的情况发生，会给公司带来很大的损失。你们保障资金安全的措施落实了没有?”

“我们在这方面制定了严密的制度，我们坚持一条：不见货款不发货!”季云飞说得掷地有声。

“‘新通达’是一家民营企业，财务制度是否按照国家的标准来制定和执行，对国家的贡献做得怎样？所得税是否按时缴纳?”

“我们不仅按国家规定及时缴纳企业的所得税，包括我在内，‘新通达’的所有员工，都缴清了个人所得税。在这方面，我们公司中的任何人都是经得起检查的。”

徐根芳的尖锐提问和季云飞的坦诚回答，在现场激起了阵阵掌声。

第十章
千炼成精

股市没有用兵布阵，一样两军对垒；没有刀光剑影，一样充满杀机；没有硝烟弥漫，一样惊心动魄。在金融战场上，与政治历史一样，胜者为王败者为寇。进入股海的人们，你们的命运只有两种选择：要么上天堂，要么下地狱。

1. 风向变了

2001 年 9 月，海归派经济学家许英美于国内第一家合资投行中建摩公司执笔一篇题为《终场拉开序幕——调整中的 A 股市场》的研究报告。文章中说："我们认为目前的市场调整是不可避免，也是健康的。股价下跌……根本原因在于股价过高缺乏基本面支持，以及市场的不规范操作……"文中说，当指数跌到较干净的程度——或许是 1000 点，政府再引入做空机制等一系列的重建手段，可再塑一个健康、完美的市场。

许英美惊世骇俗的"推倒重来论"和"千点论"立刻引发四面讨伐。孰料一语成谶，经过三年来的震荡下跌，2005 年 6 月 6 日，在又经历了一个黑色星期一后，沪综指真的回到了 1000 点位置，"千点论"成为了血淋淋的事实。

沪指上次见到 1000 点，还是八年前，当沪市指数跨过千点时曾引起兴奋的股民掌声一片。而八年后的今天，当沪指在上午 11 时许击穿千点关口时，北京甘家口地区一家证券营业部里的股民依然以鼓掌的方式迎接这一时刻的到来。不过，此刻股民掌声中所蕴藏的意味已迥然不同。

每日准时到这家证券交易所炒股的沈先生是当时领先鼓掌的一位。这位中年股民毫不掩饰自己的无奈情绪，"心理底线已经破了，我们这是在自嘲。不过跌破 1000 点，彻底看不到希望，也许对我来讲是个解脱。看样子我得对以后的生活重新考虑了。"

于四年前入市的宋女士错过 1999 年"5·19"牛市，目前她损失额已高达

70%。尽管这样，面对今天大盘的千点失守，她仍认为会有反弹。“目前政府在积极救市，而股市也正朝着透明规范的方向前进，市场在千点触底之后应该会有所表现。”

与宋女士相比，四十多岁的张姓股民则没那么乐观。他认为，目前空方仍然占据明显优势，加之市场信心缺失，大盘仍可能走低。不过，尽管看跌后市，但他今日并未抛售手中股票，与诸多被套牢的股民一样，抱着一线希望的他仍执著等待转机时刻的到来。

三十多岁的王先生属于短线股民。在沪指击穿千点之后，他显得出奇得冷静。在他看来，中国股市走到这一刻既不会翻盘亦不会崩盘。“不过，如果上市公司质量变佳，中国资本市场体制变好、监管层监管力度加大的话，中国股市就还有希望。”他这样憧憬着。

目前正寻机入市的杨姓小伙子认为大盘跌破千点关口“很正常”。这位希望中国股市走上规范之路的年轻人认为千点指数仍未见底，“后市肯定还会跌”，而股民期待的转折之光仍须继续观察一段时间。

其实能在这个时候对千点还这么在意的人可以分为两类：一种是对股市充满仇恨的人，千点跌破对他们来说至少在心理上是一种解脱；第二类就是一些幸存下来的准备抄底的高手。而其他人，早就回家该干啥干啥去了，没其他事的职业股民干脆睡大觉去了。

在6月6日沪市早市盘中瞬间击穿千点之后，沪深股市在998点终于出现久违的反弹。盘中出现了大家猜测的神秘救市资金，尤其是午后13时20分左右，在中国石化、宝钢股份、华能国际和招商银行等四大权重股上，突然出现较大买进力量；随后四只股票开始上涨，大盘也开始向上攀升。随后，市场传言，证监会已经准备八种方案，等待出手救市。下午股指开始向上攀升，指标股明显地持续受到了大资金的刻意关照，尾市沪市以最高点收盘，反而上涨了2%，指数收到了1048点。

乔锋的一个当基金经理的朋友分析这个点时说：这个数字怪有意思的，“1048”的谐音即可是“要动死吧！”也可是“要动死发！”

乔锋回答说：“好像两个意思都对，前一句是警醒人们‘一卖就死’，后一句是告诉人‘一买就发’。”然而乔锋虽是这样认为，但他还是不敢把已准备好的资金买进去，他想彻底看清了再说。

6月6日晚间，中国证监会公布了《上市公司回购社会公众股份管理办法（试行）》，就上市公司回购社会公众股份的相关问题作了规范，并向社会公开征求反馈意见。

第二日，在最高摸至1055点之后，大盘开始上涨乏力，终盘收于1030点，收复1000点的反弹胜利果实所剩无多。几乎所有的人都认为破千点已经没有疑问了。这天下午，乔锋开户的那家券商营业部的总经理告诉乔锋，总部想请他与几个北京地区的特大客户座谈一下行情，因为现在是关键的点位。

去之前，乔锋还以为有什么重要的消息要关照他们这些特大客户。去了以后才知道，那个大券商的总裁希望他们在目前的点位不要抛股票，帮助国家稳定市场。乔锋心里有数，他想："这个点位，只有傻瓜才会抛股票。"不过，他还是问："为什么？不抛股票，如果跌破到700点怎么办？再说，大部分钱是合作伙伴的，他们交代了，只要收盘跌破1000点就止损。要死全国股民一起死。"

见乔锋这样说，另外几个特大客户也是这样表态，如果没有直接原因，他们不可能受到券商的约束。他们甚至怀疑这个券商是不是出了什么问题，如果他们抛股票，券商已经没法支付他们的保证金了。

最后，大家不欢而散。

在乔锋和另外三个特大客户临走的时候，券商的总裁说："这个点位，不抛股票，对市场有好处，对自己也有好处。你们回去后，好好地想想我的话。希望咱们今天的谈话不是没有意义的谈话。"

6月8日，神秘资金突然进场，当日开盘就有大批指标股巨量封至涨停，大盘出现2002年"6·24"以来的最大单日涨幅，股指也得以脱离千点区域。当天央行将给优质券商提供贷款解决流动资金的消息在坊间流传，并逐渐得到确认。中信证券和宏源证券市场中惟有的两只券商股连续几天大幅攀升。

然而，市场就像一个久患重症的病人，一两剂药及时对症也不可能很快就治愈。沪市指数到达1100点后又明显出现无量的盘整态势。投资者都认为这是在等待股权分置第二批试点的消息。

这天，中国证监会公布了第二批股权分置改革试点上市公司名单，包括宝钢股份、长江电力、广州控股等在内的42家上市公司进入第二批试点。

但股市的兴奋似乎并没能持续太久。沪深股指双双下挫，进入7月份后，市场的弱势没有丝毫的改变，又再度逼近了1000点的关口。

"俄罗斯虽大，但我们已无路可退，身后就是莫斯科。"这是1941年11月16日莫斯科保卫战中的经典名言。前苏联红军316摩步师1075团指导员克洛奇科夫·季耶夫率领28名士兵血战30辆德军坦克，在无险可守的情况下全部牺牲。而貌似强大的德国法西斯也没能逃脱与拿破仑一样的命运，在俄罗斯寒冷的冬天里惨败而归。

半个世纪以后的今天，中国的证券投资者发出的呐喊是："中国证券市场虽大，但我们已无路可退，身后就是1000点。"

虽然没有烽火连天，但中国证券市场的参与者遭受的损失同样惨烈。上证综指从2245点回落至今已有四年多，其间不少大户、机构甚至券商灰飞烟灭，不少中小投资者剩下的仅仅只有零头。指数虽然还在千点以上，但现在的1000点已经是今非昔比，除掉大盘蓝筹股对指数的拉动以及新股发行上市对指数造成的"虚假"贡献，不少股票价格对应的指数位置甚至已经在500点以下。1000点只剩下心理上的些许安慰。

7月12日早盘，上证指数在1000点关口上方徘徊，最低达到1004点。这一次投资者连鼓掌叫好的力气也没有了，因为营业部的散户交易大厅已经没有人了；甚至大部分券商由于承受不了散户大厅的租金，已经把散户大厅撤销了。

股市的表现与天气一样，总是出人意料。午后，股市突如其来的强力反弹，使许多人认为神秘资金入场护盘、"6·8行情"重现，各种利好传言重新泛起。

几波放量拉抬使上证指数开始飙升，最高冲到1048点，最终以1046点报收，较前日上涨3.43%，成交金额放大到85亿元。深市的情况也很相似，深证成指涨3.43%，报收2742点，成交金额放大到49亿元。

多头的反击从金融股和汽车股开始。"6·8行情"中18只开盘涨停个股之一的中信证券迅速放量冲上涨停板，招商银行也大涨5.88%；换手率3.5%，成交量创一年多来新高。金融股指数随即被带动起来。

上海汽车、江淮汽车等汽车股涨幅瞬间也超过了7%，有效激活了市场人气。科技股、次新股和超跌股等各个板块都轮番表现。跳水庄股广宇发展、中房股份、抚顺特钢和江西长运原先都曾趴在跌停板上，借着股指反弹之势相继放量回升，狠出了一把货。

尽管这次千点上方的神秘资金再次出手，已经非常明显地暴露了有政策性的资金力保1000点的决心和态度。但是在目前的弱市下，许多券商的分析师并不看好大盘反弹的高度。

这天收市之后，乔锋又仔细地把全天的大盘走势和重点个股的表现回忆了一下，同时考虑：千点附近神秘资金已经是第三次出手了；政府官员在股权分置记者新闻发布会上信心十足地说开弓没有回头箭；宝钢股改曾许诺的连续三年分红达到了每年 7%，这远远高于银行商业贷款的年息；境外股市的连续上涨已经有一段时间了，其主要原因是资金流动性过剩；新闻一直在报道人民币要升值；中国股市的熊市时间已经四年了，在世界范围里也是属于最长时间之一的了。

想到这里，乔锋几乎已经认定了：中国股市在 1000 点已经见底了，国家神秘资金已经态度坚决地买股票了。如果牛市真的来临，不，是已经来临了。其时间肯定不会短，至少要保证股权分置改革的完成，还要恢复市场的融资功能。这样，指数的上涨幅度甚至可能创出历史新高，此时此刻投资者如果能够抓住机会，将可能一次性彻底解决人生的生存和自由问题。

想到这里，乔锋迅速给许惊雷打了一个电话，把自己的想法告诉了他，由于有些激动，说话的语速很快，声音也很大。

许惊雷说："是的，是的，别激动，我同意。其实我也有这个看法，你不给我电话，我还想给你打呢。要不是有信心，我怎么会把房子都压上了。你就干吧，我相信你。现在还回不去，山西这里真的想不到，真是有钱，一点也不比浙江差。就按照你说的，买中国石化，全部买吧！如果错了，咱俩陪着中国股市一起死。不会，不会，中国的财富几乎都掌握在政府手里，政府要救市不可能救不成，充其量是涨到 1700 点还是 2200 点的问题。"

放下电话后，乔锋非常庆幸自己遇到了惊雷这个好搭档。人的能力包含两种：一种是知识，很多中国人都不缺这个；另一种是胆识，这点大多数中国的老百姓好像都很缺。要想成大事，胆识比知识更加重要。

当天下午，乔锋去了东三环的一家豪华洗浴中心，剃了个头，搓了背，做了个中医保健按摩。晚上回到家，本想给上海的赵熙打电话，想想，没有打，发了个短信：中国股市可能见底了，我很有把握。我相信几个月之后，我应该有资格对你说我爱你了。别回电，我想在音乐中早点休息。明天满仓买股票，买中国石化，买中信证券。然后，一切都会有的。股市是天堂，是你我的天堂。

2. 大富由命

山西地处黄河中游，是中华民族的发祥地，自古以来经济文化发达。18 世纪中叶至 19 世纪末，以太谷、祁县、平遥等晋中商人为代表的山西商业票号，曾"富甲华夏"、"汇通天下"，闻名于世。晋商为近代商业和金融业的发展做出了巨大的贡献。

而如今晋商在全国最闻名的则是煤商。就山西省内而言，称其为煤的海洋毫不夸张——煤田总面积为5.5万平方公里，占全省面积的三分之一。许惊雷在海南的时候，曾经帮一个山西老板高建民在国债期货上狠赚了一把，两人成为了好朋友。这次许惊雷到山西的第一站，就直奔高建民公司所在的临汾而来。

到了临汾，许惊雷惊奇地发现，人均工资不到千元的临汾市，目前市区房价已经很少在2000元/平方米以下了。在临汾日报社旁边的一个楼盘，目前的价格至少在3500元/平方米，4000元/平方米甚至更贵的楼盘在临汾也有不少。

“都是煤炭老板把价格哄抬起来了。”高建民对惊雷说，“他们对暴富完全没有任何心理准备，一下有了钱之后，不知该如何处置。加之他们以前太穷，所以希望通过大量消费来显示他们的价值。”

高先生接着告诉惊雷，“这些煤炭老板最喜欢去你们北京买楼了，为了子女上学方便，接受更好的教育，也为了显示地位，改善生活。我有一位煤炭老板朋友老曹去北京，看中了一栋41层的住宅楼，于是告诉售楼部，从1楼到41楼所有朝阳面的房子他全部买下来，并且全部现金交易。我们这儿，煤炭老板去北京买房的时候，都会有朋友告诉他，顺手帮他捎上几套。那些上百万一套的房子许多就是用这样的方法成交的。

“有些报复、斗气的消费心理吧。因为穷怕了。其实前几年煤炭业与现在的股市一样，也是超级大熊市，好多煤炭老板都挺不住了。

“就说1997、1998年吧，煤炭老板们可不是现在这样的。比如说老王，每到快过年的时候，就趁着晚上，把头用衣服包起来，偷偷从矿上溜走，生怕讨债的人拦截。还有一些煤矿老板过年不敢回家，正月里每天躲在干枯的河滩里，躲避债主。那时，每吨煤炭四十多元，甚至二十多元，谁有了煤矿家里就倒霉。”

“所以那时候敢承包煤矿的人都有些愣。山西话，就是胆大的意思。”高建民介绍给惊雷的一个煤矿老板如此形容自己和同行们，“但凡从十年前开始开煤矿，能够坚持到今天的煤矿老板，多数都经历过最贫困的生活，也骤然暴富。他们看过冰冷的脸色，也看过谄媚的笑容。他们之间有广泛的关系，但已经没有了性格，见谁都不敢发脾气，所以有人就拿钱撒气。

“几乎一夜之间，上门来的人不再是板着脸讨债，而是拿着现金，堆着笑脸买煤的。经历了这些，人生也就看透了。”这位小学没毕业的曹老板颇有感慨。

“从2000年开始，也不知为什么，煤炭开始有了起色。自2002年起，煤炭价格骤然高涨。最高时期，临汾的焦煤卖到每吨300～400元，而成本在60元左右。一天净赚几十万很轻松，每天能做的事情就是数钱，都是现金。”说到这里，曹老板笑了。

有了钱，该做什么？对，到中央电视台去看那个女主持人。曹老板和高老板都很喜欢中央电视台一个女主持人。于是，和几个朋友开着车直奔北京，去了中央电视台。结果，中央电视台不让进。他们没有看到，把钱在北京花得差不多了，又返回了山西。“我喜欢她，直到现在也是。”曹老板说这话时，还有点羞涩的样子。

“你知道我的手机号码吗？我有两个手机，号码特别好，所以很有面子。”曹老板有些得意。他的两部手机号码后面4位数分别是4个“1”、4个“2”。有一次，和一个人谈事情，那人似乎有些瞧不上曹老板。在分别时，曹老板分别用他两个手机给那个人拨了电话，于是，“他看我的眼神都有些不一样了。”

在山西，煤炭老板们需要些能显示地位的东西。高老板的另外一个朋友李老板，有十余辆车，全部是豪华汽车，有奥迪、宝马、陆虎、丰田等。这些还不是最要紧的，显示地位的是车牌号码。李老板的车号全部是所谓的吉祥数字，而且都是连号。“我那些车都不知是谁在开，也顾不得那么多。”在他的车里，李老板淡淡地说。

有一天，一个李老板听说“男人看表，女人看包”，立即买了一块数万元的手表。“我这表不错吧？还有手机，尽管很多功能不会用，但需要买好的，是个身份嘛。”李老板晃晃他的手表。

钱能买来些地位，而地位显然能够带来便利，或大或小。有一次，李老板去一个很贵的商场买衣服，看到一个人正在和服务员讲价，要求打8.5折，而服务员只给9折。他走上前说，“就给他8折吧。”服务员不搭理他，陈老板拿出一张那个商场最高等级的优惠卡递给服务员，于是顺利打折。那人告诉李老板，他在交警系统有些关系，有事找他。有一天，李老板的车被扣了。打电话给那个人，“我提醒了他，是给他打折的那人，瘦瘦的。”于是，车顺利被放。

许惊雷看到李老板的钱包，多张各种各样的“至尊卡”、“白金卡”插在钱包里。“这些都是钱换回来的，有时候有用。”

在股市中，即使在牛市，很多人也不一定赚到钱。煤矿老板其实也不是都是赢家，几家欢喜几家愁。太原的顾老板，过得一点也不自在。他有两个煤矿，投资8000多万元，到现在还没有投产。原本以为6个月就能完成技术改造，没想到拖了两年，因为矿难接连频繁，山西的煤矿不断被要求停产整顿，一整顿就是整月甚至两三个月。顾老板贷了大量的款，目前没有任何产出，费用每天在发生。他对于煤炭未来的形势也不乐观，颇为惆怅。

而许惊雷接触的另外一个“老板”更不快乐。此人原是一个地道的山区农民。他在自家的房子后面准备打口井，发现五米下面就是煤炭。于是，想着挖煤赚钱，谁知这属无证开采，被叫停不说，还罚了些钱。

“对！我是无证开采的黑口子。但为什么别人的黑口子能挖，我就不能挖？”这个农民说的能挖的黑口子，通常是有关系有背景的。经过许惊雷的点拨，他慢慢明白了，要想挖这个黑口子，必须找关系。现在，这个农民开始找关系，后来事情就顺多了。

“煤老板的生活，上歌厅那是前几年的事情了，现在哪里有心情哪里有时间去。”对于太原的歌城是煤炭老板们养起来的说法，高建民和曹老板都不以为然。

这天是星期五，晚上10点至12点是歌厅最热闹的时候。高老板领着许惊雷去临汾最繁华的歌城紫仙子。在停车场，许惊雷仔细看了一番。停在外面的车很多，豪华轿车中奥迪A6和宝马5系最多，宝马7系也能见到少许。此外，有许多越野车，以丰田的“普拉多”和陆地巡洋舰居多，还有部分本田CRV。此外，大多数还是中档乃至中低档的轿车和越野车，并没有外界所传说的豪华车云集的局面。在紫仙子歌城的一个歌厅里，一位高老板熟悉的经理告诉惊雷，这里有煤老板来，但并不多。一个在歌城工作了两年多的漂亮服务员也说，煤炭老板来得并不多。当惊雷问她怎么判别是否煤老板时，那个女服务员笑言：“自然有办法。”

“你问我最经常做的事情？那就是请客吃饭，陪人玩乐。现在我宁愿给他们钱，让他们吃，只要让我不去就行。但不行啊。”临汾的王老板说，“几乎每天要请客吃饭，如果隔一天，我就偷笑了。”

“吃饭的档次？和谁吃？五六个人吃七八千元很正常，上万也挺多的。至于和谁吃，方方面面的人吧！总要维持关系嘛。”

“你说我现在最想吃的？面条。对！就是面条。我带你去一个地方，我们去吃面条。”在一个不大的馆子里，王老板吸溜着面条，很满足的样子。

五六个人吃七八千元，在临汾很容易。“一个干捞翅，一个炖燕窝，一个极品鲍鱼，再要一瓶好的洋酒，就凑够了，甚至还超。”像这样的饭局，许多煤炭老板几乎是隔天就有一次。一年光请客吃饭，花200万元是平常数字。过一个春节，煤炭老板送六七十万的礼极为平常，中秋稍少些。“我是有很多车，都是好车。但我也没办法啊，车经常被借走就不还，或半年一年才还。又不能开口要回来，那就只能再买一辆。结果越买越多。”王老板说。而那些借车的人，通常有权。煤炭的开采生产需要多种证件，除此之外，还有许多部门也能插手管到煤矿。山西一个熟悉煤炭产业的记者计算过，大概有27个部门和单位能够插手煤矿的事情。

“我是赚钱，但我就是孙子，谁都惹不起。我赚一块钱，就要拿出四五毛来打点各种关系。”王老板显得有点无奈。他曾经被一个假记者勒索过许多钱，但也敢怒不敢言。“因为，全山西每个煤矿，只要挑毛病，都能挑出来。”

“你看我这日子，还能过吗？只要和别人吃饭，我习惯去买单。如果别人付钱，我会觉得浑身不自在，总怀疑是不是出了什么问题。即使最亲近的好朋友请我吃饭，也是这样。”

煤炭老板的未来，多数人自己也是心中无数。钢材增幅的减缓以及产能的放大，使得焦炭价格下滑。但全国电力紧张的局面还将持续相当长的时间，而山西大部分煤炭用于电力，所以山西的电煤市场还将保持一定的旺盛状态。一些煤炭老板咨询一些经济学家时，专家这样告诉他们：“五年内，煤炭价格不会出现大幅下滑。”

但是，盯着煤矿这块肥肉的人越来越多。山西一个20万吨的煤矿技术改造费用大致在1500万元左右。一吨煤要交一元的资源使用费，根据该煤矿的储存量一次性交清。此外，其他的费用也在上升。多数煤炭老板对未来两年的估计没有经济专家那么乐观。他们认为，现在进入这个行业的人太多，而且现在进来的都是大煤矿，导致产量增加，价格下跌。

大批的煤炭老板在前两年聚集了大笔资金，这对于山西来说无疑是一笔宝贵财富。如何引导这大批资金，提升山西的产业结构，同时也让煤炭老板除了煤炭以外，还能通过其他途径让财富得以延续增长，这是许多煤炭老板的现实想法。

多位煤炭老板都有转产的想法，尽管出发点不同。有的因为这个行业过于危险，经常出事，提心吊胆。有的因为应酬太多，需要照顾的关系太多，不胜其烦。有的因为对未来的判断不乐观，想及早退出。有的因为现在还没有赚钱，感觉未来渺茫，试图转手。

“我买了一个汽车零部件厂，和一个著名的公司合资，准备以后做这个行业。”王老板说，尽管零部件行业利润很低，但比较稳定，也没有那么多人来找麻烦，只要合法经营就能安生过日子。

大多数煤炭老板还没有如王老板一样找到方向，但都已经开始寻求资金的出路。

在这些煤炭老板为自己的财富延续而考虑时，他们更多的打算是在子女身上。大量的煤炭老板在太原买房、在北京买房，通常是为了让子女方便在这些城市读书，试图给子女一个好的未来。在子女读书以及未来上，煤炭老板根本不计成本。“只要他念，想去哪里就去哪里”，是这些人的一致想法。

有报道称，某一媒体对全省十几个产煤县的煤炭富豪进行调查后得出一个结论：大大小小的煤炭富豪（不包括因煤发家但公开身份为其他职业者）最高学历为高中，大部分为初中，甚至有的连小学都没读完。

也因此，他们把未来光大门楣的希望全部寄托在自己的子女身上。有许多煤炭老板的子女，从小学就开始在山西省外的贵族学校里读书。许多煤炭老板，没有一个人愿意让他们的子女继承煤炭产业。而据他们本人说，他们的子女也没有一个愿意继承他们的产业。

“有时候，想一想，这人一辈子是个啥，还不就是这么回事吗？挣那么多钱有啥用？自己能花了多少？我是想让儿女好好读书，但他们不争气，我也没办法。反正钱够花了，随他们去吧。”一位老板点了支烟，缓缓吐出。

充分了解了山西煤矿老板的情况后，许惊雷非常高兴，他在与乔锋通电话时说：“资金面大大地有，可能收获会很大！”

3. 神秘之师

决定人一生的关键因素有两个：一是人的自我能力的培养。现代人最重要的能力是获得资源的能力和出售资源能力的渠道。二是人的机遇。任何一个人在一生中都有几次关键的机遇，抓住机遇的人是成功者，没有抓住机遇的人是平凡人，被垫背的人是失败者。股市投资者也是这样，关键时刻的处理能力决定着你的投资结果。

随着中国股市股权分置的进展，明显的捡钱机会越来越多。这些机会当然逃不过从精英堆里杀出来的乔锋。这个时候，乔锋非常庆幸自己能有许惊雷这样的一个好搭档，能够提供源源不断的资金弹药。否则，看见股市中满地的黄金也没有办法。2005 下半年的中国股市就这是这样，随便买什么股票，一年后都能轻松地翻几倍。可是，持续数年的大熊市刚刚过去，大多数人已经不敢相信股市能赚钱了，而少数意识到黄金满地的人却已经没有资金了。

这些天来，乔锋重仓的中国石化与中信证券持续上涨，成为了市场中涨幅最大的股票。而许惊雷又从山西煤矿老板那里私募了几千万的资金。许惊雷说："如果能够让这些资金在短期里快速增值，树立盈利的样板，一定会有更多的资金进来。因为目前的资金，只是一些煤老板的先期投入，他们要看看结果才敢投入更大的数额。

每天上午开盘前，乔锋已经养成了一个习惯，需要把当天的证券三大报全部翻看一遍。这天，上市公司南方实业的一则信息披露，引起了他的高度注意。南方实业的董事会决定修改此前已公布的股改对价方案，将原定的大股东向流通股股东每10股送2.5股提高至送2.8股。同时，大股东增加承诺：自获得上市流通权之日起至少12个月内不减持，36个月内不通过证券交易所挂牌出售；36个月之后的12个月内，若要挂牌出售，出售价格将不低于6.15元；对价方案实施后2个月内，当二级市场股价低于4.53元时，大股东将投入累计不超过10亿元资金入市增持股票，以维护股价。

乔锋认为，尤其是"对价方案实施后2个月内，当二级市场股价低于4.53元时，大股东将投入累计不超过10亿元资金入市增持股票，以维护股价"这一条款存在着套利文章可做，因为如果投资者能够在股改前以低于考虑除权后的4.53元价格买进，由于存在大股东的10亿护盘资金，风险将很小，而获利机会则很大。乔锋决定，要利用大股东的这条承诺条款进行一次大规模的套利行动。

8月1日是建军节，这天真是中国的老牌私募群体的吉利日子。在1994年的这天，大盘经历了惨烈下跌之后，管理层出台了三大救市政策。在那次行情中，乔锋获得了作为职业操盘手以来的第一次大资金的操作胜利。而今天，他则要为彻底解决自己的生存和自由问题而战了，如果在南方实业上获得预期的收益，他将为自己快速地完成个人原始积累奠定一个极好的开始。

显然，市场对于南方实业的股改承诺给予了一定的重视，南方实业的股价略为高开了一点，为5.03元，乔锋抑制不住那份冲动，立刻就下单买进了20万股，导致了股价上涨了几分钱。待观察到其他的买盘并不大，他拍了一下脑袋，自言自语道："要冷静，建仓成本能低一分钱，就会多赚几十万。"

这天南方实业的均价和收盘价都是5.18元，这也正是乔锋的建仓成本，全天成交了169678手，而乔锋一个人就买进了1500万股。如果考虑除权后的价格，5.18相当于4.04元，与4.53元的护盘价格有0.49元的差价；如果顺利卖出，将能够获利735万。

第二天，南方实业高开后交易了一天，最后收出一根小阴线就停牌了。接着就需要开股东大会表决通过股改。由于南方实业是基金重仓股，显然目前的方案是公司与基金管理公司沟通过的，通过股改应不成问题。

周末，赵熙从上海飞到北京。乔锋去首都机场接她，并且手里捧着一束玫瑰花。由于股市职业操盘这个活儿非常占脑子，即使是躺在床上什么也不干，脑子也是东想西想的，不适合开车，因此乔锋一直没有学车，自然没有买车。每次去机场都要捧束玫瑰，常常会引起别人的注意，有几次，乔锋在去机场的大巴上被其他乘客那种好奇的目光看得很不好意思。

为此，赵熙说："那，下次就别买花了吧！"

乔锋说："还是买吧，不，还是请吧！我愿意的，别人注意，这是我的光荣。"

其实，乔锋原来有过教训。有次，因为时间太紧，乔锋没有买花。赵熙原本情致盎然的样子立刻就有些情绪变化，虽然她没有直说，乔锋还是感觉到了。于是，在回家的路上，专门让出租车司机绕了一下，买了一束花，说："这次是时间紧，我得先接活的动物玫瑰，再给动物玫瑰请植物玫瑰。"

两人见面的时候，最经常的活动就是去朝阳公园滑旱冰。这是两人的共同爱好，也是一个非常好的锻炼身体放松心情的活动。再者就是乔锋陪着赵熙逛名牌店，不过在逛名牌服装店的时候，赵熙一边看商品，一边给乔锋讲名牌服装的故事。

几次逛下来，乔治·阿玛尼、范思哲、香奈尔、路易·威登、唐纳·卡兰等名牌的故事乔锋知道得一清二楚。赵熙也给他买过几套，但是他更喜欢穿运动服，这样好像更自在一些。赵熙说了几次，也没有明显的见效。

一次，许惊雷嘲笑乔锋只会炒股票，其他的事物都不感兴趣的时候，乔锋不服气。于是两人比拼名牌知识，许惊雷竟然没有拼过乔锋，这点让他很吃惊。

又是一个周一，南方实业股改方案实施后股票开牌。

一大早，乔锋便来到了操盘室，尽管这个房间他已经非常熟悉，但今天还是有些兴奋，进门后就直接打开几台操盘的电脑，然后站在窗前把已经反复设想的操作方案又捉摸了一下，他准备在这天套利卖出南方实业。

9 时 25 分，是每天股票市场集合竞价开盘的时间，南方实业股票的集合竞价为 4.46 元；9 时 30 分开盘价为 4.43 元，这高于理论除权价 4.13 元，但低于 4.53 元，触发了增持股票承诺的实施。按照南方实业的大股东承诺，在南方实业股权分置改革方案批准实施后的两个月内，若南方实业股票二级市场价格低于每股4.53元，该公司将于每股4.53元价位连续投入资金增持南方实业股票，除非南方实业股票二级市场价格不低于每股4.53元或10亿元资金用尽。

乔锋原来预计，这个时候的盘面在南方实业集团10亿元资金的支持下，应该是以风卷残云之势扫掉所有4.53元以下的卖单，将股价牢牢控制在4.53元之上。但实际上，整个上午股价仅有几次摸到了4.53元，大部分时间是在之下运行，最低还探至了4.11元。

于是，他打电话给南方实业上市公司咨询。公司一位男士耐心地给他做解释：大股东一直以4.53元增持股票，但因受交易所上市交易规则第55条“股票（基金）单笔申报最大数量应低于100万股”的限制，因此每一笔下单上限为100万股。因集合竞价后抛盘较大，下单速度无法赶上卖盘，有些卖盘的价格在4.53元以下，按照交易所的时间优先原则，致使撮合价格低于4.53元。

听到这里，乔锋的心紧了一下：“坏了，可能原来持股的那些基金在出货。”但他很快就镇定了，“怕什么，反正南方实业集团要买10个亿的，要2亿多股呢，不可能让自己的这1500万股没机会卖出去。”

10点45分左右，南方实业的大股东买盘再次进场，分别以4.50元到4.53元的价格，主动买入了近2000万股南方实业。南方实业的股价迅速上涨，但是盘中的空头并不为南方实业大股东的主动性买盘所动，又在盘中毫不犹豫地打压南方控股的股票。由于盘中仅南方控股的大股东一家在此时护盘，无法承受空方的巨量打压，最终南方控股的股价再次回到4.26元附近。

乔锋看着盘面，计算着南方实业投入的资金，如果等到8个亿资金还不能把股价撑在4.53元或者更高的位置，就只有现价杀出去了，能赚多少是多少，反正不能被套住。因为这笔资金是许惊雷刚从山西弄过来的，那些煤炭老板都很关心这第一笔的操作，一旦出现暂时的浮亏，惊雷将很难跟他们解释清楚。列宁说过：“一个傻瓜问的问题，十个聪明人也解释不了。”股市操作有时也是这样，一个外行问的问题，十个内行也解释不了。

下午13时，南方控股经过中午的午休后重新开盘，大股东继续按4.53元增持。可能是人手增加的缘故，股价不久即回到了4.53元附近，卖单基本上被控制住。此时在4.53元上已经可以看到买盘在堆积，最多时达到5000多万股。

于是，乔锋果断地把1500万股一起倒了出去。鉴于上午南方实业的操盘事例提醒，他叫了几个助手，中午就把热自助报单打开，然后在4.53元的价格挂出 99 万股的卖单，这是接近上限的报单。看见 4.53 元的买单，几个人接连不断快速地就下去，很快就把 1500 万股全部卖出了。

卖完后，乔锋长出一口气，给自己倒了杯水，还不由自主地看了看南方实业的走势，心想："下午不会涨上去吧？"

13 时 45 分左右，盘面 3000 多万股 4.53 元的买单突然消失了。股价随即回落至 4.30 元以下，好在股价运行还算平稳，最终以 4.26 元收盘，比起理论上的除权价有所填权。全天成交 1.8906 亿股，成交金额高达 7.77 亿元，高居沪市成交前列。

这让乔锋感到有点奇怪，为什么 10 亿没有用完，就停止增持了，虽然自己已经卖出了，但出于好奇心，又给上市公司打了个电话，想问问清楚，看是不是还有什么后续机会，顺便打探一下公司的后续是否有什么维护股价的新手段。

公司回答说："根据证监会有关规定，控股股东每增持上市公司 5%。就需要公告后才能继续增持。而累计到下午 1 点 30 分，大股东增持南方实业股份已经超过 5%，按照有关规定，公司当日不能再购入股票。"回答乔锋问题的那个上市公司的人同时告诉他："在公司公告后，股票会重新开盘，大股东将继续履行承诺，直到股价回到 4.53 元以上或者 10 亿元用完。"

第二天，果然南方实业发布公告：大股东昨日增持了 1.414 亿股，占总股本的 7.25%。而《证券法》规定，每增持 5% 以上股份时，必须予以公告。

而众多的证券媒体都对些事件进行了大量的报道：

"在下午开盘后的几分钟之内，卖盘不断涌出，并迅速地成交了上千万股，虽然接到上交所的通知，但想撤单都来不及，于是造成了'超买'的情况。"南方实业证券部的工作人员向报社记者解释。

南方实业的相关人士向报社透露，超买情况发生时，大股东已经命令操盘人员撤单，因而整个过程不属于违规行为。至于为何买到后来刹不住车，则应该归结于交易系统的撮合程序。她同时表示，在两日的禁买期过后，公司大股东仍会按照原方案的计划继续增持股票。

分析人士认为，如果没有承诺，南方实业对价方案极有可能通不过流通股股东的表决。他们认为，大股东为了弥补对价偏低的不利局面，为保证方案通过，做出一个明显有利于流通股股东的承诺，使得机构可以在一个相对不错的价格轻松套现。据了解，公司某大流通股股东是这轮交易减仓的主力，之前其对这个对价水平也不是很满意，但还是投了赞成票。

第五天，备受关注的“南方实业增持战”继续打响。

早上刚一开盘，南方实业的4.35元价位即出现了多达7000多万股的买单。但随后不断出现的卖单，不停地侵蚀这张巨量买单。至中午，4.53元价位上的买单逐步下降至2900万股。午市复牌后，南方实业中的抛售逐渐趋缓。但下午13时50分，突如其来的大手笔抛单将4.53元上的2000万股买单全部砸穿。南方实业4.53元高地就此失守。

南方实业的交易换手率达到15%，该股股价上午一度坚守在4.53元承诺价格线之上。但午后，大股东完成10亿元增持计划后，4.53元关口的防守资金被击溃，股价应声而落。终盘，南方实业报收于4.25元，相比前一个交易日下跌了1%。

其后一天，南方实业大股东南方集团在这天公告，南方集团共增持南方实业2亿多股。南方集团宣布，其在南方实业股改方案中承诺的10亿元流通股增持计划已经兑现。

两个交易日，1/3流通盘被增持，股价依旧跌破增持价格。这个结果，显然出乎大多数投资者的意料。但是，市场已经明显看到了大型国企对股改的决心，以及国有上市公司的股东对此时上市公司的股价和公司未来发展的信心，这无疑对稳定当时的股市投资者信心有极大的正面作用。

4. 千载难逢

床前明月光，疑是地上霜，举头望明月，我是郭德纲。

2005年下半年，郭德纲这个名字突然被首都人民扔了出来，像板砖一样猛地拍向那些居然没有听说过他的人，同时也拍向虚空中的某个圈子——人民需要相声，为了笑，为了复兴文化，为了向被耽搁和败坏的事物表达不满。此前，首都人民在谈论奥运会，观看女子十二乐队表演，喝绿茶，下载电子乐MP3，驾车长驱藏北，出没于愚公移山、有A阁、清风馆和其他小众夜店。他们不是国粹派，也不是不吃卤煮就活不下去的胡同串子。他们是把gore-tex户外鞋换成了手工棉鞋的那一类，早在四年前，就曾经在长安大剧院看过《千禧夜我们说相声》的彩排或首演；凡是有关中国东方土时尚的事情，一律门儿清。

然后郭德纲就火了，接着股市也跟着火了。

令乔锋没有想到的是，像南方实业的大股东为精明的投资者送钱的“学雷锋”故事在不久后再一次出现。人的运气来了真是挡都挡不住，白花花的银子直接就像月光一样落在人们的床前。所不同的是有人知道捡，更多的人即使砸在了头上也不知道捡。

20天后，乔锋像往常一样在开盘前浏览着证券三大报。此刻，毫无疑问，人们最为关注的证券新闻就是上市公司股改方面的。突然，东南机械关于股改对价的方案不变并第二天开牌的一则公告跳入乔锋的眼帘。其核心内容是：

> 如果东南机械的二级市场股票价格低于3.99元，东南机械集团将连续投入资金通过上海证券交易所按集中竞价交易方式以每股3.99元价位申报买入东南机械股票，累计不超过人民币10亿元的资金。

"呵，真是好事成双啊！中国股市真是见底了，大股东们都在忙着巨资抄大底！"乔锋自言自语地说着。

为了慎重起见，乔锋还是给上市公司打了个电话询问，说出了自己经过考虑还担心的问题："如果股改通过后，自然除权价低于3.99元怎么办？"上市公司明显已经对这个问题仔细研究过，直截了当说："开牌那天，我们集合竞价就把买单挂好。在我们该投入的资金用完之前，相信是不会跌破这个价位的。"

这时，乔锋招聘了一个年轻的操盘手，这个名叫张奇才的小伙子曾经是湖南某市的理科高考状元。正像乔锋看好的那样，小伙子确实聪明，对于喜欢的事情一学就会，特别是在短线套利上面很有天赋。为此，乔锋专门给他拨了3000万资金和专门的套利软件，其中从事ETF基金的套利软件还是特别要求券商向软件公司专门订做的。乔锋与张奇才根据一些基金、权证和转债品种的交易规则研究出一些特殊的交易方法，然后用特别的软件去操作，每个月都可以获得不菲的套利利润，这些利润足够应付公司的日常费用了。在中国股市，应用这些最先进的套利技术和软件的只有极少数的职业机构。不过这种套利要求操盘手眼疾手快，而张奇才原先就是玩电脑游戏的高手，比起普通投资者来说手要快得多。

乔锋把东南机械的股改方案以及交易所的买卖成交规则仔细地研究了一番，制定好套利计划方案。这次要干个精彩的。上次做南方实业有点匆忙，没有充分发挥其潜力，否则应该赚得更多一些。乔锋在自己认为方案万无一失后，下午收盘又拉着许惊雷和张奇才仔细地研究了一遍，看他们俩能否从中找出某些细节破绽。

离东南机械股票开牌还有8个交易日，在这8个交易日中东南机械的走势比当时的市场走势要强一点，但股价还是盘跌的。在东南机械股改大会停牌前的第4天，乔锋开始动手了，4天共买了7000多万股，平均价格为4.97元；如果能够以获得对价除权后的3.98元卖出，将有9%以上的利润。

然而，就在东南机械股改停牌期间，更好的股改方案套利机会出现了。

大陆桥股票的大股东是国企，由于大股东的股权比重较低，因此，不愿意送股。其制定的股改方案是股改承诺：本次股权分置改革股份自变更登记日起的第12个月的最后5个交易日内，所有无限售条件的流通股股东有权以人民币4.35元/股的价格将股票出售给大股东。

这是一个创新方案，同时兼顾了流通股东和非流通股东的双方利益，因此获得了市场的全面肯定。

也不知是因为市场低迷，还是因为股改套利机会太多，或者是两者兼有，在大陆桥股改完成后，其股票的价格居然跌破了4.35元，这就是说如果在4.35元下方的价格买进大陆桥，股价上涨会赚钱；而股价下跌不会赔钱，因为有其大股东给保底。

乔锋有一个更大胆的计划跳进了脑子：把这个股票在4.35元以下买光，能买多少是多少，直到外面没有浮动筹码为止，然后用极小的代价就能把大陆桥的股价拉升到10元以上卖出。这样的操作万无一失，可以获得无风险的暴利。乔锋不由得在心中喊了一声："股改万岁，股改万岁，万岁，万万岁！"

乔锋赶快找到许惊雷："原来我害怕资金太大了影响了投资收益率，现在看来是保守了。像大陆桥这种机会，可以说是无风险的，最大的风险就是咱们碰到了这种机会而没有买。你看还能不能再弄些资金，越大越好，多多益善。照目前的市场状况，真是天赐的好项目一个接一个，干好了，说不定这一年咱们都能身价达到九位数。"

许惊雷摸了摸一下头，装作很为难的样子，"能用的法子都用了，我再用一下劲吧！不过希望不太大。"看着乔锋的眼神有点失望的样子后，然后哈哈笑了起来，"别担心，我的韩信，用兵多多益善的韩大将军。我想办法吧，我尽量当好萧何，再给你弄几个亿。我的一个朋友告诉我，南方的一家信托公司可以代为发行私募信托。这几天我一直想跟你商量这件事情呢，如果把这件事情干起来，弄资金不又多了一个有法律保障的渠道吗？"

又是一个晴朗的日子，东南机械复牌首日，东南机械即以3.98元的价格挂出1.5亿股的买单参与集合竞价，这是其总股本5%的上限，但很快就被汹涌的抛单一砸而光。

乔锋在23日就与证券营业部说好了，要求第二天营业部的电脑部早点把报单的设备打开，并保证自己是营业部集合竞价报单的第一单。集合竞价的成交原则是价格撮合竞价原则，因此，乔锋把卖单的价格都填在了3.75元的自然除权价的价位上，而东南机械承诺的每股3.99元要高于该价。

事实证明乔锋的这一细节处理是非常必要的。东南机械以3.99元开盘后一路走低，使东南机械被迫进场护盘。可能出乎了东南机械的意料，该股在前5分钟就成交16830万股，先前的1.5亿股成交价格在3.99元，此后股价逐渐低于此价。乔锋因此可以断定大股东该次增持行动就在前5分钟完成。然后，他用剩下的300万股股票全力砸出，观望的投资者立刻出现了恐慌，卖盘蜂拥而出。此后股价一路走低，股价最低时跌到了3.3元；到收盘时，该股下跌33%，收于3.45元，较理论除权价下跌10%。

而乔锋当天在最低点3.30元附近又大量买进了5000多万股，因为先前他已经算清楚了：东南机械还有3.5亿元的资金在第三天要买进该股。

当晚东南机械公司公告称，因增持比例达到5%的上限，隔两日后将再次增持。

第二天，东南机械直接高开了，开盘价开在了3.51元，最低探到了3.48元。除了乔锋这股私募机构继续大量买进外，还有不少跟风盘也在买东南机械。乔锋想，这可能是一些聪明的投资者也想套利。到了下午收盘的时候，乔锋猛地连续爆出大买单，东南机械的股价直线上涨；市场看到东南机械的上涨气势，立刻就自动出现了大量的追风盘。绝大多数职业投资者就是这样，股价越跌越抛，股价越涨越追。追涨杀跌是人们的天性。这天，东南机械的股价收盘3.69元。

第三天，东南机械依然不能增持，好在大盘处于上涨的态势，东南机械的股价收在了3.70元的价位上。这个价格非常重要，因为只有这天东南机械的股价收盘在3.62元以上，东南机械才能以3.98元的价格买进报单。上交所的交易规则是每天股价的涨幅限制为10%。

第五天，东南机械再一次重复了两天前的走势，在集合竞价以3.72元成交8746万股以后一路下行，最后收盘3.35元。东南机械投入的3.48亿元，增持9367多万股东南机械，此时护盘资金已经“弹尽粮绝”。

此时，乔锋已经胜利大逃亡，这笔操作赚得可不少。集合竞价时，他报的卖单价格是3.50元，自然全部成交。而许多准备套利的投资者由于没有在集合竞价挂单，或者把卖单的价格挂在了3.99元，或者只低了几分钱，结果没有成交。

真是细节决定成败，差之毫厘，谬之千里。股市没有用兵布阵，一样两军对垒；没有刀光剑影，一样充满杀机；没有硝烟弥漫，一样惊心动魄。

这天，乔锋特别高兴：这一把彻底解除了今后几个月的操盘压力。许多年轻人都很羡慕职业操盘于这职业，其实，如果没有几把绝技刷子，干这行当压力异常大和折磨人。

许惊雷也很高兴，在这次伏击战结束之前，他的压力一点也不比乔锋小。他看到操盘间里躺在竹椅上养神刚睁开眼的乔锋说："好了，走了，咱们先去做个足疗。然后去吃厉家菜。"

乔锋站起来说："好，去韩国开的那家。啊，什么？厉家菜，不预订行吗?"

"废话，不预订当然不行。"许惊雷先走到门口，"我前几天就定好了。山西的高老板他们几个来北京买几辆悍马车，顺便要来了解一下他们的资金收益情况。我说今天告诉他们，所以就把今天的厉家菜定了。咱们可以把这两天的战斗故事给他们讲讲，然后再把'大陆桥'无风险套利的事情跟他们说一下，我都想好了，告诉他们买'大陆桥'的最大风险只有两个，第一个是市场不好，咱们只赚了10%；第二个是今天追加资金的事情没谈成，天上掉下来的钱咱们双方都没见到。老天爷给的钱不要，天诛地灭。"

"厉家菜"是京城最有名的宫廷菜，门前没有任何招牌，只是在院门边能勉强辨认出一行歪歪扭扭的红字：羊房胡同十一号。在这个小四合院里，最初每天对外只做一桌菜，只供十来个人吃，吃客一律收每位200元；人多了，可另辟一个偏房，加两小桌，但一晚上也最多够20个人吃。主人是厉老爷子——清华大学建筑系毕业生。八十有二的厉善鳞教授选择在吃客埋头苦干时悄然踱步走来，用中英等国方言对饭菜如数家珍。原来，厉家菜是老爷子的祖父西太后的内务府大臣厉顺庆爱吃的家常菜，经几代厉家人边吃边琢磨，形成今天的厉家菜。

从供客人观赏的照片来看，几乎所有的发达国家和一部分发展中国家的驻华大使均领夫人来此就过餐。美国总统克林顿访华时，美使馆本已定好总统来吃厉家菜，但因为临时安排变化，结果厉家菜就与克林顿失之交臂。提起这事，厉老爷子不胜唏嘘。

5. 财富传奇

相当长一段时期以来，由于我国法律上不允许私人发起募集基金，使得事实上的私募基金既缺乏法律上的明确界定，也没有法律上的保障。因此，私募基金显得非常隐蔽与晦涩，证券监管部门也很难准确了解与把握它的整体规模和运作方式，由此带来的表象就是私募基金的“神秘”，必然结果就是中国私募基金做不大，或者一大就出事的现状。

与之形成强烈反差的是私募基金市场的迫切需求：中国国民经济经过近20年的持续快速发展，社会财富有了迅猛增长，普通居民在个人财富急剧膨胀的同时，在纷繁复杂、变化多端的证券市场中，面对一千多只股票的选择，相当一部分投资者缺乏理财知识、经验和精力，迫切需要专家理财。同时，随着社会保障制度改革的深入和社会经济运行结构渐趋市场化，各种各样的基金会和具有闲置资金的企业也迫切需要寻找增值的出路，迫切希望市场能够根据他们持有的资金状况，提供具有针对性的投资理财方案。他们已不满足于银行低利率的存款品种，也不满于市场现有的证券投资基金的运作方式，而需要市场提供更多、更灵活、更具特色的低成本高回报的投资方式——私募信托。

由此，私募信托可谓应运而生。私募信托一般由投资顾问委托信托投资公司发起设立。其中托管人与托管银行的引进将有效保证托管资产的安全性和独立性。

作为证券信托产品的发祥地，深圳历来是私募基金的活跃场所。早在2004年2月，深国投就联合赤子之心资产管理公司发行了“中国成长”集合资金信托计划；2005年又再度推出“投资哲学”集合资金信托计划。由于规模小，投资灵活，业绩表现均十分出众。其中“中国成长”最新累计增长率达89.46%；“投资哲学”累计增长率也达到64.15%。

除了名声在外的“赤子之心”信托计划以外，2005年11月，深国投又联合明达投资顾问公司发行了“明达投资”集合资金信托计划。该基金表现同样惊人，累计收益增长达到66.77%；今年4月，又发行“亿龙中国”集合资金信托计划，成立4个多月时间，已累计实现收益22.67%。

和公募基金相比，这类集合信托计划门槛较高，如“赤子之心”的认购标准是50万元/份，明达的认购标准是100万元/份。而且和公募基金类似，由管理人和监管人收取相关费用等，收益和风险均由投资者承担。但因其良好的过往业绩表现，还是受到部分高端投资者和企业的欢迎的，并已在特定人群中树立起了良好的形象。

世界真奇妙，股市更热闹。在历经股市五年熊市之劫后，一位名叫田鹏的深圳股民几乎一夜间暴得大名，深圳、上海、北京的媒体在同一时间都开始报道这个在高手圈子里从没有听说过的股神。据他声称，自己仅花了15年时间，就从4000元起步炒到了2亿元的身价。田鹏讲述的“股市神话”令人震惊，但同时也令人难以置信，而其讲述“股市神话”时出语之惊人亦令人印象深刻。15年时间，把4000元变成2亿元，田鹏将如何向公众演绎其巴菲特式故事的中国版本？

“你是说当年有名的吴百万是吧，他当年是给我跑腿的。”坐在电视记者对面的田鹏因为逆光，面孔显得有点黑，但是这并不妨碍他出语惊人的效果。似乎是为了加强可信度，他甚至主动请来了他的“追随者”，给他自己的历史进行证明。

当电视记者问：听说你是一个特别小气的人，尤其不愿意请别人吃饭。

田鹏：对！而且我的“抠门”在圈子里很有名。飞机下来只坐大巴，酒店只住二三星级的，买部手机也要跑遍全城找最便宜的，就算30块的东西我也要讲价。在证券公司我是贵宾，都是他们请我吃饭。这是我消费的原则，也是我投资的原则，就是只买性价比最优的东西。换句话说，以最低的价格买到最好的东西。

电视记者又问：你近期为媒体写文章，介绍你的投资组合，分享你的投资经验。不怕股民们跟风，影响你的收益吗？

田鹏：我的投资组合是公开的，大家都可以跟，也可以模仿。但是我要说的是，即使是完全照搬我的方法，他也不可能有我这样的收益率。现在就有几百人在跟我，但是我的心态是他们不可复制的。我骨子里就不是赔钱的人，这一点没人能模仿。

显然记者要问的问题都是和田鹏商量好的，即为他证明一些东西，又同时能够回答人们的疑虑。

记者最后问：圈子里的人说，你既不懂财务也不看专业投资书，就是靠两条腿跑公司，能赚钱是运气好，但终究是成不了大气候的。

田鹏：我确实不怎么看大盘，也不看报表，更不太关心宏观经济。但是我对股市特别有信心——这年头，还到哪找这么便宜的股票呀。虽然真正好的公司并不多，但有那么几十只就够我赚了。只要是重仓的公司，我差不多每个月都要去调研，有时候是去总部，有时候是他的竞争对手，有时候是经销商和市场。

有一天，许惊雷问乔锋，“你听说最近出了一个新神话田鹏的事情吗？”

乔锋一笑，“能不听说吗？这么多报纸、杂志、网站同时炒。他明显是做宣传的嘛！怪不得杨风帆跟我说，他们在美国留学的时候经常想念祖国，但瞧不起祖国大陆的少数媒体——特别能颠倒黑白，还搞得跟真的一样，装得特认真，特感动。”

“那你觉得这个田鹏，或者他背后的人的目的是什么？这么干管用吗？”许惊雷接着问。

乔锋听出来了，许惊雷并不是在闲聊，而是要说其他的什么事情。但他很快就明白了，操盘手的第一素质就是要反应快，于是回答说：“我想，他的目的只有两个，一个是咨询公司发展会员，另一个是为开设私募信托做先期宣传。”他顿了一下，“要说作用嘛，应该有，要不不会有这么多的小媒体跟风。中国的老百姓在这方面是很‘聪明’的。”

许惊雷笑了，说：“那好，你知道我的意思了吧。深圳信托虽说已经同意发行咱们的‘中国龙计划’股票私募信托，但规定不能做广告，不能宣传。我想，总得有一些销售措施吧，这时间就是金钱呀。我已经想好了一个策划，你看行不行。”

不久，一个比田鹏更传奇的事情出现了。

这天，《首都都市报》的一则报道引起了全国股民的注意：“北京一个年轻股民：960 元 1 天变 67 万，创下权证交易神话。”

“炒权证一天炒出了 700 多倍的收益！北京股民张奇才昨日以 1 厘钱的价格，买到收盘价近 0.70 元的 95 万份白杨树认沽权证。转眼之间，960 元变成了 67 万元！”

早就发现规则漏洞的青年操盘手张奇才告诉记者，自从出现市价委托规则后，他就发现了这一规则存有漏洞：“市价委托规定当天必须成交的，按市价交易。只要有人挂出了按市价委托的卖单，而大家偏偏都不买，那么我就有可能以 1 厘钱的价格买到权证。”

在此之前，只要高兴，张奇才每个交易日都会挂出 1 厘钱的买单，“我不敢对人讲，肯定会被说是白日做梦。怎么可能花 1 厘钱买到权证呢？谁会这么傻卖这么便宜？但我想这样做又不要成本，就花五分钟时间打个单子而已。于是就有了昨日的巧合。”事前研究了可行性，昨天，张奇才动用了账户上一万元钱，挂出了白杨树权证等 10 个认沽权证品种的买单。

“当天只有 10 个认沽权证有可能挂到 1 厘钱，我事先都研究过，于是全挂了。说实话我也没想到会真的成交。”张奇才说，收盘之后他查了一下自己的账户，一下子多出了 60 多万元。

"我想是不是搞错了？因为以前有一次，因为系统出错，我的账户上多出了100多万元。"张奇才在仔细查看了盘面后，才确信60多万元确实是自己的钱，"盘面上我看到了1厘钱的成交价格。我一共买到82万份白杨树认沽权证。"

这种机会只有一次，960元转眼变成了67万元，撞上大运的人会是什么样的心情？"诧异！不是很兴奋，有一点高兴。"张奇才的语气中没有透露出一丝的兴奋，平静得出乎记者的预料。

上海证券交易所的工作人员向一些多心的记者证实，这次交易在权证交易历史上是绝无仅有的，而且交易确实成功了。当天收盘之后，工作人员发现了这笔奇特的交易，还为此专门打电话到泰安证券北京阜成门营业部询问客户情况。"这个事情发生后，估计会有成千上万的人挂出1厘钱的单子。但是，神话是不会复制的。"

过了几天，京城的《新世纪晚报》的一条消息更是引起了众多媒体的转载。

> 本报讯（记者李建军）招聘女秘书一名，选中者优先成为总裁夫人。前日，应届毕业生叶小姐在网站看到这样一则招聘启事。而该公司表示，这样做没有对应聘者歧视的意思，是想"工作生活两不误"。这则"知链招聘王"网北京板块的招聘信息中，发布的公司为北京某投资管理公司。广告称：招聘女秘书一名，要求会电脑，懂交际，身高165CM，苗条漂亮，皮肤白，未婚。并注明，选中者优先成为总裁夫人。

叶小姐随后以应聘者身份打电话过去，一名自称姓王的办公室男子证实广告内容，表示公司主营证券投资，该职位底薪每月5000元，上不封顶，最高可达每月20000元。他说，公司总裁年龄38岁，离异。目前还没有人应聘这个职位，如果有意愿可以上门谈，也可以亲自见我们的总裁，他叫许惊雷。

昨日，记者致电该公司，一名男子表示，他们这样做是想"工作生活两不误"，先一块工作，培养感情；如果能进一步发展最好，不能发展也没关系。没有侮辱女性或歧视应聘者的意图。他表示，公司情况，以及总裁许惊雷的情况可以上公司的网站上查询。

这两则新闻使得公司正在发行的私募信托计划得到了非常好的宣传和推广，可谓一举双得。最令许惊雷想不到的是，由于招聘秘书，许惊雷真的还为自己找到一位红颜知己，并且这位红颜自己还真成为了帮助公司发展的一员大将。

周一，许惊雷刚刚来到公司，就见公司的保安拉开门说："许总，有位年轻的女士来应聘，现在在小会议室里。董事长让你接待一下。"

许惊雷来到小会议室，不知道为什么敲了一下门，小会议室是透明的，听见了一声"进来"才走了进去。

一位二十五六岁的年轻女子很大方地站在面前。许惊雷眼前一亮，心里惊叹："真是完美动人型的。这样的女子好像原来见过，或者梦中、天堂上。她甚至没有一点缺陷，千娇百媚完美无缺。多一分则肥少一分则瘦，笑如牡丹临风，哭则海棠带露。"

他说："坐吧，我就是许惊雷。我们公司的情况你都从网上看到了吧？"

那女子说："我叫叶秀，我是来公司应聘的，我想公司的要求我都符合。不过我自己还有个要求，公司每个月给我多少薪水我都无所谓，但是在完成我本职的基础上，公司必须得教会我炒股票，还得把我培养成精英级的。如果我能认可公司的理财水平，我还可以介绍许多我原来的姐妹成为公司的客户，她们大部分都有几百万或者上千万的资金。但都曾经在人间仙境夜总会工作过，不知道你们是否介意这点。如果你们能够为她们理好财，真是能积大德的。其实，这也是我想到你们公司工作的另外一个想法。我听说，你们私募基金与我们夜总会交际花也差不多，都是灰色的。我想许总不介意我这么说吧！"

6. 黄金岁月

2006年春节后，原先由乔锋和许惊雷合股的北京中国龙投资管理公司实施了增资扩股，股东申原来的两个变成了五个。公司的董事长和执行董事由乔锋担任，他控制了"中国龙"的40%的股份，主要负责公司的项目投资；公司的副董事长和执行总裁是许惊雷，他占据公司的30%的股份，主要负责公司的行政、财务与外联；杨风帆出任董事，持有10%的股权，同时协助公司开发及维护海归人士及港澳台地区的精英客户；山西的高老板高建民出任董事，持有10%的股份，同时协助公司开发及维护山西煤矿老板以及北方热电企业的客户；叶秀也持有1Q%的股份，担任董事兼总裁助理，负责公司的私募信托业务，同时负责开发与维护公司特殊行业及明星界的客户；张奇才享受5%干股的激励分红权利，出任公司的常规套利部经理；退役的女特种兵连长王蓉出任公司的外联情报部经理，享受3%干股的激励分红权利。

经过增资扩股，北京中国龙投资管理公司的客户资金达到了三十多个亿，已经处于公司股票资产投资规模的巅峰了。尽管与前几年的三大主力集团的理财规模还有距离，但这只是一个包括董事在内只有12个人的小公司，以及所有的客户理财合同都没有保底这一项内容。这对于这么大的私募理财规模来说，在北京可以说是个奇迹。

新公司成立的前一天，正是全国人大会议的记者招待会，股票市场成为这次人大代表最为关注的问题。下午4点，在记者招待会结束，正当负责人准备离开的时候，一个记者大声喊了一声："请问，近年股市会涨吗？股民能赚钱吗？"显然，那位负责人听见了这个记者的喊话，他冲着这个方向笑了笑，招了招手。

第二天，沪深股市开盘即大跌，全天指数跌幅达到了3%。很显然，一些机构投资者误解了负责人招手的含义，他们以为那个官员招手的含义是"不会！"股市因此大跌。而许惊雷的心很细，他说："那是那些机构的水平低，没有看清楚领导的手势。领导招手时，是拇指和食指连在一起的，这是OK的意思，是说今年股市能涨，投资股票能赚钱。"

许惊雷对自己的这个见解颇为得意，问乔锋："你说，我说的对不对？"

"对，但不全面。"乔锋笑着回答说，"那个手势不光有OK的意思，而且还把涨升的具体的点位说出来了，3000点！因此，咱们的中信证券不能卖，咱们的自营盘还得大举加仓宏源证券。这两个公司的业绩得成10倍的增长，我看股价也得翻10倍。"

2006年的中国股票市场，真的让那个手势比划对了。从2006年的春天，股指一扫多年萎靡，从1000点一路狂飙，至年底涨到了3000点。

2006年真是股市的春天，沪深股市在这一年发生了许多新的春天的故事。

2006年12月7日，应该是一个基金业不能忘记的日子。永俸策略增长基金仅仅在一个发行日内就募集到400亿元的资金，诞生了国内投资基金发展史上的一个新纪录。此一时，彼一时。当年天富通收益增长基金以131亿元的募集份额曾经引起市场的一片惊叹之声。而在今年，包括永俸策略增长在内，首发突破百亿的新基金已经达到了六只，与天富通所不同的是，这六只过百亿的基金都是在短时间内募集完成的。

基金发行神话在4月10日再次被刷新。原定于4月10日至4月13日发行的"精诚内需动力基金"一天就募集到超过900亿的资金，4月11日就停止募集。在这个基金发行的时候，几家银行网点系统甚至因此瘫痪。人们可以从工行及建行网点看到，大批基民成了"饥民"——没吃早餐就来排队，到中午还没买上基金，许多老头、老太太甚至饿得头晕眼花。一个中年人提了一袋现金来买基金，正在点钱，钱还没有点好，银行银业员说："对不起。不用点了，已经卖完了。"

"怎么样，你的基金涨了吗?"9日14时10分，下午第一节课下课，南京力学小学四年级（4）班的三个小伙伴头碰头热烈地讨论着。"我已经赚了1300多块了!"四年级（2）班的女生小妍走过来，得意地告诉大家自己作为"小基民"的收获。

女生小悦、孔靓婧和男生小瑞都是四年级（4）班的小朋友，这三个小伙伴就是班里8个炒股票和基金的小朋友中的活跃分子。

"告诉你噢，老师，我们都是拿压岁钱炒股票的!"

"你哪是炒股票啊，你是炒基金。"男生小瑞说，"我有10000块钱存款，都是妈妈帮我存起来的。你知道吗，等我长大了，我要拿赚的钱上大学呢!"

旁边孔靓婧接下话头："你炒来炒去的，手续费高，不在行的。"小悦插嘴说，她和孔靓婧可都是既炒股票又炒基金呢!

"股市大跌，我急死了!"

说到当初是怎么"扎"进了股市，扎着两条小辫子的小悦掰着胖乎乎的手指头给同学算起了账：今年我拿了2000块压岁钱，存款总额达到5000元。这么多钱怎么办?

巧的是，聪明的小悦看到妈妈正好在炒股票，就想请妈妈帮帮忙，也来教教她。"我过年后就花两万块买了基金，结果2月27日沪指狂跌260多点。我放学回来，妈妈告诉我的时候急死了!"小悦眉头紧皱，仿佛又回到了那一天。

股市的开盘时间正好是小朋友上课的时间，要想在开盘期间自己进行买卖根本不可能，小悦只有干着急。看到女儿着急，妈妈倒不着急了。"基金是长期的，相较于股票，基金的风险比较小。"妈妈这样告诉小悦。

"妈妈讲得对，我现在已经赚了1000块了。"小悦说，买基金还真是长了不少见识，现在她对数字也很敏感，算起自己的钱来飞快。"股票我也买了，不买多，风险大呀。我就买了2000块钱，没想到第二天一股涨了两块钱。"经历了股指狂跌，小悦现在的风险意识很强，买股票坚决不肯多投钱，怕损失了自己从出生到现在好不容易攒下的压岁钱。

今年过年，女儿又拿了不少压岁钱。有了这么多钱，孔靓婧的妈妈崔女士就想慢慢给她灌输点理财意识，让她把自己的钱管理好。开个存折，女儿拿着也没用，倒不如用投资的方式培养一下她的理财能力。女儿是用崔女士的账户在炒基金的，只放了2000元进去，现在大概赚了一百多块钱。可孔靓婧并不知道妈妈为她做的实际投入，她还以为投进了5000元，自己用计算器算出了300元的收益。她算得倒也非常准确。

“小股民”、“小基民”们其实都是在父母的账户里炒股、炒基金，过程中父母会和孩子商量，告诉他们一些理财知识。

城市居民的股票热也使众多明星对股市都表示出了浓厚的兴趣。据了解，歌唱家姜鼓励顺口向大家推荐了某某股票，著名武打影星童明表示去年买了基金，奥运冠军张飞建准备今年要试一试，小品演员王非买了基金被套牢从此远离，足球教练陈永葆一谈起一只熟悉的股票立刻就笑了，可能赚了钱……

虽然明星们对资本市场所知可能还很有限，但他们对资本市场近距离接触的渴望，已伸手可触。

法国作家福楼拜去世之前，曾经很为19世纪以后的作家们担心，因为他认为所有能写的都已写完了。如果福楼拜有幸参与我国的股市，就会立刻认识到自己的错误。在这个市场里，似乎永远也不乏讲故事的人，也不乏投入的听众。

2007年4月，上海股市指数涨过3500点，深圳成份指数涨过10000点大关，两市的成交量都达到了历史最高峰。乔锋前年在1000点附近持有的中信证券已经涨至了50多元，成为最贵的金融股。同时，中信证券流通市值达到857.62亿元，一举超过招商银行，成为A股流通股市值排名第一的公司。

就在这人们都处于极度兴奋的时期，深圳有15只私募基金采用信托方式蜂拥入市。

5月过后，市场每天的成交量竟然达到4000亿的水平，这可是前几年几个月的成交量水平，每天新股民的开户数都超过了30万户。指数也更加疯狂，天天以近百点的速度上涨，5月末指数竟然已经突破了4200点。

在这个月份里，几乎所有的电视媒体都受到了股市狂潮的吸引，就连那些与股市根本不着边的节目也在大量地报道股市不断新出现的奇事：什么某某地方的和尚到证券公司开户炒股；某某大学生因为炒股要求其女朋友约会时要提前一天预约，因为他把所有的钱都存在股市里了，约会的费用要卖掉股票才能提出来；某某地方的足球运动员炒股成风，如果比赛前股市大涨就超水平发挥，反之就输给水平明显低于自己队水平的球队；某某地方的农民为了赶在牛市赚钱，把家里的牛卖了钱来炒股；某某地方的建筑民工倾其所有买股票，结果撞上了一匹大黑马，赚了一把笔，买了一辆新本田车。

而中国私募精英中的真正大腕乔锋所在的北京中国龙投资管理公司却在大

规模的出货。当人们询问乔锋为什么要这么做的时候，他没有过多的解释，只淡淡地说：“我们公司已经从市场里赚到了1000个亿，这已经是奇迹了。我们不想继续放卫星了，想休息一下看看再说。再说我和惊雷，公司的最主要两个骨干，在近期要举行婚礼。人挣钱不就是为了生存和自由吗？我们不希望做个只知道股票不会生活的股奴。”

2007年6月，在纽约曼哈顿区哈德顺河西岸59号切尔茜码头“晨曦号”上，乔锋与赵熙举行了婚礼。这次婚礼共有82人参加，来宾中包括特意前来助兴的威尔士歌手，以及美国基金大亨。在优美的乐曲中，身穿深色西服、洁白的衬衣上打着浅蓝色领带的乔锋，喜气洋洋地走出船舱。在他身边的新娘子赵熙穿着奶油色的丝缎礼服，宛如天仙下凡。她的一举一动，无论站在哪里，都非常抢眼。曾经举办过新闻大鳄婚礼的“晨曦号”在管弦乐队演奏的莫扎特音乐声中，开出了码头，停泊在自由女神像附近。

这时卓融宣读了乔锋与赵熙的结婚证书，做了一对新人的证婚人。接着是13岁的威尔士神童歌唱家夏洛迪·丘斯的精彩演唱。在美妙动听的歌曲中，四个美国舞蹈家翩翩起舞，为两个最幸福人的新婚贺喜。

当婚礼达到最高潮的时候，一曲《当我想你的时候》翩然而至，使乔锋不由得愣住了。这首歌是章沁晖生前最喜欢的歌，没想到在这个时候听到，乔锋百感交集。一抬眼看到的却是赵熙狡黠的眼睛。乔锋一下子明白了。他感动得一把把赵熙拥入到怀里，俯在他的耳边轻声地说，“谢谢你！”然后，乔锋向乐队挥了挥手，立刻在“晨曦号”上响起了《枕着你的名字入眠》。这一次，换成是赵熙傻住了，她惊喜地望向乔锋，乔锋也同样调皮地向她眨了眨眼。两人幸福地相拥在一起，聆听着彼此的心声。

我把我的心交给了你，我就是你最重的行囊；
从此无论多少的风风雨雨，你都要把我好好珍藏。
你把你的梦交给了我，你就是我牵挂的远方；
从此无论月落还是晨起，我日夜盼望你归航。
我会枕着你的名字入眠，把最亮的星写在天边；
迷茫的远方有多迷茫，让我照亮你的方向。
我会枕着你的名字入眠，把最亮的你写在心间；
寂寞的远方有多凄凉，让我安抚你的沧桑。
你把你的梦交给了我，你就是我牵挂的远方；
从此无论月落还是晨起，我日夜盼望你归航。

之后，燃放了长达 12 分钟的焰火。在人们的欢呼声中，婚礼结束了。

乔锋和赵熙，这对多年前普普通通的两个中国年轻人，终于登上了他们自己认可的人生顶峰。